江南大学汉语言文学国家一流本科专业建设教材

新编教师语言技能训练教程

主　编　蔡华祥　谢坤
副主编　胡智丹　韩宇瑄
参　编　（以姓氏拼音为序）
蔡华祥　韩宇瑄　胡智丹
黄艳萍　谢　坤　周丽颖

南京大学出版社

图书在版编目(CIP)数据

新编教师语言技能训练教程 / 蔡华祥，谢坤主编
. — 南京 ：南京大学出版社，2023.7
ISBN 978-7-305-26829-8

Ⅰ. ①新… Ⅱ. ①蔡… ②谢… Ⅲ. ①教师—语言艺术—高等学校—教材 Ⅳ. ①G42

中国国家版本馆 CIP 数据核字(2023)第 045623 号

出版发行 南京大学出版社
社　　址 南京市汉口路 22 号　　　邮　编 210093
出 版 人 王文军

书　　名 新编教师语言技能训练教程
主　　编 蔡华祥 谢 坤
责任编辑 高 军　　　编辑热线 025-83592123

照　　排 南京南琳图文制作有限公司
印　　刷 南京玉河印刷厂
开　　本 787 mm×1092 mm 1/16 印张 15.25 字数 390 千
版　　次 2023 年 7 月第 1 版 2023 年 7 月第 1 次印刷
ISBN 978-7-305-26829-8
定　　价 43.00 元

网址：http://www.njupco.com
官方微博：http://weibo.com/njupco
官方微信号：njupress
销售咨询热线：(025) 83594756

序　言

学校是语言文字工作的基础阵地，高等学校在其中发挥着重要作用。为贯彻落实党的二十大精神，深入贯彻《国务院办公厅关于全面加强新时代语言文字工作的意见》，进一步加强高等学校语言文字工作，充分发挥高等学校在服务国家通用语言文字高质量推广普及中的作用，全面加强国家通用语言文字教育成为高校重要的教学内容。

加强国家通用语言文字教育教学，其中一个主要的工作是提高大学生语言文字应用能力。学生应具有“一种能力两种意识”，即语言文字应用能力和自觉规范使用国家通用语言文字的意识、自觉传承弘扬中华优秀语言文化的意识。同时，高校要将其纳入学校人才培养方案，明确语言文字应用能力及标准并纳入毕业要求。强化学生口语表达、书面写作、汉字书写、经典诗文和书法赏析能力培养，促进语言文字规范使用。加大普通话培训测试力度，为毕业生就业从事相关职业达到国家规定的普通话水平提供支持。要成为一名优秀的人民教师，或有志于从事教育事业的准教师，应当具备良好的教师语言表达的基本技能。

《新编教师语言技能训练教程》正是响应国家号召，顺应当前高等学校语言文字工作的新形势，专门为需要提升教师语言文字技能的学习人员而编撰的一部教材。全书共分五章，分别是教师语音规范训练、教师教学语言训练、教师教育口语表达技能训练、教师书写技能训练、教师综合技能提升训练五个部分的训练内容。从总体来看，《新编教师语言技能训练教程》具有以下特点：

1. 专业性和科学性。本教材的编写以专业性与实践性为导向，以难点为纲，突出设计了普通话表达技巧、普通话测试训练等板块，针对性解决学生口语表达的实际问题。普通话训练内容扎实且有针对性，与国家通行的普通话水平测试相衔接。教材撰写积极响应国家语言文字普及提升的号召，助力普通话的推广与普及。2022 年，教育部、国家乡村振兴局、国家语委联合印发了《国家通用语言文字普及提升工程和推普助力乡村振兴计划实施方案》，方案提出共同实施国家通用语言文字普及提升工程和推普助力乡村振兴计划，要求到 2025 年全国范围内普通话普及率达到 85%。本教材的编撰响应了国家号召，对于高校师生普通话训练，师范生语言技能培训能够起到推动作用，有利于加大国家通用语言文字推广力度，提升普及程度和质量。该教材不仅适用于高校师范专业师生教学，同时可以作为普通话测试推广的教材，适合其他非师范专业的师生使用。

2. 实用性。本书是一部语言训练的教材，训练内容和训练要求符合高校普通话训练测试和教育语言技能训练的实际需要，旨在培养使用者的普通话使用能力、教学口语表达能力、教育口语表达能力、书写技能等。教材在各个板块中结合理论和大量案例，以精练的理论指导教师语言技能训练，突出实用性的特点。比如，第一章的普通话测试部分，不仅提供了普通话测试的基本理论，同时还真实还原了普通话测试的场景，可以帮助同学们更加有针对性地准备。另外，书中所提供的大量普通话练习资料，也可以方便师生随时巩固练习，实用性强。

3. 注重教师综合技能的训练。与以往教师语言的相关教材相比，该书除了重视教师语言训练、书写训练之外，还特别新增加了一个板块——“教师综合技能提升训练”。该章内容囊括了教师语言文字训练的七项重要赛事，是学生(尤其是师范生)训练和提升教师综合技能的有效途径。在该内容中，不仅对各大赛事的基本情况进行了介绍，同时结合历年的竞赛情况，总结了教师综合技能提升的具体策略，可谓参赛的“宝典”，具有极强的示范性和可操作性。

本教材的编写是集体智慧的结晶，各章节撰写的分工大致如下：

第一章，教师语音规范训练，主要由胡智丹负责编写。

第二章，教师教学语言训练，主要由谢坤负责编写。

第三章，教师教育口语表达技能训练，主要由周丽颖负责编写。

第四章，教师书写技能训练，主要由黄艳萍负责编写。

第五章，教师综合技能提升训练，主要由韩宇瑄负责编写。

全书由蔡华祥、谢坤统稿定稿，王艺、赵怡、许雪丽等协助搜集资料和校对文稿。在编撰过程中，参阅了教师语言技能相关的研究成果，在此一并致谢。本教材是江南大学汉语言文学国家一流本科专业建设教材，教材的出版得到了国家语委语言文字督导专家杨晖教授的倾心指导和大力支持，在此表示深深的谢意！近年来江南大学人文学院专业建设取得了长足的发展，目前设有汉语言文学、小学教育、教育技术学 3 个国家一流本科专业建设点，统一开设了必修课程“教师语言技能”，并获批了 2 项教育部首批新文科改革与实践项目：新文科视域下综合性大学教师教育改革与实践(2021150015)、STEM 教育理念下多维融合、协同创新的教育技术学一流专业建设研究(2021060038)，相信本教材的出版对专业建设、教育教改、人才培养都是有所助益的。

由于方方面面的原因，疏漏错误之处在所难免，肯请广大读者批评指正。

蔡华祥　谢　坤

江南大学人文学院

2023 年 5 月

目　录

教师语音规范训练

学校是语言文字工作的基础阵地，高等学校在其中发挥着重要作用。为了落实国家通用语言文字作为教育教学基本用语用字的法定要求，全面推行国家通用语言文字教育教学，需要加强对师生普通话水平和使用情况的动态监测。本章主要内容为教师语音规范的训练，主要包括普通话概说、普通话语音、普通话测试、普通话训练等四个部分。

第一节　普通话概说

普通话是现代汉民族的共同语，是中华人民共和国的国家通用语言。推广普通话，是我国的一项重要语言政策，是促进社会无障碍沟通的基础工程，它对中华民族共同体的团结，民族各地区人民生活的进步，社会各领域事业的发展都有不可替代的重大意义。

2000 年 10 月 31 日，《中华人民共和国国家通用语言文字法》颁布，国家有了第一部语言文字法律，“普通话”为法定“国家通用语言”，推广普通话进入“依法推广”的新阶段。2011 年，《中共中央关于深化文化体制改革推动社会主义文化大发展大繁荣若干重大问题的决定》明确指出，要“大力推广和规范使用国家通用语言文字”，提出了“规范使用”普通话的要求。

怎样对普通话的规范标准进行概括？1956 年，国务院发出《关于推广普通话的指示》，明确了现代汉语普通话的规范标准：“以北京语音为标准音，以北方话为基础方言，以典范的现代白话文著作为语法规范。”这个标准从语音、词汇、语法三个方面提出了规范，因为任何语言都是由这三个要素构成的。语音是物质外壳，词汇是建筑材料，语法是结构规律。

“以北京语音为标准音”，这是语音标准。这里的“北京语音”指的是北京话的语音系统，包括北京话的声母、韵母、声调以及它们之间的配合关系等等，北京话里听起来有浓厚地方色彩的成分不应作为普通话的标准。例如“倾向”这个词语，北京人读成“qǐngxiàng”，而按普通话的正音规范应该读“qīngxiàng”。“花”“小鸟”“脚印”北京人一定要读成儿化的“花儿”“小鸟儿”“脚印儿”，感觉这样才有北京味，而在普通话里这些都可以不念儿化，普通话里的儿化音少得多。一些带“瓜”的词，如“黄瓜”“冬瓜”“西瓜”，老北京人都要读成轻声，而普通话里的读法是两可的，普通话轻声词语的范围远小于北京话。

“以北方话为基础方言”，这是词汇标准。各地方言词汇差异很大。如“母鸡”，在各方言中的说法有：鸡婆、鸡娘、鸡母、雌鸡……“轿车”，厦门话说“小包车”，广州话说“小汽车”“房车”，客家方言说“细汽车”，吴方言说“小汽车”，现在说“轿车”的越来越多。词汇的差异，应以广大北方话地区的说法来统一，因为北方话词汇有很大的普遍性。但北方话内部也有差异，普通话里的基本词汇要选择广大北方地区的通用词汇，一些北方方言里比较土俗的说法应该舍弃。例如“甭(不用)”“旮旯儿(角落)”“今儿个(今天)”“瞅见(看见)”“腻歪(腻烦)”，我们也知道是什么意思，但普通话一般不说。但我们也应该认识到，词汇规范是一个运动的范畴，普通话始终在谨慎地吸收方言中富有表现力的词语形式来丰富自己。

“以典范的现代白话文著作为语法规范”，这是语法标准。在现代汉语中，同一个意思可以有不同的语法结构形式，语法也需要用一定的标准来统一。如：“给我一本书。”可以说“给本书我。”“给一本书给我。”“把本书我。”“书一本给我。”“拿一本书到我。”上述六个句子中，只有“给我一本书”符合普通话的语法规范。所谓典范的现代白话文，主要是指现代一些名家的著作和政府公告、政论文章，这些著作和文章在写作过程中经过了反复推敲锤炼，可以作为普通话的语法规范。当然，普通话采用的也不是这些著作中全部的语法模式，而是采用一般的、通行的语法规则。

第二节 普通话语音

方言与普通话的差异主要表现在语音、词汇、语法这三个方面，在这三者中，又以语音的差异最为显著。因此，方言区的人学习普通话往往把重点放在语音的学习上。普通话的音节一般由声母、韵母、声调三个部分构成，说好普通话首先要发好每一个音节的声母、韵母、声调，掌握好语流中的音变规律。

一、声母

声母是一个音节开头的辅音。普通话有二十一个辅音声母：b、p、m、f、d、t、n、l、g、k、h、j、q、x、zh、ch、sh、r、z、c、s。有的音节不以辅音开头，元音前面部分是零，习惯上叫作“零声母”。声母的发音由发音部位和发音方法决定。

(一) 声母的发音部位

发音时气流受到阻碍的位置叫发音部位。普通话的声母按发音部位可以分为七类：

1. 双唇音

上唇和下唇阻塞气流而形成的音。普通话声母有 b、p、m 三个双唇音。

2. 唇齿音

上齿和下唇接近，阻碍气流而形成的音。普通话声母只有 f 一个唇齿音。

3. 舌尖前音

舌尖抵住或接近上齿背，阻碍气流而形成的音。普通话声母有 z、c、s 三个舌尖前音。

4. 舌尖中音

舌尖抵住上齿龈，阻碍气流而形成的音。普通话声母有 d、t、n、l 四个舌尖中音。

5. 舌尖后音

舌尖抵住或接近硬腭前部，阻碍气流而形成的音。普通话声母有 zh、ch、sh、r 四个舌尖后音。

6. 舌面音

舌面前部抵住或接近硬腭前部，阻碍气流而形成的音。普通话声母有 j、q、x 三个舌面音。

7. 舌根音

舌根抵住或接近软腭，阻碍气流而形成的音。普通话声母有 g、k、h 三个舌根音。

(二) 声母的发音方法

发音方法是发音时喉头、口腔和鼻腔节制气流的方式和状况。可以从阻碍的方式、声带是否颤动、气流的强弱等三个方面来观察。

1. 阻碍的方式

声母发音时，阻碍形成的过程一般可以分为三个阶段：成阻——阻碍开始形成，持阻——阻碍持续，除阻——阻碍解除。根据形成阻碍和克服阻碍的不同方式，可以把普通话的声母分为塞音、擦音、塞擦音、鼻音、边音五类。

(1) 塞音。发音时，发音部位形成闭塞，软腭上升，堵塞鼻腔的通路，然后气流冲破阻碍，爆发成声。塞音共有 b、p、d、t、g、k 等六个。

(2) 擦音。发音时，发音部位不完全闭塞，留下窄缝，软腭上升，堵塞鼻腔的通路，气流从窄缝中挤出，摩擦成声。擦音共有 f、h、x、sh、r、s 等六个。

(3) 塞擦音。发音时，发音部位先完全闭塞，软腭上升，堵塞鼻腔的通路，然后气流把发音部位冲开一条窄缝，从窄缝中挤出，摩擦成声。塞擦音共有 j、q、zh、ch、z、c 等六个。

(4) 鼻音。发音时，口腔通路闭塞，软腭下垂，打开鼻腔通路，同时声带振动，气流从鼻腔流出。普通话有 m、n 两个鼻音声母。

(5) 边音。发音时，舌尖抵住上齿龈，气流从舌头两边流出，同时声带振动。普通话只有一个边音声母 l。

2. 声带是否颤动

按发音时声带是否颤动，可以把声母分为清音和浊音两类。

(1) 清音。发音时声带不颤动。清音共有 b、p、f、d、t、g、k、h、j、q、x、zh、ch、sh、z、c、s 等十七个。

(2) 浊音。发音时声带颤动。浊音共有 m、n、l、r 等四个。

3. 气流的强弱

根据发音时呼出气流的强弱，可以把声母中的塞音、塞擦音分为送气音和不送气音两类。

(1) 送气音。发塞音、塞擦音时呼出的气流较强。送气音共有 p、t、k、q、ch、c 等六个。

(2) 不送气音。发塞音、塞擦音时，呼出的气流比较弱。不送气音共有 b、d、g、j、zh、z 等六个。

此外，普通话中还有一个舌根鼻辅音“ng”，它不是声母，但在语气词“啊”的音变中会出现在声母的位置。例如“唱啊”，“啊”会变读成“ngɑ”。

表 1-1 普通话声母表

<table>
<tr><th rowspan="4">发音部位</th><th colspan="8">发音方法</th></tr>
<tr><th colspan="2">塞音</th><th colspan="2">塞擦音</th><th colspan="2">擦音</th><th>鼻音</th><th>边音</th></tr>
<tr><th colspan="2">清音</th><th colspan="2">清音</th><th rowspan="2">清音</th><th rowspan="2">浊音</th><th rowspan="2">浊音</th><th rowspan="2">浊音</th></tr>
<tr><th>不送气音</th><th>送气音</th><th>不送气音</th><th>送气音</th></tr>
<tr><td>双唇音</td><td>b</td><td>p</td><td></td><td></td><td></td><td></td><td>m</td><td></td></tr>
<tr><td>唇齿音</td><td></td><td></td><td></td><td></td><td>f</td><td></td><td></td><td></td></tr>
<tr><td>舌尖中音</td><td>d</td><td>t</td><td></td><td></td><td></td><td></td><td>n</td><td>l</td></tr>
<tr><td>舌根音</td><td>g</td><td>k</td><td></td><td></td><td>h</td><td></td><td>(ng)</td><td></td></tr>
<tr><td>舌面音</td><td></td><td></td><td>j</td><td>q</td><td>x</td><td></td><td></td><td></td></tr>
<tr><td>舌尖后音</td><td></td><td></td><td>zh</td><td>ch</td><td>sh</td><td>r</td><td></td><td></td></tr>
<tr><td>舌尖前音</td><td></td><td></td><td>z</td><td>c</td><td>s</td><td></td><td></td><td></td></tr>
</table>

(三) 声母发音的常见问题

一般来说，方言区的人说普通话常见的声母问题主要集中在以下几个方面：舌尖后音 zh、ch、sh 和舌尖前音 z、c、s 不分，鼻音 n 和边音 l 不分，舌面前音 j、q、x 发音不准确，唇齿音 f 和舌根音 h 不分，舌尖后音 r 读作边音 l。下面分类讲解声母发音的常见问题。

1. zh、ch、sh 和 z、c、s 不分

普通话里有 z、c、s 和 zh、ch、sh 两组声母，就是我们平常所说的平舌音和翘舌音。一些南方方言如吴语、闽语、客家话一般都没有翘舌音，东北、西北陕甘地区、西南方言有些地方有翘舌音，但所管辖的字和普通话不完全相同。区分平翘舌，对提高普通话水平而言效益很高。分辨这两组声母的方法是：

(1) 掌握发音要领。

z、c、s 和 zh、ch、sh 这两组声母之所以有区别，是因为舌尖和硬腭接触的部位不同。发平舌音时，舌尖平伸，对准齿背。发翘舌音时，舌尖上翘，舌尖抵住或接近硬腭前部。如

果发 zh、ch、sh 的时候舌尖翘得不到位或舌尖后缩得过多，发出的音都不够准确。

z 发音例词：栽赃 zāizāng　　祖宗 zǔzōng　　再造 zàizào
c 发音例词：参差 cēncī　　猜测 cāicè　　粗糙 cūcāo
s 发音例词：松散 sōngsǎn　　思索 sīsuǒ　　琐碎 suǒsuì
zh 发音例词：珍珠 zhēnzhū　　政治 zhèngzhì　　周转 zhōuzhuǎn
ch 发音例词：拆除 chāichú　　传承 chuánchéng　　支撑 zhīchēng
sh 发音例词：山水 shānshuǐ　　税收 shuìshōu　　收拾 shōushi

(2) 掌握记忆方法。

① 根据形声字声旁类推。

汉字大部分是形声字，形声字的特征就是有一个偏旁表示读音，根据这个声旁的读音，可以推出一类字是读平舌音还是翘舌音。例如：

平舌音字：次——瓷、茨、资、姿、咨、恣
翘舌音字：者——诸、猪、煮、著、署、暑
主——拄、住、蛀、注、驻、炷
少——抄、钞、吵、炒、沙、纱、砂、莎、痧、裟、鲨

类推在大多数情况下是有效的，但也有不合规律的时候，我们把它称之为“例外”。例如“叟”是平舌音字，以“叟”为声旁的“艘、搜、嗖、馊、溲、飕、嫂”都是平舌音字，但“瘦”是翘舌音字。类推需要掌握规律，牢记例外。

② 利用普通话声韵配合规律记忆。

普通话声母和韵母拼合有规律，并不是任何声母和任何韵母都可以拼合出音节。一部分平翘舌字可以利用组合关系来记忆。zh、ch、sh 只能与 ua、uai、uang 相拼，如：“抓、刷、拽、揣、摔、装、窗、双”；ong 不能与翘舌音 sh 相拼，所以当我们看到“总、从、送、松、颂、耸、讼、嵩”等字的时候就知道它们的声母是 s。

③ 记少不记多。

同一个韵母，往往翘舌音和平舌音都可以和它相拼，我们把拼出来的平舌音字和翘舌音字称为“两边”。这两边字的数量往往是不均衡的，如果一边很多，一边很少，就可以利用这个事实帮助记忆，记住少的一边，用排除法推断字多的一边。如：

z、c、s——→en←——zh、ch、sh

怎、参、岑、涔、森　　真、阵、镇、针、震、枕、振、斟、珍、贞、侦、趁、称、辰、臣、尘、晨、沉、陈、衬、郴、忱、身、伸、深、婶、神、甚、渗、肾、审、申、沈

平舌音 z、c、s 与韵母 en 相拼的字很少，只有“怎、参(参差)、岑、涔、森”几个字，因而其他与 en 相拼的字就一定是翘舌音。

2. n 和 l 不分

汉语方言中，n 和 l 混读的现象相当普遍，据粗略统计，n 和 l 混读的地区占整个汉语区的一半。官话区中的西南、江淮、西北的一部分地区 n、l 不分，南方的湘语、赣语、闽语等方言也有大片 n、l 混读的地区。

（1）掌握发音要领。

区分 n 和 l，关键在于掌握这两个声母的发音方法。n 是鼻音，发音的时候，舌尖顶住上齿龈，气流从鼻腔出来。l 是边音，发音时舌尖也是先顶住上齿龈，气流到口腔后，从舌头的两边流出。有些人发 n 听上去好像是 l，那是因为软腭下降得不够，口腔阻塞部位封闭不完全，使部分气流从口腔漏走了。有些人发 l 时，听上去又有鼻化的色彩，则是软腭提升得不够，致使鼻腔内有残余气流泄出。

练习这两组声母时，可以用捏鼻子的方法检验。捏住鼻子发声母 l，如果觉得发音没有困难，那么 l 的发音是正确的。相反，如果觉得鼻腔中有堵住的感觉，音无法顺利发出，这个音就发成了 n。在一些方言中，n 和 l 是自由变体，说话者并不觉得有什么不同，所以要发好 n、l 除了了解掌握发音方法，还需在听辨上下功夫。

n 发音例词：牛奶 niúnǎi　　南宁 nánníng　　男女 nánnǚ

l 发音例词：连累 liánlei　　伦理 lúnlǐ　　力量 lìliàng

（2）掌握记忆方法。

① 根据形声字声旁类推。

记住少部分声母是 n 或 l 的字，那么以这些字为声旁的字的声母也大多是 n 或 l。如：

n 声母字：宁——柠、咛、拧、狞、泞

l 声母字：令——铃、玲、龄、伶、苓、囹、羚、翎、领、聆、零、岭

② 利用普通话声韵配合规律记忆。

ou、ia、uen 只能和声母 l 相拼，看见“楼、陋、俩、轮、伦”等字，就知道声母一定不是 n。

③ 记少不记多。

同一个韵母，n 声母字比 l 声母字少，就记住 n 声母字，其余的大胆推测是 l 声母字。普通话中，鼻音 n 声母字很少，边音 l 声母字较多。如：

n——→u←——l

奴、弩、驽、努、怒　　撸、噜

卢、炉、芦、庐、颅、泸、轳

鲁、橹、虏、掳、卤

路、露、鹭、录、禄、鹿、麓、陆、赂……

3. 发好 j、q、x

有些人在发 j、q、x 的时候，发音部位明显靠前，带有舌尖部位的摩擦，这种发音被称为“半尖音”或“类尖音”。这样的情况，主要是受到方言的影响，因为有些方言区舌尖音 z、c、s 可以和 i、ü 或 i、ü 开头的韵母相拼。其实这并不是一种标准的读音，在国家普通话水平测试中被列为发音缺陷。

要避免这种发音，必须注意发 j、q、x 时把整个舌面往上抬，舌面尽量紧贴硬腭，使舌面前与硬腭前产生阻碍，注意舌尖不能触碰牙齿。

j 发音例词：经济 jīngjì　　交警 jiāojǐng　　家具 jiājù

q 发音例词：祈求 qíqiú　　亲戚 qīnqi　　窃取 qièqǔ

x 发音例词：新兴 xīnxīng　　想象 xiǎngxiàng　　休息 xiūxi

4. 分辨 r 和 l

声母 r 存在于普通话中，但少见于各方言。在闽南话中，人们经常将 r 与 l、n 相混，在山东东部方言中，经常将 r 发成零声母。

(1) 掌握发音要领。

r 与 l 的发音部位比较接近，而且都是浊声母，发音的时候容易混淆。要分清这两个声母，首先要关注两者的发音部位。发 l 时，舌尖接触上齿龈；发 r 时，舌尖上翘，接近硬腭前部，发音部位比 l 声母稍后些。其次，要关注两者的发音方法。r 发音除阻时，气流的通道很窄，气流从舌尖和硬腭之间的缝隙挤出；而 l 发音除阻时，气流从舌头的两侧流出，摩擦不明显。

r 发音例词：仍然 réngrán　　柔软 róuruǎn　　容忍 róngrěn

(2) 掌握记忆方法。

声母是 r 的常用字才 50 多个，而 l 声母的字很多，只要记住、排除了 r 声母的字，就可以推断出 l 声母的字。

常用 r 声母字举例：然、燃、染、嚷、瓤、壤、攘、让、饶、扰、绕、惹、人、仁、任、忍、刃、认、纫、韧、扔、日、荣、绒、容、融、茸、蓉、溶、榕、冗、柔、揉、蹂、肉、如、儒、蠕、乳、辱、入、褥、软、蕊、锐、瑞、润、闰、若、弱

5. 分辨 f 和 h

普通话中声母 f 与 h 区分清楚，而湘语、赣语、闽语、粤语、客家话等方言中存在 f、h 混读的现象。有的地方把部分 h 声母混入 f 声母，如长沙话、南昌话、重庆话中把“湖(hú)”说成“福(fú)”，有的地方是把 f 混入 h，如厦门话、潮州话把“飞(fēi)”说成“灰(huī)”。

(1) 掌握发音方法。

f 与 h 的发音方法相同，但发音部位完全不同。发 f 时，上齿轻触下唇内侧，唇齿之间留有一条窄缝，气流从窄缝挤出，摩擦成声。发 h 时，舌头后缩，接近软腭，气流从舌根和软腭的缝隙中挤出，摩擦成声。f 和 h 这两个声母本身并不难发，重点在于记住哪些字的声母念 f，哪些字的声母念 h，并能将声韵母正确拼合。

f 发音例词：仿佛 fǎngfú　　方法 fāngfǎ　　芬芳 fēnfāng

h 发音例词：欢呼 huānhū　　和缓 héhuǎn　　黄昏 huánghūn

(2) 掌握记忆方法。

可分别记住几个 f 或 h 开头的常用字作为形声字类推的依据，如：

f 声母字：弗——氟、佛、费、狒

方——访、防、放、房、仿、纺、坊、芳、舫、妨

分——份、粉、芬

h 声母字：胡——湖、糊、瑚、葫

华——桦、哗、骅

会——绘、烩、荟、桧

除单元音 u 外，f 不与 u 开头的韵母 ua、uo、uei、uai、uan、uen、uang 拼合。所以看到“华、花、画、话、或、霍、活、获、惠、回、会、灰、淮、怀、踝、环、换、缓、婚、混、荤、魂、黄、荒、皇、晃”等字，便知道声母一定是 h。

二、韵母

韵母是指音节中声母之后的所有音段成分。韵母可以由一个元音组成，也可以由两个或三个元音组成，还可以由元音和鼻辅音组成。韵母按结构可以分为韵头、韵腹、韵尾三个部分，声音最响亮的部分是韵腹，是音节中不可缺少的部分，在它前面的是韵头，后面的是韵尾。

普通话一共有三十九个韵母。按结构可以分为单元音韵母、复元音韵母和带鼻音韵母三类。按韵母开头元音的发音口形，可以分为开口呼、齐齿呼、合口呼、撮口呼四类。

(一) 韵母的结构分类

1. 单元音韵母

由一个元音构成的韵母叫单元音韵母，简称单韵母。单韵母有十个，可分为三个小类：

舌面元音韵母：a o e ê i u ü；

舌尖元音韵母：舌尖前音－i[ɿ]，舌尖后音－i[ʅ]；

卷舌元音韵母：er。

对一个单元音的分析，可以从舌位的高低、舌位的前后和唇形的圆展三个方面进行。单元音发音时，口腔肌肉保持均衡紧张，控制舌位不移动。单韵母发音的具体描写如下：

(1) 舌面元音韵母。

a：舌面、央、低、不圆唇。发音时口腔大开，舌位低，舌头位于中央，双唇自然展开。如“发达”中的 a。

o：舌面、后、半高、圆唇。发音时口半闭，舌后缩，舌后部隆起，舌位半高，嘴唇拢圆。如“磨破”中的 o。

e：舌面、后、半高、不圆唇。发音时舌位的前后高低基本与 o 相同。不同的是 o 是圆唇音，而 e 是不圆唇音，双唇自然往两边平展。如“特色”中的 e。

ê：舌面、前、半低、不圆唇。发音时舌面前部隆起，舌头前伸，抵住下齿背。口腔半开，舌位半低，唇形不圆。ê 只给“欸”这个汉字注音，此外还可以进入 ie、üe 这两个韵母中，如“月夜”“解决”中的 ê。

i：舌面、前、高、不圆唇。发音时，舌面前部隆起，舌头前伸，舌尖抵住下齿背，口腔开口度小，嘴角向两边展开。如“意义”中的 i。

u：舌面、后、高、圆唇。发音时舌面后部隆起，舌根接近软腭，口腔开口度很小，嘴唇收成圆形。如“读书”中的 u。

ü：舌面、前、高、圆唇。发音时舌位的前后高低基本与 i 相同，不同的是，i 是不圆唇音，而 ü 是圆唇音。如“序曲”中的 ü。

（2）舌尖元音韵母。

－i[ɿ]：舌尖、前、高、不圆唇。发音时舌尖前伸靠近上齿背，口腔开口度小，嘴角向两边展开。如“字词”中的－i[ɿ]。－i[ɿ]只与声母 z、c、s 相拼。

－i[ʅ]：舌尖后、高、不圆唇。发音时舌尖上翘，靠近但不接触硬腭前部。口腔开口度小，嘴角向两边展开。如“支持”中的－i[ʅ]。－i[ʅ]只与声母 zh、ch、sh、r 相拼。

（3）卷舌元音韵母。

er：卷舌、央、中、不圆唇。发音时舌中部上抬，舌尖向后卷，和硬腭前部相对，口略微张开，嘴角向两边展开。r 在 er 韵母中只是表示卷舌动作的符号，所以 er 韵母虽用两个字母标写，仍是单韵母。卷舌韵母 er 不与声母相拼，只能自成音节。如“儿”“耳”“尔”“二”“贰”“饵”。

2. 复元音韵母

复元音韵母是由两个或三个元音构成的韵母，简称复韵母。复韵母有十三个，根据韵腹在韵母中的位置，可以把复韵母分成前响复韵母、中响复韵母、后响复韵母三类。

前响复韵母：ai、ei、ao、ou；

后响复韵母：ia、ie、ua、uo、üe；

中响复韵母：iao、iou、uai、uei。

复韵母的发音是一个元音向其他元音的过渡，发音时舌位、唇形应逐渐变化，形成一个整体的语音单位。复韵母发音描写如下：

（1）前响复韵母。

前响复韵母发音的共同点是：开头的元音开口度大，收尾的元音开口度小，口腔有从大到小的变化。韵母开头的元音响亮清晰，收尾的元音轻短模糊。例如：

白菜 báicài　　配备 pèibèi　　懊恼 àonǎo　　守候 shǒuhòu

（2）后响复韵母。

后响复韵母发音的共同点是：开头的元音开口度小，收尾的元音开口度大，口腔有从小到大的变化。韵母收尾的元音响亮清晰，开头的元音轻而短。例如：

加价 jiājià　　结业 jiéyè　　坐落 zuòluò　　绝学 juéxué

（3）中响复韵母。

中响复韵母是在前响复韵母的基础上加上韵头构成，发音的共同点是：开头和收尾的元音开口度小，中间的元音开口度大。中间元音响亮清晰，两头的元音发得比较短而弱，口腔有从小到大再到小的变化。例如：

渺小 miǎoxiǎo　　优秀 yōuxiù　　怀揣 huáichuāi　　回味 huíwèi

3. 带鼻音韵母

单韵母和复韵母都是由元音构成，而带鼻音韵母是由元音和鼻辅音韵尾组合而成，简称鼻韵母。鼻韵母有十六个，按照鼻辅音的类别又可以分为带“n”韵尾的前鼻韵母和带“ng”韵尾的后鼻韵母两类。

前鼻韵母：an、en、in、ün、ian、uan、üan、uen；

后鼻韵母：ang、eng、ing、ong、iang、uang、ueng、iong。

（1）前鼻韵母。

发音时先发元音，接着舌尖向上向前，舌尖或舌面前部轻轻抵住上齿龈，使气流从鼻腔流出，以韵尾 n 收音至发音结束。例如：

灿烂 cànlàn　　根本 gēnběn　　拼音 pīnyīn　　均匀 jūnyún

（2）后鼻韵母。

发音时先发元音，接着舌体后缩，舌面上抬，舌根朝软腭方向移动直至抵住软腭，气流从鼻腔流出，以韵尾 ng 收音至发音结束。例如：

厂长 chǎngzhǎng　　逞能 chěngnéng　　情景 qíngjǐng　　从容 cóngróng

（二）韵母的四呼

根据韵母开头元音的发音特点，可以把韵母分成开口呼、齐齿呼、合口呼、撮口呼四类，简称韵母的“四呼”。判定“四呼”，不是以韵母开头字母的书写形式为依据，而是以韵母的实际发音为依据。例如，韵母 ong 不归入开口呼，而归入合口呼，因其实际发音是[uŋ]，iong 不归入齐齿呼而归入撮口呼，因其实际发音是[yŋ]。

表 1-2　普通话韵母表

结构	四呼			
	开口呼	齐齿呼	合口呼	撮口呼
单韵母	-i[ɿ] -i[ʅ]	i	u	ü
	a			
	o			
	e			
	ê			
	er			
复韵母	ai	ia	ua	üe
	ei	ie	uo	
	ao	iao	uai	
	ou	iou	uei	
鼻韵母	an	ian	uan	üan
	en	in	uen	ün
	ang	iang	uang	
	eng	ing	ueng	
			ong	iong

1. 开口呼韵母

不是 i u ü 或不以 i u ü 开头的韵母属于开口呼。开口呼韵母一共有十五个：a、o、e、ê、-i[ɿ]、-i[ʅ]、er、ai、ei、ao、ou、an、en、ang、eng。

2. 齐齿呼韵母

i 或以 i 开头的韵母属于齐齿呼。齐齿呼韵母一共有九个：i、ia、ie、iao、iou、ian、in、iang、ing。

3. 合口呼韵母

u 或以 u 开头的韵母属于合口呼。合口呼韵母一共有十个：u、ua、uo、uai、uei、uan、uen、uang、ueng、ong。

4. 撮口呼韵母

ü 或以 ü 开头的韵母属于撮口呼。撮口呼韵母一共有五个：ü、üe、üan、ün、iong。

（三）韵母发音的常见问题

普通话与各地方言在韵母上的差异也比较明显，一些在方言里没有的韵母，需要进行学习；一些受方言发音习惯影响容易发错的韵母，需要加以纠正。单韵母发音要掌握正确的舌位、唇形，复韵母发音动程需完整，鼻韵母要掌握正确的归音位置。下面谈一下韵母发音时容易出现的错误和缺陷。

1. 单元音舌位前移

普通话中的单元音 e 为后元音，而受方言影响，一些人读 e 时容易舌位前移，读成央元音[ə]，如将“特色”发成[tʻəsə]。e 发音时要注意舌体后缩，舌面后部隆起和软腭相对。

e 发音例词：特赦 tèshè　　苛刻 kēkè　　隔阂 géhé

2. 单元音 o 和 e 混淆

o 是圆唇音，e 是展唇音，有些方言 o、e 不分。如山东、四川等地只用 o，不用 e；重庆话将“喝”“合”“鹅”中的 e 都念成 o；东北方言中，大多将 o 念成 e，将“波”“泼”“摸”念成 be、pe、me。这些方言区的人说普通话时要注意分辨这两个韵母。

o 发音例词：薄膜 báomó　　泼墨 pōmò　　婆婆 pópo

3. 卷舌元音 er 发不好

单韵母中有一个比较特殊的卷舌元音 er，有些方言区的人发这个韵母的时候往往卷舌不到位，或发得很生硬。发 er 的时候，口形略开，发央元音 e 的同时舌尖向后轻巧地卷起，接近但不接触硬腭。值得注意的是，当 er 韵的字处于第四声时，舌位会变低，开口略大，如“二十”中的 er 韵母。

er 发音例词：儿童 értóng　　因而 yīn’ér　　十二 shí’èr

4. 复韵母单元音化

在一些方言中存在复韵母单元音化现象，吴语最为明显，湘语、闽语、客家话和北方方言区的陕西关中地区、山东济南、云南昆明、安徽合肥、江苏扬州等地都有不同程度的反映。受方言影响，方言区的人说普通话的时候也容易有单元音化倾向。如“代”在上海话中的韵母是[ɛ]，方言区的人会习惯于将“代”的韵母 ai 发成近似于[ɛ]的单元音。发复韵母时，一个元音向另一个元音滑动的过程必须完整，不能压缩或者省略其中的元音音素。

二合韵母发音例词：爱戴 àidài　　吵闹 chǎonào　　兜售 dōushòu

三合韵母发音例词：小桥 xiǎoqiáo　　优秀 yōuxiù　　摧毁 cuīhuǐ

5. 撮口呼韵母 ü 发成齐齿呼韵母 i

普通话的撮口呼、齐齿呼两类韵母在一些方言中会发生混淆。客家话、闽南话、西南官话的部分地区容易将圆唇音 ü 读成展唇元音 i，将“序曲”读成“戏曲”，“买鱼”读成“买疑”。发撮口呼韵母时要注意双唇拢圆，不要向两边展开。

ü 发音例词：区域 qūyù　　语序 yǔxù　　女婿 nǚxu

6. 韵头丢失

普通话中复韵母和鼻韵母的韵头 i 和 ü 在有些方言中不存在。粤语、吴语、西南官话和江淮官话都不同程度存在这种情况。如上海话“队”“吞”里都没有韵母 u。这些方言区的人学习普通话，应该注意增加韵头。

发音例词：归队 guīduì　　论文 lùnwén　　回嘴 huízuǐ

7. 前鼻韵母与后鼻韵母混淆

普通话的前鼻韵母和后鼻韵母的分别非常严整，而很多方言只有一类鼻音韵母。比如上海、南京、福州等地只有后鼻韵母而没有前鼻韵母，而兰州、苏州、汉口、长沙等地只有前鼻韵母而没有后鼻韵母，所以方言区的人学习普通话的鼻韵母一定要把两者的区分读出来。

(1) 掌握发音方法。

前鼻韵母发音的时候，舌头往上齿龈的方向运动，而后鼻韵母发音的时候，舌面逐渐往上抬，舌根朝软腭的方向运动。

前鼻韵母发音例词：

an 发音例词：肝胆 gāndǎn　　参展 cānzhǎn　　泛滥 fànlàn

en 发音例词：根本 gēnběn　　人参 rénshēn　　认真 rènzhēn

in 发音例词：邻近 línjìn　　亲信 qīnxìn　　信心 xìnxīn

后鼻韵母发音例词：

ang 发音例词：苍茫 cāngmáng　　厂商 chǎngshāng　　螳螂 tángláng

eng 发音例词：生成 shēngchéng　　丰盛 fēngshèng　　逞能 chěngnéng

ing 发音例词：精英 jīngyīng　　平静 píngjìng　　命令 mìnglìng

(2) 掌握记忆方法。

前后鼻韵母的记忆方法也有三种：

① 利用形声字声旁类推。

ing 韵母字：青——清、蜻、情、晴、氰、请、精、睛、菁、静、靖、婧

eng 韵母字：正——整、证、征、症、政、怔、惩

例外字举例：拼、姘、邻

② 利用声韵配合规律记忆。

d、t、n、l 一般只与韵母 eng 相拼，不跟 en 相拼（"嫩"除外），如：灯、登、等、邓、瞪、凳、疼、腾、藤、滕、誊、能、棱、冷、楞。

d、t、n 一般只与韵母 ing 相拼，不跟 in 相拼（"您"除外），如：丁、钉、盯、叮、顶、鼎、定、听、厅、亭、停、婷、廷、庭、霆、挺、艇。

b、p、m、f 不与韵母 ong 相拼，只与 eng 相拼，如：崩、绷、甭、蹦、迸、蚌、朋、彭、蓬、捧、碰、蒙、盟、萌、猛、梦、风、丰、封、峰、冯、凤、奉。

③ 记忆单边字。

g、k、h 跟 en 相拼的只有"艮、肯"声旁的字，其余都跟 eng 相拼。

z、c、s 跟 en 相拼的只有"怎、参、岑、涔、森"几个字，其余都跟 eng 相拼。

ueng 只能是零声母音节，而且字很少，只有"翁、嗡、瓮、蓊、蕹"等几个字。

8. 元音鼻化

普通话中的鼻韵母由元音加辅音韵尾构成，而一些方言中没有辅音韵尾，与之对应的是鼻化元音，即发音时气流由口腔和鼻腔同时流出。受方言习惯的影响，方言区人说普通话时，也会将不该鼻化的元音鼻化。训练鼻韵母发音时，应注意先发元音，然后软腭下降，打开鼻腔通道，让气流从鼻腔透出。

发音例词：芬芳 fēnfāng　　　　树林 shùlín　　　　汗衫 hànshān

三、声调

声调也叫字调，是一个音节读法上的高低升降的变化，在汉语中具有区别意义的作用。有声调是汉语的重要特征。如果声调不准确，会导致方言语调明显，影响普通话的标准程度。

（一）调值、调类、四声

声调的实际读法叫调值。普通话的全部字音有四种调值，所以分为四个调类，按传统习惯，称为阴平、阳平、上声、去声，统称"四声"。为了方便记录，一般采用"五度标记法"。

1. 阴平，55 调

发音时声音高且平，是高平调。例如"山"。

2. 阳平，35 调

发音时声音由中度起音向上扬起，是中升调，例如"明"。

3. 上声，214 调

发音时起音比阳平略低，先降后升，是降升调。例如"水"。

4. 去声，51 调

发音时声音从最高降到最低，高起低收，是高降调。例如"秀"。

(二) 声调发音的常见问题

方言和发音技巧导致的声调错误和缺陷主要有以下几种：

1. 调类错误

调类错误是指读错汉字声调调类。如把阴平字“拙”读为阳平，把阳平字“雌”读为阴平字，把上声字“癖”读为去声，把去声字“质”读为上声等。要避免这类错误，需多记易读错的字和多音字。

2. 调值有误

相同的调类，方言与普通话的调值也会有差异。一种情况是调形与普通话不相同，如兰州、西安、南京的阴平读为中降调 31 调；另一种情况是调形与普通话相同，但调值高低不同，例如东北官话阴平调也是平调，但调值比普通话低，读成 44 调或 33 调。这都属于错误或有缺陷的声调。

3. 上声读成半上

普通话中的上声 214 调在四个声调中调长最长，虽然在语流中它可以读成 21 调，但在单念或位于词语、句子末尾时还应该保留原调。如果上声在不该读成半上的地方读成了半上，就成为有缺陷的发音。

4. 有入声现象

方言中有一种声调叫入声。入声读音短促，音节念不长。古汉语和吴语、粤读、闽语、客赣语及北方的山西等地都有入声。例如：上海话中的“七”“笔”都是入声。普通话里已经没有入声现象，如果方言区的人将入声的发音习惯带入普通话，将影响声调的正确发音。

四、语流音变

在语流中，音节之间相互影响，有些音节的读法会发生一些变化，这种现象叫语流音变。普通话的音变现象主要有变调、轻声、儿化和“啊”的变读。

(一) 变调

在语流中，有些音节的声调起了一定的变化，与单念时调值不同，这种变化叫作变调。普通话中的变调主要有上声以及“一”“不”的变调。

1. 上声的变调

上声音节单念或处在词句末尾念原调，在其他音节前调值都会发生变化。

(1) 上声在阴平、阳平、去声、轻声前，即在非上声前，丢掉后半段向上升的部分，变为半上，调值由 214 变为 21。例如：

上声＋阴平

百般 bǎibān　　摆脱 bǎituō　　保温 bǎowēn

省心 shěngxīn	警钟 jǐngzhōng	火车 huǒchē

上声＋阳平

祖国 zǔguó	旅行 lǚxíng	导游 dǎoyóu
改革 gǎigé	朗读 lǎngdú	考察 kǎochá

上声＋去声

广大 guǎngdà	讨论 tǎolùn	挑战 tiǎozhàn
土地 tǔdì	感谢 gǎnxiè	稿件 gǎojiàn

上声＋轻声

矮子 ǎizi	斧子 fǔzi	奶奶 nǎinai
姐姐 jiějie	尾巴 wěiba	耳朵 ěrduo

（2）两个上声相连，前一个上声的调值变为35。① 例如：

上声＋上声

采访 cǎifǎng	起点 qǐdiǎn	引导 yǐndǎo
美满 měimǎn	守法 shǒufǎ	尽管 jǐnguǎn

（3）三个上声相连，末尾音节一般不变调，前面两个音节的变调有两种情况：

① 当词语的结构是双音节＋单音节（“双单格”）时，前面两个上声音节的调值都由214变为35。例如：

手写体 shǒuxiětǐ	展览馆 zhǎnlǎnguǎn	管理组 guǎnlǐzǔ
选举法 xuǎnjǔfǎ	洗脸水 xǐliǎnshuǐ	水彩笔 shuǐcǎibǐ

② 当词语的结构是单音节＋双音节（“单双格”）时，第一个上声的调值由214变为21，读作“半上”，中间的上声调值由214变为35。例如：

党小组 dǎngxiǎozǔ	冷处理 lěngchǔlǐ	耍笔杆 shuǎbǐgǎn
小两口 xiǎoliǎngkǒu	纸老虎 zhǐlǎohǔ	小拇指 xiǎomǔzhǐ

2. “一”“不”的变调

普通话还有“一”“七”“八”“不”的变调。由于普通话中“七”“八”已经趋向于不变调，学习普通话只要求掌握“一”“不”的变调。

（1）“一”的本调和变调。

①“一”在单念或处在词句末尾，以及在序数中的时候不变调，念阴平55。例如：

一 yī	五一 wǔyī	三百零一 sānbǎilíngyī
唯一 wéiyī	初一 chūyī	第一 dìyī

② 在去声音节前变读为35，跟阳平的调值一样。例如：

一半 yībàn	一旦 yīdàn	一定 yīdìng
一度 yīdù	一概 yīgài	一共 yīgòng

③ 在阴平、阳平、上声前，即在非去声前，调值变为51，跟去声的调值一样。例如：

---

① 为全书统一，存在变调现象的音节标原调，请读者注意根据调值发变调。特此说明。

阴平前：

一般 yībān　　一边 yībiān　　一端 yīduān

一生 yīshēng　　一天 yītiān　　一些 yīxiē

阳平前：

一时 yīshí　　一同 yītóng　　一头 yītóu

一行 yīxíng　　一直 yīzhí　　一群 yīqún

上声前：

一起 yīqǐ　　一手 yīshǒu　　一体 yītǐ

一统 yītǒng　　一早 yīzǎo　　一准 yīzhǔn

（2）“不”的本调和变调。

①“不”单念或处于词句末尾时不变调，读去声 51，在非去声前也读去声 51。例如：

单念时：

不 bù　　我偏不 wǒpiānbù

阴平前：

不吃 bùchī　　不说 bùshuō　　不听 bùtīng

阳平前：

不行 bùxíng　　不能 bùnéng　　不如 bùrú

上声前：

不满 bùmǎn　　不朽 bùxiǔ　　不管 bùguǎn

② 在去声音节前调值变为 35，跟阳平的调值一样。例如：

不必 bùbì　　不变 bùbiàn　　不错 bùcuò

不待 bùdài　　不要 bùyào　　不但 bùdàn

“一”嵌在重叠式的动词之间，“不”处于动词或形容词之间、动词和补语之间，都轻读。例如：听一听、学一学、穿不穿、谈不谈、会不会、缺不缺、红不红、好不好、看不清、起不来。

（二）轻声

1. 什么是轻声

轻声是四声的一种特殊音变。一些音节由于长期处于口语轻读音节的地位，从而失去原有声调的调值，变成一种又短又轻的调子，这就是轻声。轻声音节不能独立存在，一般以单音节形式出现在较为固定的词语中，例如，在“杯子、石头、我们、云彩”这些词语中的“子、头、们、彩”都读得又轻又短，这就是轻声。话语中也有轻声，通常没有固定的词语结构形式，我们称它为“语流轻声”，例如：“太阳的脸红起来了”“慈爱的水手决定放开它”，句中加着重号的字也读轻声。

轻声一般具有区别词义和词性的作用。如：“挖地道（dào）”和“这人不地道（dao）”中轻声词和非轻声词的词义、词性完全不同。

2. 轻声的语音特性

从声学上分析，轻声音节的能量较弱，这是音高、音长、音强、音色综合变化的结果。

轻声和音长的关系最为密切。轻声音节一般短于正常重读音节的长度，读音短是轻声的主要特点。轻声读音还比较轻，音强较弱。轻声音节也有音高，但它的音高不固定，受前一个音节声调的影响而发生高低不同的变化。普通话轻声音节的变化可以分为以下两种类型：

（1）当前面一个音节的声调是阴平、阳平、去声的时候，后面一个轻声音节的调形是短促的低降调，调值为$\underline{31}$（调值下加短横线表示音长短，下同），其中去声后面的轻声比阴平、阳平后面的轻声更低。例如：

阴平＋轻声

庄稼 zhuāngjia　　桌子 zhuōzi　　说了 shuōle　　哥哥 gēge

先生 xiānsheng　　休息 xiūxi　　哆嗦 duōsuo　　姑娘 gūniang

阳平＋轻声

头发 tóufa　　房子 fángzi　　孩子 háizi　　婆婆 pópo

萝卜 luóbo　　泥鳅 níqiu　　粮食 liángshi　　胡琴 húqin

去声＋轻声

豆腐 dòufu　　扇子 shànzi　　漂亮 piàoliang　　弟弟 dìdi

丈夫 zhàngfu　　意思 yìsi　　困难 kùnnan　　骆驼 luòtuo

（2）当前面一个音节的声调是上声的时候，后面一个轻声音节的调形是短促的半高平调，调值为$\underline{44}$。例如：

上声＋轻声

耳朵 ěrduo　　斧子 fǔzi　　口袋 kǒudai　　姐姐 jiějie

喇叭 lǎba　　老实 lǎoshi　　脊梁 jǐliang　　马虎 mǎhu

轻声音节的音色也或多或少发生变化。最明显的是韵母发生弱化，例如元音（指主要元音）舌位趋向中央，如“豆腐”“棉花”。声母也可能产生变化，不送气的清塞音、清塞擦音声母 b、d、g 等变为相应的浊音声母。例如：“胳膊”“我的”“哥哥”。

3. 轻声词

普通话中大部分轻声词语在习惯上读轻声，这是长久形成的语言习惯，如“亲家、姑娘、脑袋、别扭”等等。普通话中一些读轻声的语法成分是有规律的，掌握这些规律可以记住相当数量的轻声词。下面一些成分在普通话中常读轻声：

（1）助词“的、地、得、着、了、过”。例如：

慢慢地 mànmande　　做得好 zuòdehǎo　　笑着说 xiàozheshuō

吃了饭 chīlefàn　　去过北京 qùguoběijīng

（2）语气词“吧、吗、啊、呢”等。例如：

放心吧 fàngxīnba　　好了吗 hǎolema　　谁啊 shéia　　你呢 nǐne

（3）构词后缀“子、头”和表示群体的“们”等。例如：

儿子 érzi　　木头 mùtou　　我们 wǒmen

（4）名词、代词后面表示方位的语素或词。例如：

桌上 zhuōshang　　地下 dìxia　　家里 jiāli

(5) 动词、形容词后面表示趋向的词“来、去、起来、下去”。例如：

进来 jìnlai　过去 guòqu　抬起来 táiqilai　躺下去 tǎngxiaqu

(6) 叠音名词、单音节动词的重叠形式。例如：

妈妈 māma　弟弟 dìdi　娃娃 wáwa　坐坐 zuòzuo

(7) 带有很强口语色彩的四音节词中，第二个音节无实际意义，一般读轻声。例如：

黑不溜秋 hēibuliūqiū　糊里糊涂 húlihútú　稀里哗啦 xīlihuālā

普通话水平测试用必读轻声词语表(举例)

1. 略有规律的轻声语素

巴：尾巴　下巴　哑巴　眨巴　嘴巴

当：行当　妥当　稳当

夫：大夫　工夫　功夫　姐夫　丈夫

家：东家　娘家　婆家　亲家　人家

匠：木匠　石匠　铁匠

快：凉快　勤快　爽快

量：打量　商量　思量

气：福气　客气　阔气　力气　脾气　小气　秀气　运气

人：爱人　媒人　丈人

实：结实　老实　扎实　壮实

爷：大爷　老爷　少爷

以“打”开头的词语：打扮　打点　打发　打量　打算　打听

2. 亲属称谓

大爷　弟兄　闺女　姐夫　老婆　女婿　媳妇　兄弟　丈夫　丈人　亲家

3. 动物

苍蝇　刺猬　骆驼　狐狸　蛤蟆　跳蚤

4. 植物

甘蔗　核桃　萝卜　胡萝卜　石榴　芝麻　高粱　粮食　庄稼

5. 身体

脑袋　头发　眉毛　眼睛　嘴巴　舌头　下巴　耳朵　胳膊　巴掌　指头　指甲　屁股　尾巴　骨头　脊梁

6. 疾病

咳嗽　痢疾　疟疾　疙瘩　膏药　迷糊　糊涂

(三) 儿化

1. 什么是儿化

普通话口语中，“儿”失去独立性，与前面音节结合在一起，使前一音节的韵母发生变化带上卷舌色彩，这种现象叫作儿化。带上了卷舌色彩的韵母叫作儿化韵。

2. 儿化的作用

儿化一般有区别词义、词性的作用。如“他是我们的头儿(领导)”“他能用头(脑袋)顶球”这两句话中，“头儿”“头”词义不同。“画得真好”和“这画儿真好”这两句话中，“画”是动词，而“画儿”是名词。

儿化有时也会赋予词语特定的色彩，如表示细小、亲切、轻松、喜爱。普通话中许多带“小”字的词都可以儿化，例如：“小嘴儿”“小脸蛋儿”“小孩儿”。

儿化是北京语音的特色，有些儿化虽然没有上述功能，但在口语中被大家普遍使用，如“冰棍儿”“聊天儿”“玩儿”“心眼儿”“有点儿”，这些词如果不儿化，就会显得不够自然，缺少普通话的韵味儿。

3. 儿化韵的发音

韵母儿化之后，受卷舌动作的影响，一般都会发生一定的音变。儿化韵的音变条件取决于韵腹元音是否能与卷舌动作共存。如果原来韵母的发音动作与卷舌动作不冲突，就直接加卷舌动作；如果原韵母的发音动作与卷舌动作有冲突，就需要改变原来的韵母再加卷舌动作。儿化的主要音变规律如下：

(1) 主要元音为 a、o、e、ê、u 的韵母，儿化时直接卷舌。例如：

a—ar：花儿　　ia—iar：豆芽儿　　ua—uar：牙刷儿　　o—or：土坡儿
uo—uor：大伙儿　　e—er：小车儿　　iê—iêr：半截儿　　üê—üêr：丑角儿
u—ur：眼珠儿　　ou—our：纽扣儿　　iou—iour：抓阄儿　　ao—aor 半道儿
iao—iaor：小鸟儿

(2) 以 i 和 n 为韵尾，韵尾丢掉后卷舌。韵母是 in、ün 的，丢掉韵尾后 i、ü 仍然没法卷舌，这时就需加上央元音 e 再卷舌。例如：

ai—ar：锅盖儿　　an—ar：竹竿儿　　ian—iar：小辫儿　　uai—uar：一块儿
uan—uar：好玩儿　　üan—üar：烟卷儿　　ei—er：刀背儿　　en—er：书本儿
uei—uer：跑腿儿　　uen—uer：打盹儿　　in—ier：背心儿　　ün—üer：花裙儿

(3) 韵母是 i、ü，在后面增加央元音 e，然后卷舌。例如：

i—ier：米粒儿　　ü—üer：有趣儿

(4) 韵母是 zi、ci、si 和 zhi、chi、shi 后面的元音 -i[ɿ]或 -i[ʅ]，直接替换成[ər]。例如：

-i[ɿ]—er：瓜子儿　-i[ʅ]—er：没事儿

(5) 后鼻韵尾 ng，丢掉韵尾，主要元音带鼻音并卷舌。韵母是 ing 的，丢掉韵尾后，加上央元音 e，并使 e 鼻化后再卷舌。例如：

ang—ãr：药方儿　赶趟儿　　iang—iãr：鼻梁儿　透亮儿
eng—ẽr：门缝儿　板凳儿　　uang—uãr：蛋黄儿　沾光儿
ing—iẽr：花瓶儿　打鸣儿　　ong—ẽr：小虫儿　酒盅儿
iong—üẽr：小熊儿　　ueng—uẽr：水瓮儿

4. 儿化发音的主要问题

（1）“儿”与前面的音节分开读，或儿化韵缺少卷舌色彩。儿化词语中的“儿”不是一个独立的音节而只是一个形容性符号，表示韵母后面紧接的一个卷舌动作，“儿”不能念成单独的音节。念好儿化还需掌握好儿化的发音规律，尤其是原韵母的发音动作与卷舌动作有冲突时，需通过增音、减音、替换的方式改变原韵母的结构，然后再加卷舌动作。

（2）不能根据语境和语体使用好儿化。儿化的使用也受到语体和语境的影响，新名词、术语、外来词以及带有庄严色彩的书面词汇儿化极少，这样的词语应注意避免儿化。在轻松随意的语体和语境中，儿化的使用会有所增加，但在使用中也要注意度，儿化过多会使语言显得过于随意。

（四）“啊”的变读

“啊”做词句末尾语气词的时候，常常受到前面音节末尾韵母或韵尾的影响而产生音变，我们把这种现象称为“啊”的变读。口语中“啊”的变读可以归纳出六种情况，主要包括连读同化和连读增音两种类型。

1. 连读同化

语流中，为了使音节的组合更为协调，语气词“啊”与前面的音素产生连读。具体有以下几种情况：

（1）前一音节末尾是 i 时，“啊”读作 ya。例如：

你啊—你呀　i+a ⟶ ia

（2）前一音节末尾是 n 时，“啊”读作 na。例如：

天啊—天哪　n+a ⟶ na

（3）前一音节末尾是 u 时，“啊”读作 wa。例如：

苦啊、好啊—苦哇、好哇　u+a ⟶ wa

（4）前一音节末尾是 ng 时，“啊”读作 nga。例如：

娘啊　ng+a ⟶ nga

（5）前一音节末尾是－i[ɿ]时，“啊”读作 za。例如：

字啊　－i[ɿ]+a ⟶ za

（6）前一音节末尾是－i[ʅ]时，“啊”读作 ra。例如：

是啊　－i[ʅ]+a ⟶ ra

2. 连读增音

为了使两个音节界限更加分明，在“a、o、e、ê、ü”与“a”之前增加了一个“i”，“啊”就变成了“呀”。例如：

他啊—他呀　a+a ⟶ ia

说啊—说呀　o+a ⟶ ia

热啊—热呀　e+a ⟶ ia

道谢啊—道谢呀　ê+a ⟶ ia

鱼啊—鱼呀　　　　ü+a⟶ia

“啊”的变读有着比较严整的变化规则，但在实际口语使用中，因个人习惯和语境、语体的不同，“啊”的音变也不是那么整齐划一，普通话水平测试对“啊”音变的考查主要放在“朗读”这一项。

第三节　普通话测试

一、普通话水平测试概述

(一) 普通话水平测试的发展历史

普通话水平测试是一项大规模的国家级通用语口语测试。1994 年 10 月，国家语委、国家教委、广电部联合下发《关于开展普通话水平测试工作的决定》，并同时下发了《普通话水平测试实施办法(试行)》，这标志着国家普通话水平测试作为国家的一项语文政策正式实施。在此之前，这项工作已经做了十几年的准备。

新中国成立以来，推广普通话的工作一直是国家语文政策的一个重要方面。推普工作不断发展，推广的面扩大了，推普的质量怎样保证，怎样提高，就成为大家关注的问题。如何提高和检验推普工作的质量，这不单是政策问题，更重要的是学术问题、科学问题。国内外曾产生过几十个普通话考试的方案，其中较有代表性的有北京市语言学会、国家语委、云南大学等研制的方案。在一系列准备工作的基础上，国家语委于 1994 年推出了普通话水平测试实施办法和等级标准。所以，普通话水平测试是推普工作发展到一定阶段后必然产生的科学化产物。

2007 年起，计算机辅助普通话水平测试在实用层面迈出步伐，这是测试手段的历史性变革。到目前为止，计算机辅助测试已实现对“读单音节字词”“读多音节词语”“朗读短文”“命题说话(人机共同评测)”四项内容的自动评测。计算机辅助测试实现了测试手段的自动化，大大提高了测试效率，为普通话测试的发展提供了前所未有的动能。

(二) 普通话水平测试的性质

普通话水平测试的性质是什么？首先，普通话水平测试是应试人的母语标准语水平测试，不是外语测试。其次，普通话水平测试是语言运用能力的测试，主要是侧重语言形式规范程度的测试，不是语言知识的测试，也不是表达技巧的测试。再次，应试人都是有一定文化的成年人，一般已经基本掌握全国统一的普通话书面语，所要测试的语言能力主要是从方言转到标准语的口语运用能力。最后，掌握知识和培养能力的过程是一个从极端生疏到完全熟练的连续体，一个人的成就水平总是落在这个连续体的某一点上。普通话水平测试以普通话语音、词汇、语法规范(一级甲等)为参照标准，通过评定应试人普通话水平接近这一标准的程度，评定他的水平等级。

从以上情况可以看出，普通话水平测试是对应试人运用普通话所达到的规范程度的检测，以此来确定他是否达到工作岗位所要求的最低标准，而不是要选拔优秀者，淘汰水平差的人，并不需要通过测试分清应试人之间的相对水平差别。因此，PSC 基本上属于目前比较通行的标准参照性和达标性测试。

（三）普通话水平测试的对象

1994 年 10 月，国家语委、国家教委、广电部《关于开展普通话水平测试工作的决定》指出：社会主义市场经济的迅速发展和语言文字信息处理技术的不断革新，使推广普通话的紧迫性日益突出。掌握并使用一定水平的普通话是社会各行各业人员，特别是教师、播音员、节目主持人、演员等专业人员必备的职业素质。因此，有必要在一定范围内对某些岗位的人员进行普通话水平测试，并逐步实行普通话等级证书制度。

2001 年 1 月，国家颁布的《中华人民共和国国家通用语言文字法》规定：凡以普通话作为工作语言的岗位，其工作人员应当具备说普通话的能力。以普通话作为工作语言的播音员、节目主持人和影视话剧演员、教师、国家机关工作人员的普通话水平，应当分别达到国家规定的等级标准；对尚未达到国家规定的普通话等级标准的，分别情况进行培训。

（四）普通话水平测试的等级

普通话水平测试等级标准分为三级六等。普通话是一种标准语，从理想要求说，应当每个人都说一口标准的普通话才好，可这个要求既不可能，也没必要。普通话的标准只有一个，全国必须统一，但是对不同的人说普通话的水平只能根据他所从事的工作的实际需要提出不同程度的要求。这就是把普通话水平仍分为三级六等的出发点。在以后相当长的时期内不可能也不必要要求全社会每个人都达到一级水平。

三个级别的标准，如果要进行总的描述，有人主张描述为：一级，标准的普通话；二级，比较标准的普通话；三级，不很标准的普通话。国家普通话水平测试大纲对等级标准（试行）的较具体的描述为：

一级甲等：朗读和自由交谈时，语音标准，词汇、语法正确无误，语调自然，表达流畅。测试总失分率在 3%以内。

一级乙等：朗读和自由交谈时语音标准，词汇、语法正确无误，语调自然，表达流畅。偶然有字音、字调失误。测试总失分率在 8%以内。

二级甲等：朗读和自由交谈时，声韵调发音基本标准，语调自然，表达流畅。少数难点音（平翘舌音、前后鼻尾音、边鼻音等）有时出现失误。词汇、语法极少有误。测试总失分率在 13%以内。

二级乙等：朗读和自由交谈时，个别调值不准，声韵母发音有不到位现象。难点音较多（平翘舌音、前后鼻尾音、边鼻音、fu—hu、z—zh—j、送气不送气、i—ü 不分、保留浊塞音、浊塞擦音、丢介音、复韵母单音化等）、失误较多。方言语调不明显。有使用方言词、方言语法的情况。测试总失分率在 20%以内。

三级甲等：朗读和自由交谈时，声韵母发音失误较多，难点音超出常见范围，声调调值多不准。方言语调较明显。词汇、语法有失误。测试总失分率在30%以内。

三级乙等:朗读和说话时,声韵调发音失误多,方音特征突出。方言语调明显。词汇、语法失误较多。外地人听其谈话有听不懂情况。测试总失分率在40%以内。

根据这个标准,三级六等的分值划定为:

一级甲等	97分——100分	乙等	92分——
二级甲等	87分——	乙等	80分——
三级甲等	70分——	乙等	60分——

中小学教师、师范院校教师和毕业生要求达到二级,语文科教师应略高于其他学科教师的水平。专门从事普通话语音教学工作的教师和播音员、演员应达到一级水平。国家公务员一般要求达到三级甲等水平。

二、普通话水平测试内容及评分标准

(一) 测试形式

为了突出语音检测的要求,普通话水平测试一律采用口试方式。读单音节字词、多音节词语、选择判断(选测)、朗读短文部分是有文字凭借的测试,主要对应试人使用语音、词汇、语法的标准程度和朗读水平进行检测。命题说话部分属于无文字凭借测试,全面检测和评估应试人使用普通话时所达到规范程度。

目前的普通话水平测试采用计算机辅助评分,"读单音节字词""读多音节词语""朗读短文"测试项由计算机自动评测;"选择判断""命题说话"项,由2位测试员评分,或报国家测试机构同意后试行测试系统加1位测试员评分。

(二) 测试内容

普通话水平测试试卷包括5个测试项,其中"选择判断"为选测项。目前各省(自治区、直辖市)主要采用4种题型的测试卷,测试内容为:

(1) 读单音节字词100个。占10分。

(2) 读多音节词语,共100个音节。占20分。

(3) 朗读短文400字(不含标点符号),作品题号抽签决定。占30分。

(4) 命题说话,据抽签确定的话题说话3分钟(不少于3分钟)。占40分。

(三) 各项内容的测试目的和评分标准

每项内容的测试都有具体明确的目的,试卷编制也有规定的语音配置,达到一定的信度、难度、区别度,才能起到评定水平的作用。

(1) 读单音节字词(100个音节),限时3.5分钟,共10分。

样题:

昼　八　迷　先　毡　皮　幕　美　彻　飞

鸣　破　捶　风　豆　蹲　霞　掉　桃　定

宫 铁 翁 念 劳 天 旬 沟 狼 口
靴 娘 嫩 机 蕊 家 跪 绝 趣 全
瓜 穷 屡 知 狂 正 裘 中 恒 社
槐 事 轰 竹 掠 茶 肩 常 概 虫
皇 水 君 人 伙 自 滑 早 绢 足
炒 次 渴 酸 勤 鱼 筛 院 腔 爱
鳖 袖 滨 竖 搏 刷 瞟 帆 彩 愤
司 滕 寸 峦 岸 勒 歪 尔 熊 妥

测试目的：考查应试人普通话声母、韵母、声调的发音。

试题配置：100 个音节中，每个声母出现次数一般不少于 3 次；每个韵母出现次数一般不少于 2 次。4 个声调出现次数大致均衡。

评分标准：

① 语音错误，每个音节扣 0.1 分。这里的语音错误指声母、韵母或声调中任何一项错误。

② 语音缺陷，每个音节扣 0.05 分。

③ 超时 1 分钟以内，扣 0.5 分；超时 1 分钟以上(含 1 分钟)，扣 1 分。

④ 一个字词允许即时改读一次，按改读后的读音评分。隔字改读无效。

朗读要求：

① 字词应横向朗读。

② 声音响亮，字词的声母、韵母读音要准确到位。

③ 声调要完整读出字的本调，单字调形完整，调值正确，音长适当。特别注意上声 214 念完整。

易读错的字音举例：

瞥 piē	踹 chuài	饷 xiǎng	蹿 cuān	窜 cuàn	攥 zuàn	篡 cuàn
捅 tǒng	曳 yè	涮 shuàn	抻 chēn	颌 hé	篾 miè	跷 qiāo
抠 kōu	撅 juē	厥 jué	蹭 cèng	揪 jiū	癞 lài	癖 pǐ
褶 zhě	砷 shēn	垮 kuǎ	靶 bǎ	矫 jiǎo	酚 fēn	酉 yǒu
掠 lüè	鳍 qí	瓮 wèng	捻 niǎn	苯 běn	舂 chōng	缫 sāo
吮 shǔn	戳 chuō	穗 suì	吠 fèi	铡 zhá	撵 niǎn	赘 zhuì
募 mù	瘠 jí	髻 jì	膺 yīng	拈 niān	绺 liǔ	锹 qiāo
啮 niè	箔 bó	膘 biāo	撰 zhuàn	秸 jiē	秆 gǎn	摞 luò
绥 suí	禀 bǐng	履 lǚ	攫 jué	锚 máo	禹 yǔ	尹 yǐn

(2) 读多音节词语(100 个音节)，限时 2.5 分钟，共 20 分。

样题：

取得 阳台 儿童 板凳儿 混淆 衰落 分析 防御
沙丘 管理 此外 便宜 光环 塑料 扭转 加油
队伍 挖潜 女士 科学 手指 策略 抢劫 森林

侨眷 模特儿 港口 没准儿 干净 日用 紧张 炽热
群众 名牌儿 沉醉 快乐 窗户 财富 应当 生字
奔跑 晚上 卑劣 包装 洒脱 现代化 委员会 轻描淡写

测试目的：除考查应试人声母、韵母和声调的发音外，还要考查上声变调、儿化韵和轻声的读音。

试题配制：近50个词语可视为100个单音节，声母、韵母的出现次数大体与单音节字词的要求相同。此外，上声和上声相连的词语不少于3个，上声和非上声相连的词语不少于4个；轻声不少于3个；儿化不少于4个(应为不同的儿化韵)，词语的排列要避免同一测试要素连续出现。

评分标准：

① 读错一个音节，扣0.2分。

② 读音有明显缺陷每次扣0.1分。

③ 超时1分钟以内扣0.5分，超时1分钟以上(含1分钟)扣1分。

④ 一个词语允许即时改读一次，按改读后的读音评分。隔词改读无效。

朗读要求：

① 双音节词语已经是语流的片段，除字音以外，还要注意轻声、儿化、变调等音变现象，儿化词必须按照儿化的音变形式读出，不能读成三个音节。

② 念词语时，非轻声词语的后一个音节尽量念完整。特别是后一个音节是上声调时，不要把声调214的后半部分“吃掉”，念成21。其他声调也有类似的问题，避免读成类似轻声的调子。

③ 异读词或多音字应根据语境选择正确读音。

(3) 朗读短文(1篇，400个音节)，限时4分钟，共30分。

样题：作品5号

这是入冬以来，胶东半岛上第一场雪。

雪纷纷扬扬，下得很大。开始还伴着一阵儿小雨，不久就只见大片大片的雪花，从彤云密布的天空中飘落下来。地面上一会儿就白了。冬天的山村，到了夜里就万籁俱寂，只听得雪花簌簌地不断往下落，树木的枯枝被雪压断了，偶尔咯吱一声响。

大雪整整下了一夜。今天早晨，天放晴了，太阳出来了。推开门一看，嗬！好大的雪啊！山川、河流、树木、房屋，全都罩上了一层厚厚的雪，万里江山，变成了粉妆玉砌的世界。落光了叶子的柳树上挂满了毛茸茸亮晶晶的银条儿；而那些冬夏常青的松树和柏树上，则挂满了蓬松松沉甸甸的雪球儿。一阵风吹来，树枝轻轻地摇晃，美丽的银条儿和雪球儿簌簌地落下来，玉屑似的雪末儿随风飘扬，映着清晨的阳光，显出一道道五光十色的彩虹。

大街上的积雪足有一尺多深，人踩上去，脚底下发出咯吱咯吱的响声。一群群孩子在雪地里堆雪人，掷雪球儿，那欢乐的叫喊声，把树枝上的雪都震落下来了。

俗话说，“瑞雪兆丰年”。这个话有充分的科学根据，并不是一句迷信的成语。寒冬大雪，可以冻死一部分越冬的害虫；融化了的水渗进土层深处，又能供应……

节选自峻青《第一场雪》

测试目的：考查应试人用普通话朗读书面材料的水平，在考查声母、韵母、声调读音标准程度的同时，重点考查连读音变、停连、语调及流畅程度。

评分标准：

① 对每篇材料的前 400 个音节（不包括标点）作累积计算，每个语音错误扣 0.1 分，漏读或增读 1 个音节扣 0.1 分。

② 声母或韵母的系统性语音缺陷，视程度扣 0.5 分、1 分。

③ 语调偏误，视程度扣 0.5 分、1 分、2 分。这里的语调偏误包括声调不准确直接影响普通话语调；违背普通话词语的轻重音格式；重音错误；语调节奏的方言色彩，包括语速、停顿、节拍群与普通话的差异。

④ 停连不当，视程度扣 0.5 分、1 分、2 分。停连不当指不恰当的停顿或连接造成对词语的肢解或对语义的误解。

⑤ 朗读不流畅（包括回读），视程度扣 0.5 分、1 分、2 分。

⑥ 限时 4 分钟，超时扣 1 分。

朗读要求：

① 朗读熟练，不回读，不漏字。

② 语速适中。按正常速度朗读 400 个音节，约需两分半钟。

③ 读好音变。

轻声。除了带“头”“子”和规定读轻声的词语外，注意方位词、人称代词复数词缀、趋向动词的念法。例如：

a. 在船上，为了看日出……

b. 有时太阳走入云里……

c. 我知道太阳要从那天际升起来了……

d. ……却见它们可爱的鲜红小嘴儿从绿叶中伸出来……

e. ……扭动滚圆的身子，挤开那些绿叶钻进去……

f. 我们家后园有半亩空地……

g. 母亲说：“今晚我们过一个收获节，请你们父亲也来尝尝我们的新花生，好不好？”

h. 把我养的一头老黄牛从深山里找回来……

儿化。除了按儿化要求发好儿化韵之外，还应辨别哪些地方应该儿化。凭借短文的文字材料判断该不该儿化有以下三种情况：

词语后带“儿”，要儿化。如：

a. 慢慢儿

b. 小鸟儿

c. 一阵儿、一会儿、雪球儿、雪末儿、银条儿词语后不带“儿”，也要儿化。

a. 男孩(儿)
b. 小心眼(儿)、一圈(儿)

带“儿”的词语，却不是儿化韵，“儿”是独立的一个音节。这一类儿化虽然没有实义，但在朗读中起到协调节律，强化节奏感的特殊作用。

a. 从中传出笛儿般又细又亮的叫声……
b. 新来的日子的影儿……
c. ……骑到牛背上让牛儿……

形容词重叠式变调。一些ABB式单音节形容词如：软绵绵、毛茸茸、沉甸甸，重叠部分可变读成阴平，也可以不变读。形容词AA式的重叠部分则要发生音变。如：慢慢儿、好好儿。

避免“停顿不当”，至关重要的是避免破词破句。如：

a. 真好！朋友送我一对珍珠/鸟。
b. 喂猪的老头儿在墙根靠着，笑盈盈地看着他/的两头小白猪……
c. 牛/背上牧童的短笛，这时候也成天嘹亮地响着。

避免“方言语调”。

(4) 命题说话，限时3分钟，共40分。

样题：

我的愿望(或理想)

谈谈科技发展与社会生活

测试目的：考查应试人在没有文字凭借的情况下说普通话的水平。重点考查语音标准程度、词汇语法规范程度和自然流畅程度。

测试要求：

① 应试人从给定的两个话题中选定一个话题，连续说一段话，不得少于3分钟。

② 应试人单向说话。如有明显背稿、离题、说话长时间停顿等表现，根据评分标准扣相应的分数。

评分标准：此项成绩40分，其中包括语音标准程度30分，词汇语法规范程度5分，自然流畅程度5分。

① 语音标准程度，共30分。分六档：

一档：语音标准，或极少有失误。扣0分、1分、2分。

二档：语音错误在10次以下，有方音但不明显。扣3分、4分。

三档：语音错误在 10 次以下，但方音比较明显；或语音错误在 10 次至 15 次之间，有方音但不明显。扣 5 分、6 分。

四档：语音错误在 10 次至 15 次之间，方音比较明显。扣 7 分、8 分。

五档：语音错误超过 15 次，方音明显。扣 9 分、10 分、11 分。

六档：语音错误多，方音重。扣 12 分、13 分、14 分。

② 词汇语法规范程度，共 5 分。分三档：

一档：词汇、语法规范。扣 0 分。

二档：词汇、语法偶有不规范的情况。扣 1 分、2 分。

三档：语言不连贯，语调生硬。扣 3 分、4 分。

说话不足 3 分钟，酌情扣分：缺时 1 分钟以内(含 1 分钟)，扣 1 分、2 分、3 分；缺时 1 分钟以上，扣 4 分、5 分、6 分；说话不满 30 秒(含 30 秒)，本测试项成绩计为 0 分。

说话要求：

① 把注意力放在语音语调上，咬字准确清晰，语速适中，避免方言语调。

② 避免方言词汇、语法现象，不用方言语气词。

③ 紧扣话题展开内容，不说明显与话题无关的话，不偏离话题范围和主题。

④ 说话时自然流畅，避免多次出现字词句重复及口头禅或“嗯、呃、然后”等冗余成分。

⑤ 尽量口语化，不夸张、不做作，避免“背书腔”。

三、普通话水平测试流程

计算机辅助普通话水平测试由信息采集、测试等环节组成。现将具体考试流程介绍如下：

(一) 信息采集

考试前，管理人员会采集应试人的身份证信息、照片作为本次测试的认证信息，采集的照片也将用于普通话水平测试等级证书。

信息采集的步骤为：

1. 身份验证

应试人将身份证贴到终端设备相应的位置进行身份信息验证。

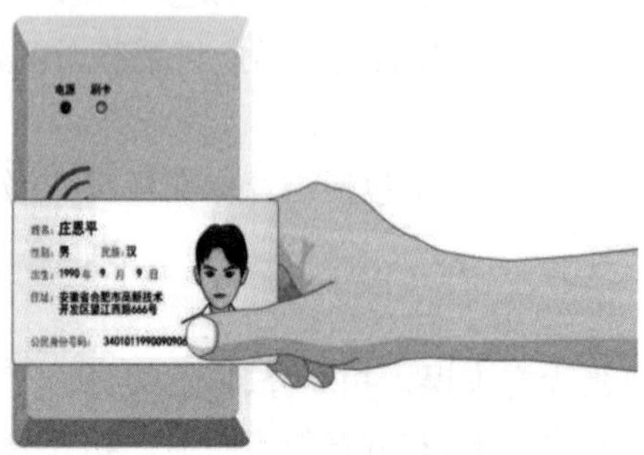

图 1-1　身份信息验证示意图

2. 照片采集

应试人坐到指定位置采集照片，采集时应试人眼睛看向摄像头。

图 1－2　照片采集示意图

3. 系统抽签

系统将随机自动分配考位号给应试人，应试人需记住自己的考位号。

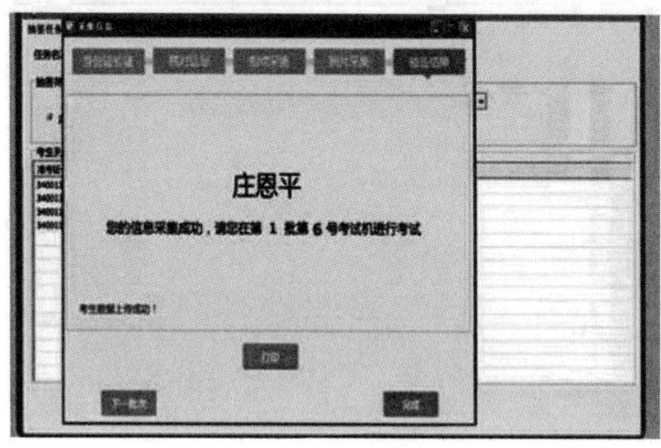

图 1－3　系统抽签界面

（二）测试

1. 登录

应试人根据分配到的考试号找到对应的测试机房。进入测试机房后，面部正对屏幕，在规定时间内完成人脸识别验证。

图 1-4　考生登录界面

2. 核对信息

人脸识别验证通过后，电脑上会弹出应试人的个人信息，应试人认真核对，确认无误后点击“确定”按钮进入下一环节。

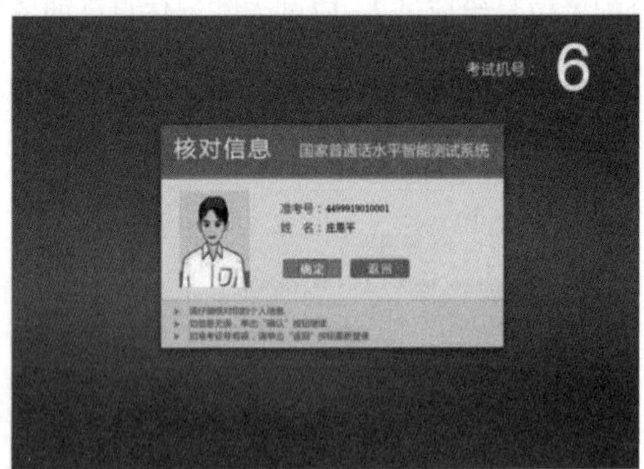

图 1-5　核对信息界面

3. 佩戴耳机

按照屏幕提示戴上耳机，可以将麦克风调整到距嘴边 2—3 厘米处，准备试音。

图 1-6　佩戴耳机示意图

4. 试音

当进入试音页面后，应试人会听到系统的提示语“现在开始试音”，请在听到“嘟”的一声后以适中的音量和语速朗读文本框中的试音文字。试音结束后，系统会提示试音成功与否。若试音失败，页面将弹出提示框，“请点击‘确认’按钮重新试音”。若试音成功，页面同样会弹出提示框“试音成功，请等待考场指令！”

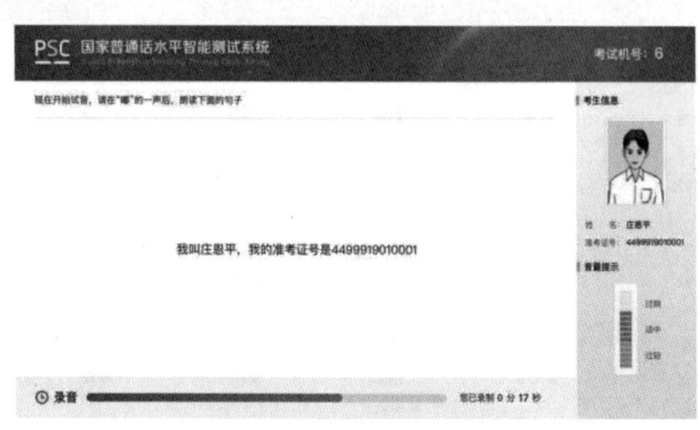

图 1－7　试音界面

5. 正式测试

普通话水平测试共有 4 项内容，系统会依次显示各项内容，应试人只需根据屏幕显示的试题进行考试。每项试题前都有一段语音提示，应试人在提示语结束并听到“嘟”的一声后开始朗读。朗读过程中，应做到吐字清晰，语速适中，音量同试音时保持一致。朗读时，需注意主屏下方时间进度条的时间提示，确保在规定的时间内完成每项考试。

（1）第一题，读单音节字词，限时 3.5 分钟。

当系统进入第一题时，应试人会听到系统的提示语。提示语结束并听到“嘟”的一声后，应试人可以开始朗读试卷内容。如果提前读完，无须等待，点击右下角“下一题”按钮进入第二题考试。

第 1 题　读单音节字词

PSC 国家普通话水平智能测试系统　考试机号：6

一、读单音节字词（100个音节，共10分，限时3.5分钟），请横向朗读。

郝	缺	瓷	酸	捺	虞	坑	概	选	仕
耳	滕	苍	粉	遍	垮	谈	热	品	熊
摅	赛	虫	擀	房	拐	凑	铡	永	踞
黑	弱	修	鼎	裘	端	准	膀	龚	抵
群	搜	船	笔	溃	蛙	绫	诏	奎	绢
拈	甩	碟	郡	皇	嫩	翁	帛	家	犊
略	雅	票	乳	颇	外	嗓	臻	雪	进
沏	魂	幂	脑	宽	甜	寡	鬓	窦	姬
坐	柔	秒	杯	冷	安	腿	尊	凡	柯
存	管	水	酿	爽	眸	药	产	绵	迟

考生信息　姓　名：庄恩平　准考证号：4499919010001　音量提示　偏大　适中　偏小

录音　您已录制 0 分 17 秒　下一题

图 1－8　读单音节字词界面

(2) 第二题，读多音节词语，限时 2.5 分钟。

应试人在提示语结束并听到“嘟”的一声后开始朗读，第二题读完后可立即点击“下一题”。

第 2 题　读多音节词语

图 1-9　读多音节词语界面

(3) 第三题，朗读短文，限时 4 分钟。

应试人在提示语结束并听到“嘟”的一声后开始朗读，第三题读完后可立即点击“下一题”。朗读时应保持音量稳定，音量大小与试音音量一致，音量过低会导致评测失败。

第 3 题　朗读短文

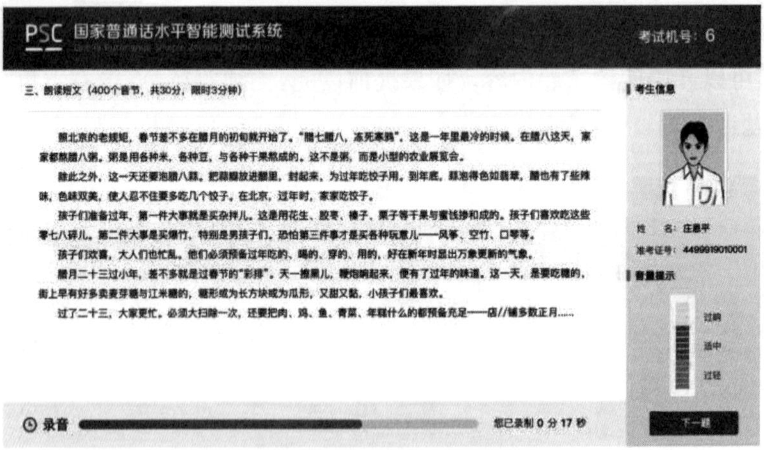

图 1-10　朗读短文界面

(4) 第四题，命题说话。

进入命题说话项后，应试人在说话前按系统提示音要求点击鼠标，选择一个说话题目。命题说话必须说满 3 分钟，3 分钟后，系统会自动弹出相应提示框“考试完成，请摘下耳机，安静离开考场”。命题说话内容需符合所选话题，离题或不具有评判价值的语料均会导致丢分。不能携带与考试相关的文字材料或电子材料进入测试室,如违反规定将取消考试资格。

第4题 命题说话

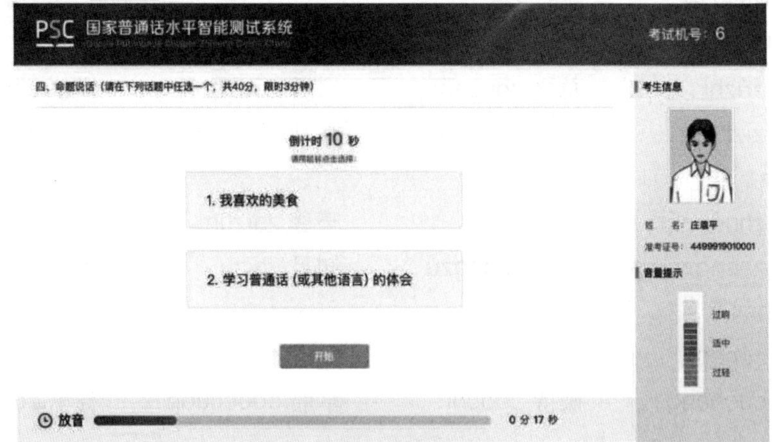

图 1-11 命题说话界面

第四节 普通话训练

一、声母训练

(一) 声母辨正训练:zh、ch、sh 和 z、c、s

1. 对比训练

zh—z

支援 zhīyuán——资源 zīyuán 主力 zhǔlì——阻力 zǔlì
开支 kāizhī——开资 kāizī 照旧 zhàojiù——造就 zàojiù
摘花 zhāihuā——栽花 zāihuā 秩序 zhìxù——自序 zìxù
主见 zhǔjiàn——组建 zǔjiàn 找到 zhǎodào——早到 zǎodào

ch—c

初步 chūbù——粗布 cūbù 春装 chūnzhuāng——村庄 cūnzhuāng
重生 zhóngshēng——丛生 cóngshēng 木柴 mùchái——木材 mùcái
出操 chūcāo——粗糙 cūcāo 池塘 chítáng——祠堂 cítáng
推迟 tuīchí——推辞 tuīcí 鱼翅 yúchì——鱼刺 yúcì

sh—s

师长 shīzhǎng——司长 sīzhǎng 诗人 shīrén——私人 sīrén

史记 shǐjì——死记 sǐjì　　山歌 shāngē——三哥 sāngē
商业 shāngyè——桑叶 sāngyè　　生人 shēngrén——僧人 sēngrén
深林 shēnlín——森林 sēnlín　　近视 jìnshì——近似 jìnsì

2. 连用训练

z—zh

杂志 zázhì　总之 zǒngzhī　宗旨 zōngzhǐ　增值 zēngzhí
自主 zìzhǔ　赞助 zànzhù　栽种 zāizhòng　作战 zuòzhàn

zh—z

转载 zhuǎnzǎi　职责 zhízé　至尊 zhìzūn　宰相 zǎixiàng
正宗 zhèngzōng　种族 zhǒngzú　知足 zhīzú　指责 zhǐzé

c—ch

存储 cúnchǔ　磁场 cíchǎn　财产 cáichǎn　参禅 cānchán
促成 cùchéng　操持 cāochí　草船 cǎochuán　餐车 cānchē

ch—c

尺寸 chǐcùn　楚辞 chǔcí　揣测 chuǎicè　船舱 chuáncāng
除草 chúcǎo　储存 chǔcún　场次 chǎngcì　春蚕 chūncán

s—sh

丧失 sàngshī　所属 suǒshǔ　诉说 sùshuō　损失 sǔnshī
算术 suànshù　随时 suíshí　飒爽 sàshuǎng　松树 sōngshù

sh—s

深思 shēnsī　生死 shēngsǐ　胜算 shèngsuàn　申诉 shēnsù
绳索 shéngsuǒ　疏松 shūsōng　食宿 shísù　输送 shūsòng

3. 绕口令练习

朱家一株竹

朱家一株竹，竹枝处处出。
晨风吹竹疏，竹笋初长出。
朱叔处处找，找出笋来锄。
锄出笋一车，逐个称来煮。

三山四水

三山连四水，四水绕三山。
三山四水春常在，四水三山四时春。

4. 读古今诗词

春日

［宋］ 朱熹

胜日寻芳泗水滨，

无边光景一时新。
等闲识得东风面，
万紫千红总是春。

行路难

［唐］　李白

金樽清酒斗十千，玉盘珍羞直万钱。
停杯投箸不能食，拔剑四顾心茫然。
欲渡黄河冰塞川，将登太行雪满山。
闲来垂钓碧溪上，忽复乘舟梦日边。
行路难，行路难，多歧路，今安在？
长风破浪会有时，直挂云帆济沧海。

（二）声母辨正训练：n 和 l

1. 对比训练

n—l

大娘 dàniáng——大梁 dàliáng	恼怒 nǎonù——老路 lǎolù
男女 nánnǚ——褴褛 lánlǚ	南宁 nánníng——兰陵 lánlíng
思念 sīniàn——思恋 sīliàn	无奈 wúnài——无赖 wúlài
黄泥 huángní——黄鹂 huánglí	男裤 nánkù——蓝裤 lánkù

l—n

连夜 liányè——年夜 niányè	老子 lǎozi——脑子 nǎozi
榴莲 liúlián——牛年 niúnián	硫磺 liúhuáng——牛黄 niúhuáng
篮协 lánxié——男鞋 nánxié	隆重 lóngzhòng——浓重 nóngzhòng
涟涟 liánlián——年年 niánnián	旅客 lǚkè——女客 nǚkè

2. 连用训练

n—l

奶酪 nǎilào	尼龙 nílóng	内陆 nèilù	努力 nǔlì
拿来 nálái	年龄 niánlíng	鸟类 niǎolèi	年老 niánlǎo

l—n

楼内 lóunèi	理念 lǐniàn	流脑 liúnǎo	列宁 lièníng
岭南 lǐngnán	冷暖 lěngnuǎn	落难 luònàn	两年 liǎngnián

3. 绕口令练习

刘小柳和柳小妞

刘庄有个刘小柳，
柳庄有个柳小妞。

柳小妞路边种垂柳，
刘小柳树下放奶牛。
刘小柳的牛吃了柳小妞的柳，
柳小妞的柳扎了刘小柳的牛。

蓝门帘

有个面铺门朝南，
门上挂着蓝布棉门帘。
摘了蓝布棉门帘，
面铺门朝南；
挂上蓝布棉门帘，
面铺还是门朝南。

4. 读古今诗词

题西林壁

［宋］ 苏轼

横看成岭侧成峰，远近高低各不同。
不识庐山真面目，只缘身在此山中。

（三）声母辨正训练：z、c、s **和** j、q、x

1. 对比训练

z—j

污渍 wūzì——污迹 wūjì
糟了 zāole——焦了 jiāole
脏水 zāngshuǐ——浆水 jiāngshuǐ
融资 róngzī——容积 róngjī
水渍 shuǐzì——水剂 shuǐjì

c—q

开仓 kāicāng——开枪 kāiqiāng
参加 cānjiā——千家 qiānjiā
惨淡 cǎndàn——浅淡 qiǎndàn
醋味 cùwèi——趣味 qùwèi
三餐 sāncān——三千 sānqiān
辞呈 cíchéng——脐橙 qíchéng

s—x

丝线 sīxiàn——西线 xīxiàn
子嗣 zǐsì——仔细 zǐxì
大嫂 dàsǎo——大小 dàxiǎo
铅丝 qiānsī——迁徙 qiānxǐ
三王 sānwáng——先王 xiānwáng
不酸 bùsuān——不宣 bùxuān

2. 连用训练

z—j

杂技 zájì　　自己 zìjǐ　　足迹 zújì　　自荐 zìjiàn
尊敬 zūnjìng　　造就 zàojiù　　增进 zēngjìn　　字据 zìjù

j—z

集资 jízī　节奏 jiézòu　剪子 jiǎnzi　尽早 jǐnzǎo

祭祖 jìzǔ　焦躁 jiāozào　静坐 jìngzuò　家族 jiāzú

c—q

此前 cǐqián　存取 cúnqǔ　粗浅 cūqiǎn　从前 cóngqián

草签 cǎoqiān　才情 cáiqíng　村前 cūnqián　瓷器 cíqì

q—c

切磋 qiēcu　清脆 qīngcuì　凄惨 qīcǎn　钱财 qiáncái

其次 qícì　起草 qǐcǎo　浅层 qiǎncéng　器材 qìcái

s—x

苏醒 sūxǐng　索性 suǒxìng　塑像 sùxiàng　三峡 sānxiá

思绪 sīxù　丝线 sīxiàn　思想 sīxiǎng　碎屑 suìxiè

x—s

心思 xīnsi　硝酸 xiāosuān　细碎 xìsuì　像素 xiàngsù

潇洒 xiāosǎ　萧瑟 xiāosè　消散 xiāosàn　迅速 xùnsù

3. 绕口令练习

小溪和小奇

西边有条小溪，
溪边住着小奇。
细声唱的是小溪，
玩游戏的是小奇。
小溪帮小奇洗细米，
小奇在小溪边摸小鱼。

4. 读古今诗词

无题

［唐］　李商隐

相见时难别亦难，东风无力百花残。
春蚕到死丝方尽，蜡炬成灰泪始干。
晓镜但愁云鬓改，夜吟应觉月光寒。
蓬山此去无多路，青鸟殷勤为探看。

(四) 声母辨正训练:h 和 f

1. 对比训练

f—h

方糖 fāngtáng——荒唐 huāngtáng　理发 lǐfà——理化 lǐhuà

开发 kāifā——开花 kāihuā　飞机 fēijī——灰鸡 huījī

伏案 fú'àn——湖岸 hú'àn　　防空 fángkōng——航空 hángkōng
公费 gōngfèi——工会 gōnghuì　　发现 fāxiàn——花线 huāxiàn

2. 连用训练

f—h

凤凰 fènghuáng　防护 fánghù　妨害 fánghài　腐化 fǔhuà
繁华 fánhuá　返回 fǎnhuí　防火 fánghuǒ　负荷 fùhè

h—f

荒废 huāngfèi　混纺 hùnfǎng　会费 huìfèi　划分 huàfēn
合法 héfǎ　画舫 huàfǎng　换防 huànfáng　横幅 héngfú

3. 绕口令练习

黄凤凰和红凤凰

对门儿有堵白粉墙，
白粉墙上画凤凰。
先画一只粉黄粉黄的黄凤凰，
后画一只绯红绯红的红凤凰。
黄凤凰看红凤凰，红凤凰看黄凤凰，
黄凤凰，红凤凰，两只都像活凤凰。

4. 读古今诗词

出　　塞

［唐］　王昌龄

秦时明月汉时关，万里长征人未还。
但使龙城飞将在，不教胡马度阴山。

（五）声母辨正训练：零声母和其他声母

1. 对比训练

爱心 àixīn——耐心 nàixīn　　预案 yù'àn——遇难 yùnàn
坚硬 jiānyìng——奸佞 jiānnìng　　严厉 yánlì——年历 niánlì
必然 bìrán——碧蓝 bìlán　　余热 yúrè——娱乐 yúlè
阻燃 zǔrán——阻拦 zǔlán　　乳汁 rǔzhī——卤汁 lǔzhī

2. 连用训练

按钮 ànniǔ　业内 yènèi　印染 yìnrǎn　懊恼 àonǎo
安逸 ānyì　溺爱 nì'ài　外语 wàiyǔ　文物 wénwù
诺言 nuòyán　润色 rùnsè　任意 rènyì　绕远 ràoyuǎn
软弱 ruǎnruò　荣辱 róngrǔ　日历 rìlì　燃料 ránliào

3. 绕口令练习

颠倒歌

咬牛奶，喝面包，
夹着火车上皮包。
东西街，南北走，
出门看见人咬狗。
拿起狗来打砖头，
又怕砖头咬我手。

荣大仁和荣小仁

一个荣大仁，一个荣小仁，
闹闹嚷嚷真烦人。
荣小仁说荣大仁老不让人，
荣大仁说荣小仁老不饶人。
不知是荣小仁老不饶人，
还是荣大仁老不让人？

4. 读古今诗词

凉州词

［唐］　王之涣

黄河远上白云间，一片孤城万仞山。
羌笛何须怨杨柳，春风不度玉门关。

二、韵母训练

（一）分辨单韵母 i 和 ü

1. 对比训练

戏曲 xìqǔ——序曲 xùqǔ　　起义 qǐyì——曲艺 qǔyì
栖居 qījū——屈居 qūjū　　大姨 dàyí——大禹 dàyǔ

2. 连用训练

i—ü

积聚 jījù　　汲取 jíqǔ　　期许 qīxǔ　　利率 lìlǜ
基于 jīyú　　器具 qìjù　　喜剧 xǐjù　　机遇 jīyù

ü—i

狙击 jūjī　　虚拟 xūnǐ　　雨衣 yǔyī　　距离 jùlí
履历 lǚlì　　蓄力 xùlì　　举例 jǔlì　　曲艺 qǔyì

（二）分辨前后鼻韵母

1. 对比训练

an—ang

开饭 kāifàn——开放 kāifàng
散失 sànshī——丧失 sàngshī
产房 chǎnfáng——厂房 chǎngfáng
会展 huìzhǎn——会长 huìzhǎng
脸盘 liǎnpán——脸庞 liǎnpáng
天坛 tiāntán——天堂 tiāntáng
班子 bānzi——梆子 bāngzi
心烦 xīnfán——心房 xīnfáng

en—eng

真理 zhēnlǐ——争理 zhēnglǐ
开门 kāimén——开蒙 kāiméng
分数 fēnshù——枫树 fēngshù
木盆 mùpén——木棚 mùpéng
陈旧 chénjiù——成就 chéngjiù
跳神 tiàoshén——跳绳 tiàoshéng
阵势 zhènshì——正式 zhèngshì
功臣 gōngchén——工程 gōngchéng

in—ing

临时 línshí——零食 língshí
金鱼 jīnyú——鲸鱼 jīngyú
禁地 jìndì——境地 jìngdì
亲生 qīnshēng——轻生 qīngshēng
林园 línyuán——陵园 língyuán
今昔 jīnxī——惊悉 jīngxī
人民 rénmín——人名 rénmíng
银钱 yínqián——赢钱 yíngqián

2. 连用训练

an—ang

担当 dāndāng　繁忙 fánmáng　肝脏 gānzàng　站岗 zhàngǎng
南方 nánfāng　玩赏 wánshǎng　绽放 zhànfàng　赶忙 gǎnmáng

ang—an

钢板 gāngbǎn　航班 hángbān　方案 fāng'àn　长安 cháng'ān
茫然 mángrán　防寒 fánghán　浪漫 làngmàn　档案 dàng'àn

en—eng

本能 běnnéng　真正 zhēnzhèng　奔腾 bēnténg　门缝 ménfèng
真诚 zhēnchéng　神圣 shénshèng　人称 rénchēng　纷争 fēnzhēng

eng—en

登门 dēngmén　成本 chéngběn　诚恳 chéngkěn　城镇 chéngzhèn
能人 néngrén　憎恨 zēnghèn　承认 chéngrèn　缝纫 féngrèn

in—ing

心情 xīnqíng　新颖 xīnyǐng　拼命 pīnmìng　民兵 mínbīng
秦岭 qínlǐng　品行 pǐnxíng　尽兴 jìnxìng　聘请 pìnqǐng

ing—in

听信 tīngxìn　精心 jīngxīn　灵敏 língmǐn　清新 qīngxīn

病因 bìngyīn	挺进 tǐngjìn	平民 píngmín	轻信 qīngxìn

（三）分辨复韵母 ai 和 ei，ao 和 ou

1. 对比训练

ai—ei

分派 fēnpài——分配 fēnpèi　　难买 nánmǎi——南美 nánměi

来电 láidiàn——雷电 léidiàn　　小麦 xiǎomài——小妹 xiǎomèi

奈何 nàihé——内核 nèihé　　耐力 nàilì——内力 nèilì

ao—ou

发潮 fācháo——发愁 fāchóu　　稻子 dàozi——豆子 dòuzi

考试 kǎoshì——口试 kǒushì　　北岛 běidǎo——北斗 běidǒu

病号 bìnghào——病后 bìnghòu　　高洁 gāojié——勾结 gōujié

2. 连用训练

ai—ei

百倍 bǎibèi	海内 hǎinèi	白费 báifèi	塞北 sàiběi

ei—ai

悲哀 bēiāi	杯盖 bēigài	黑白 hēibái	危害 wēihài

ao—ou

包头 bāotóu	逃走 táozǒu	高楼 gāolóu	脑后 nǎohòu

ou—ao

周到 zhōudào	酬劳 chóuláo	楼道 lóudào	手套 shǒutào

（四）分辨复韵母 iao 和 iou，uai 和 uei

1. 对比训练

iao—iou

消息 xiāoxi——休息 xiūxi　　摇动 yáodòng——游动 yóudòng

求教 qiújiào——求救 qiújiù　　教室 jiàoshì——旧事 jiùshì

叫人 jiàorén——救人 jiùrén　　水饺 shuǐjiǎo——水酒 shuǐjiǔ

uai—uei

歪风 wāifēng——微风 wēifēng　　怀乡 huáixiāng——回乡 huíxiāng

不坏 bùhuài——不会 bùhuì　　怪人 guàirén——贵人 guìrén

外来 wàilái——未来 wèilái　　甩手 shuǎishǒu——水手 shuǐshǒu

2. 连用训练

iao—iou

交游 jiāoyóu	校友 xiàoyǒu	料酒 liàojiǔ	娇羞 jiāoxiū

iou—iao

油条 yóutiáo	求教 qiújiào	牛角 niújiǎo	柳条 liǔtiáo

uai—uei

怪罪 guàizuì	淮水 huáishuǐ	外围 wàiwéi	衰退 shuāituì

uei—uai

对外 duìwài	水怪 shuǐguài	嘴快 zuǐkuài	毁坏 huǐhuài

(五) 分辨复韵母 ie 和 üe

1. 对比训练

ie—üe

切口 qiēkǒu——缺口 quēkǒu　　切实 qièshí——确实 quèshí

蝎子 xiēzi——靴子 xuēzi　　夜雨 yèyǔ——粤语 yuèyǔ

原液 yuányè——圆月 yuányuè　　节烈 jiéliè——决裂 juéliè

2. 连用训练

ie—üe

解决 jiějué	节约 jiéyuē	解约 jiěyuē	灭绝 mièjué

üe—ie

诀别 juébié	雪夜 xuěyè	确切 quèqiè	学界 xuéjiè

(六) 分辨复韵母 ian 和 ie,üan 和 üe

1. 对比训练

ian—ie

钳子 qiánzi——茄子 qiézi　　闲坐 xiánzuò——协作 xiézuò

面试 miànshì——蔑视 mièshì　　试验 shìyàn——事业 shìyè

üan——üe

院级 yuànjí——越级 yuèjí　　圈地 quāndì——缺地 quēdì

玄武 xuánwǔ——学武 xuéwǔ　　大选 dàxuǎn——大雪 dàxuě

2. 连用训练

ian—ie

遍野 biànyě	简介 jiǎnjiè	见解 jiànjiě	编写 biānxiě

ie—ian

接连 jiēlián	页面 yèmiàn	界限 jièxiàn	叶片 yèpiàn

üan—üe

圆缺 yuánquē	元月 yuányuè	玄学 xuánxué	圈阅 quānyuè

üe—üan

血缘 xuèyuán	阅卷 yuèjuàn	绝缘 juéyuán	雪原 xuěyuán

（七）er 韵母训练

儿童 értóng	儿戏 érxì	儿歌 érgē	而且 érqiě
耳目 ěrmù	耳机 ěrjī	二胡 èrhú	二十 èrshí

（八）韵母绕口令趣味训练

ɑ：门前有八匹大伊犁马，你爱拉哪匹马拉哪匹马。

ɑi：买白菜，搭海带，不买海带就别买大白菜。买卖改，不搭卖，不买海带也能买到大白菜。

iɑ：天上飘着一片霞，水上飘着一群鸭。霞是五彩霞，鸭是麻花鸭。麻花鸭游进五彩霞，五彩霞挽住麻花鸭。乐坏了鸭，拍碎了霞，分不清是鸭还是霞。

uɑ：一个胖娃娃，画了三个大花活蛤蟆。三个胖娃娃，画不出一个大花活蛤蟆。画不出一个大花活蛤蟆的三个胖娃娃，真不如画了三个大花活蛤蟆的一个胖娃娃。

uɑi：槐树槐，槐树槐，槐树底下搭戏台，人家的姑娘都来了，我家的姑娘还不来。说着说着就来了，骑着驴，打着伞，歪着脑袋上戏台。

ɑo：隔着墙头扔草帽，也不知是草帽套老头儿，还是老头儿套草帽。

iɑo：水上漂着一只表，表上落着一只鸟。鸟看表，表瞪鸟，鸟不认识表，表也不认识鸟。

ɑn、uɑn：大帆船，小帆船，竖起桅杆撑起船，风吹帆，帆引船，帆船顺风转海湾。

iɑn：半边莲，莲半边，半边莲长在山涧边。半边天路过山涧边，发现这片半边莲。半边天拿来一把镰，割了半筐半边莲。半筐半边莲，送给边防连。

üɑn：圆圈圆，圈圆圈，萱萱娟娟画圆圈。萱萱画的圈连圈，娟娟画的圆套圆。萱萱娟娟比圆圈，看看谁的圆圈圆。

ɑng 和 iɑng：大和尚和小和尚，两人常常相夸奖。大和尚讲小和尚强，小和尚讲大和尚强。小和尚熬姜汤让大和尚尝，大和尚奖檀香让小和尚放。

e：坡上立着一只鹅，坡下就是一条河。宽宽的河，肥肥的鹅，鹅要过河，河要渡鹅。不知是鹅过河，还是河渡鹅。

e、o：颗颗豆子进石磨，磨成豆腐送哥哥。谁说我人小力单薄，那是我手巧心肠热。

ei、uei：风吹灰，灰乱飞，灰飞花上花堆灰。风吹花，灰飞去，灰随风去不用追。

ie、üe：北边来了一个瘸子，背着一捆橛子。南边来了一个瘸子，背着一筐茄子。背橛子的瘸子打了背茄子的瘸子一橛子。背茄子的瘸子打了背橛子的瘸子一茄子。

en：小陈去卖针，小沈去卖盆。俩人挑着担，一起出了门。小陈喊卖针，小沈喊卖盆。也不知是谁卖针，也不知是谁卖盆。

eng：刮着大风放风筝，风吹风筝挣断绳。风筝断绳风筝疯，断绳风筝随风蹦。风不停，筝不停，风停风筝落地横。

i：一二三，三二一，一二三四五六七。七个阿姨来摘果，七个花篮儿手中提。七棵树上结七样儿，苹果、桃儿、石榴、柿子、李子、栗子、梨。

ü:这天天下雨,体育局穿绿雨衣的小吕,去找穿绿运动衣的老李。穿绿雨衣的小吕,没找到穿绿运动衣的老李,穿绿运动衣的老李,也没见着穿绿雨衣的小吕。

in:你也勤来我也勤,兄弟同心利断金。平民不贫因打拼,心心相印一家亲。

ing:天上七颗星,树上七只鹰,梁上七个钉,台上七盏灯。拿扇扇了灯,用手拔了钉,举枪打了鹰,乌云盖了星。

u:有个小孩叫小杜,上街打醋又买布。买了布,打了醋,回头看见鹰抓兔。放下布,搁下醋,上前去追鹰和兔,飞了鹰,跑了兔。洒了醋,湿了布。

ong:我家住在莲花峰,屋顶常年落彩虹。彩虹跨度三十里,越看越像一把弓。轰隆隆,轰隆隆,这不是彩虹不是弓,而是那渡桥架长空。

三、声调训练

1. 单字声调练习

夫 fū	扶 fú	腐 fǔ	副 fù	诗 shī	石 shí	史 shǐ	事 shì
梯 tī	提 tí	体 tǐ	替 tì	出 chū	雏 chú	楚 chǔ	处 chù
慌 huāng	黄 huáng	谎 huǎng	晃 huàng	撑 chēng	城 chéng	逞 chěng	秤 chèng
书 shū	熟 shú	鼠 shǔ	数 shù	乌 wū	无 wú	五 wǔ	误 wù
温 wēn	文 wén	稳 wěn	问 wèn	灰 huī	回 huí	悔 huǐ	会 huì

2. 声调对比训练

天地 tiāndì——田地 tiándì　　争取 zhēngqǔ——政区 zhèngqū

才华 cáihuá——菜花 càihuā　　题材 tícái——体裁 tǐcái

启迪 qǐdí——汽笛 qìdí　　解除 jiěchú——杰出 jiéchū

练习 liànxí——联系 liánxì　　湛蓝 zhànlán——展览 zhǎnlǎn

心机 xīnjī	心急 xīnjí	心计 xīnjì
精致 jīngzhì	景致 jǐngzhì	径直 jìngzhí
沾湿 zhānshī	展示 zhǎnshì	战士 zhànshì
污秽 wūhuì	舞会 wǔhuì	误会 wùhuì
蒸汽 zhēngqì	整齐 zhěngqí	正气 zhèngqì
抵制 dǐzhì	地址 dìzhǐ	地质 dìzhì

3. 四声顺序调练习

山明水秀 shānmíngshuǐxiù　　风调雨顺 fēngtiáoyǔshùn

花红柳绿 huāhóngliǔlǜ　　千锤百炼 qiānchuíbǎiliàn

4. 四声逆序调练习

调虎离山 diàohǔlíshān　　去伪存真 qùwěicúnzhēn

暮鼓晨钟 mùgǔchénzhōng　　四海为家 sìhǎiwéijiā

5. 读古今诗词

雨霖铃

[宋] 柳永

寒蝉凄切，对长亭晚，骤雨初歇。都门帐饮无绪，留恋处，兰舟催发。执手相看泪眼，竟无语凝噎。念去去千里烟波，暮霭沉沉楚天阔。　　多情自古伤离别，更那堪冷落清秋节。今宵酒醒何处？杨柳岸、晚风残月。此去经年，应是良辰好景虚设。便纵有千种风情，更与何人说？

6. 变调练习

(1) 上声练习。

上声＋阴平

保温 bǎowēn　　酒精 jiǔjīng　　手枪 shǒuqiāng　　改编 gǎibiān
口腔 kǒuqiāng　　水箱 shuǐxiāng　　海关 hǎiguān　　两边 liǎngbiān
损失 sǔnshī　　狠心 hěnxīn　　假装 jiǎzhuāng　　美观 měiguān

上声＋阳平

版图 bǎntú　　解除 jiěchú　　彩虹 cǎihóng　　保留 bǎoliú
举行 jǔxíng　　草原 cǎoyuán　　感情 gǎnqíng　　考察 kǎochá
海拔 hǎibá　　女郎 nǚláng　　导航 dǎoháng　　狠毒 hěndú

上声＋去声

百货 bǎihuò　　榜样 bǎngyàng　　宝贝 bǎobèi　　阐述 chǎnshù
党派 dǎngpài　　等待 děngdài　　渴望 kěwàng　　考验 kǎoyàn
肯定 kěndìng　　宝贵 bǎoguì　　懂事 dǒngshì　　脸色 liǎnsè

上声＋上声

宝塔 bǎotǎ　　彼此 bǐcǐ　　典雅 diǎnyǎ　　抚养 fǔyǎng
领土 lǐngtǔ　　雪耻 xuěchǐ　　整理 zhěnglǐ　　引导 yǐndǎo
岛屿 dǎoyǔ　　仿古 fǎnggǔ　　旅馆 lǚguǎn　　审美 shěnměi

(2) “一”变调训练。

① “一”在去声前。

一共 yīgòng　　一概 yīgài　　一律 yīlǜ　　一粒 yīlì
一度 yīdù　　一段 yīduàn　　一定 yīdìng　　一道 yīdào

② “一”在阴平、阳平、上声前。

一端 yīduān　　一车 yīchē　　一朝 yīzhāo　　一边 yībiān
一碟 yīdié　　一层 yīcéng　　一株 yīzhū　　一支 yīzhī
一尺 yīchǐ　　一览 yīlǎn　　一手 yīshǒu

③ “一”夹在词语中间。

等一等 děngyiděng　　挪一挪 nuóyinuó　　问一问 wènyiwèn
翻一下 fānyixià　　拼一把 pīnyibǎ　　想一想 xiǎngyixiǎng

讲一讲 jiǎngyijiǎng　　请一请 qǐngyiqǐng　　压一压 yāyiyā
看一看 kànyikàn　　忍一忍 rěnyirěn　　咬一咬 yǎoyiyǎo
量一量 liángyiliáng　　稳一稳 wěnyiwěn　　走一走 zǒuyizǒu

④“一”单念、处在词句末尾，“一”在序数中。

初一 chūyī　　十一 shíyī　　之一 zhīyī
单一 dānyī　　同一 tóngyī　　专一 zhuānyī
第一 dìyī　　统一 tǒngyī　　万一 wànyī
第一名 dìyīmíng　　一把手 yībǎshǒu　　一年级 yīniánjí
一季度 yījìdù　　一排长 yīpáizhǎng　　一等舱 yīděngcāng

(3)“不”的变调。

①“不”在去声前。

不必 bùbì　　不便 bùbiàn　　不当 bùdàng　　不断 bùduàn
不对 bùduì　　不够 bùgòu　　不顾 bùgù　　不会 bùhuì

②“不”夹在动词、形容词中间，或在动词、形容词的补语前。

白不白 báibubái　　大不大 dàbudà　　对不起 duìbuqǐ
大不了 dàbuliǎo　　打不开 dǎbukāi　　拿不动 nábudòng

四、轻声词训练

(一) 前一音节为阴平调

巴掌 bāzhang　　耷拉 dāla　　高粱 gāoliang
班子 bānzi　　答应 dāying　　膏药 gāoyao
帮手 bāngshou　　耽搁 dānge　　疙瘩 gēda
梆子 bāngzi　　耽误 dānwu　　哥哥 gēge
包袱 bāofu　　单子 dānzi　　胳膊 gēbo
包涵 bāohan　　刀子 dāozi　　鸽子 gēzi
包子 bāozi　　灯笼 dēnglong　　根子 gēnzi
杯子 bēizi　　提防 dīfang　　跟头 gēntou
鞭子 biānzi　　钉子 dīngzi　　工夫 gōngfu
拨弄 bōnong　　东家 dōngjia　　弓子 gōngzi
苍蝇 cāngying　　东西 dōngxi　　公公 gōnggong
差事 chāishi　　嘟囔 dūnang　　功夫 gōngfu
车子 chēzi　　多么 duōme　　钩子 gōuzi
称呼 chēnghu　　风筝 fēngzheng　　姑姑 gūgu
窗户 chuānghu　　疯子 fēngzi　　姑娘 gūniang
窗子 chuāngzi　　甘蔗 gānzhe　　关系 guānxi
村子 cūnzi　　杆子 gānzi　　官司 guānsi

规矩 guīju
闺女 guīnü
锅子 guōzi
机灵 jīling
夹子 jiāzi
家伙 jiāhuo
尖子 jiānzi
将就 jiāngjiu
交情 jiāoqing
结实 jiēshi
街坊 jiēfang
金子 jīnzi
精神 jīngshen
窟窿 kūlong
溜达 liūda
妈妈 māma
眯缝 mīfeng
拍子 pāizi
片子 piānzi
铺盖 pūgai
欺负 qīfu
亲戚 qīnqi
清楚 qīngchu
圈子 quānzi
塞子 sāizi
沙子 shāzi
商量 shāngliang
烧饼 shāobing
身子 shēnzi
生意 shēngyi
牲口 shēngkou
师父 shīfu
师傅 shīfu
虱子 shīzi
狮子 shīzi
收成 shōucheng
收拾 shōushi
叔叔 shūshu
梳子 shūzi
舒服 shūfu
舒坦 shūtan
疏忽 shūhu
思量 sīliang
孙子 sūnzi
他们 tāmen
它们 tāmen
她们 tāmen
摊子 tānzi
梯子 tīzi
挑剔 tiāoti
挑子 tiāozi
挖苦 wāku
屋子 wūzi
稀罕 xīhan
瞎子 xiāzi
先生 xiānsheng
乡下 xiāngxia
箱子 xiāngzi
消息 xiāoxi
心思 xīnsi
星星 xīngxing
猩猩 xīngxing
兄弟 xiōngdi
休息 xiūxi
靴子 xuēzi
丫头 yātou
鸭子 yāzi
胭脂 yānzhi
烟筒 yāntong
秧歌 yāngge
吆喝 yāohe
妖精 yāojing
椰子 yēzi
衣服 yīfu
衣裳 yīshang
冤枉 yuānwang
扎实 zhāshi
张罗 zhāngluo
招呼 zhāohu
招牌 zhāopai
折腾 zhēteng
芝麻 zhīma
知识 zhīshi
珠子 zhūzi
庄稼 zhuāngjia
锥子 zhuīzi
桌子 zhuōzi
作坊 zuōfang

（二）前一音节为阳平调

白净 báijing
鼻子 bízi
脖子 bózi
裁缝 cáifeng
财主 cáizhu
柴火 cháihuo
肠子 chángzi
池子 chízi
虫子 chóngzi
绸子 chóuzi
除了 chúle
锄头 chútou
锤子 chuízi
笛子 dízi
蛾子 ézi

儿子 érzi
房子 fángzi
福气 fúqi
格子 gézi
蛤蟆 háma
孩子 háizi
含糊 hánhu
行当 hángdang
合同 hétong
和尚 héshang
核桃 hétao
盒子 hézi
红火 hónghuo
猴子 hóuzi
狐狸 húli
胡琴 húqin
糊涂 hútu
皇上 huángshang
胡萝卜 húluóbo
活泼 huópo
橘子 júzi
咳嗽 késou
累赘 léizhui
篱笆 líba
桃子 táozi
连累 liánlei
帘子 liánzi
凉快 liángkuai
粮食 liángshi
林子 línzi
翎子 língzi
炉子 lúzi
轮子 lúnzi
萝卜 luóbo
骡子 luózi
麻烦 máfan
麻利 máli

麻子 mázi
馒头 mántou
忙活 mánghuo
眉毛 méimao
媒人 méiren
门道 méndao
迷糊 míhu
苗条 miáotiao
苗头 miáotou
名堂 míngtang
名字 míngzi
明白 míngbai
蘑菇 mógu
模糊 móhu
难为 nánwei
能耐 néngnai
娘家 niángjia
奴才 núcai
牌楼 páilou
牌子 páizi
盘算 pánsuan
盘子 pánzi
狍子 páozi
盆子 pénzi
朋友 péngyou
棚子 péngzi
脾气 píqi
皮子 pízi
便宜 piányi
瓶子 píngzi
婆家 pójia
婆婆 pópo
旗子 qízi
前头 qiántou
钳子 qiánzi
茄子 qiézi
勤快 qínkuai

拳头 quántou
裙子 qúnzi
人家 rénjia
人们 rénmen
勺子 sháozi
舌头 shétou
什么 shénme
绳子 shéngzi
石匠 shíjiang
石榴 shíliu
石头 shítou
时候 shíhou
实在 shízai
拾掇 shíduo
台子 táizi
坛子 tánzi
蹄子 tízi
条子 tiáozi
亭子 tíngzi
头发 tóufa
头子 tóuzi
娃娃 wáwa
蚊子 wénzi
席子 xízi
媳妇 xífu
匣子 xiázi
行李 xíngli
学生 xuésheng
学问 xuéwen
衙门 yámen
爷爷 yéye
银子 yínzi
云彩 yúncai
咱们 zánmen
宅子 zháizi
侄子 zhízi
竹子 zhúzi

琢磨 zuómo　　不由得 bùyóude

（三）前一音节为上声调

板子 bǎnzi
膀子 bǎngzi
本事 běnshi
本子 běnzi
比方 bǐfang
扁担 biǎndan
饼子 bǐngzi
补丁 bǔding
厂子 chǎngzi
场子 chǎngzi
尺子 chǐzi
打扮 dǎban
打点 dǎdian
打发 dǎfa
打量 dǎliang
打算 dǎsuan
打听 dǎting
胆子 dǎnzi
底子 dǐzi
点心 diǎnxin
肚子 dǔzi
耳朵 ěrduo
斧子 fǔzi
杆子 gǎnzi
稿子 gǎozi
谷子 gǔzi
骨头 gǔtou
寡妇 guǎfu
鬼子 guǐzi
果子 guǒzi
幌子 huǎngzi
火候 huǒhou
伙计 huǒji
脊梁 jǐliang

茧子 jiǎnzi
剪子 jiǎnzi
饺子 jiǎozi
姐夫 jiěfu
姐姐 jiějie
口袋 kǒudai
口子 kǒuzi
喇叭 lǎba
喇嘛 lǎma
懒得 lǎnde
老婆 lǎopo
老实 lǎoshi
老太太 lǎotaita
老头子 lǎotóuzi
老爷 lǎoye
老子 lǎozi
姥姥 lǎolao
里头 lǐtou
两口子 liǎngkǒuzi
领子 lǐngzi
马虎 mǎhu
码头 mǎtou
买卖 mǎimai
奶奶 nǎinai
脑袋 nǎodài
脑子 nǎozi
你们 nǐmen
女婿 nǚxu
暖和 nuǎnhuo
痞子 pǐzi
曲子 qǔzi
嗓子 sǎngzi
嫂子 sǎozi
傻子 shǎzi

婶子 shěnzi
使唤 shǐhuan
首饰 shǒushi
爽快 shuǎngkuai
毯子 tǎnzi
铁匠 tiějiang
妥当 tuǒdang
晚上 wǎnshang
尾巴 wěiba
委屈 wěiqu
稳当 wěndang
我们 wǒmen
喜欢 xǐhuan
小伙子 xiǎohuǒzi
小气 xiǎoqi
小子 xiǎozi
哑巴 yǎba
眼睛 yǎnjing
养活 yǎnghuo
椅子 yǐzi
影子 yǐngzi
早上 zǎoshang
怎么 zěnme
眨巴 zhǎba
枕头 zhěntou
指甲 zhǐjia(zhījia)
指头 zhǐtou(zhítou)
种子 zhǒngzi
主意 zhǔyi(zhúyi)
主子 zhǔzi
爪子 zhuǎzi
祖宗 zǔzong
嘴巴 zuǐba

（四）前一音节为去声调

爱人 àiren
案子 ànzi
把子 bàzi
爸爸 bàba
棒槌 bàngchui
棒子 bàngzi
豹子 bàozi
被子 bèizi
辫子 biànzi
簸箕 bòji
步子 bùzi
部分 bùfen
畜生 chùsheng
刺猬 cìwei
凑合 còuhe
大方 dàfang
大爷 dàye
大夫 dàifu
带子 dàizi
袋子 dàizi
担子 dànzi
道士 dàoshi
稻子 dàozi
别扭 bièniu
地道 dìdao
地方 dìfang
弟弟 dìdi
弟兄 dìxiong
调子 diàozi
动静 dòngjing
动弹 dòngtan
豆腐 dòufu
豆子 dòuzi
肚子 dùzi
缎子 duànzi

对付 duìfu
对头 duìtou
队伍 duìwu
贩子 fànzi
份子 fènzi
盖子 gàizi
干事 gànshi
杠子 gàngzi
告诉 gàosu
个子 gèzi
故事 gùshi
褂子 guàzi
怪物 guàiwu
罐头 guàntou
罐子 guànzi
柜子 guìzi
棍子 gùnzi
汉子 hànzi
后头 hòutou
厚道 hòudao
护士 hùshi
记号 jìhao
记性 jìxing
架势 jiàshi
架子 jiàzi
嫁妆 jiàzhuang
见识 jiànshi
毽子 jiànzi
叫唤 jiàohuan
轿子 jiàozi
戒指 jièzhi
镜子 jìngzi
舅舅 jiùjiu
句子 jùzi
卷子 juànzi

客气 kèqi
空子 kòngzi
扣子 kòuzi
裤子 kùzǐ
快活 kuàihuo
筷子 kuàizi
框子 kuàngzi
困难 kùnnan
阔气 kuòqi
浪头 làngtou
力气 lìqi
厉害 lìhai
利落 lìluo
利索 lìsuo
例子 lìzi
栗子 lìzi
痢疾 lìji
料子 liàozi
聋子 lóngzi
笼子 lóngzi
路子 lùzi
骆驼 luòtuo
麦子 màizi
冒失 màoshi
帽子 màozi
妹妹 mèimei
面子 miànzi
木匠 mùjiang
木头 mùtou
那么 nàme
念叨 niàndao
念头 niàntou
镊子 nièzi
疟疾 nüèji
胖子 pàngzi

屁股 pìgu
骗子 piànzi
票子 piàozi
漂亮 piàoliang
亲家 qìngjia
热闹 rènao
认识 rènshi
日子 rìzi
褥子 rùzi
扫帚 sàozhou
扇子 shànzi
上司 shàngsi
上头 shàngtou
少爷 shàoye
哨子 shàozi
世故 shìgu
似的 shìde
事情 shìqing
柿子 shìzi
算计 suànji
岁数 suìshu
太太 tàitai
特务 tèwu

跳蚤 tiàozao
兔子 tùzi
唾沫 tuòmo
袜子 wàzi
为了 wèile
位置 wèizhi
位子 wèizi
下巴 xiàba
吓唬 xiàhu
相声 xiàngsheng
笑话 xiàohua
谢谢 xièxie
性子 xìngzi
秀才 xiùcai
秀气 xiùqi
袖子 xiùzi
燕子 yànzi
样子 yàngzi
钥匙 yàoshi
叶子 yèzi
一辈子 yībèizi
意思 yìsi
应酬 yìngchou

柚子 yòuzi
院子 yuànzi
月饼 yuèbing
月亮 yuèliang
运气 yùnqi
在乎 zàihu
栅栏 zhàlan
寨子 zhàizi
丈夫 zhàngfu
帐篷 zhàngpeng
丈人 zhàngren
帐子 zhàngzi
这个 zhège
这么 zhème
镇子 zhènzi
柱子 zhùzi
转悠 zhuànyou
壮实 zhuàngshi
状元 zhuàngyuan
字号 zìhao
自在 zìzai
粽子 zòngzi

五、儿化词语训练

列出原形韵母和所对应的儿化韵，用＞表示条目中儿化音节的注音，只在基本形式后面加 r，如“一会儿 yīhuìr”，不标语音上的实际变化。

（一）必读儿化词语

（1）主要元音为 a、o、e、ê、u 的韵母，儿化时直接卷舌。

a＞ar

刀把儿　号码儿　戏法儿　在哪儿　找碴儿　打杂儿　板擦儿

ia＞iar

掉价儿　一下儿　豆芽儿

ua＞uar

脑瓜儿　大褂儿　麻花儿　笑话儿　牙刷儿

iê>iêr

半截儿　小鞋儿

üê>üêr

旦角儿　主角儿

e>er

模特儿　逗乐儿　唱歌儿　挨个儿　打嗝儿

饭盒儿　在这儿

u>ur

碎步儿　没谱儿　儿媳妇儿　梨核儿　泪珠儿

有数儿

ao>aor

红包儿　灯泡儿　半道儿　手套儿　跳高儿

叫好儿　口罩儿　绝着儿　口哨儿　蜜枣儿

iao>iaor

鱼漂儿　火苗儿　跑调儿　面条儿　豆角儿

开窍儿

ou>our

衣兜儿　老头儿　年头儿　小偷儿　门口儿

纽扣儿　线轴儿　小丑儿　加油儿

iou>iour

顶牛儿　抓阄儿　棉球儿

uo>uor

火锅儿　做活儿　大伙儿　邮戳儿　小说儿

被窝儿

o>or

耳膜儿　粉末儿

(2) 以 i 和 n 为韵尾,韵尾丢掉后卷舌。韵母是 in、ün 的,丢掉韵尾后,加上央元音 e 再卷舌。

ai>ar

名牌儿　鞋带儿　壶盖儿　小孩儿　加塞儿

an>ar

快板儿　老伴儿　蒜瓣儿　脸盘儿　脸蛋儿

收摊儿　栅栏儿　包干儿　笔杆儿　门槛儿

ian>iar

小辫儿　照片儿　扇面儿　差点儿　一点儿

雨点儿　聊天儿　拉链儿　冒尖儿　坎肩儿

牙签儿　露馅儿　心眼儿

uai>uar

一块儿

uan>uar

茶馆儿　饭馆儿　火罐儿　落款儿　打转儿

拐弯儿　好玩儿　大腕儿

üan>üar

烟卷儿　手绢儿　出圈儿　包圆儿　人缘儿

绕远儿　杂院儿

ei>er

刀背儿　摸黑儿

en>er

老本儿　花盆儿　嗓门儿　把门儿　哥们儿

纳闷儿　后跟儿　高跟儿鞋　别针儿　一阵儿

走神儿　大婶儿　小人儿书　杏仁儿　刀刃儿

uei>uer

跑腿儿　一会儿　耳垂儿　墨水儿　围嘴儿

走味儿

uen>uer

打盹儿　胖墩儿　砂轮儿　冰棍儿　没准儿

开春儿

in>ier

有劲儿　送信儿　脚印儿

ün>üer

合群儿

（3）韵母是 i、ü，在后面增加央元音 e，然后卷舌。

i>ier

针鼻儿　垫底儿　肚脐儿　玩意儿

ü>üer

毛驴儿　小曲儿　痰盂儿

（4）韵母是元音-i[ɿ]或-i[ʅ]，直接替换成[ər]。

-i[ɿ]>er

瓜子儿　石子儿　没词儿　挑刺儿

-i[ʅ]>er

墨汁儿　锯齿儿　记事儿

（5）后鼻韵尾 ng，丢掉韵尾，主要元音带鼻音并卷舌。韵母是 ing 的，丢掉韵尾后，加上央元音 e，并使 e 鼻化后再卷舌。

ang>ãr

药方儿　　赶趟儿　　香肠儿　　瓜瓤儿

iang>iãr

鼻梁儿　　透亮儿　　花样儿

uang>uãr

蛋黄儿　　打晃儿　　天窗儿

eng>ẽr

钢镚儿　　夹缝儿　　脖颈儿　　提成儿

ueng>uẽr

小瓮儿

ing>iẽr

花瓶儿　　打鸣儿　　图钉儿　　门铃儿　　眼镜儿

蛋清儿　　火星儿　　人影儿

ong>ẽr

果冻儿　　门洞儿　　胡同儿　　抽空儿　　酒盅儿

小葱儿

iong>üẽr

小熊儿

(二) 绕口令练习

(1) 进了门儿,倒杯水儿,喝了两口运运气儿。顺手拿起小唱本儿,唱了一曲儿又一曲儿。练完了嗓子练嘴皮儿。绕口令儿,练字音儿,还有单弦儿牌子曲儿;小快板儿、大鼓词儿,又说又唱我真带劲儿!

(2) 小哥俩儿,红脸蛋儿,手拉手儿,一块儿玩儿。小哥俩儿,一个班儿,一路上学唱着歌儿。学造句,唱新歌儿,学画画儿,不贪玩儿。

六、"啊"的变读训练

(一) 句子练习

(1) 这又怪又丑的石头,原来是天上的啊!

(2) 推开门一看,嗬! 好大的雪啊!

(3) 我们每个人都是风筝,在妈妈手中牵着,从小放到大,再从家乡放到祖国最需要的地方去啊!

(4) 然而,火光啊,毕竟……毕竟……就在前头!

(5) 家乡的桥啊,我梦中的桥!

(6) 当第一束阳光射进舷窗时,它便敞开美丽的歌喉,唱啊唱,嘤嘤有韵,宛如春水淙淙。

(7) 是啊，我们有自己的祖国，小鸟也有它的归宿，人和动物都是一样啊，哪儿也不如故乡好！

(8) 我想张开两臂抱住她，但这是怎样一个妄想啊。

(9) 大约潭是很深的，故能蕴蓄着这样奇异的绿；仿佛蔚蓝的天融了一块在里面似的，这才这般的鲜润啊。

(10) 在它看来，狗该是多么庞大的怪物啊！

(11) 你砸他们，说明你很正直善良，且有批评不良行为的勇气，应该奖励你啊！

(12) 我砸的不是坏人，而是自己的同学啊……

(13) 这都是千金难买的幸福啊。

(二) 绕口令练习

(1) 鸡啊、鸭啊、猫啊、狗啊，一块儿水里游啊！
牛啊、羊啊、马啊、骡啊，一块进鸡窝啊！
狮啊、虫啊、虎啊、豹啊，一块街上跑啊！
兔啊、鹿啊、鼠啊、孩子啊，一块儿上窗台儿啊！

(2) 啪、啪、啪！谁啊？张果老啊！
怎么不进来啊？怕狗咬啊！
衣兜里装着什么啊？大酸枣啊！
怎么不吃啊？怕牙倒啊！
胳肢窝里夹着什么啊？破棉袄啊！
怎么不穿上啊？怕虱子咬啊！
怎么不叫你老伴儿拿拿啊？老伴儿死了。
你怎么不哭啊？盆啊，罐啊，我的老伴儿啊！

教师教学语言训练

古人云:“师者,所以传道授业解惑也。”当今时代,教师教学语言应该是生动风趣,耐人寻味的讲演,而非枯燥的说教,需要教师们善于用饱含热情,表现力强的语言吸引学生,并感染他们,从而加强表达的“可听性”与感染力,强化表达效果,使师生之间产生共鸣和默契,以强化课堂教学成效。相反,教师如果不善于表达,讲课吞吞吐吐,语无伦次,即使学识渊博,也难以完成“传道授业解惑”这一任务。所以,教师教学语言需要有强大的号召力,充沛的热情和严谨的逻辑性,同时还要浅显易懂、形象鲜明、幽默诙谐。教师教学语言正是这样一种激发学生兴趣、提高课堂效率的直接途径。

语言永远不只是交流的工具,在语言所要传达的浅层意思之外,所透露出的胸襟和温情也正是语言所具有的美。而教师教学语言又多了一份艺术存在,那是打开稚气智慧的神奇咒语,点亮学生灵魂的五彩阳光,点拨学子徜徉在知识海洋里的灯塔,搏击在人生赛场上的风向标、助跑器。

教师在教学活动中主要依靠语言。就此而言,教师的语言使用更多地体现在教师语言艺术应用中。教学活动中传授科学文化知识、训练学生思维、对学生进行思想品德教育等都要靠教师的教学语言来完成。教师教学语言是否恰当,形象是否鲜明,有无感染力、号召力和震撼力,无不和教师教育教学息息相关。总而言之,教师教学语言艺术对其职业生涯进程起着决定性作用。

第一节　教学语言的特点和要求

教学语言既是依据教学目的而进行特殊处理的语言,也是蕴含艺术特质的特殊行业交际用语。认识教学语言的特征、规律与要求,学会根据不同教学环节、不同场合、不同对象正确把握使用教学语言的相关原则与技巧,这是提高教师语言修养的一个关键。

课堂教学口语具体应用时主要涉及讲述、解释、描写、讨论这些内容。所以我们主要从这些方面来谈教师教学口语在课堂教学中的特征。

一、叙述性课堂教学中口语所具有的特征

课堂教学中叙述性话语贯穿教学始终，一堂课的起讫和讲解时衔接的环节均需叙述性话语。课堂教学叙述性话语的应用主要表现在以下方面：

1. 表意清晰明确，信息含量高

使用叙述性话语时容易出现分散、东拉西扯、说三道四等问题。所以，在使用时应该注意用尽可能少的文字来表达丰富而清晰的语义信息。

【示例】杜牧写景抒情的小诗，写得清丽生动。他还有不少借古讽今的咏史之作，艺术成就也非常高。今天我们学习的《泊秦淮》就是其中的名篇。请大家先听一遍名家朗读，注意听清语气、节奏。

（选自周海燕《品味文化　感受魅力——〈泊秦淮〉〈如梦令〉教学实录》，《中学语文教学》2005 年第 1 期）

【分析】这篇叙述性话语共四句，头三句各含三条消息：首句言杜牧写景抒情小诗格调清丽鲜明；第二句是杜牧除了写景抒情之诗外，也有借古讽今之作；第三句，《泊秦淮》是借古讽今之作。末句为教师说出这段文字的表意宗旨。全段表述无冗余废话、信息含量高、表意非常清楚。

2. 语言平实，修饰成分少

叙述性课堂教学口语以明确表意和自然表述为目的，不需要在词语的色彩、修辞上下功夫。语言之平淡并不等于单调无味，肤浅粗俗，它是平中见巧，淡中有味。

二、说明性课堂教学中口语所具有的特征

课堂教学口语多采用说明性话语进行解释，尤其对某些定义、原则、公式、定律和法则的解释更应采用说明性话语。在语言表达要求上，说明性话语强调言语表达的精确性。

1. 强调逻辑和表达的准确性

逻辑含混，表述含混不清的说明性语言，直接影响学生对所学内容的认识和理解。比如有一位小学数学老师口述的问题是："今天老师安排的十道题，小明已经快做完九道了，请问小明还有多少题没有做完？"学生有的答一题，有的答一题半，有的答两题，多种答法的原因就在于"差不多"，这样的表达在表述说明数学问题时不够准确。又如，有些教师讲勾股定理时，只是说"勾方加股方等于弦方"，并没有强调"就直角三角形而言"这一前提；再比如"所有的质数是奇数""整数就是自然数和零"这样的表述等等，都犯了以偏概全的逻辑错误。这样的课堂教学用语将直接影响学生对问题的理解。所以，当学生反映"听不懂"时，教师首先要检查一下自己课堂教学口语中有没有逻辑错误或者表达不正确。

2. 语言新颖，变抽象为具体

说明性话语常常会涉及某些抽象概念或者理论。因此，在课堂教学中教师要注意运用学生便于接受、易于理解的语言使抽象的理论具体化。

【示例】在一次课堂教学活动中，学生们都在讨论“生命中最重要的是什么”这一话题。有的说：“知识是第一位的，离开了知识是无法创造财富的。”有的说：“金钱是第一位的，没了金钱就一事无成。”有的说：“身体是第一位的，离开了它，一切都无从说起。”还有的说：“为人处世是头等大事，张海迪虽然是个残疾人，但是她了解人生，就取得了成功。”这时老师走到黑板前，写下了“1+0……”若干数字。学生望着黑板，瞪大了眼睛。老师说：“每个人都言之凿凿，那到底什么才是最重要的?”老师指着黑板说：“譬如做人为一，学问、财富等都是一之后为零。若得一，则后为零，值愈高；若无一，则后仍为零。现在大家明白了吧，什么才是最重要的?”“做人!”同学们异口同声地回答，全场兴奋。

【分析】本例教师以生动而又新奇的语言，阐述一个抽象的问题。

3. *表意连贯，层次分明*

【示例】藏羚羊，是我国特有的物种，生活在被称为南北极之外的“地球第三极”——青藏高原。它们世世代代都是冰雪的一部分，严寒的朋友。藏羚羊不但体型美丽，行动灵活，还耐高寒，抗缺氧能力极强，是生命力极其顽强的生灵！它们喜欢群居，具有长距离迁移和集中产崽的习性。在那可怕的“生命禁区”内，不断闪现出它们矫健的身姿，所以它们又被称为“高原上的精灵”和“可可西里的骄傲”。

下面就让我们一起走进文本，去阅读这个奇特动人的故事吧。

（改写自张靖《〈藏羚羊跪拜〉教案二》，《语文学习》2005 年第 6 期）

【分析】这是一段说明性课文导语。全段论述语义连贯，层次清晰。从藏羚羊生活环境开始，再到外形、习性、评价。文字虽少，但能使同学们对藏羚羊有概括性的认识，同时又对这一动物充满好奇心，怀着好奇心开始钻研课文。由此可见，出色的说明性导语可以发挥良好的效果。

三、议论性课堂教学中口语所具有的特征

议论性课堂教学中口语注重说理，但说理对语言有严格要求。语言只有缜密严谨，才能准确地反映出所要讨论的现象，进而揭示出事物的本质特征，证明事理和现象内部规律，给人们以有益的启示。

语言的严谨性主要体现在逻辑规律上。逻辑规律，泛指同一律、矛盾律、排中律。所谓同一律，就是在相同的思维过程中，每个概念或者判断必须有确定相同的内容，也就是概念相同。违反同一律往往表现为论题转移、东拉西扯、语无伦次等。矛盾律就是在同一时间、同一方面不可能同时肯定和否定同一种对象。即两种对立的判断并不是同真的，它们中至少存在一种是虚假的。违背矛盾律的行为往往表现在表述的自相矛盾和无法自圆其说。排中律就是在同一时间内、同一方面若对同一物体作出两种矛盾的判断时，就必须肯定一个、否定一个。换言之，这两种相互矛盾的评判肯定存在且一真一假，所以不能一概否定。与逻辑相悖的表述常常会呈现出说话含糊不清、似是而非等特点。

议论性课堂教学口语应强调推理逻辑链，即推出观点与素材形成的衔接关系。也就是以逻辑推出的关系作为沟通观点与素材的桥梁。议论性口语一目了然，不容易产生混

淆。如韩愈的《师说》中有一段："生乎吾前，其闻道也固先乎吾，吾从而师之；生乎吾后，其闻道也亦先乎吾，吾从而师之。吾师道也，夫庸知其年之先后生于吾乎？是故无贵无贱，无长无少，道之所存，师之所存也。"

这就是一个逻辑推理过程。译成现代汉语就是：生在我前面，他懂得道理本来就早于我，我应该跟从他把他当作老师；生在我后面，如果他懂得道理也早于我，我也应该跟从他把他当作老师。我是向他学习道理啊，哪管他的生年比我早还是比我晚呢？因此，无论地位高低贵贱，无论年纪大小，道理存在的地方，就是老师存在的地方。由前边的两个子类引出结论，子类和结论之间由于归属关系建立起密切的联系，语篇的意义也因此连贯一致，表意清晰明确，论证也就因此成立。

四、描述性课堂教学中口语所具有的特征

描述性课堂教学口语主要用于再现自然风貌，表现人物性格，揭示其丰富而复杂的内心。这一切，都需要语言的形象性。赋予语言形象性，其主要途径是：

1. 多用修饰语

表达具体事物的词语常常给人以形象感，而这一形象感又是由事物的意象所概括出来的。但如果我们在使用时不加以强调，这种形象感一般不会引起人们的注意，如"两只鹅、一条蛇"，虽然鹅、蛇有形象，但人们并不觉得这两个字有什么形象色彩。但当我们强调修饰语时，形象感便突显出来：比如"两只漂亮的白天鹅，一条色彩斑斓的毒蛇"。当然，汉语中有些词语本身在形态、动态、色彩和声音上有形象色彩。如：云海、鹅卵石、绿洲、知了等，在形容事物的时候，还可多使用这些形象鲜明的词。

2. 恰当使用修辞格

辞格是一种特殊修辞方法，使用多种辞格，是实现言语生动、形象的有效手段。诸如比喻、比拟、借代、拈连等辞格，都能加强语言的形象性；夸张、排比、重复、层递、移就这些辞格都具有渲染情感的功能；双关、顶真、回环之类的辞格，往往会起到幽默诙谐之效。

技能训练

训练一：从所学课堂教学口语的特征这一角度出发，对以下课堂教学口语进行分析和点评。

1. 今天我们上作文课，作文的内容是写一篇小评论。什么是评论？首先，我告诉大家，评论是针对文学作品，文学流派，文艺现象进行分析评论。我们学过的课文《谈朱自清的散文》《评〈水浒〉的结构》等，就是评论。今天我们所写的评论既可以评论作品，也可以评论某种现象，例如有的同学追星，有的同学厌星，这就可以评论评论了，可以写成评论文章，报纸社论和评论员文章就是评论嘛。

2. 零在哪里？零是个重要的概念。为表示不存在而引进了零的数字。零既非正数又非负数，零为整数。零有什么用？我们在考试时考了零分，就是没得一分的意思。账册里没钱，会计画零分，说明没有。很显然，零是不存在的，不存在就等于零。凡是表示没有的，都可写作零；凡写作零的，都表示没有意义。

训练二：依据上述两例课堂教学口语内容，对其表达进行再设计和整理。

第二节　导入语训练

导入语也称导课语、导语，是一节课的开场白，是整个教学过程的起始部分。成功的导课语不仅能使整节课结构完整，浑然一体，还能强化教学效果，引导学生尽快进入教学状态。

一、导入语的作用

【示例】20 世纪 60 年代，有一位年轻的日本作家访问中国，他专程登门拜访了剧作家曹禺先生，并表达了这样的愿望："我希望日后也能写出像您的《雷雨》那样的杰作来。"这位日本作家是谁呢？他就是 1994 年诺贝尔文学奖得主——大江健三郎先生。

同学们，我们都知道，《雷雨》是曹禺在中学时期开始构思，在大学毕业时完成的话剧处女作。那么究竟是什么原因，使得这部年轻的作品，成为大江先生眼里"丰碑"式的巨著呢？

单元知识短文告诉我们，语言、人物与戏剧冲突是构成一个剧本的三要素。其中，语言是剧本的基础，是第一要素。（投影："话剧语言"）

《雷雨》的成功，可以说首先就是语言上的成功。（投影："钱谷融语"）

原来，曹禺先生的剧作，正是以其精致的语言，创造了无比美妙的艺术境界。下面，就让我们一道，经由一个个具体的语言场景，进入《雷雨》那"令人憧憬和痴迷"的艺术世界吧。

（选自童志斌《由语言走进文本，由语言深入内心——〈雷雨〉教学实录》，《中学语文教学》2005 年第 3 期）

【分析】分析上例导课语，我们认为导课语的作用有如下几点：

（一）引入正题

导课语不同于一般的开场白，它有一个重要的任务，就是通过一段描述、说明或陈述性的话语而引出最终所要讲解的内容。

以上这段导语有很强的层次感，先指出一位日本作家对曹禺先生的崇敬，接着说出此人是诺贝尔文学奖得主，然后又指出《雷雨》让这位大作家如此欣赏的原因，也就是《雷雨》成功的主要原因——语言精致，最后得出本节课要涉及的课题——《雷雨》的语言场景。整个语段层层深入，每一句话都衔接得天衣无缝，引导着学生一步步进入正题。而且这种进入非常自然，没有刻意设计的痕迹。

（二）引起学生注意并唤起他们的求知欲

心理学研究表明：一个人的注意力不可能长时间维持，注意力集中的最佳状态一般能维持十五至二十五分钟，时间一长，注意力就会分散。导入语的作用就是要在学生刚刚开始上课时吸引他们的注意力，让他们进入注意力集中的最佳状态，同时激发他们的兴奋点，引起他们的兴趣。正如上述教例中，教师通过讲述一位日本作家希望自己也能写出《雷雨》那样的杰作，这位日本作家不是普通的作家，而是 1994 年诺贝尔文学奖得主这样一件事来吸引学生的注意力。此时，这样的话语已经起到了刺激学生兴奋点的作用，他们会想：《雷雨》到底是一部怎样的作品？为什么会得到诺贝尔文学奖得主如此高的赞赏？接着，老师抓住机会，指出《雷雨》如此成功的原因在于它的语言十分精致。这又进一步激起了学生了解《雷雨》语言艺术的强烈欲望。在这样的状态下，教师进入了正题——通过学习《雷雨》的话语场景，了解《雷雨》的语言艺术。这样的导课语真正起到了在最佳时间段内聚集学生注意力并把他们的思路引导到教学主题上来的作用。

（三）传递知识信息

课堂教学的每一个环节都是为教育教学服务的，这就要求每一个环节都必须承载饱满的信息量。导入语作为教学中的一个环节，虽然只是个开场白，同样具有传递知识信息的作用。上述教例中，我们至少可以找到这样一些知识信息：一是 1994 年的诺贝尔文学奖得主是日本的大江健三郎先生；二是大江健三郎先生非常欣赏曹禺的《雷雨》；三是《雷雨》是曹禺的话剧处女作；四是《雷雨》是曹禺在中学时代开始构思，在大学毕业时完成的；五是剧本的三要素是语言、人物和戏剧冲突，而语言是第一要素；六是《雷雨》的成功取决于其精粹的语言。

短短的一段导课语包含了如此丰富的信息，实属成功的范例。

二、导入语的要求

（1）切入主题。导入语是为导入新课而安排的，因此必须从教材内容、教学内容和教学对象的实际出发，切入主题设计导入语，严格防止离题千里不知所云。

（2）精练巧妙。导入语是每节课的引语，它旨在引出新课，而非讲授的重点内容。因此，导入语要力求精练、概括，点到为止，不可喧宾夺主，但形式应是丰富多彩的，不应千篇一律。

（3）善于启发。好的导入语应能引起学生的思索，调动学生探求新知识的积极性，并能引导学生掌握获得新知识的途径。

三、导入语的策略

（1）沟通。导入语的“沟通”有两层含义。一是心理沟通。“亲其师，信其道。”（《学记》）有经验的教师登上讲台，往往不匆匆开讲，而是用亲切的目光、关切的询问或提示架设信任、理解的桥梁。二是教学内容的沟通。教师紧扣本节课的教学目的，用简明扼要的讲述沟通新旧知识的联系，或作为教学内容相关的中介，然后进入新课的教学。

（2）引趣。“兴趣是最好的老师”，为了使学生对教学内容产生兴趣，教师一上课就用与教材内容相关的趣味性讲述，牢牢地吸引学生的注意力。如果教师在语情语态上稍作渲染，不紧不慢地说得饶有兴味，学生就会很愉快地投入新课的学习。

(3) 布疑。亚里士多德说："思维自疑问和惊奇始。"教师一上课就紧扣教学内容设置悬念，提出疑问，语调从容不迫，语势异峰突起，一个强调性的重音，一个回味性的顿歇，会很快激起学生的求知欲。

【示例】乘法教学导入语

教师：有个同学叫李明，同你们一样，上三年级。他过生日那天，爸爸带他去吃拉面。大师傅一次拉一碗面条。师傅把一根又粗又长的面对折了一下拉长，又对折又拉长，反复这么拉了十次，李明和他爸爸看得津津有味。后来一碗面条端上来了。爸爸问李明："你知道这碗面条有多少根吗?"李明在桌上写写画画，一口报出："这碗面条有1024根。"爸爸笑着点点头。这李明真神了，他怎么知道有1024根的?

［转引自国家教育委员会师范教育司组编《教师口语》(修订本)，语文出版社，2001］

【分析】这位教师教"2的乘法"，一上课就布了个疑阵，用"一碗拉面有多少根"这个新鲜并富有生活情趣的问题，设疑激趣，何况李明"同你们一样，上三年级"，这就更激起他们不甘落后的探求的热情。这样，从设疑开始，很自然地转入析疑和解疑，教师的导入语就启动了一节课运转的按钮。

(4) 激情。"激情"就是激发情感。一上课，教师就用声情并茂的开场白，把学生很快带入与教学内容相关的意境和氛围中去。若要学生动心，教师先要动情，因此，讲述时教师要有激情，才会说得有感染力。

【示例】小学语文《十里长街送总理》导入语

教师：(挂出周总理的遗像)你们认识这是谁吗？对，是敬爱的周总理。1976年1月8日，为人民劳累一生的周总理去世了。他静静地躺在鲜花翠柏中，红旗覆盖着他的身躯。这一年的1月11日，周总理的遗体要送到八宝山火化。披着黑纱的灵车，缓缓地开过来了，那年冬天特别冷，寒风猛烈地吹着，但是首都几十万人涌上了街头，默默地站在人行道的两旁，等待着，等待着灵车开来，他们要向敬爱的周总理告别。人们心里明白，从今以后，再也看不到周总理慈祥的面容，再也听不到总理那亲切的声音了，十里长街到处是白花，就像铺了一层厚厚的白雪，到处都能听到人们在低低地哭泣……同学们，这是20年前的事情，你们没有经历那叫人悲痛、叫人心碎的日子，但是《十里长街送总理》这一课，会让我们了解当年的情景……

【分析】这段导入语紧扣课题，教师用富有浓郁感情色彩的描述，再现了当年"十里长街送总理"的几组镜头。由于声发于情、意寓于情，就成功地为这一课的教学营造了良好的气氛。"感人心者，莫先乎情"，这样的导入语，一定会引起学生的共鸣。

四、导入语的方法

(1) 温故知新。指从旧知识入手，引导学生去发现问题，进而导出新的知识内容。

【示例】江苏省小学数学特级教师管晓蓉"千米的认识"一课是这样开始的：

师：老师发现我们三(2)班的同学身高普遍较高，有的同学个子都快赶上管老师了。

你们猜猜管老师的身高是多少呢?

生一:1 米 68 厘米。

师:这是我的理想身高,不是我的实际身高。再猜猜。

生二:1 米 60 厘米。

师:恭喜你,答对了。同学们在猜管老师的身高时,都用到了长度单位米和厘米。你们还学过哪些长度单位?

生三:我们还学过分米、毫米。

师:能把学过的长度单位从大到小说一遍吗?

生:(齐说)米、分米、厘米、毫米。

师:如果测量一支钢笔的长度,你会使用什么长度单位?

生四:厘米。

师:那测量一枚硬币的厚度,你会使用什么长度单位?

生五:毫米。

师:如果测量一棵大树的高度,你想选择什么作单位?

生六:米。

师:讲得好!那如果测量南京到北京的距离,你觉得用什么作单位比较合适呢?

生七:我想用千米作单位。

师:能不能用米作单位呀?

生:能,但是太麻烦了。

师:测量较长的距离,需要运用一个新的单位,这个单位就是刚才同学所说的千米。

【分析】通过有关身高的交谈,既复习了已学过的长度单位,又拉近了师生之间的距离,使学生带着愉悦的心情上课。接着通过几个问题,引出测量长度需要用到不同的单位,最后问南京到北京的距离需要用什么单位,自然地引出"千米"这个课题,让学生粗略感知:千米是很大的单位。

(2) 设置悬念。悬念导入能有力地调动学生思维的积极性和主动性,起到快速开启、调动学生思维的效果。

【示例】钱梦龙的《死海不死》教学

师:今天要和同学们一起学习的是一篇说明文。先请同学们打开课本,看一下目录的第一页,这一页共列出两个说明文单元,我们要阅读的说明文就在这两个单元里,同学们还不知道是哪一篇,现在给你们一个条件:这篇文章的标题很能引起大家阅读的兴趣,你们猜是哪一篇,看谁猜得快猜得准。(学生看书后纷纷举手)

师:看来同学们都知道是哪一篇了,你们真聪明!好,你来说。

生:《死海不死》。

师:完全正确!但你能说明一下为什么你猜是这一篇呢?

生:这个题目叫"死海不死",既然是"死海",可又为什么说它"不死",这就在读者心里造成悬念,引起了阅读的兴趣。

师:刚才好多同学都举手了,你们猜的也是这一篇吗?有猜别的课文的吗?

生(众):也是这一篇。

师(指一学生):那你同意刚才那位同学的意见吗?

生:同意。我认为这个标题本身包含着一对矛盾:“死海”和“不死”,使读者产生疑问,急于想去读文章,弄明白究竟是怎么回事。所以这个题目对读者有吸引力。

【分析】导语用悬念成功地激发了学生对“死海”的兴趣。

(3) 情境渲染。根据教材特点,创设一定的情境,让学生置身于特定的情境之中,为接下来的学习开张铺陈,即“未入其文,先动其情”。

【示例】在大雪纷飞、狂风呼啸的腊月,鲁镇人爆竹声声迎福神,杀鸡宰鹅供香烛。鲁四老爷的宅子里也忙着准备祭祀祝福。就在这全镇上下喜迎春节的时候,一位衣衫褴褛、头发全白、目光呆滞的女人一手提着装着破碗的竹篮,一手拄着一支竹竿做的拐杖,带着疑问和悔恨倒在了鲁四老爷家门口。她就是鲁迅著名小说《祝福》的主人翁祥林嫂。现在我们就来学习这篇小说,了解祥林嫂的悲剧命运。

【分析】情境渲染式的导入语,可以将学生置于特定的故事背景中,从而引发共鸣。

(4) 故事引入。从学生较感兴趣的故事入手,语言通俗易懂、幽默风趣,一开始就给课堂营造出一种轻松活泼的气氛。

【示例】有位历史老师在讲授《北朝黄河流域的各族大融合》一节时,是这样导入的:“现在,我给同学们讲个故事:公元 494 年的一天,有个皇帝在洛阳的街上看到一个鲜卑族妇女穿着‘夹领小袖’的鲜卑服装,大为愤怒。皇帝责备地方行政长官,说他奉行命令不力,督察不严。长官辩解说,那只是少数人的打扮。皇帝反问道:‘难道要全部那样打扮才算得上督察不严吗?这简直是一言丧邦!’并让史官把这件事记录下来。这个皇帝,就是北魏孝文帝。我们这节课就来讲讲他为什么要这样严厉地禁止鲜卑族妇女穿自己民族的服装。”

(改写自郭启明、赵林森主编《教师语言艺术》(修订本),语文出版社,1998)

【分析】这样的故事式导语引起了学生的学习兴趣,运用恰当。

此外,导课的方法还有直接导入、演示教具导入等多种类型。

五、导入语训练

下列教案用的是哪一种或哪几种导入方式?请尝试用其他方式为同样的内容设计导入。

材料 1:部编本《语文》五年级下册《草船借箭》导入语

师:同学们,前些天,有一个问题始终困扰着我。想来想去,为了解决这个问题,我把《草船借箭》这篇课文整整读了二十多遍。你们想知道是什么问题吗?(学生大声回答:想)我暂时不告诉你们,请你们仔细地读读课文,猜猜困扰王老师的会是一个什么问题,看谁有水平,猜得准。

(学生兴趣盎然地读课文并思索)

师:好,请同学们大胆地猜,是哪个问题困扰着王老师呢?

生一:3 天怎么能造好 10 万支箭?

生二:为什么诸葛亮向鲁肃借船事件不能让周瑜知道?

生三:诸葛亮的计策妙在哪里?

生四:曹操为什么不射“火箭”?

生五:鲁肃是周瑜的手下,他为什么不向周瑜报告诸葛亮借船的事?

材料 2:初中地理《经纬网》导入语

在苍茫的大海上,有一艘轮船突然发生了故障,失去了控制,报务员立即发出求救信号,报告了出事地点。海上没有其他目标,报务员是怎样报告自己位置的呢? 营救者又是怎样找到他的呢? 原来,他们靠的是经纬网,今天我们就来学习有关经纬网的知识。

材料 3:小学数学《统计》导入语

吴老师问:“同学们,你们喜欢看哪些体育比赛?”有的同学说喜欢看游泳,有的同学说喜欢看跑步,有的同学说喜欢看打球……吴老师接着学生的话说:“体育比赛中蕴含着许多数学问题。今天要学习的统计内容就是体育赛事中经常用到的知识。我们就以投篮比赛为例,统计一下两个队投篮比赛的情况,你们同意吗?”“同意!”吴老师幽默地看着孩子们:“批准了?”学生一起大声回答:“批准了!”就这样,在孩子们兴奋的状态下,开始了新课的学习。

第三节　讲授语训练

讲授语是教师较系统、完整地阐释教材内容的教学用语,是教师向学生传授知识和技能时进行叙述并解释的语言。它是使用频率最高、运用最广泛的教学语言,常常在一节课中要很多次地使用它。要将一个全新的知识和学生不明白的问题传授给教学对象,讲好阐释的话是重要的。既要把概念原理等知识性的东西解释清楚,又要把做的方法、要领传授好。讲授语要求规范、明了、准确、流畅,还要求针对学生特点,讲得通俗、生动、活泼,带有趣味性、启发性,使学生觉得学习是一种快乐,而不是一种负担。

一、讲授语的作用

(1) 传授知识解疑释难。教师运用讲授语把知识准确清晰地呈现在学生面前,使之记牢、会用。

(2) 启发思维培养能力。教师运用讲授语创设个性思维独立发挥的平台,充分调动学生个性思维能力,激发学生的独立思考潜力,让学生个体在获取的信息条件基础上独立分析,理性思考,充分促进学生个体思维的主动发展。

(3) 传道育人培养习惯。成功的讲解应该以积极向上的思想感情影响学生,使他们受到良好的道德品质和行为规范的教育;以健康的审美情感熏陶学生,促进他们形成正确的审美观;以正确的思维方法训练学生,培养学生良好的思维个性和勤学多思的学习习惯。

二、讲授语的要求

讲授语最能体现教学口语的基本特点，所以运用时要注意：

（一）语义畅达，严谨缜密

教师所教的各门学科，都是科学知识。科学知识必须用科学、规范的语言来表达。因此讲授语要准确符合逻辑，这也是教师准确无误地向学生“传道授业解惑”的基础；不准确，甚至错误了，将误人子弟。所以必须正确地理解教材，出语精当，有条不紊，把“是什么”“为什么”“怎样做”交代清楚。

（二）通俗形象，明白易懂

讲授的知识往往都比较抽象，学生受身心发展的阶段性特点影响，抽象理解的能力不强，所以教师在讲授时要力求形象生动、深入浅出，必要时可以借助实物、图形等工具。

（三）主次有别，详略分明

首先，学生要在有限的时间内掌握所学内容，这就要求语言简洁；其次，要让学生在学习中抓住关键，准确领会讲授内容，则要求教师授课时必须突出重点，突破难点，在知识的重、难点处，运用适当的语言、语音方式加以处理，保证知识传授的有效性。可以说没有侧重面的知识讲解是不成功的讲授。

三、讲授语的类型

讲授语大致可以分为四种类型：讲述语、讲解语、归纳语和评述语。

（1）讲述语。讲述语用叙述的方式讲述事件、现象发生发展的过程。重在述说、渲染、点拨。适用于各种以示过程、讲知识、明观念等为致力点的讲授。

【示例】一位语文老师关于《荷塘月色》的背景介绍：

同学们，今天我们要学习的是朱自清先生的散文《荷塘月色》，作者笔下的荷塘是一番怎样的景象呢？折射了他怎样的心境呢？现在我简单把这篇散文的背景介绍一下……作者就是在这样的心境中漫步在月下的荷塘。

【分析】这段讲述语简明扼要而又清晰地介绍了当时的写作背景及其与本文的关系，语义连贯，话语通俗准确。

（2）讲解语。讲解语就是对知识的讲授、阐述，对疑难的解释、分析。重在解释、说明、剖析，适用于各种以释概念、明义理、示方法、传知识、练技能等为中心的讲授。

【示例】钱梦龙的《故乡》教学：

师：“我”究竟是不是鲁迅呢？

生：《故乡》中的“我”，《社戏》中的“我”，还有一些鲁迅作品中的“我”是不是就是鲁迅？如果不是，为什么都很相似？

师：这问题提得很好。这位同学把许多课文联系起来了，想得很广。那么你认为这样，我想先听听你的意见。

生：不是。

师：什么理由？（生不能答。老师继续启发）你们知道鲁迅写的《孔乙己》吗？

生：（齐）知道！

师：那里面的"我"是个酒店的小伙计。鲁迅卖过酒吗？

生：（齐）没有！

师：所以这个"我"是作者在小说中所塑造的……

生：（接话）艺术形象！

【分析】这段讲解语采用谈话方式，步步设问，层层引导，语言简洁活泼，生动地体现了课堂讲授由教师讲解、学生听解的互动效应。

（3）归纳语。归纳语是从感性到理性、由现象到本质，使学生从整体上把握知识。重在复现、总结、演示，适用于一切以直观求深入、以总结求升华等为落脚点的讲授。

【示例】一位数学老师在讲授"推导圆周率"时运用了先分析后归纳的方式：

我们刚才把直径分别是1分米、1.5分米、2分米的硬纸板圆在米尺上滚动一周，得到了这三个圆的周长大约是3.14分米、4.71分米、6.28分米。我们可以直接看出，第一个圆、第二个圆、第三个圆的周长分别是它们直径的三倍多一些。课后我们还可以把直径不同的圆在米尺上滚动，也可以发现，圆的周长总是直径的3倍多一些。这个倍数是个固定的数，我们把它叫作圆周率。因此，圆周长＝直径＊圆周率。

（改写自张祖利主编《教师口语技艺》，山东人民出版社，2010）

【分析】教师先把局部的、现象的、感性的材料给学生讲清楚，接着从本质的、理性的高度进行归纳，使学生从整体上把握事物的本质特征，找出事物的规律。

（4）评述语。指教师运用夹叙夹议的方法揭示教材内涵，加深学生理解的讲授形式。

【示例】于漪老师讲《记金华的双龙洞》，在分析前三节运用对比的好处后说：第四节虽不用对比，但仍然写得很细腻。写溪流随着山势而变化；溪身"时而宽，时而窄"；溪水"时而缓，时而急"；溪声"随时变换调子"。作者就从不同的角度写出了这里溪流的特点。有形有声，具体形象。

【分析】这段话夹述夹评，评述结合，准确指出了文章的妙处。

四、讲授语的方法

（1）重点讲授法。教师讲授应以教材的重点、难点为依据，侧重于重点、难点的讲解，不能轻重不分、主次不明。这种方法的优点是学生容易抓住关键，便于他们准确领会讲授内容。

（2）归纳式讲授法。归纳式讲授法就是先分析后归纳的一种方法，它主要适用于教学内容比较多、线索比较复杂的情况。这种情况下学生往往不易全面把握事物的本质，所以教师可采用此方法，使学生从整体上把握事物的本质特征，找出事物的规律。

（3）谈话式讲授法。谈话式讲授法是教师在学生已有知识的范围内提出问题，引导学生思考,通过对话方式使学生获得知识的一种教学语言形式。

(4) 讨论式讲授法。讨论式讲授法是教师组织学生发表见解、展开争辩的方法。这种方法能调动学生的思维活动。彼此发表意见、相互启发,能够深刻地理解和掌握知识。

五、讲授语的训练

(1) 下列教案用的是哪一种或哪几种讲授语?它们体现了讲授语的哪些特点?

材料1. 一位老师在讲到《故乡》的主人公是谁的时候,学生有争论,气氛热烈,老师及时发表自己的意见:"我赞成主人公是闰土。判断谁是小说的主人公,不能简单取决于出场次数或占有篇幅的多少,而要看他是否在小说的情节、结构、矛盾冲突中占中心地位。闰土在《故乡》中是处于中心地位的,因此他是主人公。"

材料2. 在《梦游天姥吟留别》一文的讲授中,教师这样说道:"神仙出场的情景很不一般:他们的穿着飘逸艳美,穿的是五彩霓虹做的衣服,他们各有特殊的交通工具,有的驾着清风当作马,有的坐着高贵美丽的鸾凤拉的车,他们到来时还有奇特乐队的奏乐,老虎弹琴。神仙们就是这样纷纷来到仙府,真是神妙奇特……"

材料3. 所谓生物工程是指什么呢?生物工程是指在工程领域应用下列技术的总称,包括:基因操作技术(又叫基因工程或遗传工程)、细胞融合技术、细胞培养技术以及生物转化(又叫生物反应)技术等,它主要包括基因工程、细胞工程、酶工程、发酵工程和组织培养等方面的内容。

(2) 如果你是一位数学老师,在讲"除数是一位数的除法"时,你将怎样总结"除数是一位数除法法则"?请设计一段讲授语,时间不超过5分钟,语言要便于记忆。

第四节　提问语训练

教学过程的实质是提出问题、分析问题、解决问题的过程,所以提问是一种常规教学手段。提问语是教师以发问的形式开发学生的智力,唤起学生进行思维活动而使用的语言。提问是一种教学手段,它在教学中有很重要的作用。提问效果的好坏,往往成为一堂课成败的关键。

一、提问语的作用

(1) 增进交流,活跃气氛。教学活动是教师和学生共同参与的双向活动,在这种活动进程中,师生不仅存在知识的传递,而且还存在着人的感情交流。实现师生互动、双向交流的方法很多,其中常用且有效的就是恰当地进行课堂提问。

(2) 集中注意力,激发兴趣。增强教学的吸引力,磁石般把学生的注意力牢牢吸引住,激发起学习的兴趣,以顺利完成教学任务,实践证明:当教师提出问题时,往往会使学生的注意力处于高度集中的状态。

(3) 开阔思路，启迪思维。亚里士多德提出："思维自惊奇和疑问开始。"积极思维，是研究问题的内部动力，是学好语文的先决条件。实践证明，提问是开启学生思维器官的钥匙，是思维启发剂。

(4) 获得反馈，提高质量。在课堂教学中，把输入信息的结果，通过输出信息返送回来，并对信息再输入产生影响，起到调节控制作用，这种过程叫作反馈。

二、提问语的要求

提问语应具备如下特点：

(1) 思辨性。提问要有质量，要有思辨价值，要能调动学生探究的热情。提问时，语速要放慢，要对质疑点作适当重复或解释。要防止随意性的"满堂问"，这样的"问"调动不了学生的思维活动，也损坏了教材讲授的完整性，应当避免。

(2) 量力性。提问要难易适度，着眼于学生的最近发展区，难度大的可以分为几个小问题来问。对小学生发问，要疑点明确，质疑指向集中，问句要说得简明易懂。

(3) 协调性。学生在公开场合接受提问，由于心情紧张，智力活动容易出现阻滞，因此教师语态要友善、有耐心，提问尽可能嵌入礼貌语，并适时改变提问方式，或重复质疑点，或作一点提示，以缓解学生的心理压力。

三、提问语的类型

(1) 梳理式提问。这种提问从教材的内容、教学重难点出发，揭示教学目的，引导学生把握和理解学习内容的关键，促进学生注意，引发学生思考。

【示例】鲁迅先生的小说《药》，要求学生通过人物、情节、环境去理解小说所揭示的深刻主题以及作者的艺术技巧，提高小说鉴赏的能力。为此可提出如下问题：

(1) 作品的主人公到底是谁？是夏瑜还是康大叔？

(2) 康大叔是什么人？为何人们都对他恭恭敬敬？文中黑衣人和他是不是一个人？

(3) 夏四奶奶既然感到儿子是"冤枉"的，为什么上坟时又感到"羞愧"和"踌躇"？她的政治态度究竟怎样？

(4) 小说为何以"药"为题？"华""夏"两家的姓氏有何含义？

【分析】这几个问题是课文要解决的重难点，可以促使学生潜心思考，深入钻研。这种提问既可作为阅读后的课文梳理，又可作为开课前的"思考预习"，为课堂教学做准备。

(2) 揭疑式提问。学生阅读往往一扫而过，因而往往领略不到文章的妙处，理解肤浅，揭疑式提问的目的就是引导学生"生疑"。当学生学习，似乎没有问题时，教师就采用揭疑式提问，促进学生思考，帮助学生理解和掌握知识。

【示例】鲁迅杂文《为了忘却的记念》，学生阅读时，往往对题目一扫而过，不予深究，然而这个题目正揭示了鲁迅先生写作此文的目的，也是解读此文的一把钥匙，为了引发学生思考，可设计以下提问：

纪念是为了不忘却，那么题目中"为了忘却"与"记念"是否矛盾？如何理解"为了忘却”与“记念”的含义?

【分析】这些提问不仅能促使学生去琢磨,发掘文中蕴涵的内容,理解作者用词的意图,同时也教给了他们读书的方法。

(3) 迂回式提问。迂回式提问,也叫曲问。欲问此,先从彼开始问,采取“曲径通幽”的办法,达到解决问题的目的。学生回答曲问时,其思维流程也要“转一个弯”才能找到问题的答案,这种提问富于启发性,比直问更能激起学生的兴奋点。

【示例】在讲质量守恒定律时,做完白磷燃烧实验,白磷燃烧后天平仍然平衡,老师提出如下问题:

参加反应的物质变了没有?

组成反应物的各种元素的种类从反应前到反应后变了没有?

参加反应的原子的个数变了没有?

原子的质量变了没有?

【分析】通过提出问题,得出化学反应的实质是原子间的重新组合,反应前后物质的质量当然相等——质量守恒。这种弃直就曲的提问能激发学生的求知欲。

(4) 辐射式提问。这种提问是以某一个问题为中心,然后派生出许多小问题,从各个角度去启发学生思考,各个击破,那么中心问题也就迎刃而解了。这种挈领全局,攻破难点、突出重点的提问技巧,对于学习层次较低的班级,更有利于教学的顺利进行。

【示例】鲁迅小说《药》,它揭示了辛亥革命严重脱离群众的这一严肃的主题,为了弄清这个主题,教师可设计若干小问题:

(1) 刑场一节的环境描写,揭示了哪一个时代的特征?

(2) 夏瑜的“血”没有治好华小栓的病,这一情节说明了什么?

(3) 小说明写华家,暗写夏家,构成小说明暗两条线索,最后在坟场交会,作者这样写的作用是什么?

(4) 文章的主题该如何归纳?

【分析】把这几个问题弄清楚了,学生对药所揭示的“辛亥革命严重脱离群众”的这一主题也就理解了。

(5) 比较式提问。教师在提问时把有内在联系但又比较相似的知识概念以提问方式列举出来,让学生比较、分析差异,有针对性地掌握不同的内容。比较式提问可以温故而知新,还可以训练学生思维的条理性,在求同存异的过程中,促进思维能力的培养。

四、提问语的技巧

在小学课堂教学中,单刀直入的直接提问不宜多用,提问语应当富有变化,我们可称之为“变式提问”。包括:

(1) 趣味性提问语。如体育教师做跳远落坑的示范动作,提问道:“谁能用个比喻描述我的落坑动作?”当一位学生说“老师的身体像折水果刀那样”,教师予以肯定,教师没有用一个专业术语,学生却掌握了落坑动作的要领。教师饶有趣味的提问语,激发了学生的求知欲和想象力,可以使接受提问变成一件轻松愉快的事情。

(2) 选择性提问语。这是“藏答于问”的提问语。教师提问的答案，以“多项选择”的方式隐含于提问语之中，使全班同学的思维因“似知而不尽知”而兴奋起来，这样让他们调动已有知识进行筛选，并展开争论，教师适时地追问、补问，会收到事半功倍的教学效果。

(3) 迁移性提问语。这是“移答作问”的推进式提问。这种提问，循着学生的思维流程小步迁移，渐渐地由“已知”推理“未知”，有助于培养逻辑思维能力。

(4) 情境性提问语。情境是启迪儿童思维的钥匙。教师要善于用情境的描述或叙述，把学生带入迷困的情境，调动他们解答问题的积极性。例如，有位教师教《保护大自然》这一课。他说：“我先讲个故事：从前法国有个新上任的林务官，看见森林里杂草丛生，枯枝遍地，觉得不干净、不雅观，就下令铲除野草，砍掉大树旁边杂乱的灌木，扫尽枯枝败叶。林务官看着平整清洁的地面，很顺心；可是日子一长，他越来越不顺心了。这是怎么回事呢?”这么一问，学生很快会产生兴趣，深入思考了。

(5) 探究性提问语。常言道：“似寻常处最奇崛。”教师要善于提出看似平淡却有思维价值的问题。例如有教师教《颗粒归仓》一文时，对“小弟弟，你是好样的”一句提出的问题是：“好样的’是什么意思?”学生不假思索地回答：“好样的就是好榜样。”“好样的就是模范。”老师追问道：“非得这样吗?”这一问一答，使学生的理解由肤浅推向深入。

五、提问语的训练

(1) 鲁迅《祝福》中对沦为乞丐的祥林嫂的一段描写：“她一手提着竹篮，内中一个破碗，空的；一手拄着一支比她更长的竹竿，下端开了裂；她分明已经纯乎是一个乞丐了。”这段话在语言运用和形象刻画上均有独到之处，请设计一组问题启发学生思考理解。

(2) 评论下面平均数教学片段中提问的作用和意义。

老师在课堂上出示问题：甲、乙两队举行拍球比赛，求每个队的平均数。乙队为(9＋13＋14＋12)÷4＝12个，甲队为(12＋14＋16)÷3＝14个。老师以乙队的平均数为例追问：

追问1:12表示什么?

生：表示乙队拍球的平均数。

追问2:你怎么认识和理解12这个数?

生1:我拍13个，把多的1个给其他队员了。

生2:我拍了14个，把多的2个给了拍9个的同学。

生3:我很高兴，本来我拍了9个，他们又给我增加了3个。

追问3:你们的意思是说，把多的给少的，这样就……

生：平均了。

让孩子们根据自己的体会描述对平均数意义的理解，在这个基础上老师进行了总结：12是9、13、14、12这一组数的平均数，它表示了这一组数据的总体水平。

追问4:当比赛人数不相等时，比总数是不公平的，是谁帮我们解决了这个问题?

生：平均数。

追问5:此时此刻,你不想对平均数发自内心地说两句吗?

生1:平均数啊平均数,你很公平。

生2:平均数,你使不公平的事变公平了。

(3) 分析下面一段提问语,指出其中的不当之处,如果你是教师将会如何设计?

某位老师在讲授《端午的鸭蛋》一文时,为让学生体味作者写作的语言魅力,提出下列问题:

① 通读全文,找出哪些文字是写端午,哪些文字是写鸭蛋的。

② 作者用了什么样的语言来写这些场景?

③ 如果你来写端午,你会如何写?

第五节　评价语训练

评价语指对学生的答问、演示、作业等所做的评说。独立意识尚未形成的小学生很看重教师的评价,独立意识已形成的中学生也注重教师对自己行为结果的评价,恰如其分的评价有助于推动学生对知识技能的掌握。

一、评价语的作用

(一) 激励、引导,创设充满激情与活力的课堂

德国教育家第斯多惠说过:教育的本质不在于传授,而在于激励、唤醒和鼓舞。评价的重要性就在于此。一节课中教师多次运用了激励性的评价语,如口语交际课上我们需要学生互动评价,刚开始教师总是说:谁来评一评?他说得怎么样?这很难激发学生参与的热情,后来教师换成这样的引导性评价语:请小朋友们认真听,我们都来当小评委。当孩子评价得好的时候,教师不忘及时夸赞"你说话有理有据,真是个超级小评委!"看似简单的话语,却着实点燃了学生的参与热情,学生们个个高举小手、跃跃欲试,课堂顿时热闹非凡。像这样的激励、引导式评价语还有很多,如:"你的声音真响亮,我很欣赏你说话时的那份自信!""你俩真是黄金搭档!""你表演得落落大方,真像个小演员!""你不仅听得认真,还能积极参与评论,真了不起!"在巧妙运用口头语言的同时还可恰当地运用态势语言:可以伸出大拇指,或是亲切地摸摸头、搂搂肩,抑或是与学生击掌、握手……一定要让学生感受到老师发自内心对自己的夸奖与赞美,将自己融入学生中,使学生有一种亲切感,如沐春风,从而产生一种不断向上的动力。

(二) 点拨、指导,让学生掌握正确的学习方法

评价语还应对学生的学习起到点拨、指导作用,最常见的就是根据学生的回答客观、准确地指出学生的长处与不足,既对学生表现出色之处给予肯定同时又有针对性地给学生提醒与纠正。低年级的学生评价同学大多只说空话,如:"你说得真好!"或者只评价同

学声音的大小。其实教师具有指导性的评价语就可以解决这个问题，如："你不仅了解了他说话的内容，还能围绕课文要点评价，真会学习！"再如："你能结合他说话的内容进行评价，说明你听得很认真！"这样的评价语一方面在强调倾听的重要性，另一方面在指导孩子评价的方法(结合说话内容评价、围绕板书要点评价)，让孩子们有方向可寻，有话可说。

二、评价语的要求

独立意识尚未形成的小学生很看重教师的评价，恰如其分的评价有助于推动知识技能的掌握，也体现出教书与育人的和谐统一。

评价语分为详评、简评和点评三种。点评是随机插入的评价，往往只作一两句的评说。评价语一般是在教学过程中的即兴表达，这就要求教师在特定语境中很快决定"说什么""怎么说"，因此：

(1) 要注意观察听辨，根据教学目的，很快确定有必要做出评价的信息。

(2) 语意不可旁逸，对于着意要强调的某个侧面要讲得清清楚楚。

(3) 要恰如其分，用语有分寸感。

【示例】教学中评价语运用一例：

(几位同学分别朗读闰土说的几件事以后)

师：读得很好！他们体会到闰土说话是那么生动，那么绘声绘色，所以读得很感人。那么，"我"在听闰土讲话时，是什么样子的呢？

生："我"听得入迷了。

生："我"越听越佩服闰土。

生："我"越听越惊奇，越听越羡慕。

师："我"的思想是一步步变化的。刚才几位同学在发言时用了"越来越"这个说法，这样说很准确，这就强调了思想感情的逐步变化。那么，"我"的思想感情是怎么一步一步变化的呢？……

【分析】教师有点评有简评，不只停留于表层的简单肯定，而是追加几句，指出好在何处、对在哪里。教师听得很仔细，将"越来越"提出来作评价，同教学意图结合得很紧密。

三、评价语的策略

(1) 评价语应有针对性，不可太空泛。教师的评价语要让学生受益，心服口服，则要求教师在进行评价时不能空泛赞美一番，而应强调突出其做得好的地方，低调指出不足之处，没有"灵魂"，教师的评价语就没有了生命力，无论你说如何生动，如何有吸引力，都是苍白无力的。所以教师评价语的准确性显得尤为重要，既不能一味地肯定评价，也不能一味地批评，要让学生知道哪里是好的，哪里是不好的，哪里是对的，哪里是错的，错在何处。同时还要针对学生的个性、心理素质，因人而异、有的放矢地评说。

(2) 评价语应有导向性，无论批评或表扬，要能激励、鞭策、引导学生。教师的评价语应适当表现出正确的价值取向、观点和态度，并且营造出一种积极思考、大胆创新、勇于尝试的氛围。

(3) 评价语应灵活多样,切忌单调死板。教师的课堂评价语不能单调,应富于变化,幽默有趣。富于变化的评价语可以更好地调节学生情绪,让学生想听、爱听、百听不厌,激起课堂气氛,同时丰富多彩的语言可以使学生从中受到熏陶和感染。

(4) 评价语要得体恰当。在课堂上对学生进行评价时,必须把握度和量。不论是赞美还是批评,都应让学生感到老师的真情实意,对学生的尊重、关爱和期望。评价语应以鼓励、表扬等积极的评价为主,采取激励性的评价,尽量让学生获得自信,体验成功的快乐。

四、评价语的类型

根据教师在课堂教学中如何进行评价,采用什么样的语言来评价,我们将评价语分为四种类型:

(1) 激励型。对学生的回答给予积极肯定的评价,这类评价会成为激发学生继续探索的动力。常用语言有"很精彩!太棒了""你的看法很有见地""你的想法非常有价值"等。激励性的评价语不仅包括真诚的话语,还可以包括适当的体态语。

(2) 拓展型。在倾听中,教师要敏锐地发现学生理解上的偏差、疑惑,并适时介入追问式评价,引导学生思考、讨论,达到对问题全面深刻的理解。常用语言为"你为什么会这样想,说说你的理由""再想想,还可以怎么理解"等。

(3) 讨论型。赋予学生求异的权利,激活学生主体意识,让学生参与讨论,开放思路,在课堂上形成一种互评互析的氛围。多用"对这个问题,有没有同学有其他看法""你们同意他的观点吗""还有补充意见吗"等问句引导学生进一步思考。

(4) 幽默型。运用幽默、风趣的评价语言是调节师生情绪、打破课堂枯燥局面不可或缺的有效方法。富于幽默感的语言更容易实现对课堂教学的有效控制,更容易缓和师生间的紧张气氛,也更能使学生以一种积极、乐观的态度来处理矛盾,让学生在轻松愉快中接受教育、获得知识。

【示例】教师在"跨越式跳高"教学中,学生行进间学习两腿依次过杆的动作方法时,师评:"刚才同学们练习得非常认真,现在的高度已经没有挑战性了,我们将高度再升一点,难度就会增强,相信大家也会跳过去!"橡皮筋的高度升高后,绝大多数学生都碰到了橡皮筋,少数学生面对这么高的高度都望而却步,一轮练习过后,学生都面露难色,这时老师评价道:"没有关系,让我们来想想办法吧!各组都讨论讨论,集中团队的智慧,一定能找出好办法来。"

【分析】教师用了巧妙的方法,鼓励学生合作交流,共同探究,解决困难。教师的评价语兼备认同、同情、赞誉三种成分。情感如此丰富的评价,学生的积极性自然会高涨。

【示例】《〈论语〉十则》教学片段。师生讨论第五则。

师:为什么说"知之为知之,不知为不知"是一种智慧?

生1:知道自己的不足,就会去学习,永远有学习的意识,这是一种智慧。

(同学们对生1的回答点头称是。)

师：说得真不错，有自己独到的理解，其他同学还有对“智慧”的发现吗？

生2(补充)：知道自己的不足，就会变得很谦虚，别人也乐意教你，你就获得了学习的机会。

(生3继续补充……)

师：你们能多角度看待一个问题，而且理解得很深刻，老师非常欣赏，这是一种优秀的思维品质，你们认为“知之为知之，不知为不知”还是一种什么品质？让我们挑战孔子，试着用一个字概括，并说明理由。

生4：知之为知之，不知为不知，是勇也。我认为在别人面前承认自己有所不知，这需要一种勇气。

师：你们同意他的观点吗？请说说你的理由。

生5(不同意生4观点)：人都有自己不知的一面，在别人面前承认自己有所不知，这很正常，谈不上“勇”。

生6(同意生4观点)：人总是习惯于掩饰自己的“不知”，敢于承认自己不知的确很勇敢。

师：对刚才几位同学的回答，你们有什么看法？

生7：“勇不勇”因人而论，对自尊、胆小的人来说就是勇，反之就不是；但他敢于说出自己不知，不虚伪，不做作，这是做人的真实。

师：因人而论，很有见地。还有补充意见吗？

生8：有“知之为知之，不知为不知”的勇气，我说是一个人的美德，他可以非常真实地活着。……

师(小结)：看来，孔子要免费收你们做徒弟了，如果知道两千年后，有这么一群出色的后生，他老人家要含笑九泉了。

【分析】在这段评价语中，教师赋予学生以自我角色意识，并启发他们捕捉自己的体验进行创造。开放性问题的提出，以及及时跟进的评价语，引发了学生之间的互评互析，激发了他们的探究兴趣和情感体验，拉近了学生与文本的距离，不仅让学生走进孔子的内心世界，更让孔子走进了学生的内心世界。

五、评价语的训练

(1) 一位普通话说得不太好的同学在语文课上朗读了一篇文章，虽然很认真，感情把握也很到位，但是朗读中“硬伤”不少，很多字音读得都不准。如果你是他的语文教师，请就他的表现准备一段评价语，时间1分钟。

(2) 对你班上的几位同学进行评价，然后征求其他同学的意见，看看是否准确，符合实际。

第六节　结束语训练

一部分内容或一节课教学之后的一段小结语就是结束语。在讲解知识的时候，为了便于学生掌握每一个知识点，可能是分散教学的，学生对知识的认识也可能停留于感性的局部。适时帮助学生将所学知识加以总结，使之能做阶段性消化或巩固，将会为学习新知识做好准备。结束语的作用在于让学生当堂消化、理解、巩固强化新学的知识，并帮助他们理清思路更好地从感性认识上升到理性认识。

一、结束语的作用

(1) 整理概括，巩固记忆。一个巧妙的结束语要能强调重要的事实、概念，概括相关的知识，形成知识网络，使学生更加清楚、明白、系统地掌握所学的知识。它能帮助学生整理概括，加深感受，深化认识，巩固记忆。

(2) 启发思维，开阔视野。一个精妙的结束语能够扣人心弦，开启学生的智慧之门。它不仅能帮助学生巩固课堂上所学的知识，还能激励学生将知识拓展延伸到课堂之外。

二、结束语的要求

(1) 忌拖沓。结束语要求语言简洁、明了、清晰，起到提纲挈领的作用。如果结束语小题大做，啰唆杂乱，用语不简洁、不明确，必然让学生感到厌烦，影响教学效果。

(2) 忌仓促。由于课前没有计划，或计划了而没把握好教学节奏，临下课时慌里慌张地讲几句话，草率收场，这样的结束语不能起到小结、巩固、强化的作用。

(3) 忌平淡。一是结束语语调平淡，没给学生留下深刻印象；二是结束语总是一个模式，例如："好！今天的课就上到这里，下课！"应当根据教学目标与教学语境的需要，变换结束语。成功的结束语会给人留下深刻的印象，如音乐般"余音绕梁"，课虽尽而意无穷。如果结束语很平淡，就不会给学生留下深到印象。

(4) 应完整深刻。结束语是对学习的主要内容、要点的总结、提示，具有帮助学生理解、巩固和记忆的作用。

三、结束语的运用策略

结束语在语言上力求简单明了，切中肯綮，既不可虎头蛇尾，也不可画蛇添足。好的结束语不仅能起到及时巩固知识、画龙点睛的作用，还能给人以美感和艺术上的享受。

(1) 概括整理。结束语用提纲挈领的话，将分散的知识点串联起来，概括相关的知识，形成知识网络，使学生更加清楚、明白、系统地掌握所学的知识。结束语能帮助学生整理概括、加深感受，但要做到内容简要、精练，要点分明，在表述上话要说得慢些，语调要平稳。

(2) 准确分明。无论是教师独白式的讲解还是师生交谈式的小结，关键性、结论性的句子，必须由教师用肯定的语气说出，用语精确、简洁，泾渭分明，干净利索，一句句说得清楚明白。

(3) 启发深化。结束语具有承上启下的作用，因此要着眼于知识的过渡和拓展，启发他们举一反三，去解决新问题。一个精妙的结束语能够扣人心弦，开启学生的思维，开阔学生的视野。它不仅能帮助学生环固课堂上所学的知识，还能激励学生将知识拓展延伸到课堂之外。

四、结束语的类型

(1) 总结概括式。总结概括是课堂教学结束语的一种常见形式。一般是总结本节课的主要学习内容。任何一节课都有重点和难点，它又是授课的中心环节，所以教师的结束语要根据这一目的和要求，抓住中心环节，画龙点睛，切中要害。这种结束语在表述时，要讲究逻辑性，持论要有依据，使用概念要准确，语句组织要有条理性。

【示例】五年级数学“圆的认识”一课，老师引导学生经历材料聚类分析的过程，归纳提炼画圆的原理。

师：刚才我们在黑板上画了圆，在纸上画了圆，又在空中画了一个圆，虽然地点变了，画圆的工具也各不相同，但是它们是否存在相同处？请大家带着这个问题小组内互动思考。

生1：它们都要依靠一样东西。

生2：它们都要先确定一个中心点，围绕这个点旋转。

生3：它们都要旋转一周，也就是要旋转360°。

教师板书：确定一个点，旋转一周。

师：这样行吗？(教师演示：围绕紧靠小球的地方定点旋转。)

学生们纷纷领悟，异口同声：还要拉开一定的距离。

师：是呀，还要有这点补充。(补充板书)

师：现在谁来总结一下问题的答案？

生：我们发现无论用什么画圆，在哪儿画圆，它们都有三个共同的特点：第一，确定一个点；第二，确定一段距离；第三，旋转一周。

(2) 延伸拓展式。一节课是无法将所有的内容都涵盖的，为了拓展学生的思维，老师可以利用结束语，引领学生深入思考。即教师在教学内容基本完成后，诱导学生将具有某种内在联系的知识进行比较，在新旧知识之间架起联系的桥梁，引导学生向课外扩展。或者结合学习的有关内容对学生进行思想品德教育，达到以知促情，知情结合的目的。

【示例】有位教师为《语文》课本中《蝙蝠和雷达》一文设计了这样的结语：“人们从蝙蝠身上得到启示，发明了雷达。你还知道人们从什么地方得到了启示，发明了什么？”学生们争先回答。教师趁热打铁，又问：“你从哪里得到启示，觉得可以发明什么？”

(3) 设疑启发式。课堂结束的时候，老师提出一个有争论性的问题，把这个问题留给学生利用课余时间去争论。给了学生一个思考的空间。利用“悬念”激发学生的学习兴趣，使学生产生强烈的求知欲。

【示例】中学历史课教学，教师在分析日本的经济特征后，设计了一个问题："日本的经济发展对我们国家有什么启发和借鉴？"在学生已经具备一定的知识储备和学习技能的基础上，学生对这个开放性的问题积极发表意见。有的说：我们应该学习日本加大科技的投入，保证产品的质量；有的说：我们应该积极扩大内需，不能像日本一样严重依赖国外市场；有的说：我们应该节约资源，走可持续发展的道路；有的说：我们不能像日本一样，将污染的企业转嫁到其他发展中国家。老师对这些积极大胆的发言鼓励赞赏，并告诉学生，经济的发展要遵循社会、经济和环境效益的有机统一，这是我们讨论的基本原则和落脚点。

(4) 布置任务式。这也是一种常见的课堂教学结束形式。在课堂教学完成后，教师根据教学目的，结合教学内容，有针对性地给学生布置课后任务，以此加强学生对所学知识的掌握。此外所布置的任务也可以和下一次的新课有联系，起到"承上启下"的作用。

【示例】一位中学物理教师为了更好地讲解圆柱形物体横截面积、密度、高度与质量的关系，在下课前问学生："如果你是一位售货员，有人要买几百米铜丝，你该怎么办？一米一米地量吗？"当学生议论时，教师说："这个问题怎么处理，你们课后自己看书，动脑筋想办法。如果还不明白的话，下一节课我们再解决。"

【分析】这位老师用了布置任务式的结束语。提出新的课题，从而给学生留下一个有待探索的未知数，激起学生学习新知识的强烈欲望，使"且听下回分解"成为学生学习的期望。

五、首尾关联的语用技巧

一节课的教学语构成了一个教学语篇，要使语篇连贯、流畅和完整，必须注重首尾的照应。照应是指语篇内容上的关照、呼应，即前面提到的内容，后面要有所关照；后面提到的内容，前面要有所交代和暗示。一般是交代在前，照应在后；暗示在前，挑明在后；伏笔在前，应笔在后；前有问题，后有答案；前有起始，后有终论。前后的关照、呼应能使语篇前后贯穿起来，从而使语脉贯通，讲解灵活致密，使理解话语或语篇的人了解表达的线索与脉络，以及各部分之间的内在联系。运用首尾的照应，将后面必须交代而前边暂时不能说之事先在表达的适当处设下伏笔，以使后面说出时自然引出，不觉突兀；而对于暂时中断未说完之事也要留下头绪以便后面的表达衔接和呼应，不留破绽。这样，整个表达就做到了"瞻前顾后"，以伏笔与照应这一条潜线贯穿表达全过程，整个表达的总体布局也就因此而紧针密线、浑然无痕地组合成了统一的有机整体，使整个教学语言具有严密的逻辑感和整体感。

写作中首尾照应大致有五种方式，这五种方式为我们课堂教学结课语与开头语的相互照应连贯提供了有益的借鉴。

(1) 从特定的情境出发，结尾又重新回到这个特定的环境中来。如叶圣陶的散文《五月三十一日急雨中》，开头一句写的是："从车上跨下，急雨如恶魔的乱箭，立刻打湿了我的长衫……"这是一个特定的情境。文章的最后写的是当"我"怀着"满腔的愤怒"而继续想"向前走"时，眼前"依然是满街恶魔的乱箭似的急雨"，又回到了开头的情境中去。

(2) 开头提出某个问题，结尾仍旧回到这个问题上，使问题在重复中得到强调。如新闻《水！水！水！》，开头提出：水，不久将成为一个深刻的社会危机。结尾借专家们的分析预测说：到2000年，全国仍将缺水500亿立方米，甚至达到1000亿立方米。作者禁不住发出“水啊水啊水”的最后呼声。

(3) 开头冷静地、客观地叙述语篇反映的事物，不加以评论、讲解，不流露语篇主体的倾向性，而结尾处针对开头所叙之事加以议论、评说，生发出主体的思想认识与感情来。如目前许多谈话类的电视评论节目大都采用这种模式的首尾照应方法。

(4) 开头内容为某种原因，结尾内容为开头原因引起的必然结果，前因后果首尾呼应连贯语篇。

(5) 开头写事，然后由所写之事联想开去，由此及彼，结尾得出一般哲理。如邓拓《燕山夜话》中的《一块瓦片》，开篇破题道：“偶然同编辑同志谈定了这个题目。这意思是说，我写的文章可能比抛砖引玉的砖头还不如，只能算是一块很平常的瓦片。”结尾处则在联想中呼应，在呼应中联想，得出深刻的道理：“可见就讲一块瓦片，也有种种复杂的情形，需要进行历史的分析。而且这里同样用得着阶级的分析。看是什么样的阶级，就用什么一种瓦片，界限分明，混淆不得。无论你是学历史的也好，学建筑的也好，学工业的也好，似乎都应该由小小的一块瓦片开始，对一切客观的事物，继续不断地进行仔细的分析研究。”开头讲一块瓦片，结尾也讲一块瓦片，同时结尾又联想到种种复杂情形，就如同霰弹从一点射出，而后向四周开花一般，使全篇形成连贯的整体，大大增强了语篇的普遍意义。

六、结束语的训练

(1) 对比下列两段文字，作为《我的老师》一文的结尾，你认为哪一段语言的表达更好？为什么？对于课堂教学的结课语有何启示？

① 离开他已经将近三十年了，但他仍在我的记忆里行走、微笑，用那双写了无数个粉笔字的手，放飞一架又一架理想的风筝。那些给了我数不清的幻想的风筝永远陪伴着我的心，在祖国的蓝天上翱翔。

② 离开我那只靠右腿和一根木棍在讲坛上讲课的老师已经近三十年了，倘使他还健在，一定退休了。也许，他这时候仍在放风筝……我曾见过一位失去了一条腿的长者，年复一年地被断腿钉在床上，失去了活动的自由。我希望刘老师不至于如此，希望他能依旧仰仗那功德无量的圆木棍，在地上奔走、跳跃、旋转，永远表现他的顽强和对生活的爱与追求。然而，倘使不幸他已经永远地离开了人世……不，他不会的，他将永远在我的记忆里行走、微笑，用那双写了无数个粉笔字的手，放飞一架又一架理想的风筝。那些给我数不清的幻想的风筝，将陪伴我的心，永远在祖国的蓝天上翱翔。

(2) 根据以下所提供的一节课的导课语，运用首尾照应的语言技巧，设计一段结课语。

一位教师给学生上“指数”一课时用一个故事作为导课语：

从前有位国王与国际象棋冠军下棋。国王问他：“如果你赢了，希望得到什么奖赏？”冠军回答：“希望陛下赏我大米。”国王问：“你想要多少呢？”冠军说：“请陛下叫人在棋盘上放米粒，第一格放一粒，第二格放两粒，第三格放四粒，第四格放八粒……就这样按照后一格比前一格多一倍的规律放下去，一直放到最后一格为止。”国王心想：这小棋盘一共才那么几十格，能放下多少粒米？就爽快答应了。几盘棋下来国王输了，国王令人抬来一袋米，对冠军说：“你赢得也不容易，多给你一点算了，就免得在棋盘上放米粒的麻烦吧。”冠军不同意，坚持按原先讲好的办。国王不能当众食言，只好叫人数着米粒按棋盘的格子放，不多久一袋米就放完了。国王命一位懂数学的大臣算算到底需要多少米，算出来的结果把国王吓坏了，就是将全国粮库中的米都搬来也还差得远！第64格连乘的结果大约等于922万亿粒，如果将前面的63格里的米粒也算在内，总数还要多近一倍！那位国王不知所措了。这时，冠军挥挥手笑着说：“我宣布放弃国王陛下赐予的奖赏，其实我并不在乎这点米，只想借此机会显示一下指数的威力！”

（改写自李景生编著《教师口语训练教程》，山东人民出版社，2015）

(3) 下面是一位教师在讲完“商不变的性质”时所说的教学结束语。请你看完后，说说这种结束语的好处是什么。

师：这节课已经学完了，下面请同学们谈谈这节课你学到了些什么。

生甲：我学到了商不变性质——如果被除数和除数同时扩大或缩小相同的倍数，那么它们的商不变。

生乙：我学到了被除数和除数不同时扩大或缩小相同的倍数，商就不变。

生丙：我学会了如果被除数扩大或缩小若干倍，除数不变，那么它们的商也会扩大或缩小相同的倍数。

生丁：我学会了如果除数扩大或缩小若干倍，被除数不变，那么商反而缩小或扩大相同的倍数。

生戊：我知道了被除数和除数同时加上或减去相同的数，商一般是变化的。

生己：我学会了被除数和除数同时乘以或除以一个数，零除外，商不变。

第七节　态势语训练

课堂教学是以师生之间传递知识信息、情感信息为中心内容的活动。在教学过程中，教师不仅通过言语行为向学生传投信息，并且通过态势语潜移默化地影响学生，因此态势语在课堂教学言语行为中扮演着极重要的角色。

一、态势语的作用

态势语是一种通过手势、面部表情、眼神、动作姿态、外表修饰等非语言行为来传情达意的交流手段。态势语不仅能代替语言交际功能，而且能扩大交流范围，表现或掩饰内心情感，丰富语言，使语言表达更生动、更形象，简洁明了，提供大量信息，深化表达内容等。据专家研究，课堂教学的效果82%是通过教师的表情、举止等非语言手段实现的，只有18%的信息是通过语言行为达到的。态势语虽然是一种无声语言，但它同有声语言一样具有明确的含义和表达功能，有时连有声语言也达不到其效果，正所谓“此时无声胜有声”。在教学活动中，对于一个教师来说，利用态势语可起到以下几个作用：

（一）有助于课堂管理

运用适当的态势语有助于课堂的管理。如在教学中，当发现学生讲话或做小动作，就用目光或严肃的表情示意他；如果发现个别学生开小差，就边讲课边走动，走到这个同学跟前时多站一会儿或轻轻摸一下他的头；当发现有的同学分心时，或停顿一两秒，或提高音量，或放慢语速，以引起学生的注意力；当学生能准确回答教师提出的问题时，就竖起大拇指赞扬他们。经验丰富的教师常常通过自己的面部表情、眼睛、手势、姿态等态势语来表达他们对学生课堂行为的肯定或否定，从而达到控制学生课堂行为、维持课堂教学秩序的目的。

（二）有助于课堂教学

教师及时获取教学反馈信息最恰当、最有效的方式，就是随时观察学生的面部表情、眼神、手势等态势语动作，以调整自己的教学行为。课堂教学中单纯的有声语言教学容易让学生产生厌烦心理，教师富于变化的表情、抑扬顿挫的语调、变换的节奏，配以指引性手势或加强性手势，并自觉地变换身体姿态、视线和与学生的空间距离，能大大吸引学生的注意力，让他们自始至终处于积极的学习状态中。同时通过丰富变化的态势语，能增强知识学习的趣味性和直观性，学生通过耳听眼看、边说边做等多种途径接收信息，能更好地理解和巩固所学的内容，牢固地掌握知识。

（三）辅助作用

态势语有助于活跃课堂气氛，建立和谐的师生关系。研究表明，教师学会在课堂上有效地运用态势语，师生之间的关系就能更和谐、更融洽。学生在课堂上情绪的变化是受教师体态行为的制约的，教师的表情、眼神、身姿、手势，无不影响着学生的心境和态度，一个信任的目光、一个赞赏的微笑，都会给学生带来巨大的精神力量，对学生的情绪产生极大的暗示性和感染力。教师善于用积极的体态语，不仅可以促进学生的智力活动，还可使学生保持轻松愉快、自然明朗的情绪。

二、态势语的基本要求

（一）要有目的性

下意识的态势一般没有明确的目的性，比如，有时一种手势、动作的产生，出自下意识，纯粹只是生理上的要求，并没有明确的目的性，不过这种手势、动作还是有用的，它可以帮助教师把声音有力、有情、生动地送出去。教师要把这种态势由不自觉变为自觉，由不够准确、优美变为准确、优美，以加强号召力和鼓动力，可进行加工，使之变成具有目的性的态势。而有意识的态势则具有很强的目的性。有意识，就是要使一挥手，一摆头，身子或向前倾，或往后仰，都有内在的根据，清楚的用意。

（二）要确要精练

所谓确要，就是准确、优美，要由教师们内在的思想意图决定，要能恰当地传情达意，具有补充或加强话语，帮助学生理解，促使学生接受的作用。所谓精练，就是要以少胜多。手势动作对于每个人来说，一来库存就不多，变来变去也不会出现什么新花样，如果不间断地、随便地使用，或者多次重复一种手势动作，就可能丧失它的功效。

（三）要自然活泼

要求自然，就是反对造作，强调活泼，不要单调呆板。没有表达思想感情的需要，缺乏内在的根据，哪怕有意识去做一种手势，一个动作，学生也可能认为你节外生枝，造作正如着意表演一样是有害的，而单调、呆板也同机械重复一样，会使学生失去兴趣。

（四）要坚持自己的个性

态势的表现同教师们的性格气质紧密相连，而且个人的性格气质往往“规定”了他的态势特点。一个开朗、爽直、麻利，说话办事都十分快速的人，他的表情动作，尤其是手势动作，一般表现为急速、频繁、果断、有力；一个比较内向的人，他的态势表情往往又表现为动作缓慢，手的活动范围较小，而且变化不多。因此。教师们在运用态势进行表达、交流的时候，必须保持自己的个性特征，显示自己的风格，切勿一味模仿别的大演讲家。

三、态势语在课堂教学中的运用

（一）手势语的运用

教学中的手势语主要包括指势语和手、臂结合语。指势语是指教师利用手表达意图传递信息的态势语。教师在教学过程中，可以使用食指划出思考途径和方向来指示、表意。

教师将食指指向所讲授的具体内容处，可以使内容明确化，有利于学生的学习。当学生清楚时，教师竖起大拇指说“非常好”，给学生以表扬和鼓励。但在教学中老师也应尽量避免使用带有轻蔑性的指势，如教师伸出小指对学生的行为表示轻蔑等。

所谓手、臂结合语，即是利用手、臂结合语来传递信息，如描摹复杂的事物状貌，传递丰富的内部情感信息，表达特定的含义等。在教学中经常使用的手、臂结合语有抬手、招手、鼓掌、丁字手势及单、双手下按等动作。抬手动作主要包括单手上抬、双手上抬。单手上抬一般代表“起立”或“要求做某事”。双手上抬一般也代表“起立”，但使用更庄重，正式。在实际教学中，有些教师常“单手食指指点学生起立”，这样容易使学生产生命令、强制之感，导致与学生的关系疏远。而使用单、双手上抬表示起立则更显示出教师对学生的充分尊重，从而让学生体会出教师的坦率与真诚，再加上亲切的微笑，会让学生对教师产生亲切感，更乐意接受教师的要求。因此教学中教师应多使用单、双手上抬来代表“起立”。教师还可以用手、臂结合描述物体，表示形状、大小等。

鼓掌一般是表示教师的赞许、欢迎之情，是课堂教学中学生有了出色的表现，教师给予学生的较高奖赏。在掌声中学生能充分感受教师和同学的肯定与赞赏，能激发学生积极向上的学习动机。但对学生进行鼓掌次数不宜过频。过频使用会使学生产生轻易就能得到的感觉，而不利于学生付出更大的努力。教师除了用掌声对学生表示赞扬、欢迎之外，还应注意另一种情况，即学生在付出很大努力后仍未取得满意的成绩时，特别是在课堂比赛活动中，教师可区时地使用掌声对学生的努力给予肯定，号召全班同学学习其努力精神。因为，评价应注意其实效性，一次经过很大努力后的失败如未得到及时的安慰、鼓励，会给少年儿童的心理抹上一层阴影，而老师和同学的掌声会给他一种动力，使他感到付出努力的价值，重塑信心。一些教育家曾提出“用爱的微笑去征服学生的心灵”，教师应把微笑带进课堂，使它最大限度地发挥作用，让学生感到学习是一种乐趣而不是包袱。

（二）面势语的运用

面势语能把各种复杂变化的情感信息最充分、最迅速、最敏捷地反映出来。罗曼·罗兰说过：“面部的表情是多少世纪培养出的成功的语言，是比嘴里讲的更复杂到千百倍的语言。”课堂上，学生听课时总是认真注视教师的面部，教师的面势语对学生直接获取教师的情感信息很重要。教师丰富的面部表情和运用得体的眼神，会使学生自觉地融入教师的授课中。

教学中，运用的面势语主要包括眼神、面部表情等。“眼睛是心灵的窗户”，不同的眼神也融入了教师不同的情感。教师在课堂教学中使用的眼神主要包括环视、注视、怒视等。

环视是指教师在较大范围内进行环状观察，主要起到集中学生注意力、监督等作用。教师在教学中，维护课堂秩序，集中学生注意力，环视的作用不可忽视。布里德和克拉瑞培研究发现，指导教师多看学生，学生学到的东西也较多，和教师对视越多的学生，他们的考试成绩也越好。小学阶段，特别是刚进入学校的学生，由于自控力较差，上课后，一般不能立即进入课堂角色，使用命令语言可以使学生停止吵闹，初次使用命令语言会起到较好的效果。但多次使用不但达不到效果，而且会使学生心理上产生逆反情绪。此时若教师走上讲台使用环视目光，可使学生注意力迅速集中到教师身上，以便教师正常上课，也可避免使用命令语言。教师在提出问题时，也可以使用环视目光加以鼓励、监督学生认真思考，但在使用时，应注意避免小范围的环视，应尽量注意到每一个学生，以激发每位学生思考问题的积极性。

注视是指教师的目光只集中在一个或几个学生身上，注视可以与学生进行目光的交流，因此可以起到鼓励、批评、不赞同等作用。课堂教学中，教师在一定教学情境下直接亲切注视学生，可收到良好的效果。在学生回答问题时，亲切的目光注视会给予学生鼓励和自信。学生偶尔出现的分心现象和小动作，可以在教师无声的注视中停止。有研究者在向 100 名不同文化层次的学生作问卷调查时发现，有 66%的学生希望在回答问题时，迎着教师的目光；在回答问题后，愿意教师看着自己，以求获得教师评价。

教学中不恰当的眼神的使用，如瞪视、怒视等，会对学生造成不良影响，刺伤学生自尊心，不利于学生健康心理的形成。

人的面部表情是非常丰富的，面部表情的正确运用，有利于建立教师与学生之间的心灵默契，使学生进入丰富的情感世界，创造和谐的课堂氛围。在面部表情中，使用最多的是微笑。教师的微笑可以开启学生的心扉，沟通师生的心灵，唤起学生对美的追求。“将微笑带入课堂”，使学生体会到老师的亲切感，学生喜爱的是血肉丰满、情趣充盈的老师，而不是表情呆滞、凶神恶煞的老师。一直紧皱眉头的老师，容易在儿童心目中形成威慑感。中学阶段的青少年活泼好动，好奇心强，威慑感的形成不利于青少年想象力和个性的发展。教师应学会在微笑中表达自己满意、赞扬等情感。同时，丰富的面部表情可以弥补那些难以用语言来表达的微妙的思想感情，让学生在美的熏陶中接受知识和情感信息。

（三）身势语的运用

身势语主要指头部、肢体以及躯干各个部位体态语的运用。教师可合理使用身势语配合对学生进行评价。头部运用的体态语主要有“点头”“摇头”等。“点头”在课堂教学中运用较多，老师在对学生回答问题表示满意时会使用“点头”，课堂教学中尽量少用“摇头”，在学生答错问题时，应用微笑和适当的语言加以启发，引导学生的思维。

良好的教态是教师内在素质、高尚人格在课堂教学中的外部表现。教师应注重衣着整洁，合理大方。在一颦一笑、一举一动中显现出为人师表的稳重与高雅，避免使用不良身势语，如背手、双臂交叉至胸前、双手撑在讲桌上等动作。这些动作的使用，一方面影响教师形象，妨碍师生交流，另一方面不利于教师使用体态语言配合教学。如背手，常常显示出教师的威严，会给学生心理造成一定压力，不利于学生与教师接近。一些不经意的动作，如教师用手玩弄粉笔或黑板擦，表现出教师的不稳重或无精打采，若弄出响声，更会破坏课堂气氛。总之，教师在教学中应站姿稳重而有力，形态端庄和谐，这样自然会增强教师讲课的吸引力，取得良好的课堂效果。

（四）身体距离的运用

人际间的距离也有信息意义，也是一种无声的体态语言。课堂教学中，教师在课堂所处的位置不同，与学生的远近不一，会给学生不同的心理感觉，产生不同的效应。有研究表明，当教师站在距学生 2—3.5 米的地方，就会产生一种控制效应，如果某个学生不注意听讲或出现不当行为的时候，对待这种行为，只要教师表现出开始向这个学生走去的意向，就会使这个学生不当的行为迅速改变。

整堂课上，教师不可能一直保持某一固定姿势或站立在某一固定位置，教师必须根据教学情景的需要变换自己的位置。恰当的走动能吸引学生的注意力，缩短师生之间的心理距离，有助于师生之间的信息交流，调动学生的学习积极性，使得课堂充满生气。如果教师与学生距离 4—5 米远，也许就很难产生这种效果。教师在课堂上有意识地走动有以下几种情况：教师在板书前后为不遮挡板书内容的位置变化；学生（特别是胆怯的学生）回答问题时，为表示对学生的亲近和鼓励，教师走向学生认真听答；在对学生进行个别辅导、疑难解答、控制学生活动以及检查和督促学生认真完成学习任务时的来回走动，等等。教师走动位置的变化应注意以下问题：一是走动的频率、速度和幅度要与课堂气氛协调，不能干扰学生学习活动；二是教师在学生中走动要真正体现出对每一位学生的关心，对所有学生给予均等的接近机会，不能厚此薄彼。

（五）服饰语的运用

服饰语是指一个人的服装、发型、配饰、化妆等外表修饰。它能显示人的职业、爱好、社会地位、性情气质、文化修养、信仰观念、生活习惯及风俗等。作为教师，其服饰语是内心修养、品格气质的外部流露。虽然在大多数的教学情景中，外表修饰不直接传达与教学内容相关的信息，但得体端庄的服饰对营造严肃活泼的课堂气氛起着一定的作用。

不修边幅、衣着不整、头发杂乱，会给整个课堂造成随心所欲或精神不振的感觉。相反，过于刻意的打扮、浓妆艳抹、奇装异服等，会给课堂造成浮躁跳跃、学生注意力不能集中的后果。教师职业特有的外表修饰的审美标准，是时代审美特征与教师职业特征相结合的结果，外表修饰既要符合时代特征，更要与教师职业特征相符。过于落后或超前的服饰都不适合作为教师在课堂上的外表修饰。

四、运用体态语应注意的问题

（一）准确规范

所谓准确是指教师体态语的运用要适合课堂教学内容的需要，不可生搬硬套，教学中应尽量少使用模糊歧义的体态语，教师在运用体态语交流信息时，应尽量让学生充分、精确地理解其表达的含义，达到师生真正沟通和交流的目的。应避免不规范、不文明的下意识体态语动作。

（二）和谐自然

首先，教师的各式体态语的综合运用要和谐统一，眼神、表情、手势、姿态等，只有相互配合才相得益彰，若配合不协调，则使学生产生莫名其妙或可笑的感觉。其次，教师体态语要与有声语言协调一致。对学生的肯定和赞扬，教师应配合亲切和蔼的表情。若教师以鄙视的神情对学生说出肯定和赞扬的话，则是对学生的挖苦和讽刺。

（三）适度适量

教师的体态语要繁简适度，不能随意发挥。动作的幅度、力度和频率适当，宜小不宜大，表情自然、不夸张。一般在低年级课堂里，由于学生以形象思维为主，可采用较多的直观性、略带夸张的动作体态语。高年级学生以抽象思维为主，教师在课堂中的直观性的体态语应减少，教态要尽量自然。

第八节　教学语言的常见语病及纠正

一、教师课堂教学中常见的一些语病

课堂教学模式给教学口语规定了特定的要求。但在实践中，仍存在一些需要防治的“常见病”。主要有：

（一）话语重复

每句话都有“嗯”“啊”之类的语气词。频繁使用一个词语，如“你知道不”“我跟你讲”“完了呢”，有人把这种语病称为“口头禅”。重复末句词语，如“今天我们讲第三节，讲第三节”。

（二）多而不当

这表现在两方面：一是少话多说。本来学生一听就懂的一般知识性问题，教师也喋喋不休地讲个不停。二是填鸭似的满堂灌。教师垄断了全部教学时间，即使偶尔提问，也是蜻蜓点水，激不起学生积极思维的火花。

（三）语速失调

主要表现在讲话过快、过慢、拖音过长。一方面，快而无节奏。有的教师，尤其是青年教师，教学语言快而缺乏节奏感。其表现有二：一是授课语言快。教师教学无视学生，只顾自己一个劲地讲。二是授课内容快。从一节课来看，教师讲的内容增多了，学生未必都能学懂弄通；从一学期来看，教学内容加快，必然出现前紧后松的教学现象，致使整个教学安排紊乱。另一方面，慢而无要领。教师讲授知识的重、难、疑点时，以缓慢的速度条分缕析，让学生有接受知识和反刍知识的时间，本无可非议。但有的教师，尤其是中老年教师，教学语言该慢的时候不会慢，不该慢的时候也慢，自始至终平淡而缓慢，这就有悖于教学内容在时间上的合理安排和教师教学情绪的正常发挥，造成教学时间的浪费和教学秩序的松弛，也容易使学生学习不得要领。

（四）语音不清

每句话最后一个字音弱化。说成哑音，或虽不弱化但音量太小，使学生听不清；或音强大小变化幅度太大，一句话声音忽大忽小，使学生感到不舒服。

（五）语调单一

语调平直无变化，不时上升或降调，整个语调平庸无力。

(六) 教态呆板

站在讲台上一讲就是一节课,不走动,不辅导,不照看学生。没有手势配合说话,表情呆板。

(七) 少而不精

有的教师的教学语言明显地呈现出言辞短、效应低、效果差的教学态势。其原因大致有三:一是知识储备不足。教师教学不是厚积薄发、游刃有余,而是由于缺乏应有的专业知识,教学中常常语无伦次或言不及义,甚至无话可讲,只能囿于照本宣科地讲读和书本知识的简单移位。二是对教材钻研不深,把握不住知识的重点、难点、疑点。教材中应当挖掘的潜在知识,没有挖掘出来,因而出现讲课语短且语淡的教学现象。三是教师缺乏教学艺术,既不能把教的主动权掌握在自己手里,也不能发挥学生学的主体作用,教学时间得不到充分运用。

(八) 粗俗不文雅

教师的教学语言应该规范、文明、高雅,蕴含着丰富的知识。然而,有的教师缺乏教学语言艺术,粗俗不文雅,这表现在三个方面:第一,教学语言不规范。有的教师教学不使用普通话,而是使用各自的地方方言。第二,语言粗俗。有的教师发现学生在课堂上做小动作便一味责怪,尤其是对平时感到头痛的个别学生更是严厉训斥,甚至伴有污言秽语。第三,繁言赘语。有的教师教学语言繁杂、冗赘,如教学语言不连贯时,就用"这个",上下句不接时,就用"嗯""啊"等。有的教师教学常带口头禅,如"就是说""我说"等。还有的教师教学语言重复拉杂,喋喋不休,如拧开的水龙头,冲淡了教学内容,让学生感到寡味。

二、教师课堂教学语病的纠正

教学口语受教学内容、教学任务、教学对象、场地、时间等多种因素的制约,同时还直接受到教师思想、品德、学识、审美情趣以及语言能力的影响。这就要求教师要紧密结合实际,全方位领会教学口语的本质,把握各种语病的根源与命脉。

(一) 规范性

首先,要讲究文明礼貌。做到这一点,有一个很重要的前提,就是教师在课堂上要和学生建立起平等的,继而是朋友式的师生关系。比如在称谓上,用"同学们""大家"要比"你们"效果好得多。了解学生对知识点的掌握程度时用"我说明白了吗"要比"听明白了吗""懂了吗"效果好得多。其次,要讲好普通话,用词恰当,符合语法,具有条理性。教师要用普通话进行教学和教育活动,这是"国家推广全国通用的普通话"的需要。教师的语言要符合现代汉语语法规范。即使是普通话说得很不错的教师,也容易出现句子结构上常见的错误,比如"各位同学们""我国有世界上没有的万里长城"等等。再次,教学口语要讲究一定的标准。主要包括:第一,语音音量适中。教师应根据学生的多少、教室的大小设定自己语言的音量。教师的语言音量应该以让坐在教室最后排的学生能听得清晰为准。第二，语速快慢适度。一般地说，教师在进行单向表达式阐释时以一分钟 250 个音节左右为宜。第三，节奏抑扬顿挫。抑扬是指语言中字调的高低配合，顿挫是指音节间、语句间的停顿与衔接。语速也是构成语言节奏的要素之一。教学口语的节奏感就是这些因素综合作用的结果。第四，语流流畅自然。语流的流畅自然是指连贯表意的语音流的流转自如。实际上它和语速节奏是紧密相连的。教师口语的语流一般不能出现较大的迟滞、重复，不能有过多的插入语，这样的情况一般都是思维的不顺畅造成的。第五，表意的准确生动。表意的准确生动是教学口语最重要的要求。而在能基本表意的基础上，前四种要求又有助于准确生动地表意。教学口语各种技巧，如语言技巧的掌握，对提高教学口语表意的准确性和生动性帮助是很大的。

（二）科学性

“传道、授业、解惑”，这本是十分科学的工作，如何“传”，如何“授”，如何“解”，必须遵循科学规律，所传的“道”、所授的“业”更应该是科学的。应当说各门学科的教学都离不开各自学科特有的概念、术语、原理、规则。教学口语也应该符合本学科的学科特点。具体地说，教师讲授知识必须确凿无误，说理必须有根有据，解说符合客观事物的实际，评断恰如其分，同时还必须遵循一定的教学方法。

（三）教育性

教书育人，这是教师的本职工作，应该体现在各学科教学的每个环节之中。教师的职责应该是用自己的语言，向学生准确地讲授教材中的科学知识和所包含的思想意义。即巧妙运用自己准确讲授知识的优势，对学生的思想品格做某种暗示，从而体现教学口语的教育性。

（四）综合性

表达方式的多样性以及表现手法的多变性，充分体现教学口语综合性的特点。教学口语应该富于变化。无疑，教师的教学语言应该有自己的风格，但风格不等于定式，它应是多样形式的交相融合和辩证统一。教学口语最忌讳语言模式的单一。如果教师能常常针对新的教学内容设计出新鲜生动的导入语，则必然有助于为他的教学带来一个良好的开头，如果再能以生动的阐释语来串解教学内容，则必然有助于刺激学生的求知欲，有助于使课堂教学自始至终都保持良好的学习气氛。

常言道“道得人人意中语，千回百折费寻思”。教学口语的表达是一种技能。凡技能的形成和训练，都离不开学习，离不开训练。要彻底解决语病问题，除了认识领会教学口语的实质外，还要从根本做起，切实采取有效的防范措施。

首先，要广泛学习。这里包括学好有关语言的专业知识，过好语音语法关、修辞关、逻辑关，要向所有语言表达能力强的人学习。听广播，向播音员学；看电视，向节目主持人学；听观摩课，向语言表达能力强的教师学。学语言，还包括向自己的教育对象学。要了解学生喜欢什么样的语言表达，同时，还包括从其他学科和艺术门类中吸取语言的养料。

其次，要勤学苦练。其中包括多读多说，有目的、有针对性地练。普通话不过关，在说普通话上下功夫，语调、语速掌握不准的要在抑扬顿挫上多斟酌。至于口头吐字不太利索的，则更要下苦功夫练习。同时还包括要将教案或讲稿上的书面语言转化为口头语言，学得脱稿讲课的本领。我们知道，教学实际上是教师和学生之间信息传递的过程。而信息传递的效果取决于信息通道的多少与信息音量的大小。脱稿讲授，教师不仅可以根据学生的情绪反应作内容和表达上的调整，有时还可以用姿态、手势、目光、面部表情等无声的体态语言传达教者的情感态度等更深层的信息，这就增加了师生间的信息通道和信息量。

再次，要充分认识教师教学态势语在教育教学活动中的作用。教学态势语要处理得自然得体，坚持一贯，确有良效，要求教师在课堂教学中必须保持旺盛的精力、真挚充沛的激情。这种激情来源于对学生真挚的热情和对自己所教学科的热爱。具体做法是：第一，目光分配要合理。合适的做法是把目光的中心放在倒数二、三排的位置，并兼顾其他同学。要特别注意使自己的目光与全班学生的目光保持“对流”，以便随时调控，真正使教师的目光变成课堂气氛和学生情绪的“控制中枢”。第二，面部表情要适宜。教师的面部表情一要自然。要让自己的内心活动与外在表情相一致，使学生看到教师表里如一的真实形象，以赢得学生的充分信任。二要适度。教师的脸色脸形的变化不可过分、过频，要恰如其分，做到嬉笑而不失态，哀痛而不失声。三要温和。教育心理学常识告诉我们，当教师课堂表情温和、亲切、平易时，师生间的角色差异给学生造成的心理压力就会减少以至消失，这样不仅打开了师生间的感情通道，学生的思维之门也为之敞开，接受有用的信息的灵敏度会大大提高。第三，动作姿态要恰当。一要动作准确。二要站立自然平稳。与此同时，还要了解表情动作的特殊含义，做到用之合宜。

三、教育教学语言训练

训练一：评析以下导入语

(1) 今天我们(公开课借班的学生)学习的是一篇经典老课文：归有光的《项脊轩志》。归有光，曾被前人誉为“明文第一”。而《项脊轩志》这篇从心灵深处“流”出来的至情美文，正是他的代表作。人们常说，“好书不厌百回读”“名著是常读常新的”，虽然这之前我们已经学过这篇课文，但是，当我们第二次面对它的时候，我相信，大家一定都会有新的感悟与收获。

(2) 一位物理教师在上“向心力”一课时，使用了这样的导入语：在杂技表演中，有一种十分惊心动魄的节目，叫飞车走壁。表演者驾驶着摩托车在圆形木桶的内壁上上下下盘旋，疾行如飞，观众的心都提到了嗓子眼儿，生怕车手摔下来。为什么“飞车走壁”的飞车不会掉下来呢？因为飞车手都是物理学家，他们懂得向心力的原理。

(3) 从今天开始，我们要学习一门你们从来没有学习过的新课程。这是一门什么课程呢？这是一门你们不理就学不好的课程，所以这门课程不是勿理(板书：勿理)，这是一门介绍上至天体奥妙，下至原子构成，把世界的物理介绍得清清楚楚的课程。所以，这门课程也不是无理(板书：无理)，这是一门专门研究世界万物的物理的课程(板书：物理)。

训练二:根据所提供的信息设计导课语

(1) 老师要给同学上一门新课——辩证唯物主义。这门课是把整个自然、社会、思维作为一个统一对象来研究,揭示出最一般的到处都适用的规律。与同学们以前接触的课程有很大区别。请为这第一节课设计一段导课语。

(2) 一位地理老师准备讲解“火山”一课。他想尽量能在一节课的开始就吸引学生的注意,引起他们对学习“火山”的兴趣。请你为这位老师设计一段讲解“火山”一课的导课语。

(3) 一位物理老师要讲“浮力”一课,他想利用实验演示再加上适当的提问的方法来导入新课,请你为他设计一段导课语。

(4) 一位语文教师要讲解白居易的《卖炭翁》,那天正好是下了几天大雪后的一个晴天,阳光明媚,大家都说雪后天晴,感觉很好。老师就想借助雪后天晴这个话题,即兴来一段导课语。请设计。

训练三:评析以下讲授语

一位教师讲述斯巴达克起义,以无比崇敬的心情对布林迪西港附近最后决战中的斯巴达克作了绘声绘色的描述:“最后的决战前,战士们把黑色的战马领到斯巴达克的身边。他在沉思中抚摸着马头,像有千言万语要对这匹跟随他南征北战、出生入死的战马诉说,然而,他又只是默默地把自己的头靠近了战马的眼睛,依贴在马的嘴边。突然,斯巴达克怒目炯炯,一跃上马,拔出利剑,果断地对战马说:‘如果我胜利了,我可以从克拉苏那里夺得更多的战马。要是我牺牲了,我绝不能让你成为俘虏!’斯巴达克一剑向战马的尾部猛刺,战马在嘶鸣中向前冲奔。他两眼闪着怒火,声如雷霆,挥剑招呼战友们:‘冲啊! 杀死克拉苏!’在激烈的决战中,斯巴达克身先士卒,一往无前,接连斩杀了两名军官,可就是没有找到大刽子手克拉苏,后来,斯巴达克腿部被长矛刺伤,从马背上跌落下来,但他仍然弯曲着一条腿,手握盾牌,继续与敌人血战。直到生命的最后一刻,斯巴达克手里还紧握住战斗的武器,好像在召唤着后来的奴隶们,要继续战斗!”

训练四:初步设计进行讲授语模拟教学,掌握讲授语的要领和技巧

(1) 为小学生解释什么是“双数”,要求语言简单明了。

(2) 从本专业的某一学科中,找一段有关概念、原理或事理,参照讲授语的特点、要求和方法进行试讲。

(3) 如果你是一位数学老师,在讲“除数是一位数的除法”时,你将怎样总结“除数是一位数除法法则”? 请设计一段讲授语,时间不超过 5 分钟,语言要便于记忆。

训练五:评价下列课堂教学提问语,并归纳一些提问语的语用技巧

(1) 一位教师要给小学生上自然课,其中涉及“动物”概念的讲解。他的提问语是:

师:什么是动物?

生:会爬会走的都叫动物。

师:鱼不会爬、不会走,只会在水里游;鸟会飞,它们是不是动物?

生:它们是动物,因为它们会活动。会活动的生物叫动物。

师:能活动的生物叫动物,可见,飞机会飞,是不是动物?

生：飞机自己不会飞，是人开动的，它没有生命，不是动物。

师：对了，能自己活动的生物叫动物。

(2) 老师讲授《梦游天姥吟留别》，当讲到洞天美景时，老师提出了这样一个问题：“作者描绘了一幅美丽的仙人盛会图，可作者为什么不让自己也融入美景中呢？”

第一个学生站起来说道：“诗歌贵在含蓄，所以作者不愿把所有的内容都写尽了，让读者留下更多的想象空间，就像……就像……”

教师接过话茬：“就像维纳斯的断臂，给人带来的不是遗憾，而是美好的想象，这也就是所谓‘残缺美’吧，是吗？”

那个学生显得很兴奋：“对，对！我要说的就是这个意思。”

第二个学生说：“我认为作者自己太喜欢这幅画了，他怕自己入画惊动了神仙，破坏了美丽。”

老师又接着说：“就像冬天的一个早上，你推开门准备去上学，却发现满地是一层无瑕的白雪，你站在门口，实在不忍心挪动双脚去破坏那洁白，是吗？”

课堂气氛一下子活跃起来。

训练六：对比下列两则提问语，比较其优劣，说出为什么前者败而后者胜

一名教士问他的上司：“我在祈祷的时候可以抽烟吗？”这个请求遭到了断然拒绝。另一名教士也去问这位上司：“我在抽烟的时候可以祈祷吗？”问题经过这样的表述，抽烟的请求就得到了允许。

教师教育口语表达技能训练

学校教育是教育者根据一定社会发展的要求，有目的、有计划、有组织地通过学校的教育工作，对受教育者的身心施加影响，促使他们朝着期望方向变化的活动。

学校教育的目的是培养思想政治道德素质与科学文化知识能力统一、脑力劳动和体力劳动和谐发展、创新精神和实践能力共同提高的学生。因此，学校教育一方面要严谨治学，传承人类数千年来积累的宝贵经验，通过学科教学使学生系统地掌握科学文化知识与技能；另一方面也要通过教育活动对学生的思想、道德、理想、情操等方面施加影响，培养和教育学生形成优良的品质。换言之，"教育"本质上就是"教学"与"育人"的有机结合。

教育口语是教师在教育方针和培养目标的指导下，对学生的思想品德、行为习惯等方面进行教育时使用的具有说服力、感染力的工作用语，是进行思想道德教育方便、灵活而有效的手段。苏霍姆林斯基曾经说过："教育的艺术首先包括说话的艺术"，教育口语同教学口语一样，是每一名教师必须掌握的基本功，因此教师不仅要学习规范的教学口语，同样也要注重教育口语的规范，以达到学校教育"育人"的目的。

第一节　教师教育语言的特点与基本要求

一、教育性

《中华人民共和国教师法》明确指出，教师承担教书育人，培养社会主义事业建设者和接班人、提高民族素质的使命。教师应当履行下列义务：对学生进行宪法所规定的基本原则的教育和爱国主义、民族团结的教育，法制教育以及思想品德、文化、科学技术教育；关心爱护全体学生，尊重学生人格，促进学生在品德、智力、体质等方面全面发展。因此，教育口语是学生德、智、体健康发展的向导，是学生奋发向上、锐意进取的动力，其教育性是特别突出的。教育口语的教育性，要求教师做到以下几点。

1. 保证教学的科学性

科学性是教育性的前提，教师传授给学生的知识应该是科学的，同时，讲授也应遵循科学性的要求，表达要准确，实验、演示、计算要精确、规范。

2. 挖掘教材的思想性

中小学教材本身均直接或间接地蕴含着思想性，教师在教学中必须要给予足够的重视，不仅要引导学生理解知识、掌握技能、发展智力，更要具有育人意识，对学生进行品德教育。在教育实践中，注重课程教学的思想性，结合课程特点，挖掘课程的思想政治教育资源。在教学中有机融入社会主义核心价值观、中华优秀传统文化、革命文化和社会主义先进文化教育，将知识学习、能力发展与品德养成有机结合。

3. 不断提高自己的专业水平和思想素质

教育口语的教育性主要靠教师来保障。教师必须不断更新知识，提高文化水平和思想修养，从而提高知识教学的科学化程度。通过自己内在思想观念、精神面貌、情感状态、行为方式等方面的提升，对学生思想道德的养成产生积极影响。

二、针对性

教师是人类灵魂的工程师，在教育过程中，教师不仅要向学生传授科学知识，还要对学生进行思想品德教育，做到既“教书”又“育人”。要对学生进行有效的教育，教师就必须有的放矢、对症下药，注意语言运用的针对性。教育口语的针对性是指在思想教育中根据学生的性格、兴趣、爱好，问题事件的缘由、后果、影响以及时间、场合的情境，运用多种语言模式，实施思想教育。要取得最佳的教育效果，就要切中学生问题的实质，因人施言，因事施言，因时施言，因地施言。

1. 因人施言

不同的学生在个性、心理特征以及接受能力上各有特点。教师应了解不同教育对象的个性特点（包括个性心理特征和构成个性心理的客观因素，如家庭环境因素、社会因素、早期受教育因素、同伴群体、性别、先天素质等）、认知水平（如知识水平、接受能力）、道德水平、主观态度等，根据教育对象的实际情况，选择不同的语言内容和表达方式，有的放矢、对症下药，以激起教育对象思想和情感上的共鸣。

例如，对后进生，应多用积极的、鼓励性的教育口语，发现学生的长处，调动其潜在的积极因素，使其主动地投入班集体的各项活动；要关心、帮助学生，有爱心、有耐心，相信精诚所至，金石为开。对中等生，要充分调动和发挥他们的积极性和特长，激发他们主动学习的内驱力；同时要表扬和批评相结合，适当地刺激启迪他们，从而使学生在好胜心理的驱使下奋起直追。对优等生，教师要适当提高话语中的信息容量和语言的深度，用哲理性的语句启迪思维，评价要掌握分寸，既要肯定成绩，也要防止他们骄傲自满；善于发现优等生身上的消极因素，用暗示语委婉提醒或直言批评，启发学生自省，并避免伤及他们的自尊心。

2. 因事施言

教师要通过调查研究，在充分掌握有关事实情况、了解学生思想和行为表现的前提下，恰当地选择和组织话语，客观公正地实施教育，有的放矢地进行谈话。

如班上有一个同学在考试中发挥失常，备受打击，课堂上频频走神，郁郁寡欢，教师不能不问清楚缘由，不由分说地对学生进行批评指责。面对这种情况，教师应该及时调查，摸清实际情况，了解学生思想，引导学生正确归因，改善学生情绪；更要激发学生的学习动力，使学生认识到，只有在课堂上认真听讲才能够在下次考试中取得好成绩，一次失误说明不了什么，更不能成为课堂上开小差的理由。教师只有在充分了解事实，认真分析学生心理的基础上，客观、公正、因势利导地进行教育，学生才能心悦诚服。

3. 因时施言

教师对学生的思想状况要有充分的了解，对学生可能产生的思想问题要有准确的预见，掌握教育谈话的最佳时机，见机而言。话要说得契合时机，准确、恰当、切中要害，赢得思想教育的主动权，以求事半功倍之效。

教育时机一般有三种。首先是苗头期，即学生的问题爆发之前，此时学生的问题尚处于萌芽状态，是最理想的教育时机。教师要善抓苗头，帮助学生及时止损。如班主任发现班上男女同学之间萌生了超越友情的情愫时，应当在尊重学生的基础上，寻找合适时机同学生谈话，帮助学生区分友情和爱情，引导学生将精力集中到学习上。其次是高潮期，此时学生正处于问题冲突之中，较为顽固执拗，但若趁热打铁，教育得当，也会取得事半功倍的效果。最后是尾声期，此时学生的问题已经结束，教师可以进一步观察、分析，另找时间“曲线救国”，结合所造成的后果进行教育。

4. 因地施言

学生的情绪会因语言环境的变化而变化，良好的教育环境能够使教师的谈话起到事半功倍的效果，反之则可能引起学生的抗拒心理。因此，教师要选择合适的语言环境对学生进行教育，以让学生敞开心扉、坦然释怀。

例如，学生表现优异时，教师应该在公众场合予以表扬，这样既可以让受表扬者看到教师和同学们的欣赏和信任，获得激励，从而加倍努力；也可以让其他同学看到榜样，获得精神力量，向表现优异的同学学习，形成良好的风气。学生犯了错误时，教师应选择私下同他谈话，这样更有助于学生敞开心扉，也有利于教师帮助学生分析错误原因，鼓励其承认并改正错误。

人、事、时、地等针对性教育因素并非孤立存在，而是紧密相关，彼此作用的。因此，教师要在综合考虑对象、事件、时机、环境等诸多因素的前提下，具体对象具体对待，具体问题具体分析，确定相应的教育策略，选取恰当的口语表达方式，做到有的放矢、循循善诱。

三、诱导性

教育口语的诱导性是指教师对学生进行思想教育时，用启迪、引导的方式与学生交谈，给学生耐心的指引，让学生直接参与其中，使其通过自己的思考提高对事物的理解和认识。做到循循善诱，诱导学生自己分析问题、解决问题，促使学生思想转化。

1. 循循善诱，语言富有启发性

交流前，教师需考虑好口语表达的步骤，说话要有逻辑性。交流中，教师应精心组织教育语言，由表及里，由浅入深，实事求是地分析、解决问题。教师应做到言辞委婉得体，语气平和恳切，语态真挚耐心，以收到既能悦耳，亦可入心的效果。

2. 注意引导学生分析问题和解决问题

提高学生的思想觉悟，树立正确的信念，有效的方法不是对他们的缺点和错误行为直接进行斥责、批评和制止，而是引导学生进行自我教育、自我改造、自我提高。挖掘学生的内在潜力，把正确的思想和高尚的道德情操转化为学生自己的东西。

3. 要启发学生自我修养的自觉性

教师要善于发现问题，用精彩、精当的语言反映问题，以促进学生的积极思维。将学生的思想引导到教育问题之中，将极大地调动和启发学生自我修养的自觉性。

【示例】一次，老教育家孙敬修先生见几个孩子在攀折树苗，他轻轻地走过去，将耳朵贴在小树上，做出听的样子。

孩子们问："老爷爷，您听到了什么呀？"

孙老说："我听到小树在哭。"

孩子们又问："小树为什么会哭呀？"

孙老又装着听了一会儿说："小树说它长大了要给我们造房子，可有人把它折断了，现在长不大了。"

孙老无一句责备之言，孩子们却都低下了头。

【分析】在孩子们和孙老的一问一答中，我们自然地发现，孙老的语言是颇具诱导性的。他引导孩子产生疑惑，让孩子们在询问的过程中意识到自己攀折树苗的行为是错误的，从而达到了教育孩子保护树木的目的。

四、说理性

以理服人是解决问题的有效手段，是成功教育谈话的鲜明特点。对学生进行思想道德教育，有赖于切合学生实际的说理分析；即使对犯了错误的学生进行批评告诫，也要摆事实讲道理，以理服人。教育口语的说理性要求教育者能够讲明缘由，启发开导教育对象，使其提高认识、明辨是非，形成正确的观点。

1. 要掌握说理的方法

对学生的劝说有正面说服、委婉相劝、迂回劝说、激励说服等方法。教师要把握学生的心理，根据学生的接受能力，选择恰当的说理方法，做到情理交融，打动人心。

2. 要明确道理，以理服人

教师要明白道理、掌握实质精神，能够运用条理清晰、逻辑严密、生动形象的语言讲明道理、分析是非得失，呈现鲜明的观点，从而帮助学生分清是非善恶、真假美丑，获取正确的认识，自觉地以道德规范指导自己的行为。

3. 要尊重和爱护学生

教师在说理的过程中要晓之以理,动之以情,表达出对学生的关爱,避免空洞的说教,以让学生心悦诚服地接受教育。

4. 要措辞准确,语速适度

为了让学生能够充分理解说理内容,教师要尽量使用浅显易懂且意蕴丰富的语言,并保持适当的语速。熟练地进行说理教育,集中体现了教师的思想水平、理论修养、道德修养。

【示例】某个班的部分学生做作业时常爱耍小聪明,作文抄作文书、英语直接抄答案、数理化上网搜题等等。任课老师对此颇为不满,或训斥,或劝说,结果都不理想,抄袭之风依然盛行。班主任决定换一种方式和学生们交流,一天班会课上,班主任在黑板上画了一个圈,又在旁边写了"烧饼"二字,学生们对此非常不解。

班主任说:"大家上了一天课,肚子都饿了吧!"

学生们异口同声地回答"饿了!"

"你们看着黑板上这个烧饼就不饿了。"班主任笑着说,"画饼充饥嘛!"

学生们哄堂大笑,纷纷议论起来。这时候,班主任制止了议论,和蔼地问:"大家再想想,假如饿了不吃饭,只看画饼,这个人会怎么样啊?"

"那只是自己欺骗自己。""会饿死的。"学生们七嘴八舌地回答。

班主任因势利导说:"同学们,大家说得都很对。可是我们有些同学做作业遇到困难了,不自己动脑筋,也不问老师,而是一味取巧,四处抄袭。这样抄来的高分数不就是一张'饼'吗? 这样做的同学不也是在'画饼充饥'吗?"

听完班主任的话,平时爱抄作业的学生有的面红耳赤,有的陷入沉思。从那以后,班上的学生改掉了抄袭的不良习惯,学习风气渐渐转变了。

【分析】这位班主任通过"画饼充饥"的故事,进行间接性的委婉劝说,生动形象,浅显易懂,让学生心悦诚服地接受了大道理,并促使学生改正了错误。这种方法的优势是由浅入深,说理透彻,耐人寻味,达到了雄辩性、逻辑性、鼓动性、说服力四者的高度统一。

五、情感性

著名教育家夏丏尊说过:"教育没有情感,没有爱,如同池塘没有水一样。没有水,就不能称其为池塘;没有情感,没有爱,也就没有教育。"教师的情绪情感能够对学生产生很大的影响,用热情的话语表达对学生的希冀,会振奋学生的精神,给其以更大的自信;用关爱的语气指出学生的错误,可以安抚学生的情绪,激发其改正错误的决心。教师在教育谈话中,要注重语言的感染力和号召力,晓之以理,动之以情,以诚相待,最大限度发挥教师情感的动力功能和信号功能,有效地帮助学生塑造完善的人格。

1. 动力功能

教师积极的情感可以激励学生、鼓舞学生,增强学生的信心,使其感受到生活的意义和价值,形成良好的思想品质。

2. 信号功能

教师的语气语调、表情动作可以显现出某种情感信号，有一定的感染作用。学生透过这些言语信号，可以获得对教师情绪的理解感应。

【示例】何光明同学是新学期从农村转学来的插班生，在一次期中检测中得了全年级最低分，班上许多同学都在拿他打趣。班主任知道这件事后，马上在班上对同学们进行教育，她说："和同学们比起来，光明同学成绩是低了点，才考了69分，暂时落后于大家。可是同学们，比起上次的单元检测，光明同学足足提高了25分，他已经进了一大步！你们中的哪一个，在这回的检测中取得了这么大的进步？而他的进步，是通过自己的默默努力获得的，你们中的哪一个，又曾经帮助过他呢？"看到同学们都低下了头，班主任趁热打铁："同学们，一个好的班集体不光要学习成绩好，还应该是一个团结友爱、互相帮助、共同进步的集体。嘲笑一个学习上暂时有困难的同学，这难道是我们班同学应该做的吗？同学们都很热爱我们的班集体，我们一定要共同努力，一起加油。请大家想一想，我们该怎么办呢？"话语一落，"呼啦"一声，十几个同学举手发言，他们想了很多很好的办法，最后大家一致同意，组织一个学习互助小组，一定要帮助光明同学把成绩提上去。

【分析】这位老师的话语字字都饱含深情，从他抑扬顿挫的语言中，可以看出教师对学生的期待、责怪、表扬、鼓励和启迪。老师用饱含情感的教育语言，将学生的消极情绪转化为积极情感，使其心悦诚服并积极参与，既拉近了师生之间的距离，也起到了很好的教育作用。

六、灵活性

教师对学生的思想道德教育不仅局限在学校的课堂上，而且会延伸到课外和校外，无论在时间上还是空间上都具有随机性和不可预见性。教师不能预测学生在什么时间、什么地点出现什么问题，这就要求教师要具备随机应变的能力，灵活地组织教育口语，以适应临时突发的情况。

【示例】一个调皮学生多次翻越学校院墙，经教育后有所改变。但之后，他又翻墙了，被值日教师抓住。班主任问他为什么重犯错误，他懊丧地说："我今天迟到了，来时学校大门已经关了，我怕耽误上课，就翻墙进来了。"老师听后，觉得这位同学虽然再次犯了错误，但也有向好的意愿，便在全班同学面前说，"他过去翻墙，是向外翻，是逃避上课，出去玩，今天他翻墙是向内翻，是为了来学校学习，这两种翻墙性质不同。我相信，他以后会爱学习，不会再迟到，也不会再翻墙了。"

【分析】任何事物都有两面性，案例中老师抓住了"翻墙"行为积极的一面，灵活地处理了这起"翻墙事件"，极大地保护了学生的自尊心，激发学生向上向善的信念，给了他改正错误的勇气和信心。

思考与练习一

某校学生年终时互赠贺卡，有些同学相互攀比，比较谁的贺卡制作精美、价格昂贵。

有些家长认为这种现象既造成了铺张浪费，也助长了学生间的攀比炫耀之风，纷纷向校领导反映。校长在全校大会上对此现象进行了批评，并向同学们提出了几点倡议，要求同学们克服攀比、浪费的坏习惯。大部分同学都支持校长的倡议，并反思了自己的不当行为。也有个别同学不认同，认为赠送贺卡是同学之间表达友情的方式，家长和学校过多干涉，没有人情味，是在“多管闲事”，破坏了同学之间的友谊。

请以班主任的身份，说服这位同学。

思考与练习二

赵老师给小强补习功课。老师不厌其烦地讲解，可他还是没有完全听懂。站在一旁的小强的爸爸指着儿子的鼻尖训斥道：“你真是块石头，就是顽石一块！”儿子听了父亲的训斥，脸色顿变，自尊心受到了极大的挫伤。这时赵老师接过学生家长的话说道：“是的，人生来都像一块顽石，但是，只要他能够承受能工巧匠的雕琢，最终是会成为一块美玉的。”赵老师一席话让小强平静了下来，也让小强的父亲深受启发。最后，小强不仅完成了功课，提高了成绩，而且深深领悟了老师这段饱含哲理的话语。他向赵老师保证：“今后一定要一刻不停地雕琢自己，塑造自己。”

请思考小强父亲和赵老师的话各有什么样的效果。

教师教育口语表达技能训练的目标是使教师学会根据不同的教育目的、教育对象、教育情境，选择具有教育性、针对性、诱导性、说理性和情感性的教育口语，对学生进行行之有效的思想道德教育。教育口语从表达方式上看，可分为沟通语、启迪语、激励语、批评语几大类，教师在进行技能训练时要分门别类逐一练习，熟练掌握每个类别，并能融会贯通，形成自己的教育口语体系。

第二节　沟通语训练

一、沟通语的定义

现代师生关系的基础是平等，更注重彼此的尊重和理解。在学校教育中，沟通是开展教育的先决条件，师生之间的有效沟通是达成真正教育的必由之路。师生之间沟通的目的不是消除差异，而是尊重和理解差异，取得对方的心理认同。

有研究表明，教育工作中有 70% 的错误是师生间沟通不良所造成的，良好的沟通在教育工作中发挥着举足轻重的作用。沟通既能够帮助教师了解学生的真实情况，也能够引导学生真正理解教师的教育意图，从而在师生之间建立信任、平等、和谐的关系。

沟通语是指在教育谈话中，教师为了消除学生心理隔阂、争取学生心理认同而使用的话语。换言之，就是教师通过恰当的言语引导学生真实地表达内心的想法，并根据学生的反馈信息及时调整语言策略，最终达到师生之间的信任和理解。

在师生沟通活动中，恰当的沟通语可以建立起平等的对话关系，创设和谐的教育情境。熟练掌握沟通语，是教师工作能力的体现。教师合理使用沟通语，既有助于消除学生的抵触情绪，取得学生的心理认同，在师生之间建立起信任关系；也有助于了解学生的真实想法，获得学生对某些问题的看法，消除师生之间的误会。

二、沟通语的要求

沟通是一种双向的、互动性的活动，人们常常用"双手击掌"来比喻沟通。成功的沟通就像是双手掌相击：一只手是我们想要陈述的观点，另一只手是我们需要倾听的观点。这种双向互动的特点，决定了师生的沟通是双方人格与精神的相遇、碰撞和交流。教师在使用沟通语时，应当以理解为前提，表达的同时注意倾听，在传递给学生有说服性信息的同时，收集学生的反馈信息。

1. 尊重和理解学生

"你希望别人怎么待你，那么你就要怎么待人"是人际交往的一条重要原则。在师生的沟通中，教师要获得学生的尊重就要首先尊重学生，将学生视为有独立精神的个体，避免以知识的传授者和纪律的管理者自居，让学生和自己处于人格平等的位置上，避免居高临下的说教，维护学生的尊严，关注学生的心理需求。

不同的学生来自不同的家庭，拥有不同的生活经验，具备不同的认知水平，表现出不同的气质性格。教师要结合实际，充分了解学生情况，及时掌握学生的真实想法和思想动向，找准造成学生心理障碍的关键，进而有针对性地加以疏导。

充分了解学生可以避免教育的主观性和盲目性，也是理解学生的必要前提。热爱并熟悉学生，以真诚平等的态度对待学生，理解学生，才能搭起师生间思想情感沟通的桥梁，获得教育的效果。

【示例】文文是一位学习成绩及各方面表现都较好的女同学，她家住市里，上学方便，家庭条件也很不错，有自己单独的小房间，却要求班主任允许她到学校集体宿舍住宿。班主任感到很奇怪，这位学生为什么要从家里搬出，到学校来住？于是，班主任同文文进行了一次沟通，原来她和父母之间产生了矛盾，父母对她的生活照顾得很周到，并规定了她每晚的学习时间，晚上九点半必须准时关灯。为此，文文曾偷偷地打着手电筒看书，甚至将台灯拿到被窝里看书。父母发现后，一气之下干脆到时间就关电闸。她对父母的做法很反感，认为父母对自己管得太死，跟他们说理又说不通，所以想搬到学校来和同学住在一起。

听了学生的诉说，班主任想了很多。部分父母教育子女的方法确实存在一些问题，他们不了解初中生已经具有较强的自尊自主意识，不希望别人把他们当成孩子看待。这一年龄段的学生与父母常常发生矛盾，对父母的话很反感，这就形成了所谓的"代沟"。

为了解决文文的问题，班主任先耐心地劝说她："父母这种做法当然有些欠妥，但他们也是出于对你的关心和疼爱，你应当理解他们，尊重他们，耐心地向他们说明延长学习时间的理由。与父母闹僵，他们会多伤心啊！"接着，班主任又从生活上的细节出发，了解父母对她的态度，引导她用心去体会父母的感情。最后，她悔悟地流下眼泪，认识到了自己的任性。

几天之后，班主任又找文文的父母了解此事。他们对女儿想离家到学校去住宿的想法，十分想不通。认为他们事事为女儿着想，处处都关心她，她怎么能这样不理解父母呢？班主任耐心地给他们分析了中学生的独立意识及心理特点，并指出父母与子女间互不理解的原因所在。听了分析，文文父母点头称是。在班主任的劝导下，文文的父母最终意识到了自己在管教孩子方面的问题，不再要求晚上九点半关灯了，文文也不再提住校的事情了。通过思想沟通，矛盾化解了，文文的学习劲头也更足了，最终考上了重点高中。

【分析】班主任发现文文的问题后，通过与文文及其父母的沟通，深入了解了学生的真实想法，分析了问题产生的根源，并帮助文文父母理解孩子的心理，体现了班主任对学生的尊重和理解。出于对学生的关心、爱护以及对工作的认真负责，班主任对学生和家长都做了较细致的思想工作，帮助双方化解矛盾，形成共识，消除了学生的思想障碍，促进了学生的进步和健康发展。

2. 缓和紧张气氛

在教师面前，一些犯了错误的学生往往会紧张拘谨，不能积极回应；一些性格倔强的学生，还会表现出抗拒的姿态，对教师戒备、抵触，这都不利于教育谈话的顺利进行。因此，对待上述学生，缓和紧张气氛就成为消除师生双方心理隔膜的首要步骤了。教师应当以微笑的姿态面对学生，以友善的表情与学生交谈，同时可以尝试采取一定的表达技巧，引导学生减少顾虑，帮助学生敞开心扉。例如，教师可以从轻松的话题入手，“寒暄”过后再谈正题；教师也可以运用轻松幽默或者亲切友好的语言，缓和紧张气氛，帮助学生放松心情。

【示例】王刚的家长打来电话，反映儿子最近手机费用猛涨，请老师观察一下是怎么回事，是不是早恋了。自习时间老师找王刚来办公室谈话。

老师先用闲聊的口吻问道：“王刚，你的手机是正版还是山寨？”

“山寨的，便宜。”王刚轻松地回答。

老师逐渐转入正题：“话费便宜不？一个月大概要花多少钱？”

王刚接着回答：“就这个月花得多，花了将近200，平时也就几十块钱。”

老师笑道：“这个月跟谁聊得这么火呀。”

王刚解释说：“不是，我就是用移动梦网下游戏下的，手机打游戏可真贵！”

老师接着问道：“游戏很有趣吧。”

王刚无奈道：“其实也无聊，手机屏幕这么小，看得眼睛都难受，不过我又控制不住自己。老师，您监督我吧，我也想戒掉！”

老师欣慰地说：“那好呀，咱俩就签订个君子协议！”

【分析】这是一段成功的师生谈话，老师通过询问手机价格引出话费问题，通过玩笑的方式试探出手机话费的真正用途，氛围轻松自在。老师始终以平等的朋友式的语气与学生交流，打消了学生的戒备心，获得了学生的情感认同。学生自然而然地把自己的想法和盘托出，并自觉地意识到自己的问题所在，表示愿与老师共同解决。

3. 选用恰当的句式和语气

师生能否有效沟通，不仅取决于双方沟通的内容，也与教师选用的句式和语气密切相关。不恰当的句式、语气和语态，会导致沟通进展的不顺。比如在学生感情较冲动的情况下，使用疑问句表述就不够委婉，反问句则会显得生硬，直问句往往又咄咄逼人，都会给学生造成思想和心理压力，使其难以接受，从而导致“没气生气”“越听越气”的不良后果，使得沟通无法正常进行。

【示例】某男同学没有好好做预备活动，几经警告无效后，体育老师便在他肩膀上轻轻拍了一下。这个男生怒气冲冲地找到班主任老师，说道：“你是班主任，你得给我做主，叫体育老师给我道歉，他这是体罚学生！”

了解情况后，班主任说：“是要道歉，而且还要好好道歉！”她语出惊人，出乎男同学的预料，他睁大眼睛疑惑地望着老师。

班主任又说：“老师的错误是在众目睽睽之下犯的，所以更应该当着全体学生的面道歉，让大家都说说他。你看行吗？”

男生此时一脸错愕，慌张地说：“行，行。”

“道歉时，我想还要把你父母请来，这样老师对自己犯下的错误才能有更为深刻的认识，也更能让老师心服口服。我想这样处理对你够公平了吧。”

“啊……”男生叹了一口气，“算了，算了，老师拍得也不重，再说也是我先违反了纪律。”

这个学生落荒而逃，望着学生的背影，班主任笑了，其他老师也笑了。

【分析】面对告状申冤的叛逆学生，班主任先认同服软，避开冲突，给了学生足够的面子和尊重。然后，顺着学生的思路，进行合理的引申，得出一个荒谬可笑的结论。这种以退为进，欲擒故纵的方法，不得不说是教育者智慧的体现。

4. 学会倾听

在师生的沟通中，不仅要求学生虚心接受教师的教育，教师也要真诚地接纳学生的观点，并在必要的时候给予正向引导。教师只有用心倾听学生的心声，并做出积极的反馈和肯定，才能与学生情感共鸣，使其畅所欲言。教师切勿带着情绪去接收信息，要排除干扰，耐心倾听，这样才可以了解学生的思想认识、情感需求、社交关系等。

5. 加大感情投入

在思想教育的过程中，“情”是说理的基础，“理”是感情的升华，教师只有倾注感情，做到情理交融，才能与学生进行更深层次的交流，播下和谐的种子。首先，教师要成为学生信得过的人，设身处地为学生着想，以心换心，以诚相待。其次，教师要及时了解学生的需求，善于把握学生的感情脉搏，调动学生的积极性，为其增添信心，使其奋发向上。另外，教师也要善于协调学生之间的关系。学生因个性和认识方面的差异，彼此间会产生一些矛盾，教师应当帮助他们消除彼此间的心理戒备和感情隔膜，建立和谐的同学关系，营造轻松愉快的学习、生活环境，从而激发学生热爱集体、热爱学习的积极情感。

【示例】在李老师收取高三学生的作文时，一位学生不但不交，还出言顶撞：“现在还做啥作文？烦死人啦！”李老师当时只是低声提醒他：“你别吵到其他安静学习的同学了，等会儿下课来办公室，老师再同你谈。”

下课后，李老师叫这位同学到办公室来，搬了一张凳子请他坐下。然后和颜悦色地说：“你和我一样，是在农村长大的。我能理解你远离父母，寄宿在学校，寒窗苦读的不容易。我衷心希望你在高考中取得好成绩，但你语文这条腿短，作文的差距更明显，再不多下点功夫，总分就会被拉下一大截。老师着急你的成绩，对你的要求可能过严。高三压力大，偶尔急躁发火，也是很正常的。我请你到办公室来，只想跟你交交心。如果你现在愿意跟我谈谈，那挺好；如果一时还想不通，你起身走也无妨……”

这位同学刚刚进办公室时，表现得桀骜不驯、架势十足，是准备顶撞老师的，不想却被李老师入情入理的话深深感动。他噙着泪说：“老师，我错了，我回头一定把作文认真补上。”

【分析】“情先行，理易通”，李老师合情合理的话语产生了良好的效果。离家住校的生活有诸多辛苦，高三学业加重，学生有焦虑心理在所难免，李老师设身处地为学生考虑，理解学生，并表达出帮助学生进步的意愿。叛逆学生在老师充满感情的教育语言引导下，深刻反思了自己的错误，理解了老师的良苦用心，表达了认真学习的决心。

三、沟通语的主要类型

1. 了解学生的沟通语

通过与学生的沟通，教师可以了解学生的情况，发现学生学习生活中存在的问题，从而准确把握学生的思想动态，给出合理的建议，或引导学生自己找出解决问题的办法。了解学生的沟通语是师生沟通语中最常见的一种类型。

【示例】正值一年一度的文化艺术节，学校的黑板报大赛如火如荼地展开。一天放学后，小明气呼呼地来到老师办公室，向老师诉苦道：“老师，黑板报办不好了，我不想干了。”

老师安慰他说：“别着急！是不是时间来不及？”

小明回答说：“对！我从下午一直忙到现在，他们倒好，全跑了。”

老师说：“怎么啦？做了很多事，有点委屈？”

小明辨解说：“不是的。我只是觉得大家分工去做才会有效率。”

老师点点头，引导他：“那同学们之间有没有商量好明确的分工呢？”

小明回答说：“是的。王炜负责画线条，刘航负责写粉笔字，我来负责设计版面。”

老师又点了点头，“既然任务已经明确了，就可以办黑板报了，还有什么问题呢？”

小明接着说：“可是，大家总是希望别人先动手。唔，要是有一张任务时间表就好了，每个人都知道自己在什么时间做什么事情，也就不会拖延了，这样效率就会提高很多。”

老师露出赞许的表情。小明兴奋地说道：“我今晚就把时间安排表制作出来，明天拿给您看好吗？”

老师肯定地说：“好的。”

【分析】上述案例中的教师通过询问，了解到学生的困难所在，并引导学生阐述自己的想法,激发了学生解决问题的积极性。在沟通过程中,老师耐心倾听学生的话语,关心学生的情绪,认同学生的观点,并在必要的时候给予正向的反馈。教师没有径直表达自己的看法,没有进行空洞乏味的说教,而是引导学生阐述自己的想法,并表现出对学生观点的尊重和理解。学生感受到教师的关心和理解,积极发表自己的看法,师生沟通十分顺畅,问题也就顺利地解决了。

2. 表达自我的沟通语

师生之间的关系是双向的、互动性的。教师要多方面地了解学生,学生也要了解教师的所思所想。教师往往将沟通的重点放在打开学生的心灵大门上,尽可能地了解学生的内心世界,却忽视了向学生敞开自己的心扉,这不仅妨碍了学生对教师的理解,也使沟通显得不平等。在教育过程中,学生对教师的理解也非常重要,一些问题往往就是学生不了解或不理解教师内心的真实想法和感受造成的。教师与其批评学生,不如主动打开自己的心灵之门,呈现自己真实的内心世界、情绪感受、观点态度等,适时、适度、真实自然地与学生交流。学生感受到教师的坦诚和信任,才有可能真正地理解教师,从而接受教师传递的信息,与教师建立起双向信任的平等关系。

【示例】新入职的张老师近期碰上一件令她不悦的事:黑板擦放在了黑板上方,她因个子矮,怎么也够不着,板书满后不能擦掉,这让她既尴尬又生气。

今天,张老师去上课,情况依旧。

她微微一笑,对同学们说:“在讲课前,我给大家讲一个我个人的故事。前天,我遇到了一位大学时的好朋友,她现在和我一样当教师。在大学里,我们特别要好,为什么呢?因为我们有个共同的特点——个子矮,并且矮得一样有水平:1.51 米,说是‘物以类聚’也行,说是‘同病相怜’也未尝不可。这次我见了她,第一句话就问:‘你工作顺利吗?’她答:‘顺利呀!’我又问:‘有学生为难你吗?’她不解地望着我:‘没有呀!’我一下子就感到非常委屈,差点掉下泪来:‘可是我的学生老是给我出难题,比如有人老是把黑板擦放在高处,我写了字没办法擦掉。’我满以为我的好朋友会同情我,狠狠地斥责那个搞恶作剧的学生一场。谁知,她竟反问我说:‘这说明什么?说明你和学生们的关系还不融洽。你想想,你真心爱你的学生吗?如果你真心爱他们,他们尽管幼稚,也会尊敬你。哪有处处给自己尊敬的老师搞恶作剧的学生呢?’朋友的话一直在我的耳畔回响。仔细想想,我对大家的关心和爱护的确不够,甚至还可能不小心伤害了同学们。比如,我曾经一气之下批评过一些同学‘头脑简单,四肢发达’,却忽略了这些同学在运动会上给班级做出的贡献,这是我作为老师做得不够好的地方,今后我会时刻反省自己,希望能和同学们建立起真正亦师亦友的融洽关系。”

自从张老师说了这番话之后,每次上课,黑板总是被人擦得干干净净,板擦也总是在课桌上放着。

【分析】面对学生的恶作剧,张老师并没有直接严厉地批评指责,而是坦诚地与学生沟通。老师把与朋友的交谈作为话题引出谈话,真诚地反思了自己在关爱学生方面的不足,也检讨了自己过去的一些不恰当言辞。张老师情真意切的话语,感染了学生的心灵,获得了学生的理解,“润物细无声”地化解了师生间的矛盾。教师不是圣人、完人,当教师以平等、平和的心态面对学生时，既拉近了彼此的关系，也避免了问题的扩大，沟通也更加自然、和谐。

3. 化解矛盾的沟通语

青春期的学生，或多或少表现出急躁、倔强的特点，在日常相处中，同学之间难免会发生一些矛盾和纠纷。由于年龄尚小，学生缺乏自主解决问题的能力，常常到老师那儿告状，这就对教师处理同学之间矛盾的能力提出了一定要求。如果教师采用各打五十大板的方式，尽管表面上也能暂时消除矛盾，但不能从根本上解决问题，学生之间并不能真正互相理解。在学生有摩擦、闹矛盾时，教师不妨采用合适的沟通语言，帮助学生互相了解，引导学生彼此理解，使问题得到真正的解决。

【示例】一次语文课上，老师要求学生们进行小组讨论。小明所在的组闹起了矛盾，要求老师重新分组。

面对老师的询问，玲玲委屈地对老师说："不是我不愿意在组里交流，而是他们不想听我发言，总说我又引用书上的话来显示自己了不起，所以我不想和他们说了。"

小组的其他同学则说："每次发言的时候，玲玲只想我们听她说，我们发言的时候，她却从来不认真听。而且，她经常影响我们小组得五星。所以，我们不希望再和她一个组。"

老师看出他们之间的矛盾已经较深了，说："既然你们已经不愿意在一个组了，我可以同意重新分组，只是有个条件。"

老师居然爽快地同意重新分组，同学们都很惊讶。老师接着说："我不希望看到你们带着对别人的抱怨分开。因此，只要你们说出对方三个以上的优点，我就给你们另外调组。"

话音刚落，他们都轻松地舒了口气，觉得这个条件太容易了。小明抢先说："玲玲读书多，知道的知识多，值得我们学习。"

"玲玲经常有很独特的想法，也值得我们学习。"大家争先恐后地说了很多玲玲的优点。

老师看到玲玲的眼睛里闪过一丝惊喜，有泪花在涌动。玲玲的声音有些颤抖："我以为自己在你们心目中肯定很糟糕，没想到在你们眼中我竟然有这么多优点。其实我觉得我们这个组也很好，小明的数学很好，值得我学习；丁丁的电脑特棒，让我羡慕……老师，我现在不想离开这个小组了。"其他同学也都明白过来了，其实他们这个组的每个成员都很优秀，于是都不要再分组了。

老师说："好啊，既然你们不愿意分开了，那你们上课时该怎么合作呢？"

组长小明说："老师，您不总说以实际行动来证明吗？您就看我们的表现吧！"

【分析】面对学生要求重新分组的要求，老师先答应了下来，但并未进行分组的行动，而是以"说出对方三个以上的优点"作为重新分组的条件，引导学生发现他人的优点，通过赞美他人使矛盾得以解决。在老师的引导下，孩子们看到了别人的长处，也从别人那里获得了肯定和赞扬，在彼此的赞美声中，对立情绪得到了化解。教育语言的运用是一门艺术，没有固定模式或放之四海而皆准的万灵方法，也不是光凭良好的愿望就可以把话说准、说好的。因此，教师在运用教育语言时，不能随心所欲，张口就来，一定要"三思而后说”，说后再三思。在系统学习理论的基础之上，还要依靠经验的积累，发挥个性化的教育智慧，不断创新，才能从根本上提升自己运用教育语言的能力和水平，进而实现思想教育的预期效果。

思考与练习

班上一位同学在放学后欺负了低年级的小同学，请你以班主任的身份设计一段合适的沟通语，与这位同学进行有效的教育谈话。

第三节　启迪语训练

一、启迪语的定义

启迪语就是教师在教育活动中用来启发、引导学生的语言。启迪语能够开启学生的情感之门，帮助学生自我反省，引导学生进行自我教育，促进学生主动思考，诱导学生形成正确观念，激发他们的内趋力和行动力。启迪语的特点是老师用点拨的方法开启学生的思维，从而提高学生语言感受力和理解力，强化学生的语言回应能力，帮助学生自己教育自己。

在教育谈话中，教师应当从学生的实际出发，与其进行情理交融的交流，讲道理明事理，敲开学生心灵的大门，启发学生自我教育的积极性与主动性；教师应当引导学生领悟道理，升华认识，发挥学生的主观能动性，促进学生积极主动地进行自我教育。

二、启迪语的要求

1. 因材施语，对症下药

启迪不是教师一个人的独白或表演，而是师生感情接近、心灵共鸣，相互影响、彼此促进的过程，启迪的目的是要提高学生的认识，培养学生主动思考问题的能力。每个学生都是独一无二的个体，在性格、气质、兴趣等方面各有特点，要使启迪行之有效，教师就要对学生的实际和心理有充分的了解。教师设身处地地去理解学生的需要，根据问题的实际，施以不同的启迪语言，以适应学生特点的最为有效的方式启迪学生心灵。这就要求教师先做调查研究，知己知彼，对症下药，进而使启迪的话语“入耳”“入脑”“入心”。

教师要开启学生的心灵之门，必须找到合适的钥匙。教师应根据每个同学的个性特点、心理差异等提出不同的要求，施以不同的话语。对于沉默寡言、性格内向的学生，教师应该语气柔缓，用词婉转；对于活泼好动、性格外向的学生，教师可直接切入话题，指出问题的实质，帮助学生克服缺点，及时解决问题。在面对不同的问题时，教师也应该运用不同的话语策略，可以用一个简单的实例给学生提供借鉴，可以用富有哲理的话语开启学生的心智，也可以引而不发或触机而发，让学生主动倾诉。总之，启迪就是因材施语，激发学生内驱力和行动力。

2. 以言导行，引发共鸣

启迪应当切合学生的思想实际和认识水平，教师提供直观形象的事物，可以引发学生的联想，调动学生的积极思维，触类旁通地认识到自己的思想、行为与公德和行为规范的差距。例如，有不少学生喜欢抄录名人闪光的话语以及富于生活哲理的格言警句来鞭策自己。教师在启迪学生时，也可以引入一些名言和诗句，这些蕴含丰富知识和哲理的语言，能启发学生的心灵，激发学生求学上进的热情。教师以言引路，还能引发师生间思想上和感情上的共鸣，达到良好的教育效果。

【示例】正值高中毕业之际，学校发出了举行广播体操比赛的通知。听到这一消息，班里同学议论纷纷，有的说："马上就要毕业考试了，谁还有心思参加比赛！"有的甚至提出"弃权"。

同学们的这种心情是可以理解的。但我考虑到，这一阶段学习氛围比较紧张，对学生的思想教育有所放松，学生中间出现了一些问题。可以借参加广播体操比赛这件事，对学生进行一次思想教育。

同学们快毕业了，这意味着中学生活即将结束。每个同学对母校、对老师都有很深的感情，都乐意给老师同学们留下一个很好的印象。摸清了学生的想法，我在班里读了高尔基给他儿子信中的一段话："你走了，可是你栽的花却留了下来，在生长着……要是你在任何时候、任何地方，自己一生留给人们的都只是美好的东西——鲜花、思想、对你的非常好的回忆，那你的生活将会是轻松和愉快的。"

这段话在学生中引起了强烈的共鸣，有的同学还把它抄在日记本上，反复背诵。"我们要毕业了，但要给母校、给老师留下美好的回忆"成了全班同学的共同心声。这一共同的想法，凝聚了学生的精神力量，大家积极投入广播操比赛中并获得了第一名。

【分析】在思想教育当中，教师恰当地引用名言警句，能发人深省，促人感悟，收到较好的教育效果。好的文章、警句和富有哲理的故事能启迪学生的心灵，提高学生的思想境界，引发学生思考，从而产生向上奋进的动力。

3. 善于设问，积极赞扬

教师在启迪学生思考时，应避免空洞乏味的说教，避免单方面将自己的想法灌输给学生，而是通过提出富有启发性的问题，引导他们对问题做出正确的分析、判断和评价，激发学生的积极性。同时，教师应当对学生的观点给予及时的反馈，对学生的想法予以积极的评价，取得学生情感上的接受和认同，增强学生再接再厉的信心。

4. 富有耐心，循循善诱

思想的启迪不是一蹴而就的事情，对不同学生的同一个问题，教师可能要进行多次的启发教育；对同一个学生的同一个问题，教师可能也要进行多次的启发教育。教师在启发教育时需要富有耐心，要注意观察、把握时机，还要真诚恳切，努力营造良好的沟通氛围。

启迪的最终目的，是使学生的思想认识发展到更深的层次，能够深刻自省，积极探索。在启迪的过程中，如遇到学生抵触情绪较强烈的情况，教师应当稍作让步，设身处地，换位思考，待学生情绪稳定后，再晓之以理，动之以情。教师应推心置腹地同学生交流，努力获得学生的信任和理解，切不可简单粗暴，切忌用空洞乏味的说教和所谓的大道理一味灌输。

5. 指点迷津，启发自觉

成功的思想教育要通过教师的点拨引导去开启学生思维的大门，留给学生思考的空间。当学生遇到生活上和学习上的各种问题时，他们会产生消极的心理，苦闷抑郁，教师就应当满腔热情地给学生指点迷津，去开启学生心灵的大门，引导学生积极思考，让学生获得日趋深刻的认识。启迪语应当以事明理，以言启智，引导学生举一反三，把教师所讲的道理变为自己的思想意识，在自觉的过程中进行自我教育。

三、启迪语的主要类型

（一）根据启迪的方式分类

1. 提问启迪

提问式启迪的主要手段是设疑，疑问使学生心理上感到困惑，认知上产生冲突，从而激发学生求知的欲望。“学起于思，思源于疑。”学、思、疑是密切联系，辩证统一的，许多有经验的教师都非常关注创设问题情境，诱发问题意识。有了问题，学生的思维才有方向、有动力；有了问题，学生才能不断思考、不断创新，充分发挥主体作用，积极地进行自我教育。

【示例】（几位学生帮老师做杂事时，与老师展开了对话）

生甲：“熊老师，我就想玩，像帮您做这些事，我也乐意，就是不大愿意做作业和读书。”

老师：“对头，我也想玩，我还一直认为爱玩不一定是缺点。而且，玩还要玩得痛快。”

生乙：“我也想玩个痛快，但是作业没做完，值日生查到了会叫我们补，不补，老师会狠狠地批评我们，只好补。不仅不能玩，甚至放学了还走不成。”

老师：“不知你们注意到没有，何兵同学每天都和你们一起玩，我发现他并不‘勤奋’，从没在课间或放学后赶什么作业，哪怕是要考试了，他也不在休息时间学习。那么他的作业完成得怎么样呢？”

生甲：“就是。但他的成绩还可以。”

老师：“为什么他既玩得很痛快，也没耽误学习呢？你们有没有想过呢？”

生甲：“我了解一些，我挨着他坐的那一段时间，发现他上课时都很认真，发言也很积极。老师布置好作业后，他马上就会聚精会神地做，从来不东张西望，有几次我找他讲笑话，他都不理我。”

老师：“那么，他的家庭作业怎样呢？”

生乙：“这我问过他，他回家第一件事就是做作业，做完了才玩。我却是把书包往家里一丢，先出去找朋友玩了。”

【分析】有些学生不爱做作业和读书，只想玩，有些教师会把这样的学生列入差生的行列。这位老师毫不歧视不爱学习的同学,还请他们和自己一起做事情。在许多学生心目中,只有得到老师信任的好学生才有帮老师做事的机会,能和老师一起做事使学生感受到信任和尊重,这样便在师生之间创造了一个平等、自由、轻松的对话情境。在这样一个宽松的氛围中,学生自然地暴露出贪玩不想学习的真实想法,教师及时地予以引导和启发。老师并没有直接否定学生的想法,也没有把自己的观点强加给学生,而是先对学生爱玩的想法予以认同;接着就他们想玩又不得不学习,没有学好也没有玩好的矛盾,似乎不经意地提到一个既会玩又学习成绩也不错的学生,这实际上是为他们树立了榜样;进而通过看似好奇的追问,不着痕迹地引导、启发这两位学生去思考、琢磨那位同学是如何学习的,自然而然地将榜样的学习习惯和学习方式总结了出来。整个谈话过程,老师并未直接陈述观点,正面进行教诲,而是通过树立榜样,循序渐进、层层诱导,让学生明白了怎样才能既玩得好又学得好。

2. 故事启迪

根据教育内容选择有针对性的小故事,或用生活中的一些具体事例打比方,暗示特定的事物或事理,表达真挚的感情和深刻的寓意,既可以感染学生也可以启发思维。教师不着痕迹地将自己的观点隐含在故事中,用生动的故事情节和鲜明的人物形象启迪学生智慧、引发学生思考,让学生在听故事的同时明白人生的道理。

【示例】有一个初中女生把眉毛描得又细又长,还把小嘴抹得嫣红嫣红的。老师约她到湖边,和她进行了谈话:

“你喜欢这满湖的荷花吗?”

“当然喜欢啰。”

“它们这么美丽,是画家把它们画成这样的吗?”

“不是,是它们自己长成这样子的。”

“对,它们的美丽是自然天成、没有斧凿之痕的,就是说,没有任何人为的加工,才会这般美丽、自然。”

“对!我就是喜欢自然之美!”她忘情地说道,然后痴痴地注视着千姿百态的荷花,并没有意识到老师与她谈话的动机。于是老师进一步启发道:“如果拿起画笔给那朵荷花再添上几笔,你以为怎么样?”

“完全没有必要。”她毫不犹豫地说。

老师抓住时机,因势利导地说:“是啊,你们这个年纪正如这争奇斗艳的荷花,浑身散发出一种自然的、朴素的美。这种美是最高洁的美,什么人工美也比不了。化妆粉饰,只会破坏它们本来的自然美。”

“老师,我上您的当了。”还没等老师说完,她便狡黠地叫道。说完扮了个鬼脸,又俯身掬起了一捧清水……

【分析】老师根据教育内容精心选择了谈话地点,创设出一个非常合适的教育情景,借自然界中的事物,说明道理,淡化了教育的痕迹,启发了学生的心智。先与学生欣赏荷花,引出“美在自然”的道理,进而在学生毫无戒备心理的情况下,把荷花比作少女,引导学生理解和认同自己的观点,既不着痕迹,又寓意深刻。

3. 类比启迪

类比是利用一种或几种事物的共同特点来说明事物，讲清道理的方法。类比使被说明事物的特点显得更具体，使模糊的事理变得更清晰，并能给人以深刻的印象。把若干相似的问题放在一起，引导学生进行分析、比较、辨别，通过异同比较、正反对比让学生获取新的认识，领悟更深刻的道理。

【示例】某一年级班主任给学生讲解《小学生守则》第 10 条："诚实勇敢，不说谎话，有错就改。"她是这样解释"诚实"的内涵的：

"'诚实'是什么意思呢？心里想的、嘴里说的和行动上做的一个样儿，就叫诚实。比如不骗人，不说谎话，不拿人家的东西叫诚实；做了错事，敢于承认，也叫诚实。列宁爷爷小时候到姑妈家玩……"

【分析】老师先用通俗的儿童化口语解释"诚实"的意思；接着用"不骗人""不说谎话"等具体的行为规范进行说明；再引用列宁的故事，用生动形象的故事情节，说明诚实的小孩是怎么说、怎么做的。通过类比，抽象的概念变得具体、明确，有效地帮助小学生获得了对诚实的认识。

（二）根据启迪的感情色彩分类

1. 理性启迪

理性启迪主要是通过分析、说理来启发学生自觉提高自身的认识，它从提高理性认识入手，使学生知正误、明是非。理性启迪不是简单的就事论事，而是对"事"或问题的内涵加以分析、概括、提炼、延伸，运用富于理性色彩的语言加以渲染、表述，使事理得以升华。

【示例】以下是一位班主任在班会上就"追星"现象所作的讲话：

追星并不是完全不被允许，也不是完全不好，适度追星可以丰富大家的课余生活，缓解学习的压力，还可以发展兴趣爱好，但是追星要有个度，要以不影响自己的学习、家庭、经济为前提。在追星上不惜代价，甚至以生命为赌注，是非理性的，是对自己和社会极度不负责任的表现。应该理性健康地追星，认识到明星的成功与他们的付出是成正比的，学习他们对艺术孜孜追求的精神，学习他们严谨认真的工作态度，从而激发我们的斗志，让我们勇敢追求自己的梦想。我们青少年正处于道德品质乃至人格个性培养、形成的关键时期，我们不但要看到娱乐界的偶像，更要看到在各行各业中兢兢业业、默默奉献的人，每一个认真生活、努力拼搏的人都是值得我们敬佩的偶像。这次班会，我们以"追星利大于弊还是弊大于利"为题进行一次辩论，好不好？

【分析】班主任就青少年追星现象发表了自己的看法，既没盲目制止同学们追星，也没有放任他们追星，而是用入情入理的话语启发孩子们的自我意识，引导他们正确认识追星，正确处理追星与学习的关系。最后，把孩子们的视野引向更广阔的领域，并趁热打铁，举行相关主题的辩论会，鼓励同学们通过思辨进一步深入思考。

2. 情感启迪

情感启迪是开启学生的情感世界，融洽师生关系，在与学生的情感交融中实施教育。

唯有真诚才有感染力，因此，老师要动真情、说真话，积极营造促进情感顺利交流的氛围。教师还要善手捕捉学生情绪激动的时机，激发他们的动情点。

【示例】 韩麦尔先生见了我，很温和地说："快坐好，小弗朗士，我们就要开始上课，不等你了。"

……

我看见这些情形，正在诧异，韩麦尔先生已经坐上椅子，像刚才对我说话那样，又柔和又严肃地对我们说："我的孩子们，这是我最后一次给你们上课了。柏林已经来了命令，阿尔萨斯和洛林的学校只许教德语了。新老师明天就到。今天是你们最后一堂法语课，我希望你们多多用心学习。"

……

（当我不会背书时）我听见韩麦尔先生对我说："我也不责备你，小弗朗士，你自己一定够难受的了，这就是了。大家天天都这么想：算了吧，时间有的是，明天再学也不迟，现在看看我们的结果吧。唉，总要把学习拖到明天，这正是阿尔萨斯人最大的不幸。现在那些家伙就有理由对我们说了：'怎么？你们还自己说是法国人呢，你们连自己的语言都不会说，不会写！……'不过，可怜的小弗朗士，也并不是你一个人的过错，我们大家都有许多地方应该责备自己呢。"

……

忽然教堂的钟敲了十二下。祈祷的钟声也响了。窗外又传来普鲁士士兵的号声——他们已经收操了。韩麦尔先生站起来，脸色惨白，我觉得他从来没有这么高大。"我的朋友们啊，"他说，"我——我——"但是他哽住了，他说不下去了。他转身朝着黑板，拿起一支粉笔，使出全身的力量，写了两个大字："法兰西万岁！"然后他待在那儿，头靠着墙壁，话也不说，只向我们做了一个手势："放学了，你们走吧。"

——节选自都德小说《最后一课》

【分析】 文中韩麦尔先生的话语饱含深情，有对孩子的怜悯，有对亡国的悲痛，有对同胞的批评，也有深深的自责，字字情，声声泪。在这样的语言感染下，小弗朗士心中的爱国火种被点燃了，从怕老师到爱老师，从贪玩无知到仇恨敌人，从对课堂的逃避到深深爱上祖国的文字，他的思想发生了巨大的变化，他的心灵受到了启迪，他的情感得到了升华。

思考与练习

奶奶为小娟（女、二年级）做了一件新衣服，才穿了两天，她就吵着要奶奶在新衣服上打上补丁，还说："打上补丁，老师就会表扬我艰苦朴素了。"奶奶被缠得束手无策，只好"求救"于老师。第二天老师找小娟谈话。

请你根据上述情境，设计一则启迪谈话，注意方法运用并进行演练和评价。

第四节　激励语训练

一、激励语的定义

激励语是指教师运用赞美、表扬、激将、鼓励等方式激发学生奋发向上的教育口语。教师的激励能使学生的心理处于兴奋的状态，是学生前进的动力。教师应当根据社会和教育的期望，找到学生的动情点给予刺激，从而发掘出学生的内在潜力，激发学生的热情和干劲，调动学生自身的积极因素，催其奋发向上，全面发展。激励语的特点是：鼓动性强、赞扬性强、刺激性强，效果明显。

二、激励语的要求

1. 趁热打铁，及时激励

及时予以激励能发挥激励的最大功效。学生在取得成绩或做了好事后，会产生一种强烈期待甚至渴望得到他人肯定和认可的心理。在这样的期待心理背景上，教师对学生的行为结果予以及时的认可，就可以更大程度地激发学生的进取心，增强学生的荣誉感。对于学生把掉在地上的黑板擦捡起来，或离开教室时主动关灯这样的行为，教师就可以抓住时机及时表扬，适时激励。学生的激动情绪会被时间冲淡，激励作用也会受到削弱。教师应当注意观察，及时发现学生的每一个优点、每一次进步，并适时地予以激励，使这些优点和进步在最佳的时机得到巩固和发扬。

2. 实事求是，切合实际

对学生的优点及时予以表扬，可以起到良好的激励作用。表扬的激励作用是建立在真实的基础上的，对事实的描述要真实，不能夸大其词。如果表扬与事实有出入，就会适得其反，不仅不能激励被表扬者和其他同学，还可能使被表扬者受到同学的讥笑、孤立，也会影响到教师的威信。在表扬前，教师一定要对事实进行核实查证。另外，教师要避免使用“谁都比不上你聪明”这类夸大其词的激励语，这类话语虽然能给学生提供一时的轻松和肤浅的满足，但最终结果是不仅抑制了学生的创造性，还会降低激励语的价值，影响师生间的真诚关系。

3. 一视同仁，面面俱到

教师运用激励语，应着眼全局，面向全体学生，对他们的成长与进步一视同仁地予以认同和鼓励。既要重视优秀学生的先进思想和模范行为，及时予以激励，促使其不断进步，以树立学习榜样；也要重视后进生的长处和进步，鼓励他们发扬长处，努力进取。教师不能只看到优秀生的优点，却看不到后进生的亮点；更切忌想当然、凭主观印象看人，对后进生的优点、进步持怀疑态度，甚至讽刺挖苦。另外，在一个班集体里，中等生往往占大多数，若能够合理激励，充分调动他们的积极性，班级活动的开展会更顺利，教师的管理工作也会更得心应手。

三、激励语的主要类型

（一）根据激励的方式分类

1. 赏识激励

人的最本质、最深层的需要是被人赏识。赏识可表现为肯定、鼓励、信任，最直接的表现是表扬。表扬是对学生的良好思想行为给予好评或赞美。作为一种肯定的评价，表扬能够满足学生被尊重、被肯定、被赞赏的需要，增强学生愉悦的情绪体验，帮助学生建立自信和自尊，激励他们自觉发展自己、完善自己。教师要善于发现学生身上的“闪光点”，及时给予赞美和鼓励，激励学生追求进步、热爱集体、团结同学、刻苦学习、勇于克服学习上和生活上的困难。赏识性的肯定和鼓励，可以增强学生的自信心和主动性，是学生成长中不可或缺的“养料”，没有表扬的教育是万万不能的，但教师也要认识到表扬的局限，并注意表扬的方式、方法。

（1）表扬不是万能的。并不是所有情况都适合表扬，过多的表扬只能让学生辨不清方向。毫无原则的表扬，并不能激发学生的积极主动性。

（2）表扬不要事无巨细，不宜太频繁。频繁的表扬，会使学生产生依赖心理，一旦染上表扬瘾，学生就会为了得到表扬而去做事情，一旦得不到表扬，学生就会失去动力，停滞不前。频繁表扬的最大弊端就是让学生的心理变得脆弱，只能接受表扬，不能接受批评。

（3）表扬要及时。教师要善于发现学生身上的闪光点，并及时给予肯定和表扬。及时的表扬可以发挥表扬的最大功效，要比迟到的表扬效果好，在学生某方面做得比较好，有所突破时，教师要趁热打铁，及时予以表扬。

（4）表扬要适当。教师在表扬时既不能言过其实，也不能轻描淡写，要根据学生的实际，做出准确的鼓励性评价，让学生感到客观公正。在表扬语的运用上，应避免过于单一，如果教师始终保持一种评价，一个腔调，学生会听之无味，从而产生厌烦情绪。教师应针对不同的情况，做出不同的评价，做到赞扬形式多样化，使学生始终保持活跃的思维状态。

（5）表扬要有针对性。教师要根据学生不同的性格特点，采用不同的表扬方式。对于胆小的学生应给予直接的赞扬；对于容易骄傲自满的学生则可以含蓄间接地表扬。

【示例】一位同学因烫伤而住院治疗20多天。出院后的第一天就赶上自然课的小测验，她凭借平时阅读课外书的积累考了50多分。老师非常看重这50多分的价值和意义，在班上公开表扬了她：

“××同学这次只考了50多分，成绩不算理想。但是，请大家注意，她因休病假连一节自然课也没上过，居然能答对一半，这是非常不简单的。今天老师要特别表扬××同学。”

老师的表扬对这位同学触动很大，此后她对自然科学格外偏爱，学习兴趣盎然。多年后，她还动情地回忆起受表扬时的情景。而且，这一表扬对全班同学也起到了很好的激励作用，使得班级学习风气更加浓厚。

【分析】教师对××同学自然考试中的突出表现，及时予以表扬，不仅激发了该同学的学习兴趣，也促进了全班同学的共同进步。表扬往往不是简单的对个人的激励，而是实现思想教育激励作用的手段。教师利用个人事例来感染更多的学生，激励人心、鼓舞斗志，引导学生积极进取，自觉进行自我教育。

2. 榜样激励

榜样能对学生产生明显的感染作用和号召作用，能影响学生的思想和行为。向学生讲述值得学习和可作范例的好人好事，可以起到很好的激励作用。榜样可以是教师自身和学生中的先进典型，也可以是古今中外的名人。学生身边的，大家都熟悉的先进典型，真实可感，富有说服力，容易引起学生感情上的共鸣，给学生以鞭策和鼓励。身教重于言教，教师自身的榜样作用，则更为重要。榜样的力量是无穷的，它可以成为学生进行自我教育的一面镜子，直接作用于学生，使学生获得直观的认识。学生通过与榜样的对照，找出自己的差距，从而自觉克服缺点，纠正不良行为。教师要从学生的具体问题出发，为学生树立榜样，用生动的事例去感化和教育学生，用榜样示范代替空洞的说教，激发学生模仿和追赶榜样的力量。

【示例】某班举行“为中华之崛起而读书”主题班会。班会上，班主任先介绍了这句话的来历；接着讲述了周总理青年时期是怎样树雄心、立大志、勤奋学习的；最后，他说：“今天，我们伟大的祖国正朝着中华民族伟大复兴的宏伟目标大步前进，我们重温周总理的教导，怎么能不感到责任的重大？我们新一代的青少年，应当牢记周总理的教导，为中华的崛起，为祖国的振兴，学习，学习，再学习！”

【分析】在这段教育谈话中，班主任以革命前辈周总理为榜样，感情激越、语势强劲，极具感染力地表达出对学生的期望，激励学生为祖国的发展而努力学习。

3. 忠告激励

老师的忠告赠言能够激发学生深入思考，勉励学生不断进步。教师要在全面透彻了解学生的基础上，从不同学生的实际出发，选择最能触动学生心灵的忠告赠言，表达对学生的殷切期望。教师给予学生的赠言要富有哲理，令人鼓舞，促人奋进。好的赠言可能会对学生产生强烈的触动，甚至成为他的座右铭，伴其终身成长。

4. 激将激励

“请将不如激将。”所谓激将，就是用反面的话或是批评的言辞刺激学生，激发他的斗志，从而痛下决心去做成一件事。常用的激将法有以下四种：

(1) 明激，即针对学生状态直接给予否定的语言刺激，促其奋起改变现状。

(2) 暗激，即有意识地表扬他者，暗中贬低对方，激发学生超过他者的决心。

(3) 导激，不只是贬低对方，而是贬中有导，用明确的诱导性语言把学生的激情引导到所希望的方向上来。

(4) 自激，即肯定学生过去的优点和成绩，激发他的潜能，增强其改变现状的信心。

激将法并不适用于所有学生，运用不当会伤害学生的自尊心，轻者行为消极，重者愤怒不满，甚至转化为逆反心理，导致学生消极对抗。因此教师在运用激将法时要格外慎重，选择心胸较为开阔的学生，看准时机，注意分寸，褒扬、贬抑结合，灵活运用上述四种方法，以达到激励学生的目的。

【示例】文文是个独生女，学习成绩优异，就是有点娇气。有一次班里组织爬山活动，许多同学都跃跃欲试，她却犹豫不决，想与生病的同学一起坐缆车上山。班主任李老师见状，走到她跟前，对开朗的文文说：

"文文，老师本来想给你一个任务，看你望山畏惧，就换别人吧。"

"老师，什么任务呀?"文文好奇地问道。

"这个任务只能让爬山爬得最快、最能吃苦的同学完成，你连山都不敢爬，不告诉你也罢。"

"老师，我能行，我一定能克服困难，快速爬到山顶，完成任务"

"真行?"李老师进一步激将。

"真行!"文文跃跃欲试。

"好，那么你参加尖兵班，给同学们开路，是不是英雄是好汉，爬上山顶比比看!"

【分析】李老师先用反话刺激文文，激发她不服输的精神，接着引导她朝着自己所希望的方向发展，接受爬山"任务"。文文由惧怕爬山的怯懦者，变成了一个为同学们开路的勇敢者，李老师的激将法收到了良好的效果。

(二) 根据激励的对象分类

1. 对优秀生的激励

优秀生是班级的中坚力量，在班级中起着示范作用。他们虽然人数少，却对一个班级班风、学风的形成有着重要的影响。让他们用优良的学习习惯来影响其他同学，用刻苦的精神来感染其他同学，有助于营造良好的班级氛围，有助于老师顺利开展工作。班主任或任课老师要时常有意识地表扬优等生，充分发挥他们的榜样示范作用。需要注意的是，班主任不能偏爱、溺爱优秀学生，对他们的表扬要从关心、爱护出发，使他们把表扬当成前进的动力。教师在表扬优秀学生时，语言要准确、自然、生动、客观，找准优秀学生的优势与不足，对一直保持的优点不宜过度表扬，以免滋生其骄傲情绪；对优秀学生的不足之处要紧抓不放，做到未雨绸缪。

2. 对中等生的激励

中等生在班集体中处于中间位置，前有优秀学生，后有个别后进学生，他们有要求进步的心理，但不强烈，观望意识较浓。这部分学生人数多、影响大，发挥中等生的积极性和特长，有助于提高全体学生的素质。表扬中等生时，教师要多肯定成绩，振奋情绪，让他们感受到老师的关心和关注，避免因没有得到老师的关注而情绪低落；教师的话语要有说服力和感染力，语气亲切、自然，以增强学生的自信心，给予他们前进的动力。教师表扬中等生，最好是举出实例，在公开场合当着同学们的面进行赞美。比如某中学一位男生，平时成绩很一般，班主任及任课老师都把他列入中等生之列，但这位男生酷爱化学，在初中三年级全市化学竞赛中取得了优异成绩。班主任抓住这个典型事例，在班级会议上进行了重点表扬，对那些参加了竞赛活动但没有获奖的学生也给予了表扬，号召同学们加强各科文化知识的学习，增强参与和竞争意识，为班集体增光添彩，收到了很好的效果。

3. 对后进生的激励

后进生学习成绩差、行为习惯差，对自己要求不严格，各方面表现比较落后。后进生在班上虽然人数不多，但不良影响力很大，破坏性极强，教师不及时教育或方式欠佳，会影响到整个班级的班风、学风。后进生并不是永远不进步，只是一个进步早晚先后的问题，对后进生的表扬，是班主任及任课老师工作的重点之一。尺有所短，寸有所长。班主任及任课老师要关注后进生的成长，善于发现他们的长处，对于他们的良好表现要及时予以表扬，真诚欣赏，鼓励他们树立“我可以”的信心，激励他们热爱学习。

【示例】某中学一位学生上课不认真听讲，动不动就接老师的话茬，还仗着自己个高欺负女同学。同学们见了他都躲着走，谁也不愿跟他说话，他常拿班上的桌椅板凳出气。有了错误他虽然能马上承认，但坚决不改。春季运动会时，这个学生报了好几个项目：800米赛跑、跳高和跳远，由于他身体素质好、跑得快、跳得高，得了两个第一名和一个第三名，一人为班集体争得了三项荣誉。班主任抓住这个机会，及时对他进行了表扬，让全班同学在颁奖大会上为他鼓掌喝彩，并委任他为班里的体育委员。这位差生很感动，工作很负责，但由于学习不好，思想上有一定的压力。班主任了解情况后，在公开场合总是强调他的成绩，有意避免谈论他的过失和不足；并利用课余时间找他谈话，对他进行鼓励和表扬。这位后进生逐渐树立起自信心，主动向先进同学看齐，刻苦学习。只要他的学习成绩一有进步，班主任就及时给予赞扬，并鼓励同学们多和他交朋友。

一段时间后，这位后进生成长为一名品学兼优的学生，后来被某体育学院录取。

【分析】这位班主任善于发现后进生的优点，及时予以表扬，并在生活的点滴中，给予他关心和关注，帮助这位后进生转变成了优秀生。这位同学起初的表现非常糟糕，无法融入班级集体，老师发现了他的体育特长后，及时进行表扬，并委任他做班级的体育委员；此后不断强化该学生的良好行为，鼓励同学们多和他交朋友。使得这个后进生逐渐树立起自信心，不断朝好的方向发展，并成长为一名品学兼优的学生，教师的激励取得了良好的效果。

思考与练习

学生小王学习很刻苦，但成绩就是上不去。在一次表彰大会上，小王班上有两位同学被授予“三好学生”称号，小王对这两位同学很敬佩，向老师表示自己也要争当一名三好学生。老师很高兴，对小王的这种想法予以肯定和鼓励，并为他今后的学习指出了方向。

根据以上情况，请你为这位老师设计一段激励小王的话语。

第五节　批评语训练

一、批评语的定义

学生正处于成长时期，世界观尚未形成，对一些观点和行为还缺乏分辨能力，难免会出现这样或那样的问题。这就要求教师能及时发现他们身上的缺点和不足，予以指出并加以引导，以提高学生对是非、美丑、善恶的辨别能力，激发学生的上进心，促进学生健康成长。

批评是一种教育手段，目的在于“育人”，帮助学生认识错误，改正错误，总结经验教训，制止错误思想行为的发展，把学生从错误的道路上拉回来。不失时机地进行批评，可以起到教育全体学生，避免再犯类似错误的作用。要学生心服口服地接受批评，并不是一件容易的事。面对学生的问题，老师不仅要敢于批评，更要善于批评，讲究批评的方式方法。作为教师，不仅要理解批评的含义和目的，还必须掌握批评教育的语言艺术。

批评语，是对学生的缺点、错误进行否定评价的教育口语。批评语和激励语一样，是教师在教育活动中经常使用的一种语言。由于学生乐于被激励，而反感被批评，采用批评语对事物加以分析比较、评定是非优劣时，应使话语具有准确性、分寸性、亲切性和激励性。批评针对的是错误或问题，而不能针对学生本身，要从积极的愿望出发，尊重学生的人格。特别应该注意的是，批评不是为了出气、压服，而是为了助人，其根本目的是不批评。批评语要充满善意和理解，既有批评又有肯定，既有冷静分析又有热情勉励，使学生深切地感受到教师对自己的关心和爱护，从而心悦诚服地接受教育。

二、批评语的要求

1. 情理并重，融情于理

陶行知先生说：“真教育是心心相印的活动。唯独从心里发出来的，才能打到心的深处。”入情才能入理，入理才能入心，一味地讲理，学生难以入耳；只有情理并重的语言才能打动人心，学生才乐于接受。教师的批评教育要有“爱人之心，助人之意”，尊重、热爱学生，诚心诚意地帮助学生，耐心分析学生的缺点和错误，用心打开学生心灵的窗户。只有动之以情，晓之以理，情理交融，让学生感受到老师的一片真心，才能使学生心悦诚服地接受批评，知错而改错。教师在批评学生时，要摆明事实、讲清道理，表明立场，明确批评的理由；口气温和、态度和蔼、感情真挚，表现出对学生的关心爱护；要正面引导、多加勉励、平等商讨，体现出对学生的理解和尊重。态度客观公正，观点正确鲜明，切忌信口开河、冲动责骂、口不择言，以免造成师生之间的对立。

2. 因人而异，灵活多样

学生心理活动微妙，错误情况复杂，教师的批评不可以千篇一律，必须因人、因事、因地而异,灵活运用各种批评方法。批评教育要因人而异,依照学生的个性特点、情绪状态、承受能力等,采取相应的批评方式。对于善于思考、自尊心较强、性格内向的学生,教师可采用发问式批评,用温和而含蓄的语言发问,帮助他们分析错误,查找原因,耐心开导;学生通过对问题的思考和回答,加深对自己所犯错误的认识,并转变认识,愉快地接受批评。对于聪明机灵的学生,教师可采用间接提醒或暗示的方法,点到为止,给学生足够的思考空间,于无形中引导学生的注意,使之一点则通。对于脾气暴躁、个性刚强的学生,教师要诚恳地指出问题,辩证地分析问题,提出希望和要求。对于积习难改或犯了错误仍抱有侥幸心理的学生,可明确指出问题所在、严肃地予以批评,触动他们的思想,震撼他们的心灵。在不同的场合,批评的方式也应有所不同,在教室里,少用当众批评,慎用点名批评,多用沉默式和暗示式批评;在辅导室、办公室等场合,则应多用个别批评,宜用建议式和忠告式批评。错误的情况不同,批评方式也有所不同,对于偶发的严重错误,可进行直接批评;对于出现频率较高的小问题,则宜用暗示式批评。

3. 善于把握分寸,多肯定少否定

批评教育应多用肯定、启发、开导的语言和语气。教师发现学生的不良行为后,要注意维护学生的尊严,理解学生,宽容学生,善于把握说话的分寸,和风细雨地和学生谈心交流,适当运用幽默诙谐的语言,教而不训,给学生以如坐春风的感觉,使其在春风化雨中领悟教师话语的深刻蕴涵。学生犯了小错误,教师若不留情面地批评一通,无疑会伤害学生的自尊心,容易造成僵局。如果教师善于把握语言分寸,给学生留有一定的余地,给他们"找个台阶下",教师的批评将会取得满意的效果。教师在批评中不可以一味地居高临下粗声大嗓地去责备、训斥,甚至处罚学生,尽量不用或少用"不准""不行""不能""不要"等词语。教师批评的出发点应和善、真诚,使用饱含爱心、富有情感的语言,营造学生易于接受批评的氛围,从而使批评达到最佳效果。

4. 忌讲气话,文明批评

批评语要文明、亲切,不讽刺、挖苦,不伤害学生的自尊心。当学生犯了这样或那样的错误时,教师生气是人之常情,在所难免。此时,教师要学会克制自己的情绪,给自己的过激情绪降降温,冷静下来后,再对学生进行批评。如果感情失控,大发雷霆,甚至是夸大学生的错误,陈年老账一起翻,乱打棍子,乱扣帽子,就会引起学生的极度反感,造成师生矛盾激化,让事情变得复杂而不可收拾。"气话"主要有以下几种类型:

(1) 挖苦话:"看你的样子,也不照照镜子。"

(2) 挑战语:"我要怕你,就不当这个老师了!"

(3) 告状语:"我管不了,叫你爸爸来教训你!"

(4) 预言语:"我看你啥也学不好!"

(5) 驱逐语:"不愿听我的课,滚出去!"

这些气话极易刺伤学生的自尊心,妨碍学生心理的正常发展,给自己和学生造成不必要的损失。

三、批评语的主要类型

(一) 根据批评的方式分类

1. 个别批评

个别批评是指针对个别同学的缺点或错误,通过谈话的方式进行的批评。它具有自由灵活、针对性强的特点,并有利于保护学生的自尊心。一般地说,较轻微的问题,或不具有普遍性的、不利于公开的问题,宜采用个别批评的方式。

2. 公开批评

公开批评是指针对个别、部分或全体同学的缺点或错误,在班级或全校集会等公开场合进行的批评。公开批评具有正规性和严肃性的特点,具有较大的教育影响力。一般地说,较为严重、影响面较大或具有普遍性的问题,宜采用公开批评的方式。

【示例】三班和四班进行排球比赛,场上激烈拼搏,场外呐喊加油,双方比分不相上下,三班两名同学为了使本班能够获胜,将小黑板上的比分偷偷做了改动,最后三班取胜。这个举动被四班同学发现,引来广泛关注,舆论哗然。此事尽管是个别同学所为,但影响很大。班主任老师在班里进行了公开的批评教育:

"这场球我们赢了,但我很难受。因为在精神上、在道义上,我们输了。这样得来的荣誉,我想我们不能要,这不光彩,对其他班级也不公平。过去我们争来不少荣誉,都是光明正大得来的。可今天这场球,只因我们改动了比分,不仅让我们在球场上脸面丢尽,也使我们以往的荣誉受到影响。此事让我们付出了更大的代价。我们不应该高兴,而应该感到羞愧,应该反思,应该赶快设法弥补过失。亡羊补牢,为时未晚,请同学们想想,我们应该做些什么来补救呢?"

最终,同学们经过讨论,得出一致的结果:由班长带着两名涂改分数的同学向四班全体同学道歉,并向他们发出下周末重新比赛的正式邀请。

【分析】班级之间的竞赛是增强班级凝聚力、培养班级荣誉感的最佳时机。上述示例中两名同学作弊改动分数,造成了很坏的影响,让整个班级感到很没面子,直接影响到班级的集体荣誉。虽然犯错误的是两名同学,但老师的批评却不应是仅仅指出他们俩的错误,促使他们反思改正,而应是利用这一时机,对全班同学进行一次作弊赢球可耻、公平竞赛光荣的思想教育。

(二) 根据批评的方法分类

1. 直接批评

直接批评是一种措辞比较尖锐,语调比较激烈的批评方式。直接批评的对象,有的所犯错误性质严重或屡犯不改,有的惰性强、依赖心理重,或存有侥幸心理。在直接批评中,教师直截了当地指出学生的缺点和错误,用激烈的话语进行严肃的教育,提出要求,促其改进。对于情节恶劣、性质严重的,甚至还给予严厉的处罚,以示警诫。

【示例】班会上，吕老师把录音机往讲台上一放，便说："今天的班会是音乐欣赏，先听听《森林交响曲》吧！"优美的旋律在教室里回荡：在弥漫着新鲜空气的大森林里，小鸟在婉转吟唱，溪水在欢快地流淌着。一曲终了，同学们鼓掌，要求再来一个。吕老师答应了："好吧！再来一段《自习课堂交响曲》。"收录机中嘈杂声骤起：有尖声呼喊的，有叽叽喳喳议论的，有嘻嘻哈哈大闹的……"小刚，快来呀！"一声尖叫，盖过了所有声音。同学们听出这是小亮在叫喊。至此，同学们恍然大悟：这些嘈杂声正是我们自己的"杰作"！录音机关上了，吕老师和颜悦色地说："我不希望再听到这种交响曲了，你们说呢？"教室里一片寂静……

【分析】吕老师先播放了优美的《森林交响曲》，调动起学生的积极情绪。接着，通过播放学生的吵闹声，让他们认识到自己行为的不良后果，产生羞愧感。最后，用坚定的、富含期待的话语提出自己的要求，从而激发起学生改正错误的决心。吕老师的批评语虽只有淡淡的一句，却切中要害，给学生以强烈的刺激。

2. 期望式批评

期望式批评就是以委婉含蓄的语言形式，指出学生的问题所在，利用表扬学生的优点来表达处理问题的想法，鼓舞其志气，帮助其改正缺点。期望式批评的本意并不是批评，而是表达对学生的期望。期望式批评比起呵斥、谴责，气氛要和谐得多，尤其是一些具有幽默感的暗示，更能使学生在一种轻松愉快的氛围中幡然醒悟。对于那些自尊心强，受挫后易丧失信心的学生，直接批评往往不会有很好的效果。因此，对这类学生进行批评教育时，特别是在公开场合中，教师应委婉表达自己的不满，从侧面提出期望，多给予鼓励，诱导学生积极上进。运用期望式批评方法时要做到态度真诚，实事求是地发掘学生的闪光点，不牵强附会；在表扬的前提下批评，或在批评的基础上表扬，注意保护学生的自尊心，使学生感受到教师的尊重和爱护。

【示例】一位教师在布置堂上书面作业后，发现有位男生伏在桌上迟迟未动笔。坐在旁边的女生忍不住说："老师，某某趴在桌子上，他什么也没做。"

这时，教师委婉地说："做作业以前是要进行认真思考的，可能他正在想问题呢！相信他考虑成熟以后就会提笔做作业的。"

那位男生慢慢抬起头来，向老师投来感激的目光，接着便拿起笔做作业了。

【分析】老师没有直接要求男生写作业，而是先肯定了他的拖延，语气委婉地说他是在思考，表达出了对该男生的期望，男生感受到老师的尊重和爱护，认识到自己的问题，很快就拿起笔做起了作业。如果老师换一种批评方式，在课堂上当着全体同学的面用严厉的语言斥责这个男生，叫他下不了台，恐怕会让该男生逆反。让学生的缺点暴露在大庭广众之下，不留情面地批评只会伤害学生的自尊心，导致僵局。老师准确地把握语言分寸，委婉地表达不满并提出期望，既帮助学生下了台阶，也给予了他有效的暗示。

3. 建议性批评

建议性批评是指老师在批评时用商量、讨论的口气，与学生交换意见的批评。一般的做法是老师以商量问题的态度，把批评的信息传递给学生，与学生交谈时，平心静气，营造一种宽松、愉快的气氛，打消学生的顾虑，使之与教师配合，达到圆满解决问题的目的。学生处于变化发展的过程中，还不够成熟，常会因想得不周到而犯错误。对于这种顾此失彼的错误，教师绝不能简单否定、讥笑，而应该热心地提出一些建议性的意见，在他们面临失败的时候，帮助他们取得成功。

【示例】晓明一见班主任，就又哭又闹，说是语文老师故意跟他过不去，他想调换班级。老师说："你知道这样一句名言吗？不哭，不笑，而是去理解。你的写作能力很强，这谁都知道，但是，你的态度怎样呢？你总是幻想着成名成家，却没脚踏实地。就说你写的这三篇作文吧，你花心思了吗？你不过是在应付。我完全同意语文老师的批评。再说，就算是成了名、成了家，也还要不断学习、不断提高的嘛。我们都知道'山外有山'，而且不是也有'江郎才尽'的说法吗？"晓明渐渐抬起了头，望着老师不断地点头，最后说："老师，我懂了，我这就去向语文老师道歉。"

【分析】班主任先用一句名言，稳住晓明的情绪。接着在肯定晓明成绩的基础上，指出他的问题所在：好高骛远，骄傲自满，不能脚踏实地。最后给出建议，并用"山外有山""江郎才尽"两个成语，阐明道理，让晓明认识到夯实基础、脚踏实地的重要性，消除了晓明对语文老师的误解。

4. 以扬代抑式批评

以扬代抑式批评就是用褒扬赞美取代斥责与批评，通过表扬其本人的优点、成绩或与其错误相对立的优点来达到批评的目的。著名教育家陈鹤琴说："无论什么人，受激励而改过，是很容易的，受责骂而改过，却是不大容易的，而小孩子尤其喜欢听好话，不喜欢听恶言。"绝大多数学生喜欢听表扬话，不愿听批评话，尤其是现在的青少年，更是听不得批评，一听到批评就产生逆反心理或抵触情绪，有个别学生在受到批评后还会旷课、逃学，甚至离家出走。因此，教师在批评学生之前，最好的办法是先发掘学生身上的闪光点，对学生最近阶段的进步真诚地给予表扬，用夸赞其进步代替批评其不足。

【示例】陶行知在育才小学当校长的时候，有一次看到一个叫王友的同学用泥块砸班上的男同学，当即就制止了他，并让他放学后到校长室来一趟。放学后，陶行知来到校长室，看到王友已经等在门口准备挨训了。

不想陶行知从口袋里掏出一颗糖递给王友说："这是奖给你的，因为你按时到了，而我却迟到了。"

王友惊异地接过糖果。

随之，陶行知又掏出一块糖果放到他手里，"这第二块糖果也是奖给你的，因为当我不让你再打人时你立即就住手了，这说明你很尊重我，我应该奖励你。"

王友更惊异了。

陶行知又掏出第三块糖果塞到王友手里，"我调查过了，你用泥块砸那些男生，是因为他们不守游戏规则，欺负女生。你砸他们，说明你很正直善良，而且有跟坏人作斗争的勇气，应该奖励你啊！"

王友感动极了，流着眼泪后悔地说："陶校长你打我两下吧！我砸的不是坏人，而是自己的同学啊……"

陶行知满意地笑了。他随即掏出第四块糖果递给王友，“你能认识到错误，我再奖你一块糖果，只可惜我只有这一块糖果了。我的糖果给完了，我看我们的谈话也该结束啦！”

【分析】陶行知先生通过调查学生动手的原因，看到了学生正直善良的品行；从学生按时来办公室接受教育的行动中，看到了学生愿意改正错误的良好本质。陶行知先生不因为学生犯了错误就歧视他，而是欣赏学生身上的闪光点，并一再地予以肯定和表扬，用真诚打动了学生，激发了学生改正错误的自觉性。

5. 暗示式批评

暗示式批评是教师用语言、神态、人格等作为暗示手段的一种批评方式，主要适用于心理敏感、自尊心强、能知错就改的学生。暗示式批评中教师语言内容多为点拨提醒之类的话。学生的错误多数是无意识犯下的，老师要态度和气，照顾学生面子，切不可急躁，更不可粗暴，给予学生善意的提醒和暗示，使学生意识到错误，避免以后再犯。

【示例】一天，阿楠同学哭哭啼啼来到办公室告状，说罗刚把他的书包扔在了地上。老师请来罗刚询问，原来是因为阿楠同学给他起了个外号。

学生用错误的方法对待别人的过错，这是使老师头痛的“常见病”。老师请罗刚坐到椅子上，然后说：“一个人走路时被路边的石头绊了脚，他气极了，又用脚狠狠地向石头踢去。你觉得他这样做聪明吗？”

罗刚愣了一下说：“傻瓜一个！”

老师又问：“他傻在哪里？”

“脚已经痛了，再踢石头，不是更痛了吗？”

“那怎么办？”

“绕开走不就得了。”

老师接着点拨道：“别人也会被绊跌跤呀，最好的办法是什么呢？”

罗刚想了想，才说：“把石头搬到墙角或垃圾箱里。”

“对！这样做，既不会踢痛脚，又帮助了后来人。”老师赞赏道。

罗刚陷入了沉思。老师目光亲切地注视着罗刚，办公室里静极了。

过了一会儿，罗刚像懂得了什么似的说：“老师，阿楠给我起外号是错的，好比石头绊了我的脚。我呢，一次次扔他的书包，就好像一次一次踢石头。这样我不仅伤害了他，也伤害了自己。我应该讲文明礼貌，找阿楠谈谈心，共同把这块石头搬掉！”

“对极了！不能用错误的方法对待同学的过错，应该设法共同搬掉横在同学之间的‘石头’，下次可不要再去踢‘石头’喽。”

【分析】这位教师没有对两个学生各打五十大板，而是举了一个人被石头绊倒的例子，巧妙地暗示了学生，使学生认识到错误所在，并自觉地改正错误。教师诚心诚意地帮助学生分析问题，运用生活中的哲理小故事说明道理，既保护了学生的自尊心，又收到了良好的教育效果。

6. 调侃式批评

调侃式批评是一种以幽默的方式点到批评对象的要害之处，启发受批评者思考的批评方法。调侃式批评可以缓解紧张情绪，增进师生间的感情交流，为批评营造一种轻松愉快的气氛。调侃式批评适用于学生偶尔所犯的小毛病、小错误，教师在运用时要抓准错误的焦点、重点，不要牵强附会、生拉硬扯，否则将适得其反，给人一种画蛇添足之感。

【示例】一学生在教室里踢球，球不偏不倚，正好落在老师的身上。老师微笑着说道：“这一脚好厉害。不过角度不怎么样。要想练好射门基本功，还得到球场上去，下次要是再看到有同学在教室里练球，我可要出示黄牌警告了。”

学生听闻此言，羞愧地向老师道歉，并保证再也不在教室踢球了。

【分析】对于在教室里踢球这类小问题、小毛病，不必严厉斥责。教师抓住踢球场合不合适这一点，运用诙谐的语言既表明了态度，又不失幽默，使学生易于接受。

7. 沉默式批评

沉默式批评是指教师用严肃的表情、冷漠的态度、沉默的注视使受批评者感到老师的不满和责备的批评方式。沉默式批评通过严肃、紧张的氛围，给学生造成一种心理压力，增强其敬畏感和内疚感，促其认识并改正自己的错误，收到“无声胜有声”的效果。

思考与训练

一次政治课上，我们班两位男同学在课堂上开玩笑，您发火了。我至今还记得您在课堂上讲的那些话：“你们是人还是猴子？只有猴子才会在椅子上爬来爬去。”同学们都笑了，我回头望去，只见那两位男同学的脸红了，好像若无其事地扭了扭身，尴尬地笑着。您还不满足，又接下去说：“你们动什么？跟谁撒娇？要撒娇回家去！”同学们笑得更厉害了，可是我没笑，我不敢相信这些话竟出自您的口。我的心冷了，我知道他们不该在课堂上开玩笑，可是您不能这样说他们。每个人都有自尊心，更何况我们已经是高二的学生了。您知道您的话是怎样伤了同学的心吗？是怎样损害了您在我们心中的形象吗？

以上是一名同学对老师批评语的看法，请你分析一下这位老师批评语的不当之处。

第六节　教育语言的禁忌

一、居高临下的训话

教师应以平等的身份与学生谈话，充分尊重学生的人格，而不能自恃高明，不把学生看在眼里。在学生面前永远不要摆出教师爷的架势，高高在上地板起面孔训人，很容易引起学生的厌恶和反感。居高临下、盛气凌人的训话，无形之中就在自己和学生之间划了一道鸿沟，互相间的沟通和理解根本无从谈起。

【示例】“你怎么还听不懂！”“好好听我的解释。”“你能不能给我专心一些？”“你看你这副模样！”

二、抽象说教的空话

教师同学生谈话必须有具体的内容，言语必须具有针对性，要讲求实效，解决实际问题，而不能说那些大而无当、不着边际的空话和套话。缺乏针对性的话语，不能解决实际问题，达不到教育学生的目的。

【示例】“你必须端正学习的态度！”“你要对自己的前途负责！”“你这样下去对谁有好处？”“要向好同学看齐。”

三、故作高深的玄话

老师的话要点到害处、讲到根子上，不兜圈子，不绕弯子，尤其不要故作高深、故弄玄虚。故作高深的话，说了等于没说，反而给学生留下一个神秘虚幻的印象。无论在课堂上还是在课余时间，同学生谈话，都要尽可能避免引经据典，旁征博引，长篇大论，不要让学生觉得老师是在炫耀自己的才华。

【示例】“这是个永远说不清楚的问题。”“你怎么看都可以。宏观上看是合理的、可以理解也可以接受的，微观上看则又是不尽合理的、不能理解也不容易接受的……”“只可意会，不可言传。”

四、庸俗鄙陋的粗话

一个人的语言是高雅优美，还是低级庸俗，不但表现出他的气度风采，而且体现着他的品质情操。一个有修养的教师，要坚决摒弃庸俗鄙陋的话语。教师文明礼貌的语言绝不只是运用语言的问题，它和品德培养、感情熏陶是密切关联的。中小学教师，特别是语文教师，要充分发挥语文教学的感染力量和美育作用。在课堂教学、课外活动中，运用高雅优美的语言，从正面影响学生思想，熏陶他们的性情，开阔他们的胸襟，美化他们的心灵。

青少年的独立思维能力发展起来了，但是，他们缺乏社会经验，辨别是非、美丑的能力较差，难免把一些假恶丑的东西当作真善美的东西看待。他们接触到一些粗俗语，但并不完全明白它们的粗俗性，只是在猎奇心理的驱使下去模仿，这些污言秽语便在青少年中流传开来。为学生创造一个良好的语言环境，减少和抵制不良语言的污染，刻不容缓。教师要特别注意自己的话对学生的影响，要给学生树立起良好的学习榜样，任何污言秽语，都是与老师的崇高职业不相称的。

五、挖苦与弹压

讽刺挖苦的话是对学生的羞辱，一方面会伤害学生的人格和自尊，另一方面也会使学生对教师产生抵触情绪，甚至对教师怀有敌意和恨意。事实证明，通过挖苦、弹压、体罚等方式来压服学生，只能一时恐吓住学生，无法达到教育学生的目的。

教师和学生经常在一起，难免会遇到一些令人生气甚至使人不能忍受的事情。有的学生惹是生非，有的学生不守纪律，有的学生搞恶作剧，有的学生性情执拗，甚至顶撞老师。在这些情况下，有经验的老师，总是能保持稳定的情绪，平心静气地和学生讲道理，耐心地教育、引导学生；或者暂时放一放，等适当的时候再同学生谈心，总之，要避免矛盾的激化。但是，也有一些缺少经验的老师，按捺不住自己的怒气，面对学生的顶撞往往感情冲动，失去控制，讽刺挖苦，甚至体罚学生。非但不能解决任何问题，反而可能使学生在人格和感情上受到伤害，造成学生严重的抵触情绪，并且也降低了自己在学生心目中的威信，甚至因此而永远失去学生的信任。

【示例】“你呀，脸皮一丈厚，真不知道害臊！”“我看你呀，什么本事也没有，破坏纪律可是全班第一！”“你比老师高明多了，我看这课应该由你来上。”“你听不进去吗，好，你就站在那里，一直站到下课！”“今天做不出这些题就别想回家。”

六、记账与告状

在学生犯错误时，教师应晓之以理、动之以情，促使学生自我反省，给学生以改过自新的机会。而不是动辄以“翻旧账”“请家长”等方式来达到震慑学生的目的。

记账与“翻旧账”往往只能表达教师的不满与愤怒，并不能让学生买这个“账”。这样的话说得越多，学生就会越不在乎，甚至会麻木倦怠，产生“破罐子破摔”的消极心理。告状式的数落，或暗示家长教训学生，不仅无助于教育，还会暴露出教师在学生教育方面的无能。频繁地使用这类话语，只会降低教师的威信，引起学生的记恨和家长的质疑。

【示例】“你这样做是第几次了？我这都给你记着呢，到时候咱们一起算。”“现在我不跟你啰唆，开家长会时再说吧。”“你不听？好，跟我到校长办公室去！”“看来我是没法管你了，你爸爸大概会有办法来对付你的。”

七、挑战与威胁

师生间的亲切感越强，教师语言的力量也越强。无论遇到什么情况，教师绝不能把自己置于学生的对立面。教师的职业称号、知识经验、品格能力等因素，使得学生在心理上对教师无比信赖。在学生心目中，教师的语言力量是十分强大的，但这种信赖必须建立在师生情感的相通、相容的基础上。如果教师用挑战的口吻向学生显示自己力量的强大，往往会适得其反，不仅会削弱自己的力量，还会失去学生的信任。而且挑战与威胁的话语即使说出口，也并不能真的实行，不过是逞一时之快而已。教育是说理的艺术，也是情感的艺术，教师的语言要表现对学生的关心、尊重和信任。

【示例】“你到底想怎么样？这个学你还想上不想上？”“好吧，这课我上不了了，你看着办吧。”“你说了算，还是我说了算？”“要是治不了你，我就不当这个老师了！”

八、挑拨与驱逐

教师要善于发现学生身上的闪光点，激发他们战胜困难、不甘落后的进取心。遇到麻烦动员全班学生的力量来对付不听话或犯了错误的学生，实在是最不高明的做法。挑拨与驱逐的话语根本起不了教育的作用，只会破坏班级团结，伤害学生自尊，损害教师的形象。有些孩子对批评的心理反应较差，老师要多使用表扬、赞美、激励的话语，激发他们自尊、自爱、自强的精神，促使他们自我反省，自觉改进。

【示例】“同学们，你们说说看，他这是什么行为?”“这堂课叫他完全给搅乱了，大家说该怎么办?”“你不想听课可以出去，不要影响别人。”“你不走，今天的课我就不上了。”

第四章

教师书写技能训练

书写技能是教师的一项重要职业技能，一直颇受重视，在当今教育信息化背景下尤显必要和重要。本章节的内容依据《教师教育课程标准（试行）》相关要求编写，着重介绍加强教师书写技能训练的意义，以及教师书写技能训练的基本原则和主要方法，比较全面地呈现了教师硬笔书写技能的科学训练体系，有利于促进教师专业技能提升。

第一节　教师汉字书写技能训练的目标和意义

一、教师汉字书写技能及其训练目标

汉字书写技能是指运用正确的执笔方法、写字姿势及用笔方法，快捷、流畅地书写出笔画清楚有力、结构工整匀称、正确规范、美观大方的汉字的行为方式。

1. 汉字书写技能的训练目标

（1）在掌握规范汉字的基础上认识掌握汉字书写技能的意义。

（2）熟悉练字的方法与措施。

（3）熟练掌握写字的姿势与毛笔、钢笔及粉笔的执笔方法。

（4）熟练掌握粉笔字、钢笔字、毛笔字基本笔画的写法和运笔技巧。

（5）能够写出笔画清晰、正确规范、匀称有力、美观大方的汉字。

2. 教师汉字书写技能的训练措施

通过查阅有关汉字书写技能的学习材料，开展练字比赛，交流练字经验，组织书写作品展览，通过练字指导与评议等措施，充分认识掌握书写技能的意义，提高学生掌握书写技能的自觉性，使学生逐步掌握书写技能。

二、教师掌握汉字书写技能的意义

汉字是我们记录语言、表达和交流思想的工具。字写得规范、端正、美观，能提高表达效果。提高汉字书写水平也是提高民族素质的一个重要方面，教师肩负着教书育人的重

任，掌握书写技能，写一手好字，对其履行教书育人职责具有深远的意义。

1. 教师掌握书写技能是对学生、对整个社会负责任的表现

教师在教育过程与社会发展中的特殊地位和特殊作用，以及汉字在教学工作中的重要地位和作用，都要求教师必须掌握书写技能。在学校中，汉字不仅是教学工作的重要工具，也是一项重要的教学内容。因此，作为教师，写好字是基本的要求。尤其是中小学教师，更应该写好字。教师如果写不好字，不仅会影响教学效果，而且还会直接对学生的书写产生消极影响，进而对社会的信息交流产生不良影响，给社会造成很大的负担。中华人民共和国成立前那些只读过几年书，现在已步入老年的前辈，他们大多注重文字书写，而且基本功很好，字写得工整、规范，很少出差错。据有关分析研究，这是那时的教师书写基本功好，并看重文字书写基本功训练使然。在进入信息社会的今天，教师加强书写基本功训练，是更好地履行教书育人职责的要求，是对学生负责，进而对社会负责的表现。之所以如此，是因为教师的字是学生的活字帖；教师的字写得怎样对学生写字有着潜移默化的重大影响。这是由青少年学生，尤其是少年儿童（中低年级学生）可塑性强，爱模仿、善模仿以及向师性的特点决定的。学生的这些特点，使得教师在黑板上板书，在作业及试卷上批语的用字规范与工整、美观情况，对学生写字的兴趣与水平提高的程度，产生着潜移默化的重大影响。教师的字写得清晰、流畅、工整、美观、大方，学生受其熏陶，产生赞赏、喜爱、仰慕的心理倾向，会自觉与不自觉地进行模仿。久而久之，学生就能写出一手与教师的字有某种程度相似的字。相反，如果教师的字写得歪歪扭扭，不工整、不美观甚至不易辨认，学生看了不仅不会有好感，也不可能对写好字产生兴趣，还会使业已形成的练字兴趣丧失，其结果是学生写字水平得不到提高。

不仅如此，一个教师一生中几十年的执教生涯要教许许多多的学生，因此，教师的写字水平影响的就不是个别学生，而是成百上千的学生。联系前面章节所谈推行规范汉字的社会意义，作为一名教师必须肩负起社会与民族的重任，通过写好字来促进规范汉字文化政策的贯彻落实。

2. 教师的字是提高教学质量的重要因素之一

这有四个方面的原因。

（1）教师写字，尤其是板书的清晰、美观程度，直接影响学生视觉信息接收的难易程度。由于视觉是学生接收信息的重要方式，教师好的板书往往具有对教材内容系统条理化、归纳概括化、强化、提纲挈领化等多方面的作用，而教师板书时用字的规范程度、工整美观程度，不仅影响学生辨认的速度与准确程度，直接影响视觉信息接收的速度与质量，而且还通过学生对板书用字产生的心理好恶感受，对其视觉信息的接收产生间接的影响。学生对教师板书信息的接收情况是影响教学质量的重要因素。

（2）教师板书用字的规范、清晰、美观是吸引学生注意力的重要因素。规范、清晰、美观的板书用字能吸引学生的注意力，把学生的精力集中到讲课内容上，提高课堂教学效果。

（3）板书用字规范、清晰、美观能使学生产生美的感受，由此可以潜移默化地培养学

生的艺术修养和欣赏能力，进而使学生形成严肃认真、耐心细致的学习和工作态度。

(4) 教师板书用字的规范、美观是教师迅速在学生中树立威信，使学生亲师信道的重要因素。学生对教师的评价常常是从外观开始的，写字是教师外观的一个基本方面。教师字写得好、写得漂亮能使所接触的学生对教师产生深刻的印象，从而有助于教师迅速在学生中提高威信。而威信是影响教师教学效果的重要因素。

对学生的汉字书写进行示范、指导和严格要求，不仅是语文和写字课教师的主要任务，也是各科教师的共同任务。使青少年掌握汉字书写技能，不仅是一种知识技能的教育，也是德育、美育的一项内容；而它又是一项繁难的教育教学工作。只有全体教师共用垂范，才能达到国家和社会的要求。至少在课堂板书、批改作业和指导课外活动时，不能对学生的书写产生不良影响。所以，书写是一个合格教师、特别是中小学教师必备的重要职业基本功。基于推行规范汉字、提高学生汉字书写水平、提高教师职业形象、提高教学效果等多方面因素的考虑，社会上对教师书写规范汉字的水平提出了日益迫切的要求。中国书法教育学会提出的“把书法课作为中小学和大学文科的必修课。成为师范学校的考核项目”的呼吁得到了全国各级各类大中专师范院校的普遍响应。这些学校通过多种形式强化了写字的技能训练，收到了明显效果。国家教委(教育部前身)把“写字”作为广大教师，特别是中小学教师的基本功，并组织编写了相应的训练教材，也有许许多多的中小学广泛开展了旨在提高教师书写水平的写字基本功训练。不少县、市、省教育主管部门已在或准备在其所辖的中小学中普遍开展包括写字技能的教师基本功训练。可以相信，随着教育改革不断深入，随着人们对教师整体素质水平的不断关注，会有更多的学校采取切实有效的措施提高教师的书写技能，必将有更多的教师自觉地提高自己的汉字书写水平。

第二节　掌握汉字执笔方法与书写姿势

书写是涉及指、腕、肘、肩以至全身的一系列协调的动作。要掌握和提高书写技能，必须学会正确的执笔方法，练好正确的书写姿势。

一、执笔方法与书写姿势总述

(一) 执笔方法

执笔是学习书法的基础，正确的执笔方法，是由手的生理结构和运笔达意的书写原则决定的，要求执笔稳，运笔活。如果一开始就能正确执笔，可以少走弯路，达到事半功倍的效果。反之，执笔不正确，运笔不得力，对学书进程和书写风格都大有影响。

以写小字或五寸左右大小的字为例，历史上，大家公认比较符合生理和有利于运笔的是唐朝陆希声的擫、押、钩、格、抵五字执笔法。

（二）书写姿势

毛笔的书写姿势主要有两种：一是坐书姿势，一是立书姿势。前者主要在书写小字和小幅作品时采用，后者一般在书写较大的字和大幅作品时采用。

1. 坐书姿势

正确的坐书姿势，可以概括为四个方面：头正、身直、臂开、足安。

(1) 头正：头部端正，略向前俯。不能歪斜，以保证视角的适度，眼睛与纸面距离大致保持在30—40厘米。左手边按纸，边调节纸的位置，使正在写的字始终在眼和手的最佳范围内。

(2) 身直：要做到以上要求，身子就要尽量坐正、坐直。胸口离桌沿的距离在3寸左右（根据所写字的大小适当调节距离的远近）。不可紧贴桌面或弯腰驼背。

(3) 臂开：关键是两臂自然撑开，大小臂夹角至90°以外，使指、腕、肘、肩四关节能轻松和谐地配合，身体的力量可以畅通地传到笔尖。

(4) 足安：两脚自然平放，屈腿平落。两脚平行或略有前后，双腿不宜交叉。

2. 立书姿势

立书姿势是为了悬腕运转灵活，同时由于居高临下，视角开阔，便于统观全局，掌握章法布白。立书姿势的具体要求为：两脚稍微分开，一脚略向前，保持好身体的平衡，上身略向前俯，腰微躬，距离不宜过远，左手按纸，右手悬腕悬肘书写。值得注意的是，桌面不应太低，以免弯腰过度，容易疲劳。

二、执笔方法与书写姿势分述

（一）毛笔的执笔方法与书写姿势

1. 执笔方法

毛笔笔头柔软而有弹性，同硬笔相比，它既有善于写出无数笔画形态的优点，又有不易控制得当的难处。执笔方法必须通过发挥人的能动作用来解决毛笔性能的内在矛盾。长期的实践证明，前人总结的“执笔五字诀”（即“五指执笔法”）最为合理有效。擫：拇指上端按在笔杆的左内侧，用力于右前方；押：指食指上节的中上端压住笔杆左上侧，用力于左下方，与拇指相对，捏住笔杆；钩：中指上端钩住笔杆，助食指与拇指相对立；格：无名指甲根部由左内侧向右上方推动，以助拇指；抵：因无名指力量稍弱，小指托住无名指，起辅助作用，使各方力量平衡。这样五指齐用力，聚向笔管；拇指之外的手指挨得较紧，就是所谓“指实”。五指均向内弯曲，虎口张开，中间如同握卵，就是所谓“掌虚”。指实就会把笔拿稳，掌虚就会运笔灵活，做到既稳又活。如果手指分散，则掌虚指不实；或形同握拳，指实掌不虚，都是不正确的方法，应予以纠正。“指实掌虚”是一项关键性的执笔要领。

2. 书写姿势

(1) 头正。即头部端正，微向前倾，不东歪西斜，眼睛与字面距离一尺左右，目光正对笔端。

(2) 身直。即腰部自然伸直，略微含胸，但不可驼背；胸部离桌沿一拳左右。

(3) 臂开。即两肩齐平，双臂平开，右臂执笔书写；左臂曲放桌上维持平衡，还可左手按纸并调整纸的位置。切不可将左臂放在桌下。

(4) 足安。两膝自然分开，两脚平踏地上，与肩同宽，使身体保证平正稳定。不伸腿、跷腿，更不可两腿乱颤。

总之，坐式写字，切忌头偏、身歪、胸贴桌沿、驼背拱腰、手脚不平衡、两脚后缩成一前一后等毛病。

(二) 钢笔的执笔方法与书写姿势

1. 执笔方法

不同于毛笔，钢笔是三指执笔法，笔杆斜执。将拇指与食指的前端在笔杆内外侧相对用力捏住笔杆，中指第一关节在笔杆后方抵住。无名指与小指依次弯曲，起托垫中指的辅助作用。虎口张开，笔杆上端斜靠虎口旁边的食指根部。同样要注意指实掌虚，松紧适度。执笔处距笔尖一般一寸左右为宜。书写时，笔尖应正面朝前，不要偏左、偏右或翻过笔尖来书写。笔尖与纸面的倾斜一般以 45°—50°为宜。

2. 书写姿势

钢笔一般是坐式书写，其身体姿势要求与毛笔坐式基本相同。

(三) 粉笔的执笔方法与书写姿势

1. 执笔方法

粉笔执笔也可概括为“三指执笔法”，但与钢笔执法有区别。执笔时，拇指、食指与中指前端三面相对捏住笔头的一厘米处；无名指和小指自然弯曲。靠住中指，起辅助作用。书写时也应注意指实掌虚。所有关节应向外突出，不要用指肚执笔，而要靠近指尖执笔，以便手指端用力，力注笔端。粉笔与黑板的倾斜角度，可依笔画粗细而定，一般为 70°—80°。由于粉笔的构造特殊，如果执笔不当，容易折断。因此执笔部位不可过高，也不可过松或过紧。

2. 书写姿势

粉笔字主要用于板书，姿势多用立式。因为是当众书写，因此要求写字姿势既要正确，又要端庄大方。具体要求是：

(1) 头平。就是面部与黑板保持平行，眼睛距板面 40 cm 左右，头部不要左歪右斜，这样才能保证视线平正。书写横平竖直，行款整齐，否则写出的字可能变形，行也可能上斜。有时在高处写，头可略仰，在低处写，头可略俯，但基本上应保持平正。

(2) 身正。就是身体要保持正直，不要左右偏斜。在书写过程中，身体要随着文字的书写不断平移。

(3) 臂曲。右手手臂应弯曲向上，使臂、肘、腕、指的力量均衡地到达笔端，但不能弯曲无度，以致手臂乏力，左手或持书拿本，或轻按黑板，或微曲下垂。

（4）足稳。两脚要分开站稳，若两脚平行，可同肩宽；若两脚前后分开，步幅大小要看能否站稳而定。也可屈膝，但要保持身体平稳，不可弯腰、驼背、撅臀。板书横行一般不宜太长。脚步移动太多，直接影响速度，又显得手忙脚乱。

第三节　掌握粉笔字、钢笔字、毛笔字的运笔

一、掌握粉笔字、钢笔字、毛笔字的运笔方法

钢笔的用笔方法比毛笔简单，不必藏锋、回锋、挫笔、衄锋，主要有提按、轻重、快慢、转折等；但又与毛笔笔法有某些共同之处，可根据钢笔自身的性能，借鉴毛笔的笔法和笔画形态，进行基本笔画训练。训练中要特别注意笔画起、行、收的全过程，要有提按。不要平板无力，好像去头的火柴杆；也不要顿笔太过，显得做作。

（一）点的写法及组合变化

1. 左上点（、）

（1）粉笔：自右上向左下落笔。这时要写好背部，形成拱圆；而后回笔写好右下侧的腹部，使其平展。在写点的过程中，点的背部用腕转，腹部要变化角度。这样纵横交错综合调节，方能写好该“点”。以下各类点的写法，可参考钢笔与毛笔，不再单独说明。

（2）钢笔：落笔由慢而重向右下力按，然后向上回带收笔（也叫空收，即笔尖离纸向逆方向作回锋势），背呈弧圆，腹稍凹进。

（3）毛笔：笔锋逆上入，再折锋右下，笔毫沿右上运墨完成上、中、下三面，再折回左上出笔。

2. 左右点（小字第二、三笔）

（1）钢笔：右点是左下点的反方向行笔，左点同上。

（2）毛笔：两点都逆入起笔。左点向右上收笔，右点向左下收笔。其势态是左顾右盼，彼此呼应。

3. 相向点（丷，光字第二、三笔）

（1）钢笔：左点起笔轻，向右下侧按；右点起笔重按，转锋向左下轻出笔锋。

（2）毛笔：左点与右点面对面。左点逆锋起笔向右下行，再折向右上回锋收笔。右点逆入向右下，再转向左下，不回锋，像短撇。

4. 背点（八，具字后两笔）

（1）钢笔：相向点的左点作这里的左点，前边的右下点作右点。

（2）毛笔：两点是靠背，方向分开。左点长，似短撇；右点逆入左上折向右下，转锋左

下回笔收锋。

5. 三点水(氵,泳字前三笔)

(1) 钢笔:第一、二笔是右下点,第三笔是提画。

(2) 毛笔:第一点逆锋起笔,向右下,转而左下出锋。第二点承接第一点,也逆向左,再转向右,在右下收笔。第三笔承接第二点,顺锋起笔向右下按,再转锋向右上行笔挑出。三点布势呈带弧,中间一点略偏右,第三点收笔与第一点中间对齐,第三点挑上后挑尖不高于第二点。

6. 四点底(灬,点字后四笔)

(1) 钢笔:第一点是左下点。其余三点都是右下点,其中第二、三点要写小一些,第一、四点要大一些。

(2) 毛笔:第一点欲下先上起笔,折锋左下,再向右上回锋收笔。其余三点按右下笔法书写。中间点稍小,末点要大。

点是基本笔画中需要下功夫练习和掌握的,原因是点虽小,但要具备一定的形状。要领是让笔尖逐渐增大与纸的接触面。

(二) 横的写法及种类变化

在汉字基本笔画中,横应用最多。横在一个字中起着横梁作用。无论是钢笔字还是毛笔字都应写得既坚实浑厚又生动得势,起笔、行笔、收笔,每一个动作都需交代清楚,不能含糊。

钢笔写横,在起笔与收笔时要尽可能缓慢、仔细地写;中间送笔时速度加快。若起笔与收笔速度都很快,会造成笔画杂乱,写出的字就不好看。毛笔写横画,其基本形式是头方(或斜方)尾斜圆,中段稍细。上沿边线要平而挺,下沿则微弯而活。具体写法是“逆势起笔,横画直下落,中锋行笔,回锋收笔(提、顿、收)”。写横最忌把笔尖平伸向左,笔身右按(即平卧下去),然后从左向右一直“拉”(平拖)过去。正确写法是“立锋”下笔,保持下笔的“立劲”向右涩进,而非拖。收笔时仍然“立笔”,保持“立笔”的用意和劲头。

1. 长横(一,业字第五笔)

(1) 粉笔:落笔稍重,轻而向右运笔。取势要左低右高,与水平线呈 5°—7°的夹角。运笔中,腕部依逆时针方向转动,掌心渐向外翻去,轻快划过。至接近末端时,向上微昂,然后随势向右下用力,重按回笔。若行笔中腕部不转动,手掌不随之向外翻转,留下的笔画就没有粗细浓淡的变化。

(2) 钢笔:起笔稍重,然后略提起,由左向右运笔,取势左低右高,与水平线呈 5°—6°的倾斜,最后回锋收笔。

(3) 毛笔:落笔时先向左推一笔,即逆锋起笔,然后转锋轻轻下按,提笔向右行笔。行笔时用力要均匀,到右方末端时向上微昂,并随势向右斜下按笔,即刻提笔兜围迅速有力地顺原笔道回锋收笔。

2. 左尖横(虫字第五笔)

(1) 粉笔:顺势轻轻起毛,不作重顿,再向右行笔。一边行笔一边用力重按,随之腕转,掌心向外侧翻去,最后回笔。

(2) 钢笔:落轻笔,向右上用力移动,趋势呈上翘,收笔重顿。

(3) 毛笔:顺势起笔,直接向右中锋行笔。收笔时右下角基本与腰部下沿平直,不往下拉。

3. 右尖横(好字第三笔)

(1) 粉笔:起笔重顿,转而稳稳用力向右行笔。边行笔边有一点儿腕转,使笔画渐细。最后顺势落笔轻收,不作停顿之状。

(2) 钢笔:落笔重逐渐向右上滑去,趋势是呈上翘状,收笔是不作顿,顺势轻收,但不出锋。

(3) 毛笔:起笔逆入藏锋,其余与钢笔同。

4. 斜横(七字第一笔)

(1) 钢笔:起笔稍重,之后轻提向右运笔,横的斜度比长横要大,呈 10°—20°收笔略顿,重而缓。

(2) 毛笔:由斜横作主笔时写法同长横,只是斜度要加大到 10°—20°。斜横出现在字的右半部分时,可按尖横处理,斜度要大一些。

(三) 竖的写法及其结构变化

“竖”在一个字中起支柱作用,因此要写得平直不斜,尽量做到垂直,挺拔有力。总的运笔方法是:微侧向右下落笔,由轻而重并稍顿;提笔轻快下行。垂露竖末端向右下稍顿,向上空收;悬针竖起笔稍顿,均匀用力下行,至即将停笔处,渐提呈针状,不可减力过早。

1. 垂露竖(叫字最后一笔)

(1) 粉笔:起笔与悬针竖同。行笔时,角度变化不大,要稳稳力行,至末端时向右下顿笔,转而向左上空收,整个笔画要直立不僵,有轻重感。

(2) 钢笔:起笔略重,向右作点画。顿后提笔向下缓缓行笔。行至末端用力下顿后回锋收笔。整个笔画要直而不僵,有轻重感。

(3) 毛笔:落笔时先向下推一笔,随即转锋右按。行笔时均匀用力,缓缓下行,保持中锋运笔,到收笔处略提笔(不离纸面)向左上,再沿原笔道回锋收笔。

2. 悬针竖(牛字最后一笔)

(1) 粉笔:与黑板呈 30°左右的夹角。落笔自左上向右下重顿,像是在写一个点;转而向下行笔,行笔时稳住肘部,活动腕部,使粉笔的角度渐大,行笔略慢。至近拽出悬针时,角度为 70°—80°,行笔稍快,锋要尖,在笔尖离开黑板时,角度达到 90°。

(2) 钢笔:落笔顺右重顿,接着转锋向下均匀用力行笔。中间要蓄势略慢,待出锋时直下,略快,该竖要像悬针一样,锋要尖细。

(3) 毛笔:在起笔上与垂露竖相同。到末端收笔时渐行渐提笔;行笔至尽处引伸出锋，笔毫很快抽离纸面回缩空收。要有笔画呈针尖状的效果。

3. 短竖（土字第二笔）

（1）粉笔：起笔同垂露竖。行笔时均匀用力，至末端有长横托住时，自然提笔离开板面即可。

（2）钢笔：落笔要重，顿后提笔下行，直到末端，收笔稍驻，不用力作顿。回锋时慢向上收笔。

（3）毛笔：与垂露竖相同，不同之处是行至末端时不是明显地顿笔回锋。

（四）撇的写法及其形态的变化

撇的形态变化主要有：① 长短变化有长撇、短撇；② 斜度变化，有平撇、斜撇和竖撇；③ 弯度变化，有直撇、弯撇；④ 粗细变化，有腰粗撇、腰细撇。无论哪种形态，都要注意体现姿态舒展的特点。首尾粗细的变化，不能急剧突然，弧变要适当，力度要贯至笔尖。

撇画的总体运笔方法是：逆锋由左上角起笔，折笔向右作顿，顿锋向左下用力行笔撇出，长撇末锋飞起，短撇快速锋利撇出。

1. 斜撇（丿，合字首笔）

（1）粉笔：落笔重顿后用力向左下撇去，行笔中要稍稳且稍慢，运用腕转使掌心向里，在将撇出时，腕部用力转动，手掌继续向里翻。这样，转动粉笔头的接触面由宽变窄，笔画便渐细。在近撇出时，腕转的幅度渐渐增大，笔头与黑板的接触面最小，写出撇尖的形态。

（2）钢笔：落笔稍用力作顿，之后转笔向左下撇出。行笔之中可略慢。接近出锋时行笔要快。形态似兰叶。

（3）毛笔：逆锋向左上方起笔，再折锋向右下按笔，提笔转向左处中锋行笔。行笔中用力均匀，保持笔力至撇之尖端。收笔要快。

2. 竖撇（丿，仄字第二笔）

（1）粉笔：落笔重顿，转而向下行笔。行笔时要改变粉笔角度，先纵向调节接触面，并且慢行笔以积蓄笔势。到将近撇出时，用力向左下撇出。撇出时，腕部要顺时针转动。掌心翻向里侧。

（2）钢笔：起笔向右顿，转竖直向下，中间缓慢行笔，积蓄笔势。临近收尾时用力向左下撇出，撇出时要用力到底，出锋要快。

（3）毛笔：与斜撇字写法大致相同。异处是起笔处与行至中间一段是竖直的，到下段收笔处向左撇去。

3. 短撇（㇒，受字首笔）

（1）粉笔：起笔重顿，随即转动腕部，手掌翻向内侧。转动速度要快，手掌翻动的幅度也要大，其斜角比长撇要小。因此转动幅度大，接触面由大到小的变化也大，笔画的粗细就十分明显。

（2）钢笔：起笔逆入向右，顿而向左下略快撇出，其特点是行笔迅速有力似宝剑出锋。写时宜送力到底，转腕提笔。

（3）毛笔：逆锋向左上方起笔，再折锋向右按笔；之后提笔转锋向左下中锋行笔。

（五）捺的写法及形态变化

总体写法是：轻起笔；略右行即转右下行笔，由轻到重渐行渐按；至捺脚处重按缓提，向右出锋收笔。

捺画因其在字中的位置不同而有不同的形态。在印刷楷体中主要有长捺、平捺、侧捺、反捺、短捺等。其具体写法如下：

1. 长捺（含字第二笔）

（1）粉笔：粉笔头顺落板上，由轻渐重自左上向右下运笔；行笔时要渐重用力，角度没有明显变化，接触面渐大，笔道渐宽。至出捺脚时，改变角度，把粉笔纵向立起，粉笔头的下沿抬起。这样，一边行笔，一边渐渐立笔，粉笔头的接触面便渐小，黑板上的笔道就渐细，最后形成针尖。

（2）钢笔：下笔轻，自左上向右下行笔，渐行渐重。在捺之末端要稍重顿一下笔，而后捺出，捺出的底刃要取平。

（3）毛笔：向左上逆锋起笔，轻锋向右下中锋行笔。笔毫渐行渐按，渐渐铺足。笔画形态越来越粗，沉着有力。到下半部微带卷起之意。

2. 平捺（运字末笔）

（1）粉笔：笔起同长捺，写好第一折，转而向下压，加大粉笔笔头的接触面，笔画渐行渐粗。行笔至将出捺脚时，把粉笔笔头的下沿抬起，角度加大，逐渐缩小笔头的接触面，使捺的底面向右上翘起，整个笔画首尾在一个平面上。

（2）钢笔：回锋落笔向左逆入而向右下平行带弧度运行，最后顿笔按下，向右上快出锋捺出。捺的末端要向右上翘起。

（3）毛笔：其特点是平长，取横卧的姿态，尾部要写成方切的三角形，底刃略向右上翘起。

3. 短捺（莫字末笔）

（1）粉笔：落笔即重，行笔中加大粉笔头接触面，使笔画粗重。收笔时沿纵向把粉笔立起，加大角度，整个笔画要劲挺、厚重。

（2）钢笔：顺势落笔，轻用力向右下行笔。行笔中由粗到细，稍驻，转笔向右用力捺出。

（3）毛笔：与直捺基本相同，区别是取势粗而短。

（六）钩的写法及方向变化

钩画是承接别的笔画来书写的。接竖的是竖钩，接横的是横钩。其形态似鹅头。写时要力求饱满健壮，坚挺锐利，大致分为竖钩、竖弯钩、斜钩、卧钩和横钩。

1. 竖钩（刚字末笔）

（1）粉笔：落笔与黑板呈 30°左右夹角。先重顿，转而向下行笔。边行笔边活动腕部，使夹角渐大，稳稳力行。到近出钩时用笔重顿并由右向左腕转，形成钩底突出一块肉的笔画形态。最后，向左出钩。出钩时腕部要快速顺时针转动，掌心从外翻转朝上。

(2) 钢笔:起笔稍重，顿而向下出笔。近收笔时顿而向左上斜势钩出，与竖成锐角。

(3) 毛笔:起笔行笔同竖画，近出钩时，提笔向左下频挫作围，而后折笔照原笔道回上，稍停，轻按使笔毫铺开，随即用力向左上迅速出锋。

2. 弯钩(狗字第二笔)

(1) 粉笔:顺势落笔不作重顿，向右下行笔，到弯钩中段，转向左下重顿一笔，积蓄笔势，转向右上出钩。

(2) 钢笔:笔尖轻落纸上，由轻而重。从左上向右下，又转左下，呈右弯形。至近收笔处向左上转，稍驻，提笔钩出。

(3) 毛笔:起笔欲下先上，逆锋而入，转而向右下后弯向左下，使笔画呈右形状，出钩时顿挫，缓慢作用后快速出钩。

3. 竖弯钩(毛字末笔)

(1) 粉笔:起笔同竖法，边行笔边改变粉笔角度，微向左斜下。至弯角处，向右圆转。向右行笔时，腕部向外翻转，使笔道平伸变圆。至出钩处，笔道略向上翘，稍按回笔向左。最后向上挑出。挑出时靠粉笔角度由大到小的变化而形成钩尖。

(2) 钢笔:起、行笔同竖画，而后向右弯出。弯后平移至钩处，折笔向上钩出，行笔过程中注意使竖画与左挫进。弯处要圆转而无棱角。

(3) 毛笔:起笔逆入重顿，向下行笔。行笔中向左略带弯曲。到折处弯转而不提笔，边行边蓄势。出钩时向上顿笔，再折向左上挫进，最后向上钩出。

4. 斜钩(戈字第二笔)

(1) 钢笔:落笔略顿，向右下慢慢行笔，至接近出钩时蓄势后用力翻笔向上出钩。整个笔画呈挺胸收胸，不要太弯。

(2) 毛笔:起笔逆入稍顿，向右下行笔，稍有弯曲，至末端时略带弧度，后提笔向左上稍驻拢锋，最后向上钩出。

5. 卧钩(心字第二笔)

(1) 钢笔:落笔轻，由细至粗，朝右下略斜后向右移，最后向右上昂起钩出。钩要朝左上。

(2) 毛笔:比竖钩短小，没有弯折处;比斜钩平，不斜立，像人仰卧在地。写法:顺锋下笔向右下行笔，弯钩朝下。行至2/3处时稍向上仰，再提笔折锋向左上钩出。

6. 横钩(守字第三笔)

(1) 粉笔:起笔同横法，向右写横，到尽端近出钩处，向斜下一按笔。此时按笔用以蓄笔势。而后把笔头下沿抬起，改变角度。最后，运用腕转，如写一短撇一样，向左斜下，拽出钩尖。

(2) 钢笔:落笔稍重，均匀用力向右行笔。至转折处向右下稍顿，蓄势后速向左下钩出。

(3) 毛笔:起笔同毛笔的横画写法,中锋行笔。出钩前先挫笔,转而右下顿笔,最后朝左下钩出,转快出锋。

(七) 折的写法及角度变化

和钩画相同,折画是附属在别的笔画上的。写时的重点是转角之处,关键是横与竖连接处的一"折"。折画形态如直而圆的金属发钗,由直条折成弯曲的形状,显得浑圆。折画的变化多在于其角度,主要有竖折、竖弯折、横折和撇折。

1. 竖折(亡字末笔)

(1) 粉笔:起笔同竖画,向下行笔,边行笔边改变角度。到折笔处重顿,转而向右行笔。折笔之后写横时,要逆时针转动腕部,边写边转。最后,如横写法,重顿回锋收笔。

(2) 钢笔:起笔略重,顿而向下。至转折处向左上回笔再向右横出,稍顿而回锋。转折处要有圆弧,富于弹性。

(3) 毛笔:笔锋中速下行至折处,提笔向左重顿,同横法起笔;而后向右行笔。收笔时提笔右上再右下,最后回锋。

2. 竖弯折(西字第五笔)

(1) 钢笔:起笔同竖画,至转折处呈弯曲状,有弧度。收笔时稍顿再回锋。

(2) 毛笔:起笔欲下先上,藏锋后下行。至拐弯处要有弧度,缓慢折过来,收笔时要回锋作顿。转折处要显圆弧状。不拐直角。

3. 横折(民字首笔)

(1) 粉笔:起笔同横画,向右行笔,边行边腕转,到折笔处重顿,转而向下运笔。折笔后写竖时,要改变粉笔与黑板面的角度。角度变化不要太大。

(2) 钢笔:先横后折,折角成 90°,如人之路膊弯曲,横折的竖略向左弯。写法:下笔同横法,折时作顿。

(3) 毛笔:起笔逆入,欲右先左,中锋行笔。至折处,要提笔右上再右下顿笔,折锋下行。向下折时,笔向左用力,呈微弧形状。

4. 撇折(乡字前两笔)

(1) 粉笔:先用腕转向内翻,写好短撇,再到折处稍按笔,转笔向右写横。

(2) 钢笔:起笔重顿,用力向左下行笔。至转折处略驻,转笔速向右上挑去。

(3) 毛笔:起笔同撇法,均匀用力右下行笔。至折处提笔向左,接着向右下按,蓄势后向右上挑出。

(八) 提的写法及斜角变化

"提"画又叫"挑",是汉字中从左下向右上角斜向挑出的一笔,有平提、竖提之分。总体写法是:提笔向下顿笔,略驻笔后上右提笔,由重而轻,出锋收笔。

1. 平提(玻字第四笔)

(1) 粉笔:起笔重顿,转笔向左略微斜上写去。转笔时腕部逆时针转动,掌心向外翻转。转动要快，翻转要急，用力行笔。最后挑出锋尖。若落笔重顿后的转笔没有腕转，只是平涂，笔画就没有由粗到细的变化，也就没有平提笔画应有的变化。

(2) 钢笔：起笔要用力，稍顿后用力速向右上方挑出。为蓄势以增笔力，可逆锋起笔，不要把挑拉得太长，以免显得软弱。

(3) 毛笔：向左上逆入藏锋落笔，转锋右下按笔，之后调锋向右上，边行边提。行至收笔时，速出锋挑出并作空收。

2. 竖提(冰字第二笔)

(1) 粉笔：落笔向下重顿，蓄积笔势。轻笔时手腕急转，掌心向外翻出。出锋时，用力送到位，轻快有力。

(2) 钢笔：起笔用力，略顿后速向上方挑出，挑的角度要比平提大一些，接近于竖直。

(3) 毛笔：起笔、运笔及收笔同平提，只是挑出的角度比平提大一些。

(九) 复合笔画的写法

1. 横折钩(向字第三画)

(1) 粉笔：起笔同横画，向右行笔，边行边腕转，到折笔处重顿，转而向下运笔。折笔后写竖时，要逐渐加大粉笔与黑板面的角度，稳稳力行。至接近钩时，用笔重顿并由右向左腕转。最后向左出钩。出钩时腕部要快速顺时针转动，掌心从外向内翻转朝上。

(2) 钢笔：用横法落笔稍重，到横的收笔处向左回锋转而向下。此时的转折处要用虚劲。到出钩时，顿而向上斜势钩出。

(3) 毛笔：逆锋落笔，顿而右行，到转角处方中带圆，骨力内藏。注意防止肩膀过高或脱肩等毛病。

2. 横折弯钩(九字第二画)

(1) 粉笔：起笔取横法，向右腕转写横。这一横的笔势要向右上斜，比写一般的横斜度要大。折笔后，用竖法改变角度向左内斜下一路圆转，斜弯度转大。弯度向右行笔时。再用横法。至钩处缩笔回左，向上挑出钩尖。

(2) 钢笔：前半部分同横折的笔法。行笔至近弯处时笔锋向右平移。最后向上钩出。行笔过程中，折下的竖画要向左弯，这样会使弯折圆转且无棱角。

(3) 毛笔：起笔同硬笔的横法，行笔中如横折。折下的竖向左挫进。到竖转弯向右行笔时，横画下沿稍带弧形。行到尾端时向上翘。出钩要把笔锋的右侧提起，左侧不提，边提边向上踢出。

3. 横撇弯钩(都字第九画)

(1) 粉笔：起笔同横画，向右行笔，边行边腕转。到撇折处重顿。腕转向内翻，向左下快速撇出，撇后不抬笔，向右下行笔，至弯钩中段转向左下。出钩时用力向左重顿一笔，积蓄笔力转而向左上出钩。

(2) 钢笔：先写横撇。起笔稍顿，到横的转折处再顿，之后向左上撇出。此时不提笔，接着写弯钩。写时由轻而重，从左向右下弯行，又向左弯，最后向左上钩出。

(3) 毛笔:起笔同横法,后转移作撇,撇后不抬笔,转而向右下弯出,一路圆转,最后,向左出钩要厚重。这样的笔画叫耳钩。

4. 竖折折钩(写字第四画)

竖折折钩由竖、折和钩组合而成。其中有两次折,最后的钩是向左钩。

(1) 粉笔:起笔同竖画,向下行笔,边行笔边改弯角度。至折笔处重顿,转而向右行笔,边行边转。做二次折笔时略顿,后向左下出笔。接近钩处时用力向下重顿,蓄力向左上出钩。

(2) 钢笔:起笔同竖折;先竖后折,折角接近 90°,像人胳膊弯曲一样。竖笔向左挫进,稍向右弯曲,竖折后再折,实际上是接上一个横折钩。一次折下渐渐向左挫进出钩。

(3) 毛笔:逆锋起笔,向下行笔同竖折,拐角时似于直角。折后向右平移二次折笔。此处折笔应稍顿,后向左下出笔。约近钩处时提兜围,稍停顿,轻按铺开笔毫,用力向左快速出锋。

5. 竖折撇(传字第五笔)

该笔画由竖、折和撇组合而成,只有一次折,折后马上撇出。

(1) 粉笔:起笔同竖画,向下行笔,边行边改变角度,至折笔处重顿,用力向左下撇出。撇出时腕部顺时针转动。掌心翻向里侧且运力到底,出锋要快。

(2) 钢笔:前半部分同竖折,折手不停笔,重按蓄势后向左下快速撇出,这时的撇画要像鸟用嘴在疾快且有力地啄物。

(3) 毛笔:起笔逆入同竖画,下行笔时稍向左挫进,行到折处向右平移笔毫,近撇出时作顿略按,转锋向左下写撇。

6. 横折折折钩(乃字第二画)

该笔画是竖折折钩的前边加上一横,需折三次,最后的钩是左上钩。

(1) 粉笔:起笔同横折,先横后折,折近 90°,第二次折笔后,向左下运笔,要掌握好弯曲的弧度,出钩时要运足笔力,找好角度,轻快出锋。

(2) 钢笔:要一笔三折。先写横折,后写横折钩,折笔向左下,第三次折笔要显弯曲状。

(3) 毛笔:除起笔逆入,折笔作顿和兜围出钩外,其他均与钢笔的横折折折钩一样。

7. 横折提(认字第二笔)

(1) 粉笔:起笔同横折,向下行笔近提处时,向下重顿,蓄积笔力,而后转笔向右上。转笔时手腕急转。掌心向外翻去。出锋时要力送到位,轻快有力。

(2) 钢笔:起笔、行笔同横折,下行近提处时,驻笔蓄势,转锋向右上挑出,挑出的提要短且有力,力到锋突。

(3) 毛笔:逆锋向左起笔,转而右行。至折处稍顿,折锋向下,近提处重按向右下蓄势并作围,最后向右上用力挑出。

8. 横折弯(朵字第二笔)

(1) 粉笔:起笔同横折,行至近弯处时边行笔边改变笔的角度,腕部向外翻转,向右一路圆转，收笔时不出钩，要平伸见圆。

(2) 钢笔：起笔、行笔同横折。行至近弯处时，要一路圆转，向右平移。收笔时不出钩，回锋空收。

(3) 毛笔：逆入藏锋起笔。行笔同横，折处稍驻，笔向右上稍昂，再向下稍顿，然后提笔转锋直下。在转折处要注意“转”笔。否则只顿不“转”易生偏锋用笔直下的现象。

9. 横折斜钩(风字第二笔)

(1) 粉笔：起笔同横折，运用腕转一路向右斜下行笔到钩处缩笔回左，向上挑出钩尖。斜钩的弯度要圆且有弓劲。

(2) 钢笔：先写横画，后转笔向下折。折时写斜钩。写斜钩要挺胸收腹，逆笔挑起，钩朝左上。

(3) 毛笔：除起笔逆入、折处作顿和收笔回锋钩出之外，其他均与钢笔的横折斜钩相同。斜钩的弯度要圆且有弓劲，弓度不宜过大，否则会显得软弱无力。

(十) 粉笔字的独特笔法

粉笔字的基本笔画形态与钢笔字大体相同，但应注意粉笔的独特笔法。主要有转动笔头、变换角度和运腕等。

粉笔是圆柱体，没有笔锋。但由于质地松软，塑性较强，书写时可根据笔画粗细的需要，随时转动笔头，或变换粉笔与黑板相接的角度，以利用粉笔的边锋、棱角或侧面、斜面等与提笔按笔结合起来，写成不同形状的笔画。粉笔与黑板相接的角度较小或用侧面、斜面书写时，笔画较粗。角度较大，用不断调整形成的边锋、棱角书写时，笔画就细。写特粗笔画的大字，还可将粉笔折断，或利用剩余的粉笔头，横式执笔书写，即食指、中指与拇指握住粉笔段中部，使粉笔段平贴黑板书写。

由于粉笔的执笔独特，除转动笔头外，手指运笔不够灵活；加上粉笔字是面板而书，一般字体较大，因此写粉笔字主要靠腕力。训练手腕的灵活转动，有利于写出比较自如、比较生动的笔画和字形。

粉笔与毛笔、钢笔的共同之处是也讲究提按、快慢。具体可参看前面有关内容。粉笔用笔，力度不要过大。尤其按笔或横式写时，力度过大则易于折断。

毛笔、钢笔、粉笔的用笔方法和基本笔画异中有同。作为书写技能的基础，可以三字并练，比较异同，互相促进，相辅相成。

书法的用笔包括笔法、笔力、笔势、笔意四个方面。笔法指用笔的方法与法度。笔力就是笔画力量感。这种力量指笔画线条刚健而有韧性。关键是注意起笔收笔，中锋行笔，要力注纸(板)面。笔势指线条的势态、运动感，以及与其他笔画的呼应、顾盼和走向的连续。笔意指点画的情趣意味，它能表现人的精神状态。这些只有通过认真读帖，比较玩味，然后通过临摹反复揣摩，方可逐步掌握要领，这四个方面都领会了并落实到笔画书写上，就会逐渐做到写出的笔画具有立体感、力量感、节奏感、生命感。达到这一目标相当困难，而且必须注意笔法是基础。合法度、有笔力，是必须达到的笔画书写要求。

第四节　掌握汉字的笔画和笔顺

笔画是构成汉字的点和线，是构成汉字的最小单位。每写一个汉字，除一、乙两字外，笔头在纸上要起落若干次。每一次起笔到落笔所写的点和线，无论长短和曲直，统称笔画。笔画包括笔形、笔形次序、笔画组合关系、笔画的排序规则几个方面。现代汉语用字只分析印刷体的标准字形，不涉及印刷体的旧字形。

(一) 汉字的笔形(笔画)

所谓汉字的笔形，是指汉字笔画的形状，或称汉字笔画的种类。

晋朝卫夫人写过一篇《笔阵图》，把汉字的笔形分为“一丶丿丨㇏㇄𠃍”七种，但没有给这七种笔形定出名称。到了唐朝，张怀瓘作“永字八法”，把汉字的笔形分为八种，每种都有名称，即侧(现在称点)、弩(现在称横)、弩(现在称竖)、趯(tì)(现在称钩)、策(现在称挑tiǎo)、掠(现在称撇)、啄(现在称短撇)、磔(zhé)(现在称捺)。以后，汉字笔形划分渐趋细密，笔形的名称也日趋统一。

汉字的笔形分为两大类：一类是不曲折的笔形，称为平笔笔形；一类是曲折的笔形，称为折笔笔形。

平笔笔形有六种，即“一(横)、丨(竖)、丿(撇)、㇏(捺)、丶(点)、㇀(提)”。它们在字的不同位置或不同偏旁中，为适应汉字方块形的需要，有各种变形。横、竖、提都有长短之分(在书写时，长竖又有“垂露”“悬针”之分)，撇有平撇(禾的首笔)、竖撇(月的首笔)的变形，捺有平捺(之的末笔)的变形，点有左心(心的第一笔)、长点(刘的第二笔)、竖点(快的第一笔)的变形。折笔笔形，一般依起笔、中间的变化和末笔的笔形而有不同的名称。折笔笔形分为单折笔和复折笔。单折笔有下列几种：

竖钩　于字末笔
弯钩　狠字第二笔
斜钩　成字第四笔
卧钩　心字第二笔
竖折　区字第四笔、山字第二笔
竖提　长字第三笔、以字首笔
横钩　皮字首笔
横折　尺字首笔、口字第二笔
横撇　水字第二笔
撇折　公字第三笔
撇点　女字首笔

复折笔有下列几种：

横折钩　刀字首笔、月字第二笔

竖弯钩　儿字第二笔
横折折　朵字第二笔
横折弯钩　九字第二笔(乙字)
横折提　计字第二笔
横折折折钩　场字第四笔、乃字首笔
横折弯钩　阳字首笔
竖折折钩　亏字第三笔
横折折撇　辽字第四笔(延字第五笔)
以上笔形都是一画(一笔),查字典和写字时必须注意。

(二) 汉字笔画的组合关系

汉字笔画的组合关系有相离、相接、相交三种,如汉字中的撇和捺,按相离的组合关系组合,则构成"八"字;按相接的组合关系组合,则构成人、入两个字;按相交的组合关系组合,则构成部件乂。再如田、由、甲、申四个字均是五画,都是由两个横笔、两个竖笔和一个折笔构成。其中田和由的笔顺相同,甲和申的笔顺相同。田和由的差别仅在于中间竖笔与上下笔画的组合关系不同。中间竖笔与上下笔画是相接组合关系则构成田字,中间的竖笔与上面笔画改成相交组合关系则构成由字。甲和申的差别也仅在于中间竖笔与上下笔画的组合关系不同,中间竖笔与上下笔画是相交组合关系则构成申字,中间竖笔与上笔画改成相接组合关系则构成甲字。

有许多汉字,其笔画间并非只具有一种组合关系,而是包含两种或三种组合关系。如大字,其笔画间既有相交组合关系,又有相接组合关系。而国字,其笔画间则有相离、相接、相交三种组合关系。

掌握汉字的笔画组合关系,对准确计算汉字的笔画有很大帮助。汉字笔画的书写规则有两条:

(1) 写任何一个笔画,笔头只能从笔画的一头向另一头走一次,不能走回头路,即不能回笔。

(2) 写横只能由左向右,不能由右向左。写竖、撇、点、捺只能由上向下,不能由下向上。

根据汉字笔画的书写规则,下面分析按相离、相接、相交组合关系构成的汉字的笔画数。

分离的笔画,书写时从这一画写到另一画。笔头必然要起落一次后再提笔书写另一画,如二、三、八、川、小、心等。相交的笔画,书写时从这一画写到另一画。由于不能回笔,所以,笔头也必然要起落一次后才能提笔书写另一画。计算笔画时有一画算一画,如十、丈、力、包、七、九等。相接的笔画,需要分析两种不同的情况:一个笔画的笔首或笔尾与另一笔画的身段相接,书写时与上述相离、相交组合关系的汉字相同,即必须一一分写,这时计算笔画时有一画算一画,如人、入、刀、丁、上、正、乍、己、卫、久等。一个笔画的笔首或笔尾与另一笔画的笔首或笔尾相接,在书写和计算笔画数时则难于掌握,其笔顺容易写错。

计算笔画数时也往往出错。这里就汉字四角位置上的相接笔画做些分析，找出计算笔画数的规律。

当一个笔画的笔首与另一笔画的笔首在汉字的左上角相接时，根据汉字笔画的书写规则，书写时笔头要起落一次后，方能提笔书写另外的一个笔画，即必须一丿分写。计算笔画时算作两画。如厂字的笔顺一丿分写，计算笔画时算作两画。

当一个笔画与另一笔画的笔首在汉字的左下角相接时，书写时，有时要一一分写，有时则一笔连写，这时只要掌握住汉字的结构方式，就能总结出分辨的规律：① 凡是全包围结构的字，其左下角相接的两笔必须一一分写，计算笔画数时，算作两画。如口字，笔顺是丨冂口，左下角相接的两笔要一一分写，而不能一笔连写，计算笔画数时要算作两画。其他全包围结构的字，均如此。② 凡非全包围结构的字，其左下角相接的两笔一笔连写，计算笔画数时算作一画。如凶字，它是一个非全包围结构的字，其笔顺是丿㐅区凶，左下角相接的两笔变成折笔，书写是要一笔连写，计算笔画数时算作一画。其他非全包围结构的字均如此。

当一个笔画的笔尾与另一笔画的笔首在字的右上角相接时，按照书法习惯连接成一笔，变作折笔，书写时一笔连写，计算笔画数时算作一画。如尸字，其右上角是横画的笔尾与竖画的笔首相接，按照书法习惯则连成一笔，变成折笔，书写时一笔连写，计算笔画数算作一画。

当一个笔画的笔尾与另一笔画的笔尾在字的右下角相接时，相接的两笔必须一一分写，计算笔画算两画。如日字的笔顺是丨冂日日。右下角是折笔的笔尾与横笔尾相接，书写时，写完折笔后，由于书写横笔不能从右向左，因此只能提笔从左向右写，计算笔画数算两画。

综上所述，汉字四角位置上相接笔画的书写和笔画数的计算，可以概括为：当左上角两笔首相接和右下角两笔尾相接时，均一一分写，算两画；当右上角和非全包围结构字的左下角的一个笔画的笔尾与另一笔画的笔首相接时，均连为一笔，变成折笔，算一画；只有全包围结构的字的左下角相接的两笔（一个笔画的笔尾与另一笔画的笔首相接）才一一分写，算作两画。

（三）掌握汉字的笔顺

通用规范
汉字笔顺规范

汉字的笔顺是随着汉字的整理和简化，同时进行规范的。早在 1965 年，汉字笔顺就已经有了统一的标准。1988 年 3 月 25 日国家语言文字工作委员会和国家新闻出版署在发布《关于发布〈现代汉语通用字表〉的联合通知》的同时发布的《现代汉语通用字表》收字 7000 个。“联合通知”指出：“《现代汉语通用字表》依据《印刷通用汉字字形表》确定的字形标准，规定了汉字的字形结构、笔画数和笔顺。字表发布后，印刷通用汉字字形即以此为准。”2020 年，教育部和国家语言文字工作委员会发布《通用规范汉字笔顺规范》，为汉字信息处理、出版印刷、辞书编纂等领域提供了最新的汉字笔顺规范。

（四）书写汉字的笔顺规则

笔顺是写字时笔画的先后顺序。

汉字中有单笔字和复笔字，单笔字数量极少，在现代汉语通用字范围内，只有“一”“乙”两个字，其余均为复笔字。书写汉字时，除单笔字外，复笔字均有笔画的先后顺序问题。规范汉字与被简化的繁体字、被淘汰的异体字和旧字形之间，在字形结构、笔画数、笔画组合关系和笔形方面有较大差别，因此，笔顺也不尽相同。

（1）先横后竖。

竖笔与横笔相交，书写时绝大多数是先横后竖。如十、丰、⺘(用字包内)、艹(花、草)、卄(扁字包内)、龷(贲字头)等。含上述字和部件的字，如支、直、契、害、拥、痈、药、薅、嗣、喷、汛、讯等，书写时同样是先横后竖。

竖笔的笔首与横笔的身段相接，书写时则先横后竖。如丁、于、𢆉(羊字底)、斤、龵(拜字边)等。含上述字或部件的字，如厅、亭、芋、洋、痒、沂、新、拜等，书写时同样是先横后竖。

不符合上述第一条规则的，在通用字范围内，有丑、贯(上部)、冉等，其竖笔与横笔相交部分，书写时是先竖后横。含上所述字或部件的字，如扭、妞、纽、羞、惯、篝、再等。书写时同样是先竖后横。

（2）先竖后横。

竖笔的笔尾与横笔的身段相接，书写时则先竖后横。如工、士、土、王、主、龶(责、青字头)、丑(共字头)、龷(篝字中)、圭(佳字右)等。含上述字或部件的字，如红、虹、仕、志、吐、杜、汪、枉、债、情、清、供、恭、黄、寒、塞、觏、谁、椎等，书写时同样是先写竖后写横。

横笔的笔首字与竖笔的身段相接，书写时先竖后横。如⺊(贞、占字的头)、𠂆(非字边)。含上述部件的字，如钻、苫、侦、敲、卓、虎、虏、虑、韭、排、辈、匪等。书写时先竖后横。

横笔的笔尾与竖笔的身段相接，书写时先竖后横。如丬(北字旁)、⺕(非字旁)。含上述部件的字，如背、冀、韭、排、翡、辈、痱、匪等，书写时先写竖后写横。

横笔的笔首和笔尾与竖笔笔尾或身段相接，书写时则先竖后横。如廿，下边的横笔笔首和笔尾分别与左右两个竖笔的笔尾相接。书写时则先写两竖，后写下边一横。“甘”内部横笔的笔首和笔尾分别与两个竖笔的身段相接，书写时则先写两竖，后写内部的一横。含“廿”和“甘”的字，如革、庶、席、燕、甜、柑、某、谋等，书写时先写竖后写横。

里、黑、垂及含此三字的合体字，其笔顺比较复杂，既有符合先横后竖和先竖后横规则的部分，又有不符合上述规则的部分，需记忆。这三个字的笔顺是：

里：丨 冂 日 日 甲 甲 里

黑：丨 冂 冂 冈 四 甲 里 里 里 黑 黑

垂：一 二 千 手 手 垂 垂 垂

（3）先撇后捺。

汉字中没有捺起笔的字，故撇笔与捺笔的组合关系，不管是相离、相接还是相交，书写时均为先撇后捺。如八、人、入、乂(爻字底)等。含上述字或部件的合体字，如公、分、佾、艾、驳、欠、从、全、佘、祭、於、余、松、栓、盼、除等，书写时先写撇后写捺。

当八、人、乂用于包孕结构或包围结构内部时，为使汉字的结构方正、匀称，把其中的末笔捺变点，变成撇笔与点的组合关系，书写时，不管其间是相离、相接的组合关系，还是相交的组合关系，均先写撇后写点。如凶、风、赵、区、冈、囚、闪、齿、曷、詹等。

当八、人出现在包孕结构或包围结构内部时，若捺笔不是末笔，则捺笔不变成点，如氛、囵、图等，书写时先写撇后写捺。

当八、人、乂出现在字的左边、左上和左下时，为使汉字的结构方正，匀称，把其中的捺笔变成点，就成撇笔与点的组合关系，书写时，不管其间是相离、相接的组合关系，还是相交的组合关系，均先写撇后写点。如从、丛、耸、俎、众、坐、叙、剑、创、领、鸽、舒、颁、刈、刹等。

人、乂出现在字的右上时，有的捺变成点，有的不变。如坐、铩、淆、驳等，其中的捺变成了点；而丛、耸、怂等，其捺笔就没有变成点。书写时先写撇，后写点或捺。

(4) 后写内点。

内点是包在主体内部的点。如刃、义、太、瓦、丹、舟、为、玉、勺、寸、母、凡、丸、夕、歹、⺈(炙字头)、丽(丽字底)、卵、雨、兔、匆等。上述字或部件，不管点与其他成分间是哪种组合关系，书写时，绝大部分是后写内部的点。含上述绝大部分字或部件的合体字，如纫、韧、汰、态、伪、国、珏、约、钓、矾、垫、热、压、汐、多、残、歼、炙、然、蚤、丽、漏、逸、葱等，书写时，同样是后写内部的点。

上述字或部件中，只有义、丹、舟(第一个内点)、母(第一个内点)、戍、⺈、卵(左边的内点)，书写时不是后写内部的点。其笔顺为：

义：丶 丿 义

丹：丿 冂 月 丹

舟：′ 丿 凢 内 舟 舟

母：乚 𠃊 母 母 母

卵：′ ⺁ ⺁ 𠂎 卯 卵 卵

(5) 后写右上的点。

汉字中有些右上带点的字或附件，书写时一般都是后写右上的点。如弋、犬、尤、术、求、犮(拔字边)、发、甫、书等。含上述字或部件的合体字，如代、式、武、贰、吠、伏、厌、莽、袱、忧、稽、疣、怵、述、球、裘、救、跋、拔、泼、拨、浦、铺、傅、博等，书写时同样是后写右上的点。

(6) 先撇后折。

汉字中，由撇笔和折笔组合成的字或部件，书写时，多数是先写撇笔，后写折笔。如儿、几、匕、匕(化字边)、九、勹(句、勾、匀字包外)、⺁(昂字左下)，𠂉(欠字头)、⺆(月字包外)、及、⺆(周字包外)、冂(同字包外)、⺇(风字包外)、⺈(刍、危、负字头)等。含上述字或部件的字，如允、兜、机、叽、肌、比、牝、仇、艽、化、叱、匈、匐、乌、仰、迎、纸、印、尔、欠、玺、钦、钥、册、用、调、风、凰、危、跪、免、挽、级、极等，书写时均先写撇笔，后写折笔。

刀、力、乃、万、方、皮、虍(虎字头)、发、龙、女等，其中撇和折笔的组合，书写时却是先写其中的折笔，后写撇笔。含上述字或部件的字，如叨、召、加、另、动、仍、奶、迈、访、放、波、婆、疲、虑、虏、虐、拨、泼、拢、聋、要、妄、妥等，书写时均先写折笔，后写撇笔。

（7）从左到右。

汉字中，部分独体字、左右结构和左中右结构的字或部件，书写时，绝大多数是从左到右，如川、州、兆、波、桃、村、行、勃、杉、那、师、衍、泓、衔、树、渤、彬、哪、挪、狮、弼、粥、班、斑、辨、辫、瓣、胤、维、朋、渊、鬻（上部）、辔（上部）、樊、攀（上部）、舆（上部）、懋（上部）、赢、羸（下部）等。

⻏（陪字旁、部字边）、卩（即字边）、兜（上部）、率（上部）、燮（上部）、夔（上部）、燕（中部），书写时不是从左到右，有的是从右到左（⻏、卩），有的是先中间，后左右，其笔顺为：

⻏：㇋ ⻏　　卩：㇆ 卩　　兜：白 兜

率：玄 率 率　　燮：言 燮 燮 燮　　夔：首 夔 夔 夔　　燕：廿 甘 燕 燕 燕

（8）从上到下。

部分上下结构、上中下结构的独体字，书写时则从上到下。如二、三、⺀、亏、乞、气、尧、早、草、吊、岂、章、意、复、曼、亨、享、高、亭、赢、蠹等。

（9）先外后内。

部分独体字和包孕结构的字，书写时，绝大部分是先外后内或先包外后包内。如太、寸、勺、甸、勾、凡、叉、瓦、厅、历、冈、同、用、周、尿、屠、尾、问、司、氧、氢、风、凤、凰、床、库、盾、质、病、疗、乱、胜、魁、勉、观、踱、毯、赴、赵、趣、旭、爬、尵、尴、尬、茼（下部）、拋（边）、隔（下部）、南（下部）、曷（下部）、菊（下部）等。

山、凶、瞭、画、函、幽、齿（下部）、延、建、近、进、追、送等，书写时不是先包外后包内，而是先写包内部分，后写包外部分。从上述字例可以看出，下包上和含有廴、辶的包孕结构的字，书写时则先包内后包外。

含有“匚”“丁”的包孕结构的字或部件，书写时，其笔顺比较特殊，既非先包外后包内，也非先包内后包外，而是外内交叉。如匹字的笔顺是 ㇐ 𠂆 兀 匹，可的笔顺是 ㇐ 可 可。像区、匡、匠、匝（砸字边）、匣、臣、医、匾、匪、𦣞（姬字边）、巴（笆字底）、匽（堰字边）等，书写时均为外内交叉。含上述字或部件的字，如怄、沤、驱、呕、筐、框、眶、砸、箍、宧、翳、颐、熙、偃、堰、柯、苛等，书写时，同样是外内交叉。

（10）先进“人”后关门。

全包围结构的字或部件，书写时，先写上三框，接着写包围结构的内部成分，最后封口。像团、田、四、回、因、困、园、圆、国、固、圄、围、图、卤（下部）、囱（下部）、窗（下部）、面（下部）等，书写时，都是先写上三框，接着写包围结构的内部成分，最后封口。

（11）先中间后左右。

汉字中，有相当数量的字或部件，书写时先中间后左右。如小、水、办、承、业（上部）、亟（上部）、丞（上部）、肖（上部）、少（上部）、燮（上部）、兜（上部）、率（上部）、夔（上部）、亦（下部）、赤（下部）、恋（中部）、燕（中部）、录（下部）、犀（包内头）、敝（左上、左下包内）等。

第五节　掌握《通用规范汉字表》

一、《通用规范汉字表》制定发布的背景

为了贯彻《中华人民共和国国家通用语言文字法》，提升国家通用语言文字的规范化、标准化水平，满足信息时代语言生活和社会发展的需要，教育部、国家语言文字工作委员会组织制定了《通用规范汉字表》，并于 2013 年由国务院发布。汉字规范化是加快普及国家通用文字的重要前提，是文化教育事业和信息化建设的基础性工作。发布实施《通用规范汉字表》，有利于汉字的规范、发展和汉语国际传播，有利于国家信息化建设和教育、文化、科技事业发展，是利国便民的重要工程。

通用规范汉字表

二、《通用规范汉字表》的制定原则

《通用规范汉字表》的制定，遵循了以下四项原则：

1. 注重与原有规范的衔接，维护汉字系统的基本稳定

字表的制定，坚持了汉字简化的基本方针，同时也遵循了国务院 1986 年批转国家语委《关于废止〈第二次汉字简化方案（草案）〉和纠正社会用字混乱现象的请示的通知》中所指出的“今后，对汉字的简化应持谨慎态度，使汉字的形体在一个时期内保持相对稳定”的原则。《第一批异体字整理表》《简化字总表》《印刷通用汉字字形表》《现代汉语常用字表》《现代汉语通用字表》等已有的汉字规范，经过数十年实践的考验，很多精神和大量成果值得承袭和吸取。字表继承了这些规范的原则和主要内容，对其中错误、疏漏、相互矛盾及不能满足当今社会需要之处，则在详细调查和认真分析的基础上，充分考虑到历史形成的全民习惯和社会的可接受程度，遵照便民利国的原则，进行必要的修订。

2. 坚持实事求是的科学精神，遵循汉字构造和演变的规律

字表制定过程中，邀请了我国多位资深的语言文字学家主持和参与工作，又反复听取了很多其他语言文字学家和相关领域专业人员的意见，注意吸收汉字学与汉字史研究的最新成果，采用科学的统计方法获取可靠的数据；同时也广泛吸取基础教育、古籍整理、辞书编纂、印刷出版、计算机信息处理等部门的实践经验，遵循汉字构造和演变的规律，充分考虑汉字应用的实际，尽可能提高汉字规范的科学性与可行性。

3. 广泛听取各界意见，照顾不同领域汉字应用的需要

字表的制定，坚持了群众路线，通过各种方式听取广大人民群众的意见，尤其是基础教育和文化普及领域所反映的意见，尽量满足不同领域、不同文化程度的人群对汉字使用的不同要求。

4. 适当考虑汉字在台湾、香港、澳门的使用情况和国际化的需求

汉字通行于两岸四地,而且还跨越国界,传播到世界各地。字表的制定,正视使用汉字的不同国家、地区简繁字形并存并用的客观实际,兼顾汉字使用的现状及国际化的各种需求,尽量避免扩大不同国家或地区之间汉字使用的差异,以利于相互之间的沟通和交流。

三、《通用规范汉字表》的内容

《通用规范汉字表》收字 8105 个,分为三级:一级字表为常用字集,收字 3500 个,主要满足基础教育和文化普及的基本用字需要。二级字表收字 3000 个,使用度仅次于一级字。一、二级字表合计 6500 字,主要满足出版印刷、辞书编纂和信息处理等方面的一般用字需要。三级字表收字 1605 个,是姓氏人名、地名、科学技术术语和中小学语文教材文言文用字中未进入一、二级字表的较通用的字,主要满足信息化时代与大众生活密切相关的专门领域的用字需要。

《通用规范汉字表》在整合《第一批异体字整理表》(1955 年)、《简化字总表》(1986 年)、《现代汉语常用字表》(1988 年)、《现代汉语通用字表》(1988 年)的基础上制定。一、二级字表通过语料库统计和人工干预方法,主要依据字的使用度进行定量、收字和分级。三级字表主要通过向有关部门和群众征集用字等方法,收录音义俱全且有一定使用度的字。

《通用规范汉字表》一、二级字表的研制,主要使用了国家语言文字工作委员会现代汉语平衡语料库(收录 1919—2002 年人文和社会科学、自然科学、综合等三大类的 55 个学科门类的语料,9100 万字符)、现代新闻媒体动态流通语料库(收录 2001—2002 年 15 种报刊的语料,3.5 亿字符)、教育科普综合语料库(收录 1951—2003 年中小学通用教材及科普读物的语料,518 万字符)、儿童文学语料库(收录 1949—2007 年适合义务教育第一、二学段阅读的儿童文学的语料,570 万字符)、《现代汉语词典》(第五版)、《新华字典》(第十版),参考了其他语料库和工具书。

《通用规范汉字表》三级字的具体来源是:① 姓氏人名用字,主要来源于 1982 年全国人口普查 18 省市抽样统计姓氏人名用字、公安部提供的姓氏用字及部分人名用字、群众提供的姓氏人名用字、一些古代姓氏用字和有影响的古代人名用字;② 地名用字,主要来源于民政部和国家测绘地理信息局提供的乡镇以上地名用字、部分村级地名和部分自然实体名称的用字、主要汉语工具书中标明为“地名”的用字;③ 科学技术术语用字,主要来源于全国科学技术名词审定委员会提供的 56 个门类、中国社会科学院语言研究所提供的 33 个门类的科学技术与人文社会科学的术语用字;④ 中小学语文教材的文言文用字,主要来源于中小学语文教材文言文语料库(收录 1949—2008 年中小学语文教材中的文言文和普及性文言文的语料,65 万字符)。

《通用规范汉字表》对社会上出现的在《简化字总表》和《现代汉语通用字表》之外的类推简化字进行了严格甄别,仅收录了符合《通用规范汉字表》收字原则且已在社会语言生活中广泛使用的“闫”等 226 个简化字。《通用规范汉字表》对类推简化采用了尊重现实和严格限制的原则。所谓尊重现实,是对在《现代汉语通用字表》范围内已经有限类推的字

仍然保留。由于姓氏人名、科技用字和用简化字印刷的语文课本中的文言文用字多数也已经类推，因此，三级字表也采用有限类推的办法，实行类推简化，与一、二级字表保持一致。其具体细则是：① 按《简化字总表》第二表规定的132字与14个偏旁的范围类推，不扩大范围。② 尽量只在第一层次构字时类推，以保持原字的结构不受影响。③ 采用以上原则产生难以识别的怪异字或产生同形字时，为保持字与字的区别，作个别变通处理。不予类推简化。

《通用规范汉字表》对《第一批异体字整理表》进行整理时，采用了科学的原则、稳定的原则和求实的原则，形音义并重，对各组字的关系进行了重新认定，并规定今后对这类字，不再采用简单的“取消”“废除”而要采取“认同”和“辨析”的处理方法。在以往相关规范文件对异体字调整的基础上，又将《第一批异体字整理表》中“晳、喆、淼、昇”等45个异体字调整为规范字。

《通用规范汉字表》的字形依据《现代汉语通用字表》确定，字序遵循《GB13000.1字符集汉字字序（笔画序）规范》的规定。为方便使用，《通用规范汉字表》后附《规范字与繁体字、异体字对照表》和《〈通用规范汉字表〉笔画检字表》两个附表。

第六节　掌握易错字

错别字是错字和别字的统称，其中错字是指结构上不符合标准、不成字，字典里根本没有的字，如把“纸”写作“紙”，把“步”写成“歩”等；别字是在使用上不符合社会上约定俗成的习惯或未经由政府权威部门正式认可的字，把甲字当成乙字用，从而破坏了字与词之间规定关系的字，如把“立刻”写成“立克”，把“残忍”写成“惨忍”，把“祖父”写成“租父”，其中的“克”“惨”“租”即为别字。

错别字是写字规范化的大敌，写规范字的首要任务就是要消灭错别字，不仅注意不写错别字，而且注意纠正错别字。要纠正错别字，就要分析错别字。

一、写错别字的原因

写错别字有主观和客观两大方面的原因。

1. 主观原因

从主观上来看，有文化程度方面的问题，也有思想认识方面的问题。人们文化水平的高低与错别字出现率的高低总是成反比的。一般说来，文化程度高的人写错别字的比例总要低于文化程度低的人。思想方面的原因主要表现为思想不重视、态度不认真，既懒得查字典，又不愿向他人请教，自以为是，认字写字马马虎虎，草草了事，写错读错也不当一回事，这就为错别字的出笼开了方便之门，这是产生错别字最重要的原因。

2. 客观原因

从客观方面看，既有汉字本身的问题又有受环境影响的问题。就汉字本身的问题来看，其表意的特点，给汉字带来了“字数多”“形体多”“读音多”的缺点，给人们学习汉字带来了“难认、难读、难写、难记、难用”的困难。汉字从甲骨文起，经过三千多年的演变，字数不断增加，从两千多年前《说文解字》时的 9353 个，演变到现代《汉语大字典》中的 56000 个左右，即使是一级常用字也有 3500 多个，此即所谓“字数多”。“形体多”指不仅每个汉字都各自成体，而且结构复杂，形近字多、如己→已→巳，肓→盲→育、戊→戍→戎→成、折→拆→析→柝，等等。“读音多”指汉字多是一字一音，而且字不表音，每个字的读音都需要牢记，加之为数众多的多音多义字、异读字，进一步增加了书写规范汉字的难度。

环境的影响，指的是社会上流行的错别字，如招牌、匾额、广告、商标、标语、海报、招贴画、影剧说明等就常常出现错别字，书籍、报刊也时有别字招摇过市，这些都在一定程度上助长了错别字的蔓延和泛滥。

二、错别字的表现形式

有关分析统计表明，错字的表现形式有构字致误、形近致误、音近致误、形近音近致误、关联致误等，通常都是对字的笔画和组织分辨不清、安排不当造成的。具体形式有以下几种。

1. 基础汉字的笔画组成不规范、有误

这种错字通常是笔画的不同或者多一笔、少一笔、长一点、短一点造成的。如展(展)、凯(凯)、拜(拜)、突(突)、无(无)、产(产)、当(当)、龙(龙)、纸(纸)、直(直)、南(南)、底(底)等。由于这类字多是参与组字的，如直→矗，步→涉、陟，产→铲→彦→谚→颜，等等。因此在写错时往往引起连锁反应，写成一串错字。

2. 字的组成部件位置安排得不对

这种情况发生在合成字当中。表现为某一组字部件移动了，或者占的地方大一些，少一些。如猛(猛)、垅(垄)、虐(虐)、邻(邻)、期(期)、螎(融)等。这类字多是由字的某一组成部分可以作为形符使用，而在该字里又不处于该形符常处的位置上造成的。也有一部分是受其他字的影响造成的。

3. 受上下邻近字的影响导致的错字

这类错字一般产生在双音节词里，由于连用、字与字之间产生同化作用，多半是上一字的形符影响下一字的形符，下一字受上字的影响变换形符或增加形符。也有一部分是蒙受下字或所写词的词义影响造成的。如旗炽(帜)、狭缢(隘)、模(模)糊、记(忌)讳中的错别字，都属于这类错别字。

4. 字形之间相互干扰形成的错字

该类错字是字形记得不准而造成的，是近似的形符或声符、部件彼此之间混淆造成的，是对近似字形产生联想的结果。如显(显)、旅(旅)、接(揥)就分别是业与亚互换、“派”的干扰、妾的上部和帝的上部混淆造成的。

三、别字的类型

别字的表现形式主要有七种：

1. 形近致误型

如针炙（灸）、时侯（候）、作祟（祟）、敞（敞）开、气慨（概）、编篡（纂）、迁徒（徙）、草官（菅）人命中的别字，即属此类。

2. 音近致误型

这是读音没有区别或区别很小的同音或近音字在书写上混用的别字，如现向（象）、爱带（戴）、恶（噩）耗、干（甘）心、及（几）乎、在（再）见、堵（赌）气、故（固）执、毫（豪）情、幅（辐）射、忘（妄）想、冤曲（屈）、大名顶顶（鼎）中的别字，即属于此类别字。

3. 音形皆近致误型

如遨（翱）翔、白晰（皙）、靡（糜）烂、爆（暴）乱、辩（辨）析、高梁（粱）、陪（赔）偿、喝采（彩）、涣（焕）发、煤碳（炭）、木扳（板）、蓝（篮）球、骠（剽）悍、历（厉）害、扎（札）记、躁（燥）热、中（仲）裁、白壁（璧）微瑕、百尺杆（竿）头、英雄倍（辈）出、兵慌（荒）马乱、变本加利（厉）中的别字，就属于该类。

4. 音义皆近致误型

如业迹（绩）、澈（彻）底、经长（常）、既（即）使、各（个）别、连（联）系、供（贡）献、沙（砂）糖、世外桃园（源）中的别字，就是音和义都相近造成的。

5. 音形义皆近致误型

如记（纪）念、沙（砂）轮、接恰（洽）、锻练（炼）、狡滑（猾）、班（斑）痕、苍（沧）海、姓（性）别中的别字，就是音、形、义都相近造成的。

6. 邻近字影响致误型

如编（皱）纹、按（安）排、拼揍（凑）、编缉（辑）、沾（玷）污、疲捞（劳）、脉膊（搏）中的别字，就属于此类。

7. 因书写方便、节省时间而有意使用的别字

如姓代（戴）、月并（饼）、付（副）业、姓付（傅）、元（辕）马中的别字，即属于此类。

四、纠正错别字的方法

写错别字有客观方面的原因，但消灭、减少错别字，则要靠主观努力。

1. 端正态度，树立严肃郑重的用字文风

树立严肃郑重的用字文风，是防止错别字重要的认识因素。具体而言就是：

（1）不能认为写字是个人的事，写对写错无关大体。字固然是个人书写的，但书面文字首先是为别人而应用、为社会而存在的。文字书写上的误差，小则贻笑大方，大则贻误读者，甚至招致重大损失。教师的板书、批语更是如此。所以教师对待文字的态度包括对

学生、对社会的责任心，是学生书写规范字的最直接、最经常、最有效的影响因素，而不是小节。

（2）不能借口汉字终究要改革而对文字的书写马马虎虎。

（3）也不能借口汉字繁难为自己写错别字开脱。汉字繁难是相对于拼音文字而言的。实际上它并没有难到不能掌握的程度，只是学起来费时费事而已。

思想上高度重视，养成一丝不苟的写字、用字习惯，勤查字典词典，这是纠正、消灭错别字的重要前提。

2. 加强对错别字的辨正认识

写错用错字的通病是“混”，纠正错别字的关键在于“辨正”，即针对汉字本身致错致别的上述原因，联系字的形、音、义三要素，对错别字进行比较分析，找出规律，从理性认识的高度纠正错别字。

（1）纠正错字的方法。导致错字的最主要的原因是弄错了基础字形和部件。因为笔画是构成基础字形和部件的材料，基础字形和部件一错，由它们组成的字就随之而错。所以分辨基础字形和构字部件是纠正错字的关键，纠正错字必须在分辨基础字形和构字部件上下功夫。

有许多构字部件是容易混淆的，如亻—彳、冫—氵、宀—穴、厂—广、广—疒、攴—攵、廴—辶、卩—阝、衤—礻、忄—亻、扌—牜，这些作为形符使用的部件广泛存在于众多的汉字中，一混就出错。如凋、凄、况、冰、况等字中的“冫”，很容易写成“氵”；印、卸、却、叩、即等字中的“卩”很容易写成“阝”；衽、被、褥、袜、裕、袖等字中的“衤”，很容易成“礻”等等。

同样，有许多基础字形也很容易被混淆。

如斤—斥、艮—良、市—巿、豕—豖、戈—弋、夭—夭、土—士、壬—王、段—叚、束—朿、享—亨、爪—瓜、夬—央、匕—七、己—已—巳—㔾、戊—成—戌—戒，等等。它们在字形中一错也会造成一串字错，如：

己—记、妃、岂、起、配
巳—异、包、导、祀、巷

夭—袄、笑、妖、娇、乔、沃
天—蚕、吞、忝、吴、奏

束—敕、剌、辣、速、悚
朿—枣、刺、棘、策

士—声、吉、桔、壮、壳、喜
土—社、吐、牡、徒、杜

巿—肺、沛、旆
市—柿、闹

叚—假、霞、暇
段—锻、煅、缎

如果把上述各组上下两行的近似字互换一下，就产生了错字。需要指出的是，如果有文字的历史知识，知道字形演变的过程，知道致错的根源，那么对纠正、消灭错字会有很大的帮助。对这些不了解,也可以从比较当中掌握。教师还应当明白:汉字的性质决定了纠正错字没有捷径可走,不能一劳永逸,毕其功于一役。

(2) 纠正别字的方法。如前所言,别字是弄错了字和词的关系造成的,错的原因在于形近字、音近字、义近字之间的误用。纠正别字的办法就在原因当中。与纠正错字不同,纠正错字主要是分辨字形,纠正别字重在使字和词对上号。纠正的具体办法除死记外,还可以利用文字本身的标志。具体而言就是:

第一,利用文字的形符标志。现行汉字大部分是形声字。形声字是由一形一声组成的,声符和读音产生关系,形符和词的类属产生关系。汉字的形旁原本是区分字的,这种作用现在虽然大大削弱了,但仍有残余作用,可用此纠正别字:"忄"是心的变形,和人的心理活动或人的品质、性情有关的字多从"忄",如忧、悼、忆、悍、怀、恬、恨等;"扌"是"手"字的变形,从"扌"的字,大多和手的动作有关,一部分也标示手的部位和形状,如打、拍、挑、扬、挥、抽、撵、拎、拨、拔、拉等,都是与手有关的动作;"木"古代表示树木,从"木"的字,大多与树木、木制品有关,如柏、桃、杨、柚、桌、椅、杠、棍……利用这种区别,可以帮助我们把字与它所写的词联结起来,把和它无关的词排除掉。

第二,利用形声字形符的词义标志。音近的别字是只知道字和词之间的声音联系而没有把它们在意义上联结起来造成的。纠正该类别字的办法在于沟通两者之间意义上的关联。

在相当一部分字中,形声字的字符也在字和词的意义之间起纽带作用。如:与口语里的木头杆子的"杆"相连的同音字有竿、肝等等。木头杆子属于木类,应该用从"木"干声的"杆"。同样,肝脏属于人体的一部分,应该用从"月"(肉)干声的"肝",竹竿的"竿"应该用从"竹"的"竿"……

第三,了解词的意义。了解词的意义有助于确定该写哪个字。清楚词的意义,和它联系的字才不至于用错,如"带""戴"分别为佩带、穿戴之意,十分接近,分清带在身上的用"带",在头上、脸上、手上、脖子上的用"戴",才不至于写"带眼镜""带帽子""带手表""带手套",才不至于写"戴像章""戴枪""戴个筐子";才不会把"头上戴发卡"的戴写成"带",把"胸前带红花"的带写成"戴"。再如,"浑"和"混"都有不清之意。但"浑"指水不清,如浑浊,把水搅浑;"混"是把相似的事物掺杂在一起而分不清,如混合、混同、混为一谈、鱼目混珠等。其他像"集"与"积"、"废"与"费"、"做"与"作"、"象"与"像",等等,分清它们各自的意义,是不至于写别字的基本方法。

把汉字写正确、用正确,没有一通百通的方法,只有在抓住要害之后,遇到字形不会写或意义不明确的字,勤查字典词典,勤问,勤比较,才能正确地掌握它,准确地应用它。

五、在书写中使用繁体字、异体字

如跡、舖、愽、峯、畧、夠、鵞等,分别为迹、铺、博、峰、略、够、鹅的异体字。旧体字、未采用的异体简化字[包括1977公布、1986年宣布废止的《第二次汉字简化方案(草案)》中的不规范简化字和自造简化字],把几个字简缩成一个字,这些都是书写不规范的表现,不少人提出要将其归入错别字的范畴。这应引起注意。

第七节　教师汉字书写技能的评价标准

1. 笔画清楚

在写钢笔字、粉笔字或必须写毛笔字时，要求每个字的一笔一画，都清清楚楚，合乎笔形的规范，不可随意多一笔少一笔，或变动笔形。笔画的走向要符合规则，不可倒插笔。

2. 正确规范

除笔画要按上述要求注意正确、规范外，笔画的组合关系、字形结构的笔顺，也应按上面的要求，做到正确规范。不可变动笔画的相离、相接、相交的组合关系和位置；不可随意变动部件的位置和比例；不要违背笔顺规则，随意颠倒笔画的先后顺序。写行书时，笔画可作适当的简化和连接，笔画的组合形式也可作适当调整，但必须符合社会公认的规范，不可随意乱写。

3. 匀称有力

匀称指字的结构布局匀称，符合结构规律。有力，首先指笔画有力，其次指每个字的笔画之间、部件之间搭配适当，显得紧凑有力。

4. 熟练美观

这是进一步的要求。熟练首先指书写的速度；其次对常用字要大都写得熟练，不要有生有熟夹杂其间，使人看了感到别扭。美观则指每个字以至全篇写得好看，给人以清晰感、愉悦感，力求达到形式美的要求。成篇成幅的书写要注意的事项是：① 要书面干净。② 要留有“天地”左右的空白。其比例是“天”（上部）要稍大，“地”（下部）要稍小，左右要均等，略小于“地”。③ 要布局恰当，整篇书写要注意题目、署名和分段。单幅书写，如写通知、感谢信和板书等，则要根据纸面（板面）大小，字数多少，写前预作设计，不要上松下紧或上紧下松。有题目、署名或上下款者要留下位置后，再根据正文字数作适当安排。④ 要行款整齐。行款指行列书写形式。实用书写多为横式。横看为行，竖看为列。

教师综合技能提升训练

本章为教师综合技能的提升部分，内容包括了七项与教师基本教学能力密切相关的重要赛事信息，希望通过参加教师综合技能比赛实战，并交流分享有益的经验，切实提高教师的综合技能。

第一节　中华经典诵写讲大赛

中华经典诵写讲大赛是由教育部、国家语委主办，教育部语言文字应用管理司负责实施的公益性、全国性赛事活动。中华经典诵写讲大赛自 2019 年起每年举办一届，并列入教育部年度工作要点。

一、“诵读中国”经典诵读大赛方案

诵读古今经典，弘扬中国精神。为传承弘扬中华优秀传统文化，引领社会大众亲近中华经典，增强爱党爱国情怀，特举办“诵读中国”经典诵读大赛，并制定方案如下。

(1) 参赛对象与组别。

参赛对象为全国大中小学校在校学生、在职教师及社会人员。

分为小学生组、中学生组、职业院校学生(含中职、高职学生)组、大学生(含研究生)组、留学生组、教师(含幼儿园在职教师)组及社会人员组，共 7 个组别。

每组可个人参赛，也可 2 人(含)以上组成团队参赛。

(2) 参赛要求。

① 内容要求。

诵读内容应为我国古代、近现代和当代有社会影响力的，体现中华优秀传统文化的经典诗文和作品，其中当代作品应已正式出版或由主流媒体公开发表。

② 形式要求。

参赛作品要求为本年度新录制创作的视频，高清横屏拍摄，格式为 MP4，长度 3—6 分钟，图像、声音清晰，视频作品必须同期录音，不得后期配音。

视频开头以文字方式展示作品名称及作品作者、参赛者姓名、指导教师、组别等内容，

此内容须与赛事平台填报信息一致，文字建议使用方正字库字体或其他有版权字体。赛事平台填报信息应完整填写诵读文本内容，建议填写参赛作品亮点。

③ 其他要求。

作品可借助音乐、服装、吟诵等手段融合展现诵读内容。鼓励以团队形式集体诵读。

每个作品指导教师不超过 2 人，同一作品的参赛者不得同时署名该作品的指导教师。

(3) 赛程安排。

① 初赛：8 月。

各省级教育(语言文字工作)部门自行组织初赛，形式自定，选拔推荐入围全国复赛的参赛作品。每省份每组推荐不超过本省份该组参赛作品的 10%，且推荐总数不超过 150 个。每个学校或单位在同一组别中的被推荐作品不超过 2 个。

各省级教育(语言文字工作)部门组织入围复赛的参赛者登录大赛官网填写基本信息、上传作品，于 8 月底之前确认推荐作品名单并上传至相关部门。

② 复赛：9 月。

分赛项执委会组织专家对参赛作品进行评审，按评审成绩排序确定入围决赛的参赛作品。

③ 决赛：10 月。

决赛分为半决赛和总决赛。根据所有入围决赛的参赛作品成绩排序，确定三等奖、优秀奖，其余作品进入总决赛，角逐一等奖、二等奖。

(4) 展示：11 月至 12 月。

优秀作品将在中国教育电视台等媒体平台进行展播。

二、"诗教中国"诗词讲解大赛方案

为传承弘扬中华优秀传统文化，深入挖掘中华经典诗词中所蕴含的民族正气、爱国情怀、道德品质和艺术魅力，引领诗词教育发展，弘扬时代精神，特举办"迦陵杯 · 诗教中国"诗词讲解大赛，并制定方案如下。

(1) 参赛对象与组别。

参赛对象为在校大学生、留学生及全国大中小学校在职教师。

分为小学教师组、中学教师(含中职教师)组、大学教师(含高职教师)组、大学生(含高职学生、研究生)组、留学生组，共 5 个组别。

(2) 参赛要求。

① 内容要求：

讲解须使用国家通用语言文字，内容应为教育部统编版中小学语文教材或列入普通高等教育国家级规划教材的大学语文教材中的一首古典诗词作品。

参赛教师应按照课堂教学相关要求，遵循古典诗词教育基本规律和学术规范，录制以诗词教学为主要内容的微课视频。

参赛大学生及留学生结合个人生活经验与感受，讲解诗词作品，并阐述诗词的意义与价值，使用多媒体及其他创新形式录制讲解视频。

② 形式要求：

参赛作品要求为本年度新录制创作的视频，高清横屏拍摄，长度 5—8 分钟，图像、声音清晰，不抖动、无噪音，参赛者须出镜。

视频开头须注明诗词作品名称和作者、参赛者姓名、单位、组别等信息，此内容须与赛事平台填报信息一致。

③ 其他要求：

每人限报 1 件作品，限报 1 名指导教师。同一作品的参赛者不得同时署名该作品的指导教师。

(3) 赛程安排。

① 初赛：4 月至 6 月。

北京、上海、江苏、广东、广西、四川、云南等 7 个省(区、市)举办省级初赛。参赛者按各省级部门通知要求报名参赛、提交作品。

不举办省级赛事的省(区、市)和新疆生产建设兵团，参赛者登录大赛官网，按照参赛指引自主完成报名，并参加诗词经典素养在线测试。测试可进行 3 次(以正式提交为准)，系统确定最高分为最终成绩，按初赛测试成绩排序确定入围复赛的人员。

② 复赛：7 月至 8 月。

北京、上海、江苏、广东、广西、四川、云南等 7 个省(区、市)举办省级复赛。省级教育部门选拔推荐入围全国决赛的参赛者，每省推荐总数不超过本省初赛报名人数的 10%且不超过 150 人。不举办省级赛事的省(区、市)和新疆生产建设兵团，参赛者于截止日前通过大赛网站自行提交作品，按评审成绩排序确定入围决赛的参赛者。

③ 决赛：8 月至 10 月。

决赛分为半决赛和总决赛。根据所有入围半决赛参赛者的视频作品成绩排序，确定部分奖项等次及入围总决赛的参赛者。

④ 展示：10 月至 12 月。

优秀作品将在相关媒体平台进行展示，部分获奖选手将参与线上线下专题展示等。

三、“笔墨中国”汉字书写大赛方案

汉字和以汉字为载体的中国书法是中华民族的文化瑰宝，是人类文明的宝贵财富。为激发社会大众特别是青少年对汉字书写的兴趣，增强规范使用汉字的意识和能力，传承弘扬中华优秀文化，特举办“笔墨中国”汉字书写大赛，并制定方案如下。

(1) 参赛对象与组别。

参赛对象为全国大中小学校在校学生、在职教师及社会人员。

设硬笔和毛笔两个类别。每个类别分为小学生组、中学生(含中职学生)组、大学生(含高职学生、研究生、留学生)组、教师(含幼儿园在职教师)组及社会人员组，共 10 个组别。

(2) 参赛要求。

① 内容要求：

体现中华优秀文化、爱国情怀以及反映积极向上时代精神的古今诗文、楹联、词语、名言警句等（当代内容应以正式出版或主流媒体公开发表为准）。内容主题须相对完整。

硬笔类作品须使用规范汉字（以《通用规范汉字表》为依据），字体要求使用楷书或行书；毛笔类作品鼓励使用规范汉字，因艺术表达需要可使用繁体字及经典碑帖中所见的写法，字体不限（篆书、草书须附释文），但须通篇统一，尤其不得繁简混用。

② 形式要求：

硬笔可使用铅笔（仅限小学一、二年级学生）、中性笔、钢笔、秀丽笔。硬笔类作品用纸规格不超过 A3 纸大小（29.7 cm×42 cm 以内）。

毛笔类作品用纸规格为四尺三裁至六尺整张宣纸（46 cm×69 cm—95 cm×180 cm），一律为竖式，不得托裱。

③ 提交要求：

参赛作品要求为本年度新创作的作品。硬笔类作品上传高清的扫描图片，毛笔类作品上传高清照片，格式为 JPG 或 JPEG，大小为 2—10 M，要求能体现作品整体效果与细节特点。

④ 其他要求：

每人限报 1 件作品，限报 1 名指导教师。同一作品的参赛者不得同时署名该作品的指导教师。

（3）赛程安排。

① 初赛：4 月至 7 月。

北京、河北、山西、上海、浙江、安徽、福建、湖南、广东、重庆、四川、云南、陕西、甘肃、宁夏等 15 个省（区、市）举办省级初赛，参赛者按各省级教育部门通知要求报名参赛。

不举办省级赛事的省（区、市），参赛者登录大赛网站，按照参赛指引自主完成报名，参加语言文字知识及书法常识在线测试，每人可测试 3 次（以正式提交为准），系统确定最高分为最终成绩，60 分以上合格，合格者可提交参赛作品。成绩不计入复赛。

② 复赛：7 月至 8 月。

北京、河北、山西、上海、浙江、安徽、福建、湖南、广东、重庆、四川、云南、陕西、甘肃、宁夏等 15 个省（区、市）举办省级复赛。省级教育部门选拔推荐入围全国决赛的作品，每省每组推荐作品不超过本省该组参赛作品的 10%（总数不超过 400 件）。

不举办省级赛事的省（区、市），分赛项执委会组织专家评审，按参赛作品评审成绩确定入围决赛的参赛者。

③ 决赛：9 月至 10 月。

分赛项执委会组织专家对纸质作品进行评审，按评审成绩排序确定获奖作品及等次。

北京、河北、山西、上海、浙江、安徽、福建、湖南、广东、重庆、四川、云南、陕西、甘肃、宁夏等 15 个省（区、市）入围决赛的参赛者按省级教育（语言文字工作）部门要求寄送纸质作品。其余省（区、市）入围决赛的参赛者，按照要求寄送纸质作品。

所有入围决赛的参赛者上传全身正面书写视频。

④ 展示：11 月至 12 月。

举办“笔墨中国”汉字书写大赛获奖作品展示活动、书写视频展示活动。

四、“印记中国”师生篆刻大赛方案

为传承发展中华优秀文化，推广“大众篆刻、绿色篆刻、创意篆刻”的理念，通过传播篆刻文化与汉字历史文化知识，在师生中普及篆刻技能，特举办“印记中国”师生篆刻大赛，并制定方案如下。

(1) 参赛对象与组别。

参赛对象为全国大中小学校在校学生和在职教师。

设手工篆刻、机器篆刻两个类别。每类分为小学生组、中学生组(初中、高中、中职学生)、大学生组(含高职学生、研究生、留学生)、教师组，共 8 个组别。

(2) 参赛要求。

① 内容要求：

反映中华优秀文化、爱国情怀以及积极向上时代精神的词语、警句或中华古今名人名言。应保证内容的完整性。

② 形式要求：

参赛作品内容使用汉字，字体不限。

参赛作品材质提倡使用除传统石材以外的各种新型材料，机器篆刻鼓励使用木头、陶瓷、金属等材料。

每人限报 1 件或 1 组作品(1 组印章数量不超过 6 方)。需附印蜕及边款拓片(1 组作品印蜕不超过 6 枚，并附两个以上边款拓片)，自行粘贴在四尺以内对开宣纸上成印屏，一律竖式。

③ 提交要求：

手工篆刻类作品要求在大赛官网上传印章实物、印蜕及印屏照片，另附作品释文、设计理念说明，标注材质、规格及制作工艺。

机器篆刻类作品要求在大赛官网上传印蜕、边款效果图(电子稿或扫描件)，另附作品释文、设计理念说明。如已完成印章制作，需附实物及印蜕照片，照片要求能体现作品整体、局部等效果。

作品进入评审阶段后，相关信息不予更改。

④ 其他要求：

每人限报 1 名指导教师，教师组参赛者无指导教师。

(3) 赛程安排。

① 初赛：4 月 15 日至 7 月 10 日。

北京、山西、上海、广东等 4 个省(区、市)举办省级初赛，参赛者按各省级部门通知要求报名参赛。

不举办省级赛事的省(区、市)，参赛者登录大赛官网，按照参赛指引自主完成报名，参加语言文字知识及篆刻常识在线测试，每人可测试 3 次(以正式提交为准)，系统确定最高分为最终成绩，60 分以上合格，合格者可提交参赛作品。成绩不计入复赛。

② 复赛:8 月。

北京、山西、上海、广东等 4 个省(区、市)举办省级复赛。省级教育部门组织推荐入围全国决赛的参赛者登录大赛官网填写基本信息、上传作品图片,确认推荐名单。

不举办省级赛事的省(区、市),分赛项执委会组织专家评审,按参赛作品评审成绩确定入围决赛的参赛者。复赛成绩不计入决赛。

③ 决赛:9 月。

所有入围决赛的手工篆刻类参赛者,根据通知要求寄送印蜕及印屏实物作品,参赛印屏不予退还。所有入围决赛的机器篆刻类参赛者,可自行制作完成后寄送作品,也可联系承办单位协助制作。

分赛项执委会组织专家对印屏及实物进行评审,按评审成绩排序确定获奖作品及等次。

④ 展示:10 月至 12 月。

举办"印记中国"师生篆刻大赛获奖作品展览活动。

第二节　江苏省中华经典诵写讲大赛

开展中华传统经典、红色经典诵读、书写、讲解等活动,旨在充分发挥语言文字的文化载体作用,引导社会各界特别是广大青少年深入学习中国语言文字的文化内涵,自觉提高语言文字应用能力,更好领悟经典所蕴含的中华优秀传统文化、革命文化、社会主义先进文化及江苏优秀传统地域文化的魅力,进一步坚定文化自信、汲取智慧、走向未来,为谱写"强富美高"新江苏现代化建设新篇章汇聚强大精神动力。

全国经典诵写讲比赛共设"诵读中国"经典诵读大赛、"诗教中国"诗词讲解大赛、"笔墨中国"汉字书写大赛和"印记中国"学生篆刻大赛等 4 项分赛,按照活动要求,江苏省于 6 月至 8 月,举办"诵读中国"经典诵读大赛江苏省选拔赛。其他 3 项分赛由各地、各高校组织初赛,遴选动员优秀选手自行登录"中华经典诵写讲大赛"网站报名全国比赛。

1. 主办单位

江苏省语委、省教育厅

2. 参赛对象与组别

参赛对象为全省大中小学学校在校师生及社会人员。分为小学生组、中学生组(含初中、高中、中职学生)、大学生(含研究生)组、留学生组、教师组和社会人员组 6 个组别。

3. 参赛要求

(1) 篇目要求:

① 体现中华优秀传统文化、革命文化和社会主义先进文化,或彰显中华语言文化魅力,展现当地深厚历史文化特点的中华经典诗文。

② 反映人民群众对美好生活的向往,抒发家国情怀,弘扬正能量,以及歌颂为全面建

成小康社会而奋斗的英雄楷模等优秀作品。

③ 古代、近现代和当代有社会影响力的优秀文学作品以及教育部统编版中小学语文教材课文等，体裁不限。

④ 歌颂为打赢疫情防控阻击战做出贡献的一线医护人员、各行业英雄，体现全国人民众志成城、共同战“疫”的优秀作品。

(2) 形式要求：

小学生组、中学生组要求团队诵读，大学生组、留学生组、教师组和社会人员组可团队或个人诵读。团队赛要求 5 人及以上组队创作集体诵读作品，鼓励以班级、社团为单位集体诵读。作品可通过音乐、服装、吟诵等辅助手段融合展现诵读内容。视频作品必须同期录音，不得后期配音。

(3) 提交要求：

参赛作品要求最低高清 1920 * 1080 拍摄，MP4 视频格式。要求图像、声音清晰，不抖动、无噪音，长度 3—6 分钟，大小不超过 500 MB(可上传非高清文件，高清无压缩版自行保留，用于获奖后展示播出)。视频开头要求展示作品名称、参赛者姓名、组别和单位。

(4) 名额分配：

① 各市可推荐的诵读作品数量为：小学生组、中学生组各 6 个；教师组 3 个；社会人员组 6 个。

② 高校可推荐的诵读作品数量为：设播音和师范专业的高校可报送大学生(含研究生)组 5 个、教师组 3 个，其他高校可报送大学生(含研究生)组 3 个、教师组 2 个。留学生组数量不限。

4. 参赛流程

(1) 各地、各高校根据具体要求，组织初赛。

(2) 各地、各高校将推荐参加省赛的视频和本年度江苏省中华经典诵读大赛作品汇总表电子版，一并刻盘报送省赛组委会，其中汇总表的电子版需同时提交至组委会信箱。

(3) 以视频形式组织省级评审。公布获奖名单，并在每组推荐 15 个优秀作品参加全国比赛。各地、各高校通知入围参赛者登录全国网站参赛。

5. 奖项设置

分组织奖和个人奖。具体奖项根据参赛情况确定。

6. 其他

(1) 大赛坚持公益性原则，各相关单位和组织机构不得以任何名义向参赛人员收取费用。

(2) 大赛组委会享有对参赛作品展示、出版、汇编、发行及网络传播等权利，参赛者享有署名权。

第三节　全国师范院校师范生教学技能竞赛

1. 竞赛环节须知

(1) 教学设计和多媒体课件制作环节。

① 各参赛选手在选题室抽取模拟上课试题后,立即前往准备室按指定机位就座,并在 150 分钟内完成教学设计以及多媒体课件制作(含 10 分钟的递交作品及确认时间)。

② 竞赛现场将关闭所有计算机的外部网络连接通道,各参赛选手根据现场提供的 FTP 地址以及账号下载试题和公用素材。公用素材供所有参赛选手统一使用,类型包括:背景、插图、按钮、音乐、动画、视频等。

③ 本竞赛环节结束前,各参赛选手用本人账号登录竞赛管理系统上传教学设计和多媒体课件。

(2) 即席讲演、模拟上课板书环节。

① 各参赛选手进入选题室,抽取即席讲演试题(二选一)并进行准备,准备时间为 5 分钟。

② 选手进入微格教室进行即席讲演、模拟上课 · 板书环节的比赛,每位选手正式比赛时间为 11 分钟,其中即席讲演时间为 3 分钟,模拟上课 · 板书时间为 8 分钟,务必要在黑板上写下自己的参赛序号。

2. 评分标准

项目	教学设计	课件制作	即席讲演	模拟上课 · 板书
分值	25 分	15 分	15 分	45 分

(1) 教学设计(单项 25 分)。

教学设计是指运用系统方法,将学习理论与教学理论的原理转换成教学过程和教学活动的具体计划的系统化过程。教学设计是一个开放动态的过程,是能够充分体现教师创造性教学的"文本"。参赛者应结合我国新课程改革的理念,以及基础教育现实、教学要求、课程目标等发生的深刻变化,针对指定内容进行教学设计,解决教什么、怎样教的问题,使教学过程最优化。

① 要求:根据抽取的试题,设计完整的一课时教学方案一例,建议设计的时间不超过 90 分钟。

② 教学设计评价标准如下:

表5-1　教学设计评价标准表

评价内容	评价标准	分值
目标设计	教学目标清楚、具体，易于理解，便于实施，行为动词使用正确，阐述规范	1.5
	符合课标要求、学科特点和学生实际；体现对知识、能力与创新思维等方面的要求	1.5
内容分析	教学内容前后知识点关系、地位、作用描述准确，重点、难点分析清楚	2
学情分析	学生认知特点和水平表述恰当，学习习惯和能力分析合理	2
教学过程设计	教学主线描述清晰，教学内容处理符合课程标准要求，具有较强的系统性和逻辑性	2
	教学重点突出，点面结合，深浅适度；难点清楚，把握准确；化难为易，处理恰当	2
	教学方法清晰适当，符合教学对象要求，有利于教学内容完成、难点解决和重点突出	2
	教学辅助手段准备与使用清晰无误，教具及现代化教学手段运用恰当	1
	内容充实精要，适合学生水平；结构合理，过渡自然，便于操作；理论联系实际，注重教学互动，启发学生思考及问题解决	3
	注重形成性评价及生成性问题解决和利用	1
延伸设计	课时分配科学、合理；辅导与答疑设置合理，练习、作业、讨论安排符合教学目标，有助于强化学生反思、理解和问题解决	2
文档规范	文字、符号、单位和公式符合标准规范；语言简洁、明了，字体、图表运用适当；文档结构完整，布局合理，格式美观	2
设计创新	教学方案的整体设计富有创新性，较好体现课程改革的理念和要求；教学方法选择适当，教学过程设计有突出的特色	3
合计		25

(2) 多媒体课件制作(单项15分)。

多媒体课件是用于实施教学活动的教学软件，参赛者应在一定的学习理论和教学理论的指导下，遵循学生的认知规律，根据学习目标或教学目标设计反映某种教学策略和教学内容的课件。课件应形象、直观、生动、快捷、高效，并具备参与交互功能，有助于优化课堂教学，推进素质教育。

课件制作评价标准如下：

表5-2　课件制作评价标准表

评价内容	评价标准	分值
科学性	课件取材适宜，内容科学、正确、规范	2
	课件演示符合现代教育理念	2

（续表）

评价内容	评价标准	分值
教育性	课件设计新颖，能体现教学设计思想；知识点结构清晰，能调动学生的学习热情	6
技术性	课件制作和使用上恰当运用多媒体效果	1.5
	操作简便、快捷，交流方便，适于教学	1.5
艺术性	画面设计具有较高艺术性，整体风格相对统一	2
合计		15

（3）即席讲演（单项 15 分）。

即席讲演具有即兴发挥、主题集中、篇幅短小等特点，参赛者应具备多方面的知识素养和能力，特别是需要敏捷的思维能力，快速的语言表达能力和灵活的应变能力，主要考查参赛者应用学科教育教学知识解决教学问题的能力、思想的深度以及思维的敏锐程度。

① 要求：根据抽取的试题进行讲演，时间不超过 3 分钟。

② 即席讲演评价标准如下：

表 5－3　即席讲演评价标准表

评价内容	评价标准	分值
讲演内容	主题鲜明切题，内容充实、针对性强 问题分析到位，解决策略得当、新颖，说服力强 论据贴切，符合实际，阐释充分 内容结构严谨、层次分明、条理清晰	5
语言艺术	普通话标准，用语规范，节奏处理得当，说服力强	3
思维艺术	思维敏捷，逻辑清晰；灵活而有效地调整、组织讲演内容	3
仪表形象	神态自然，动作适度，与讲演内容吻合	3
讲演时间	时间 2—3 分钟，不超时	1
合计		15

（4）模拟上课・板书（单项 45 分）。

模拟上课・板书是参赛者依据教学设计方案，自主选择一个“教学片段”或“环节”进行模拟上课。应能够突出新课程理念，展示驾驭课堂教学的艺术，体现创新精神和课堂教学研究的能力。板书在模拟上课过程中呈现。

① 要求：根据制作的教学设计方案和课件进行模拟上课・板书，总时间不超过 8 分钟。

② 模拟上课・板书评价标准如下：

模拟上课（单项 35 分）：

表 5－4　模拟上课评价标准表

评价内容	评价标准	分值
教学目标	目标设置明确，符合课标要求和学生实际	3
教学内容	重点内容讲解明白，教学难点处理恰当，关注学生已有知识和经验，注重学生能力培养，强调课堂交流互动，知识阐释正确	5
教学方法	按新课标的教学理念处理教学内容以及教与学、知识与能力的关系，较好落实教学目标；突出自主、探究、合作学习方式，体现多元化学习方法；实现有效师生互动	7
教学过程	教学整体安排合理，环节紧凑，层次清晰；创造性使用教材；教学特色突出；恰当使用多媒体课件辅助教学，教学演示规范	7
教学素质	教态自然亲切、仪表举止得体，注重目光交流，教学语言规范准确、生动简洁	4
教学效果	按时完成教学任务，教学目标达成度高	4
教学创新	教学过程富有创意；能创造性地使用教材； 教学方法灵活多样，有突出的特色	5
合计		35

板书设计(单项 10 分)

表 5－5　板书设计评价标准表

评价内容	评价标准	分值
内容匹配	反映教学设计意图，突显重点、难点，能调动学生主动性和积极性	4
构图	构思巧妙，富有创意，构图自然，形象直观，教学辅助作用显著	4
书写	书写快速流畅，字形大小适度，清楚整洁，美观大方，规范正确	2
合计		10

第四节　江苏省师范生教学基本功大赛

江苏省师范生教学基本功大赛始于 2012 年，是江苏师范教育的品牌赛事，获得了各地教育局、中小学校、幼儿园的广泛赞誉和密切关注。大赛学前教育组比赛旨在促进各培养院校互相交流、探讨研究，不断推动自身在课赛融合、教学改革、教学质量等方面的提高和发展，从而促进全省学前师范教育水平不断提升。

“江苏省师范生教学基本功大赛”自 2012 年起，每年举办一届。大赛主办单位为江苏省教育厅。大赛承办单位为江苏省教师教育专业指导委员会。执行单位为江苏省内承担师范生培养任务的院校。

1. 参赛资格

本省承担师范生培养任务的院校中具有正式学籍的全日制普通师范类专业毕业年级

在校生均有资格参加相应学科、学段的比赛。已参加过往届比赛且获得过奖项的学生不得再次参赛。

2. 参赛选手的产生

(1) 各校参赛选手名额按学科专业分配,每个学科专业参赛人数为应届毕业年级在校生人数的 2%(四舍五入),不足 2 人的按 2 人参赛,各专业最多不超过 5 人。

(2) 参赛选手分专业按比例以推荐和随机抽取相结合的方式产生。学校推荐和组委会随机抽取各占一半(参赛人数为单数的,随机抽取比学校推荐人数多 1 位)。

(3) 各校每年均应组织相应年级师范生全员参与校级教学基本功大赛,并在此基础上产生省赛推荐选手。

(4) 各校于规定时间内上报推荐选手名单至大赛组委会秘书组。大赛组委会成立随机抽取选手工作小组,从大学生学籍管理信息库各校毕业年级师范生(各校已推荐选手和往届获奖选手除外)中,按照应抽取名额随机抽取。大赛监审仲裁组对抽取过程进行全程监督。各校从组委会抽取的名单中确定参赛选手。

(5) 各校应在规定时间内完成选手报名工作。选手名单一经确定并上报至大赛组委会秘书组后不得更换,因故不能参赛者按弃权处理。

3. 比赛内容及权重

比赛内容分为三个部分:

(1) 基础知识与应用:权重为 20%。

(2) 通用技能:权重为 60%。其中粉笔字占 7.5%,钢笔字占 7.5%,口语表达占 15%,模拟授课占 30%。

(3) 专业技能:权重为 20%。

4. 比赛要求

(1) 基础知识与应用。

在比赛当年和前一年下半年的国家教师资格统一笔试中,选手至少参加其中一次(自选参加初中或高中教师资格考试笔试),其各科目最好成绩之和为大赛笔试成绩(学段学科必须与选手所学专业和选手报名表中填报信息一致)。

(2) 通用技能。

① 钢笔字:使用钢笔、中性笔等一般书写工具,不得使用翘头美工笔等特殊书写工具;统一使用黑色墨水;选手不得在试卷上留下任何有标识含义的符号;赛点统一提供书写垫。

② 粉笔字:所用黑板和粉笔由赛点统一提供(黑板尺寸不小于 60 cm×40 cm),选手书写时必须将黑板横放,不得将黑板竖着摆放书写,不得使用湿巾擦拭黑板,不得在黑板上打田字格或米字格,不得画线、打点,不得留下任何有标识含义的符号。

注意:粉笔字,书写字数 20 个,字体为楷体或行楷。钢笔字 20—30 字之间,字体为楷体或行楷。书写时间共 8 分钟。

(3) 模拟授课。

选手在封闭无网络的环境中,根据统一提供的电子素材包独立进行模拟授课准备并制作相应课件。准备时间120分钟，结束后按规定方式提交课件电子稿。

模拟授课项目限时12分钟，其中选手模拟授课限时10分钟，专家提问限时2分钟。选手模拟授课环节结束前1分钟和结束时均有提示，专家提问环节结束时有提示。在模拟授课的过程中配合课件的展示。模拟授课内容为10分钟课堂教学片段，选手可以选择一课时中任意一段进行10分钟教师活动展示，比赛现场无学生，赛点提供模拟授课所需教具，选手不得自带。教学内容从中学教材中选取。

(4) 口语表达。

选手根据现场抽取的题目，表达自己的观点和看法。独立准备10分钟，表达3分钟，结束前半分钟和结束时均有提示。

(5) 专业技能。

比赛内容为实验技能(与中学该学科教学相关的实验)。

5. 奖项设置

设个人奖一、二、三等奖三个奖次。参赛选手的奖次根据选手大赛总得分由高到低确定。

一等奖占各学科参赛选手总数的10%，二等奖占20%，三等奖占40%。

相同得分的选手奖次相同。比赛名次并列时，按照并列数相应空出并列以后的名次。

第五节　全国小学教育专业本科生教学技能大赛

本比赛由教育部高等学校小学教师培养教学指导委员会和中国高等教育学会教师教育分会小学教育委员会主办。初赛以录课光盘方式选送，根据评选，在各参赛院校的参赛选手中遴选出优秀选手参加现场决赛。决赛规程包括选手现场抽题、备课80分钟，模拟讲课15分钟，答辩5分钟等环节。

小学教育专业本科生教学技能大赛是提升师范生教学能力、培养师德情怀、提高学科素养的重要渠道和载体，通过系列赛事的锻炼，促进参赛学生增长经验、提升水平，推动各院校间在专业人才培养模式上的经验交流，对各校继续加强小学教育专业建设具有积极意义，真正贯彻了以赛促学、以赛促教、以赛促改、以赛育人的宗旨。

第六节　"iTeach"全国大学生数字化教育应用创新大赛

1. 活动宗旨

本次活动旨在引领高校大学生，在关注教育发展、理解教育需求的基础上，面向真实需求进行作品开发，在完成作品的同时，增强面向应用、追求价值实现的意识并通过学以致用的实践培养创新能力和合作意识，提高综合素质。

2. 组织机构

支持单位：中国产学研合作促进会

主办单位：中国教育信息化产业创新平台广东技术师范大学

承办单位：广州创显科教股份有限公司

3. 活动安排

（1）作品征集。

网络初评各参与队伍登录活动官网，自行确定作品的所属分类，按每类作品的提交要求及办法，在官网上提交作品，并与秘书组确认提交成功。逾期没有提交的队伍视为自动放弃参与资格。

（2）网络初评。

作品接受评委网络初评，角逐三等奖和进入终评竞争一、二等奖的机会。

（3）初评结果公示。

入围作品信息在公众号和官网公布。

（4）现场终评。

制作与提交终评视频、线上终评打分、线上颁奖典礼与研讨会

（5）终评结果公示。

终评后进行 3 周公示，对查实有知识产权冲突及违反相关规定的作品，秘书组有权告知所在学校及地区活动组织者，取消证书并在官网公告。公示期结束后，将在官网公布评选名单，选手可下载电子证书。

4. 奖项设置

（1）优秀奖。

大赛按照比赛项目分别设置一、二、三等奖，对优秀作品及其参赛队伍进行表彰。

（2）优秀组织奖。

活动设优秀组织奖若干名。对活动组织较好或推荐作品质量较高的区域活动组织者，或作品提交质量及数量均较高的高等院校予以表彰。

5. 参与规则

（1）参与对象。

全国普通高等学校全日制在籍在读学生（包括专科生、本科生、硕士研究生和博士研究生），不限专业和年级均可报名。

参与人员以个人或团队两种形式参加，规则如下：

① 团队人数不超过 5 人。如果跨校组织，需以团队第一作者的学校作为组织单位；

② 每个团队设 1—2 名教师作为指导教师，负责作品辅导和组织工作；

③ 个人报名者和团队第一作者，必须是没有毕业的在籍在读大学生。毕业一年以内的大学生，如果是原项目组成员，允许继续作为团队成员参加，但已毕业的团队成员人数应控制在 3 人以内；

④ 每位选手不得重复参与两个及以上组别，否则将取消活动参评资格。

（2）投递作品形式。

为体现面向教育应用创新并方便活动管理，投递作品分为以下几类：

① 数字媒体技术类。

指采用数媒技术将教学知识点以视频、动画、虚拟现实（AR/VR/MR）等展示呈现或互动教学，如单个或系列教学视频、教学动画等。

② 课件类。

指围绕单个或知识组的教学支持互动学习的教学资料，如带交互功能的教学课件、交互式课件、实践教学计划与内容、微课程、网课及网络教学等。

③ 工具系统类。

指能够支持相对完整的教学过程组织和教学活动实施的教学工具软件，既可以是利用新型网络软件技术开发的独立系统，也可以是基于现有社会媒体（如微信、QQ 等）的开放接口开发的功能系统，或是利用成熟的技术工具开发面向教学及校园管理场景的教育智能化应用或应用系统（鼓励使用开放平台提供的技术接口）。

④ 教育服务应用类（人工智能教育方向）。

基于人工智能技术（包含但不限于：数字孪生、大数据、云计算、智慧教育体系等）满足教学过程中的各种应用场景和需求，对重难点的教学产品和教学案例进行设计、开发，突出数字信息与人工智能的教学优势。

（3）作品要求。

① 作品应与教育密切相关，在面向教育真实需求的基础上进行开发。

② 作品的内容必须保证健康、合法、科学，无任何不良信息。

③ 作品内容完整，符合技术与应用相关规范且具有实践可操作性。

④ 作品要求从内容到形式均为原创，无知识产权纠纷。抄袭作品一经发现，通报批评并取消资格。科研实验室作业、作品无权参加，参与过其他全国性序列竞赛的作品不可重复参加本次竞赛。

⑤ 作品信息需与活动官网中提交的报名信息一致，提交后不予更改。

⑥ 对于提交的内容不完整、无法运行，或提供任何虚假信息，有违背相关法律、法规，涉嫌作弊的行为，侵犯他人知识产权等的作品，均视为无效作品。

⑦ 选手在活动期间不得将作品转让第三方，或许可第三方使用。任何个人或组织在未取得指委会授权情况下，不得将活动作品用于商业用途。

（4）报名方式。

报名方式分为二种：

① 官网报名：登录活动官方网站 http://iteachedu.cn/报名；

② 公众号报名：微信搜索公众号“iTeachEdu”进入报名。各高校学生在教师指导下报名参与，所提交报名表需加盖学院（系、部门）公章，扫描并上传活动官网。

6. *活动方式*

（1）网络初评。

① 作品通过网络提交指定平台。活动工作组根据作品数量，按一定比例从评选专家

库中随机抽取出部分专家参与匿名评选，展示出活动三等奖及进入一、二等奖角逐的作品。评委专家与作品评选遵循同省份回避原则。

② 网络初评结束后，在活动官方网站公布结果，通知进入现场终评名单的选手。

(2) 现场终评。

① 现场终评采取作品展示和答辩的方式进行。

② 入围团队在终评前对作品进行修改完善，并按细则要求将作品提交至活动秘书组。参与团队按照项目类别，在现场进行不超过 6 分钟的作品展示，并针对专家评委的提问进行答辩，时长约 2 分钟。评委根据展示和答辩情况进行综合评选。

③ 入围团队自行负责提供设备配置系统以回应可能来自评委的提问或演示、试用要求，现场终评将提供必要的基础支持和帮助。

第七节　教师综合技能提升比赛参赛策略

一、模拟授课策略

“模拟授课”就是在没有学生的环境下，教师模拟实际教学背景，按照预先设计的教学方案完成教学任务的一个过程。

(一) 巧妙安排教学内容

由于模拟授课比日常授课的时间要短，因此不可能像平常授课一样设计比较丰富的教学内容。在 10—20 分钟的时间之内，参赛选手宜选择一到两个合适的教学点进行教学，要做到这一点，参赛选手需注意：

1. 熟悉新课程标准

新课程标准是编写教材、展开教学、评价测试的依据，参赛选手只有熟悉新课标，充分领会了新课标的精神，尽量从知识与能力、过程与方法、情感态度与价值观三个维度来进行设计，教学目标才不会跑偏。

2. 熟悉教材

参赛选手需熟悉教材的编排体例，掌握单元教学重点，这样才能做到胸有成竹。

3. 了解学情

虽然是模拟授课，现场可能没有相对应的教学对象，但是对于施教者而言，必须做到心中有学生，对于教学对象在知识与能力、习惯、情感等方面的特点有正确的认识。

(二) 合理利用教学时间

1. 合理分配教师活动时间与学生活动时间

以 10 分钟为例。日常教学活动中，根据不同的授课内容和学习方式会有教师活动为主型和学生活动为主型两种不同的课型。从比赛的规程及实际情况来看，模拟授课大多属于教师主导型授课，依据黄金分割规律与课堂教学时间的分配，教师活动时间应该是 10×0.618=6.18 分钟左右，学生活动时间应该是 10－6.18=3.82 分钟左右。这种时间分配对于有可互动授课对象的参赛选手比较合适。对于没有可互动授课对象的参赛选手来说，就得做好唱独角戏的准备。

2. 合理分配复习旧课、导入新课、讲授新课、复习巩固、布置作业等教学环节的时间

日常授课一般分为复习旧课、导入新课、讲授新课、复习巩固、布置作业这几个环节，但结合比赛的实际情况，可以将上面五个环节进行适当缩减。以 10 分钟为例，由于比赛的特殊性，导入不宜过分迂回曲折，最好简明扼要，开门见山，以 1 分钟左右为宜。讲授新课是模拟授课环节的主体，在这个环节应该会花费最多的时间，以 8 分钟左右为宜，利用这宝贵的 8 分钟左右的时间突出重点、化解难点，实现教学目标。最后的收束环节宜干净利落，不可拖泥带水，以 1 分钟左右为宜。

（三）灵活设计教学互动

选手在进行教学设计时可以适当设计教学互动，最大限度调动学生的学习积极性，使他们享受整个教学过程。在模拟授课过程中，参赛选手要让在场的模拟授课对象参与到教学活动中来，使模拟授课最大程度上“仿真化”。

如果不适合设计教学互动，参赛者此时较适合采用“自问自答”的形式进行演课。通过演的方式最大程度还原自己预设的课堂教学情境。一方面，参赛选手提出问题之后，要在想象中完成问题的解决过程，在候答、导答和理答等各个细微环节均需有所体现。在演课的过程中，参赛选手需正确进行角色转换，将提前预设的内容生动地表演出来，即便是演课，最好也能有课堂的生成。

二、课程设计策略

（一）备赛阶段

1. 紧扣课程标准规定

从理论上对课程性质做出定位、对课程理念进行全面梳理，课程的三维目标得到创造性体现，有机整合教学内容。在备课过程中，选手应充分理解课程标准，并紧扣课程标准规定设计教学内容，教学目标在教学设计中应得到明确体现，并在授课过程中完成，教学目标及情感态度价值观取向应积极向上，符合学生学习心理发展规律。

2. 严格把控备课与授课时间

大赛规定模拟授课项目时间为：备课时间 120 分钟，模拟授课 10 分钟并配合课件展示。这要求选手在训练时应尽量按照大赛时间节点进行，所以计时习惯和程式化习惯的养成显得十分重要。

计时习惯的养成，可以帮助选手更好地适应和把握比赛时间。在训练初期，常会出现

超时完成或过早结束的情况，这时应反思备课流程与方式方法是否科学、教学环节的设计安排是否烦琐，逐渐调整备课时间、授课进度。

程式化习惯的养成，可以帮助选手高效利用时间，快速理清思路。在120分钟的备课时间内，大致可分为这样几个流程：抽取课题后，利用20分钟时间对课题内容作整体上的规划布局；对新课授受内容、重难点及拓展环节方向列出提纲；利用30分钟时间设计新课授受内容；利用30分钟时间对重难点内容作出具有针对性的教法、学法指导；利用20分钟时间设计拓展环节内容，预设拓展方式、师生互动活动；最后利用20分钟调整细节及整体模拟演练，对于较容易出错的地方进行加强练习。经过多次程式化的训练，选手会形成自己相对固定的备课与授课模式，在过程中配合计时，对选手比赛时间、流程的把握有很大帮助，提高备课与授课的效率。

3. 重视演绎能力培养

模拟授课是课堂的一种模拟和缩影，在无生情况下，选手可以任意模拟每个环节中学生的反馈情况，其呈现效果一定程度上来自教师的语言描绘和演绎。生动精练的语言与良好的舞台感以及生动的肢体语言，会让评委产生课堂的代入感，融入选手的教学设计之中。

（二）比赛阶段

1. 重视自身形象气质

在比赛时，应注意自己的整体形象气质。师范生的培养，目的是为教育事业培养人才，作为未来的人民教师，整体形象应端庄大方，着装打扮不宜过于花哨，既要正式也要简洁朴素。

比赛过程中，应做到安静、礼貌，尊重评委和考场工作人员以及其他参赛选手。肢体语言、眼神交流以及走位应自信且不失谦逊，树立学习交流的心态，秉持“友谊第一，比赛第二”的原则。

2. 适当增加教学环节

在比赛过程中，常有选手出现因紧张而遗漏教学环节的情况，在授课内容已经结束却还没有举牌提示时，往往会临时增加内容来填补空缺，但由于没有准备，语言组织和教学逻辑不合理，反而会影响授课效果。因此，在备课过程中，可适当增加教学环节作为准备，比赛中如时间把握失误，可使用提前准备的教学环节进行填补，及时弥补失误。这部分内容可以考虑在拓展环节准备，因为拓展环节位于教学设计末尾，它的出现不会显得突兀，没有这部分内容对整节课的教学设计也不会产生影响。

3. 特殊情况的临场发挥

在比赛中，难免会发生一些无法预料的事情，如何化解失误、临场应变也是我们需要关注的重点。首先，应保持冷静的心态，在遇到特殊情况时，沉着冷静是第一要素。在每位选手都面临同样的问题时，淡然处之、迅速调整是迈向成功的第一步。

其次，总体按照备赛时的流程和习惯进行备课。经过备赛阶段的训练，每位选手的备课、授课流程都已基本形成固定模式，在两个小时的准备时间内，大幅调整备课模式难度较大，且易造成授课内容混乱、教学设计逻辑不合理等问题，所以总体按照个人备课模式来准备，个别环节按照课题要求适当调整即可。

最后，尽量展示自己的特长优势。如面临陌生的课题课型时，在授课内容上展示亮点较有难度，所以结合课程内容发挥自己的特长优势格外重要，也是得分亮点。

三、微视频设计与制作策略

（一）合理的选题和课程设计是成功的基础

切忌为了展示自身的专业水平，选择太生僻或高难度的题目，必须瞬间抓住评委的眼球，让其可以在耐心看完视频的基础上，对于所讲内容感兴趣，进而理解、接受。

如果本专业或课程确实属于难度大、枯燥，且受众范围小的范畴，那就首先需要在心态上作出调整，不要把评委当作专家和知名教授，而是作为第一次听这门课，没有任何基础的学生，选择入门级别的、最简单的、大众相对了解的题目。

其次，微课时间很短，但要求讲述一个完整的知识点，所以选择的题目不能信息量太大，不然就会为了在规定时间完成而语速过快、讲解不清楚，让评委更加难以接受。

再次，一定要少讲理论，多介绍生动的、贴近生活的，甚至幽默的实例，活跃整个课堂气氛。

最后，为了配合课堂教学，一定要制作出优秀的课件，不但要配合讲述、颜色图像搭配美观，更要注意尽量少用文字的堆砌，而用图表、照片和动画等方式生动、具体地展现课程内容。

（二）充分的准备和演练是成功的关键

1. 不厌其烦，反复推敲语言

系统性的演练最起码要在三十遍以上，才基本可以做到把要讲解的内容深深地刻印到脑海当中，不至于在演播室紧张的氛围之下，发生忘词和临场思考的失误。在熟悉内容的基础上，有条件的话，每次练习最好用摄像机或手机录制下来，通过观看自身的表现，逐字逐句地加以改进。首先，精简不必要的语句，特别是自己没有意识到的口头语，如“这个、那个、对吧”等等；其次，合理地搭配语句，做到整节微课的连贯和通顺，表述有逻辑性和条理性，即符合“起、承、转、合”的基本特征；最后，注意语音、语调和语速的修饰，切忌语速过快或整场温水似的语气平淡，做到不急不缓、抑扬顿挫，用自身的语言魅力感染全场。

2. 严格控制时间

名义上，微课时间是 10—20 分钟，但是在评委的评分实践看来，选手授课时间越接近上限而不超越，说明内容越丰富，设计越合理，时间控制越好，相应分数也就越高，不过风险相对也较大。这就要求教师在练习时，要以秒为单位留出冗余，避免时间过长或过短的情况。

3. 练习表情和肢体动作

在高清摄像头实时拍摄之下,任何僵硬的表情、不自然的动作都会一览无余,影响最终的成绩,因而具有亲和力的微笑、丰富的表情和极富感染力的肢体动作是最后要锻炼的重点。在练习过程中,通过录像或对着镜子,尽力捕捉平时没有察觉的缺陷,设计出一套符合课程内容和自身条件的表情和动作标准,并不断加以改进和练习,最终将其转化为潜意识。

(三) 现场细节的雕琢是成功的保障

1. 注意形象和服饰

微课比赛与平时上课有很大的区别,需要展现教师稳重并有亲和力的整体形象。

2. 保证良好的镜头感和收音效果

在录制过程中,要刻意地把摄像机当作评委,保持微笑,目光柔和地凝视镜头,避免产生视线分散、丧失焦距的情况。

3. 实时插入课件和现场画面

为了让评委可以清晰地观看和理解,要求每一张幻灯片都要显示并停留一段时间,从而做到整个视频完整、流畅且内容丰富。

四、多媒体课件制作策略

(一) 重视课件的教学适应性

多媒体课件,在教学中作为一种教学辅助的工具,其形象生动是传统黑板不具备的特点,如何借助多媒体工具帮助化解教学的重点、难点,创设情境、激发学生学习兴趣从而提高教学效果是课件制作过程中应该考虑的一个重要问题。在选择教学内容时切忌过分随意,应该花费充分的时间和精力研究、吃透教材,提高对教材的把握度,致力于重点和难点的突破。

(二) 注重细节处理,提升审美能力

多媒体课件制作主要由文字、图片、声音、视频、动画等元素组成,而这些多媒体元素的制作,都要求制作者能够应用相应的软件,同时还要具备一定的审美和版面编排的能力。

多媒体课件使用的元素很多,这是多媒体课件的一个明显优势,但同时也成为一个制约因素,正是因为可使用的元素过多,所以应该合理地安排这些元素,使它们出现在应该出来的位置,从而使课件看起来成为一个整体,做到与内容能融合成一体,从视觉、听觉等方面促使学生关注课件的内容,做到声情并茂,情景交融,在完成传递知识的同时也能够使学生在艺术和谐的情景中激发起情感,陶冶情操。

(三) 内容为主,技术为辅

在以往的课件制作比赛中,有不少课件使用了大量的技术,制作出各种动态的效果,给人以眼前一亮的感觉,比如有一些课件中加入了动画的片头,课件中也插入了大量的动画和图片,按钮、交互等,动画和图片的应用,充分体现了多媒体课件的优势,但在课件的演示过程中,缺乏对重难点突破的设计,让人感觉花哨、华而不实,技术压过了内容,在课件制作过程中,技术只是用来表现课件的手段,内容才是课件的核心。

五、师范生教学技能存在问题

(一) 说课和课堂教学设计方面

1. 说课环节重程序、轻内容

说课是提高教师教学素质的重要手段,只有当教师充分意识到了各个教育教学要素之间的关系,才能更好地把它们组装在一起,设计出一堂好课。说课可以使教师的教学目标更加明确,使环节活动更加合理,使教学设计更加优化。

说课环节是参赛选手开始比赛的第一个环节,但是在这一环节上,大多数选手的设计往往流于形式,仅能从说教材、说学情、说教法和学法、说教学过程等几个环节进行描述,对每一环节的设计意图,如何突出重点、突破难点,教学环节与教法、学法之间的呼应,往往阐述不够,甚至缺少这部分内容的阐述。在说学情时,大部分参赛选手只是泛泛地谈及学生的特点,没有从学生的身心特征、知识基础和能力水平等多方面展开论述。而在说教学过程时,只叙述了自己的教学环节,对教师之所以这样教,学生之所以这样学等教学理论依据的阐述还不够充分。

2. 教学内容的设计缺乏系统性和连贯性

教学设计是教师为了完成教学目标,系统地将各个教学因素和环节组合在一起,各个环节和因素之间紧密联系、相互贯通,并成为一个完整的系统。各个教学因素在这个系统中最佳合理组合才是好的教学设计,只有这样才能取得优化的教学效果。

参赛选手大都以教材作为蓝本,教学活动和环节的设计仅局限于教材上的探究活动,缺乏对教材内容的整合和归纳。选取的例子过于单一,很多时候都是讲一个知识点举一个例子,一堂课下来举的例子很多,使知识点变得零散,重点难点不突出,缺乏设计的系统性和连贯性,难以给人留下深刻的印象。对于具体教学内容的剖析,特别是重、难知识点的解析,还不够深入。这一方面说明选手自身对教学内容的理解不够深入和全面,另一方面也体现了处理教材内容方法的单一性和局限性。

3. 教学案例的选取不够恰当

案例教学是课堂教学的重要方法之一。对一个具体情境的描述,由师生共同参与,对此情境和问题进行共同探讨,既能提升学生对教学内容的认识,也能提高学生的表达能力、思维能力,以及参与教学的积极性和主动性。

在选取案例时，很多参赛选手选取的案例不够新颖、恰当，有的是多年前发生的案例，还有的例子与教学内容的联系不够紧密。特别是学生实际生活中的实例选取较少，有的即使选取了当前社会中实际发生的例子，也多是消极的，很难起到启发、激励作用，无法引起学生的共鸣。

（二）师范生基本功方面

1. 教学语言模糊、烦琐，提问和评价方式过于单一

教学语言是传递教学知识的重要媒介和手段，简洁、明确、清晰的教学语言可以在师生间实现高效的信息传递，能够使学生快速理解教学内容，节省教学时间。提问可以检查学生的学习情况，集中学生的注意力，反馈教学信息，调节教学进程。而课堂中及时的教学评价可以激发学生内在的学习动力，帮助其建立学习的自信，促进学生的发展。

尽管是无生上课，在模拟上课环节，很多参赛选手都设计了向学生提问的问题，但是很多选手提出的问题不够简单、明确，表达的句子烦琐、复杂，没有经过反复的推敲和选择。说出问题预设的答案后，许多选手经常只是简单地回应“很好”“非常好”“你说得不错”等语句，缺乏对学生回答的反馈和评价。

教学语言表达的词语不够丰富，学科专业词汇使用较少。另外，很多选手可能受到地方语言的影响，在普通话发音上还存在一定问题，个别字词的发音不够标准。

2. 板书设计过于简单，粉笔字书写欠佳

美观、精练的板书设计有助于理清教学思路，突出重点难点，巩固强化教学内容，提升教学的质量和效果。板书的书写要字迹清楚、规范、准确，需要根据具体的教学内容和课程的特点进行设计和选择。

参赛选手都能够书写板书，但是设计的形式往往千篇一律，大都是对教学内容的简单罗列，或者是对教材内容提纲的重现，没有体现板书设计灵活多样、精练美观的特点。有的选手在书写板书时，还出现了错别字。很多选手的粉笔字书写速度太慢，笔画顺序和字体结构不够规范，因此呈现出来的效果不够美观。

3. 教态呆板、僵硬，不够自然、大方

教态是教师在进行教学时运用的动作、姿势，它可以与教学语言一起，起到辅助教学的作用，使教学活动更加丰富和生动。教师良好的站姿和行走姿势，以及充满鼓舞的手势和目光，都能吸引学生的注意，营造良好的学习氛围，提升学生的学习效果。

在模拟上课环节时，很多选手能够有意识地走动，并使用手势语，但是也有很多选手在讲课时专注于低头看电脑，或者回头看投影的屏幕，站在讲台固定位置的时间过长，走动不多，手势重复，目光游离，面无表情，使得整个教学过程不够流畅、自然，缺乏与学生的互动、交流意识。

(三) 多媒体教学方面

1. 多媒体课件制作粗糙、文字多、图片少

多媒体辅助教学是目前主流的教学手段,也是教师展示教学风采的窗口。与传统的教学手段相比,利用计算机将文字、图片、音频、视频、动画等制作成多媒体课件,可以更加直观、形象地展示教学内容,使抽象的概念具体化,加深学生对所学内容的感受和理解。

几乎所有参赛选手都会制作多媒体课件进行展示,但有的课件版式过于简单,只是以白版黑字呈现出所要教学的内容,没有体现出多媒体教学生动、直观的特点。课件的设计上形式单一,只是文字内容的呈现,且字体过小,图片太少,缺乏形象生动的设计和组合。在视频和音频材料的选取上,一方面选取素材过少,另一方面剪辑和调适的技能还不够熟练。

2. PPT 翻页笔(电子教鞭)使用不熟练,意外情况时有发生

PPT 翻页笔可以利用远程遥控的方式实现 PPT 课件的上下翻页,同时还具备了激光教鞭的功能,可以用激光笔指出重点内容。在教学中使用 PPT 翻页笔辅助教学,可以使教师从讲台和电脑前摆脱出来,更加灵活、自然地讲解教学内容,也免去了教师不断走回讲台更换页面的辛苦。很多选手在使用 PPT 翻页笔时,都不够熟练,经常要盯着屏幕去按动翻页笔,影响教学过程的流畅性,有时甚至还会出现 PPT 翻页过快,或者过慢的情况,导致呈现内容和所讲内容不一致。即使有翻页笔的辅助,很多选手还是出现课件播不出,需要借助鼠标点击播放课件的情况。

普通话水平测试朗读训练作品

朗读示范

zuò pǐn
作品 1

nà shì lì zhēng shàng yóu de yī zhǒng shù bǐ zhí de gàn bǐ zhí de zhī tā de gàn ne tōng cháng shì
那是力争上游的一种树，笔直的干，笔直的枝。它的干呢，通常是
zhàng bǎ gāo xiàng shì jiā yǐ rén gōng shì de yī zhàng yǐ nèi jué wú bàng zhī tā suǒ yǒu de yā zhī ne yī
丈把高，像是加以人工似的，一丈以内，绝无旁枝；它所有的桠枝呢，一
lǜ xiàng shàng ér qiě jǐn jǐn kào lǒng yě xiàng shì jiā yǐ rén gōng shì de chéng wéi yī shù jué wú héng xié
律向上，而且紧紧靠拢，也像是加以人工似的，成为一束，绝无横斜
yì chū tā de kuān dà de yè zǐ yě shì piàn piàn xiàng shàng jī hū méi yǒu xié shēng de gèng bù yòng shuō
逸出；它的宽大的叶子也是片片向上，几乎没有斜生的，更不用说
dào chuí le tā de pí guāng huá ér yǒu yín sè de yùn quān wēi wēi fàn chū dàn qīng sè zhè shì suī zài běi
倒垂了；它的皮，光滑而有银色的晕圈，微微泛出淡青色。这是虽在北
fāng de fēng xuě de yā pò xià què bǎo chí zhe jué jiàng tǐng lì de yī zhǒng shù nǎ pà zhǐ yǒu wǎn lái cū xì
方的风雪的压迫下却保持着倔强挺立的一种树！哪怕只有碗来粗细
ba tā què nǔ lì xiàng shàng fā zhǎn gāo dào zhàng xǔ liǎng zhàng cān tiān sǒng lì bù zhé bù náo duì
罢，它却努力向上发展，高到丈许，两丈，参天耸立，不折不挠，对
kàng zhe xī běi fēng
抗着西北风。

zhè jiù shì bái yáng shù xī běi jí pǔ tōng de yī zhǒng shù rán ér jué bù shì píng fán de shù
这就是白杨树，西北极普通的一种树，然而决不是平凡的树！

tā méi yǒu pó suō de zī tài méi yǒu qū qū pán xuán de qiú zhī yě xǔ nǐ yào shuō tā bù měi lì rú
它没有婆娑的姿态，没有屈曲盘旋的虬枝，也许你要说它不美丽，——如
guǒ měi shì zhuān zhǐ pó suō huò héng xié yì chū zhī lèi ér yán nà me bái yáng shù suàn bu de shù zhōng
果美是专指“婆娑”或“横斜逸出”之类而言，那么，白杨树算不得树中
de hǎo nǚ zǐ dàn shì tā què shì wěi àn zhèng zhí pǔ zhì yán sù yě bù quē fá wēn hé gèng bù yòng tí tā
的好女子；但是它却是伟岸，正直，朴质，严肃，也不缺乏温和，更不用提它
de jiān qiáng bù qū yǔ tǐng bá tā shì shù zhōng de wěi zhàng fu dāng nǐ zài jī xuě chū róng de gāo yuán
的坚强不屈与挺拔，它是树中的伟丈夫！当你在积雪初融的高原
shang zǒu guò kàn jiàn píng tǎn de dà dì shang ào rán tǐng lì zhè me yī zhū huò yī pái bái yáng shù nán dào nǐ
上走过，看见平坦的大地上傲然挺立这么一株或一排白杨树，难道你
jiù zhǐ jué de shù zhǐ shì shù nán dào nǐ jiù bù xiǎng dào tā de pǔ zhì yán sù jiān qiáng bù qū zhì shǎo yě
就只觉得树只是树，难道你就不想到它的朴质，严肃，坚强不屈，至少也
xiàng zhēng le běi fāng de nóng mín nán dào nǐ jìng yī diǎnr yě bù lián xiǎng dào zài dí hòu de guǎng dà tǔ
象征了北方的农民；难道你竟一点儿也不联想到，在敌后的广大土
dì shang dào chù yǒu jiān qiáng bù qū jiù xiàng zhè bái yáng shù yī yàng ào rán tǐng lì de shǒu wèi tā men jiā
地上，到处有坚强不屈，就像这白杨树一样傲然挺立的守卫他们家

xiāng de shào bīng nán dào nǐ yòu bù gèng yuǎn yī diǎnr xiǎng dào zhè yàng zhī zhī yè yè kào jǐn tuán jié lì
乡的哨兵！难道你又不更远一点想到这样枝枝叶叶靠紧团结，力
qiú shàng jìn de bái yáng shù wǎn rán xiàng zhēng le jīn tiān zài huá běi píng yuán zòng héng jué dàng yòng xuè xiě
求上进的白杨树，宛然象征了今天在华北平原纵横决荡用血写
chū xīn zhōng guó lì shǐ de nà zhǒng jīng shén hé yì zhì
出新中国历史的那种精神和意志。

jié xuǎn zì máo dùn bái yáng lǐ zàn
节选自茅盾《白杨礼赞》

zuò pǐn
作品 2

liǎng gè tóng líng de nián qīng rén tóng shí shòu gù yú yī jiā diàn pù bìng qiě ná tóng yàng de xīn shuǐ
两个同龄的年轻人同时受雇于一家店铺，并且拿同样的薪水。

kě shì yī duàn shí jiān hòu jiào ā nuò dé de nà gè xiǎo huǒ zi qīng yún zhí shàng ér nà gè jiào bù lǔ
可是一段时间后，叫阿诺德的那个小伙子青云直上，而那个叫布鲁
nuò de xiǎo huǒ zi què réng zài yuán dì tà bù bù lǔ nuò hěn bù mǎn yì lǎo bǎn de bù gōng zhèng dài yù
诺的小伙子却仍在原地踏步。布鲁诺很不满意老板的不公正待遇。
zhōng yú yǒu yī tiān tā dào lǎo bǎn nàr fā láo sao le lǎo bǎn yī biān nài xīn de tīng zhe tā de bào yuàn yī
终于有一天他到老板那儿发牢骚了。老板一边耐心地听着他的抱怨，一
biān zài xīn lǐ pán suan zhe zěn yàng xiàng tā jiě shì qīng chu tā hé ā nuò dé zhī jiān de chā bié
边在心里盘算着怎样向他解释清楚他和阿诺德之间的差别。

bù lǔ nuò xiān sheng lǎo bǎn kāi kǒu shuō huà le nín xiàn zài dào jí shì shang qù yī xià kàn kan jīn
"布鲁诺先生，"老板开口说话了，"您现在到集市上去一下，看看今
tiān zǎo shang yǒu shén me mài de
天早上有什么卖的。"

bù lǔ nuò cóng jí shì shang huí lai xiàng lǎo bǎn huì bào shuō jīn zǎo jí shì shang zhǐ yǒu yī gè nóng mín
布鲁诺从集市上回来向老板汇报说，今早集市上只有一个农民
lā le yī chē tǔ dòu zài mài
拉了一车土豆在卖。

yǒu duō shǎo lǎo bǎn wèn
"有多少？"老板问。

bù lǔ nuò gǎn kuài dài shàng mào zi yòu pǎo dào jí shang rán hòu huí lai gào su lǎo bǎn yī gòng sì shí
布鲁诺赶快戴上帽子又跑到集上，然后回来告诉老板一共四十
dài tǔ dòu
袋土豆。

jià gé shì duō shǎo
"价格是多少？"

bù lǔ nuò yòu dì sān cì pǎo dào jí shang wèn lai le jià gé
布鲁诺又第三次跑到集上问来了价格。

hǎo ba lǎo bǎn duì tā shuō xiàn zài qǐng nín zuò dào zhè bǎ yǐ zi shang yī jù huà yě bù yào shuō
"好吧，"老板对他说，"现在请您坐到这把椅子上一句话也不要说，
kàn kan ā nuò dé zěn me shuō
看看阿诺德怎么说。"

ā nuò dé hěn kuài jiù cóng jí shì shang huí lai le xiàng lǎo bǎn huì bào shuō dào xiàn zài wéi zhǐ zhǐ yǒu yī
阿诺德很快就从集市上回来了。向老板汇报说到现在为止只有一
gè nóng mín zài mài tǔ dòu yī gòng sì shí kǒu dai jià gé shì duō shǎo duō shǎo tǔ dòu zhì liàng hěn bù cuò
个农民在卖土豆，一共四十口袋，价格是多少多少；土豆质量很不错，
tā dài hui lai yī gè ràng lǎo bǎn kàn kan zhè ge nóng mín yī gè zhōng tóu yǐ hòu hái huì nòng lai jǐ xiāng xī
他带回来一个让老板看看。这个农民一个钟头以后还会弄来几箱西

hóng shì jù tā kàn jià gé fēi cháng gōng dao zuó tiān tā men pù zi de xī hóng shì mài de hěn kuài kù cún yǐ
红柿，据他看价格非常公道。昨天他们铺子的西红柿卖得很快，库存已
jīng bù duō le tā xiǎng zhè me pián yi de xī hóng shì lǎo bǎn kěn dìng huì yào jìn yī xiē de suǒ yǐ tā bù
经不多了。他想这么便宜的西红柿，老板肯定会要进一些的，所以他不
jǐn dài huí le yī gè xī hóng shì zuò yàng pǐn ér qiě bǎ nà gè nóng mín yě dài lai le tā xiàn zài zhèng zài wài
仅带回了一个西红柿做样品，而且把那个农民也带来了，他现在正在外
miàn děng huí huà ne
面等回话呢。

cǐ shí lǎo bǎn zhuǎn xiàng le bù lǔ nuò shuō xiàn zài nín kěn dìng zhī dào wèi shén me ā nuò dé de xīn
此时老板转向了布鲁诺，说：“现在您肯定知道为什么阿诺德的薪
shuǐ bǐ nín gāo le ba
水比您高了吧！”

jié xuǎn zì zhāng jiàn péng hú zú qīng zhǔ biān gù shi shí dài zhōng chā bié
节选自张健鹏、胡足青主编《故事时代》中《差别》

zuò pǐn

作品 3

wǒ cháng cháng yí hàn wǒ jiā mén qián nà kuài chǒu shí tā hēi yǒu yǒu de wò zài nà lǐ niú shì de mú
我常常遗憾我家门前那块丑石：它黑黝黝地卧在那里，牛似的模
yàng shéi yě bù zhī dào shì shén me shí hou liú zài zhè lǐ de shéi yě bù qù lǐ huì tā zhǐ shì mài shōu shí jié
样；谁也不知道是什么时候留在这里的，谁也不去理会它。只是麦收时节，
mén qián tān le mài zi nǎi nai zǒng shì shuō zhè kuài chǒu shí duō zhàn dì miàn ya chōu kòng bǎ tā bān zǒu
门前摊了麦子，奶奶总是说：这块丑石，多占地面呀，抽空把它搬走
ba
吧。

tā bù xiàng hàn bái yù nà yàng de xì nì kě yǐ kè zì diāo huā yě bù xiàng dà qīng shí nà yàng de
它不像汉白玉那样的细腻，可以刻字雕花，也不像大青石那样的
guāng huá kě yǐ gōng lái huàn shā chuí bù tā jìng jìng de wò zài nà lǐ yuàn biān de huái yīn méi yǒu bì fù
光滑，可以供来浣纱捶布。它静静地卧在那里，院边的槐阴没有庇覆
tā huār yě bù zài zài tā shēn biān shēng zhǎng huāng cǎo biàn fán yǎn chū lái zhī màn shàng xià màn man
它，花儿也不再在它身边生长。荒草便繁衍出来，枝蔓上下，慢慢
de tā jìng xiù shàng le lǜ tái hēi bān wǒ men zhè xiē zuò hái zi de yě tǎo yàn qǐ tā lái céng hé huǒ yào
地，它竟锈上了绿苔、黑斑。我们这些做孩子的，也讨厌起它来，曾合伙要
bān zǒu tā dàn lì qi yòu bù zú suī shí shí zhòu mà tā xián qì tā yě wú kě nài hé zhǐ hǎo rèn tā liú zài
搬走它，但力气又不足；虽时时咒骂它，嫌弃它，也无可奈何，只好任它留在
nà lǐ le
那里了。

zhōng yǒu yī rì cūn zi lǐ lái le yī gè tiān wén xué jiā tā zài wǒ jiā mén qián lù guò tū rán fā xiàn
终有一日，村子里来了一个天文学家。他在我家门前路过，突然发现
le zhè kuài shí tou yǎn guāng lì jí jiù lā zhí le tā zài méi yǒu lí kāi jiù zhù le xia lai yǐ hòu yòu lái le
了这块石头，眼光立即就拉直了。他再没有离开，就住了下来；以后又来了
hǎo xiē rén dōu shuō zhè shì yī kuài yǔn shí cóng tiān shàng luò xia lai yǐ jīng yǒu èr sān bǎi nián le shì yī jiàn
好些人，都说这是一块陨石，从天上落下来已经有二三百年了，是一件
liǎo bù qǐ de dōng xi bù jiǔ biàn lái le chē xiǎo xīn yì yì de jiāng tā yùn zǒu le
了不起的东西。不久便来了车，小心翼翼地将它运走了。

zhè shǐ wǒ men dōu hěn jīng qí zhè yòu guài yòu chǒu de shí tou yuán lái shì tiān shàng de a tā bǔ guo
这使我们都很惊奇，这又怪又丑的石头，原来是天上的啊！它补过
tiān zài tiān shàng fā guo rè shǎn guo guāng wǒ men de xiān zǔ huò xǔ yǎng wàng guo tā tā gěi le tā men
天，在天上发过热、闪过光，我们的先祖或许仰望过它，它给了他们

guāng míng xiàng wǎng chōng jǐng ér tā luò xia lai le zài wū tǔ lǐ huāng cǎo lǐ yī tǎng jiù shì jǐ bǎi
光明、向往、憧憬;而它落下来了,在污土里,荒草里,一躺就是几百
nián le
年了!

wǒ gǎn dào zì jǐ de wú zhī yě gǎn dào le chǒu shí de wěi dà wǒ shèn zhì yuàn hèn tā zhè me duō nián
我感到自己的无知,也感到了丑石的伟大,我甚至怨恨它这么多年
jìng huì mò mò de rěn shòu zhe zhè yī qiè ér wǒ yòu lì jí shēn shēn de gǎn dào tā nà zhǒng bù qū yú wù jiè
竟会默默地忍受着这一切!而我又立即深深地感到它那种不屈于误解、
jì mò de shēng cún de wěi dà
寂寞的生存的伟大。

jié xuǎn zì gǔ píng wā chǒu shí
节选自贾平凹《丑石》

zuò pǐn
作品 4

zài dá ruì bā suì de shí hou yǒu yī tiān tā xiǎng qù kàn diàn yǐng yīn wèi méi yǒu qián tā xiǎng shì xiàng
在达瑞八岁的时候,有一天他想去看电影。因为没有钱,他想是向
bà mā yào qián hái shì zì jǐ zhèng qián zuì hòu tā xuǎn zé le hòu zhě tā zì jǐ tiáo zhì le yī zhǒng qì
爸妈要钱,还是自己挣钱。最后他选择了后者。他自己调制了一种汽
shuǐ xiàng guò lù de xíng rén chū shòu kě nà shí zhèng shì hán lěng de dōng tiān méi yǒu rén mǎi zhǐ yǒu liǎng gè
水,向过路的行人出售。可那时正是寒冷的冬天,没有人买,只有两个
rén lì wài tā de bà ba hé mā ma
人例外——他的爸爸和妈妈。

tā ǒu rán yǒu yī gè hé fēi cháng chéng gōng de shāng rén tán huà de jī huì dāng tā duì shāng rén jiǎng
他偶然有一个和非常成功的商人谈话的机会。当他对商人讲
shù le zì jǐ de pò chǎn shǐ hòu shāng rén gěi le tā liǎng gè zhòng yào de jiàn yì yī shì cháng shì wèi bié
述了自己的"破产史"后,商人给了他两个重要的建议:一是尝试为别
rén jiě jué yī gè nán tí èr shì bǎ jīng lì jí zhōng zài nǐ zhī dào de nǐ huì de hé nǐ yōng yǒu de dōng
人解决一个难题;二是把精力集中在你知道的、你会的和你拥有的东
xi shang
西上。

zhè liǎng gè jiàn yì hěn guān jiàn yīn wèi duì yú yī gè bā suì de hái zi ér yán tā bù huì zuò de shì qing
这两个建议很关键。因为对于一个八岁的孩子而言,他不会做的事情
hěn duō yú shì tā chuān guò dà jiē xiǎo xiàng bù tíng de sī kǎo rén men huì yǒu shén me nán tí tā yòu rú hé
很多。于是他穿过大街小巷,不停地思考:人们会有什么难题,他又如何
lì yòng zhè ge jī huì
利用这个机会?

yī tiān chī zǎo fàn shí fù qīn ràng dá ruì qù qǔ bào zhǐ měi guó de sòng bào yuán zǒng shì bǎ bào zhǐ cóng
一天,吃早饭时父亲让达瑞去取报纸。美国的送报员总是把报纸从
huā yuán lí ba de yī gè tè zhì de guǎn zi li sāi jin lai jiǎ rú nǐ xiǎng chuān zhe shuì yī shū shū fu fu de
花园篱笆的一个特制的管子里塞进来。假如你想穿着睡衣舒舒服服地
chī zǎo fàn hé kàn bào zhǐ jiù bì xū lí kāi wēn nuǎn de fáng jiān mào zhe hán fēng dào huā yuán qù qǔ suī rán
吃早饭和看报纸,就必须离开温暖的房间,冒着寒风,到花园去取。虽然
lù duǎn dàn shí fēn má fan
路短,但十分麻烦。

dāng dá ruì wèi fù qīn qǔ bào zhǐ de shí hou yī gè zhǔ yi dàn shēng le dàng tiān tā jiù àn xiǎng lín jū
当达瑞为父亲取报纸的时候,一个主意诞生了。当天他就按响邻居
de mén líng duì tā men shuō měi gè yuè zhǐ xū fù gěi tā yī měi yuán tā jiù měi tiān zǎo shang bǎ bào zhǐ sāi
的门铃,对他们说,每个月只需付给他一美元,他就每天早上把报纸塞

dào tā men de fáng mén dǐ xia dà duō shù rén dōu tóng yì le hěn kuài tā yǒu le qī shí duō gè gù kè yī gè
到他们的房门底下。大多数人都同意了,很快他有了七十多个顾客。一个
yuè hòu dāng tā ná dào zì jǐ zhuàn de qián shí jué de zì jǐ jiǎn zhí shì fēi shàng le tiān
月后,当他拿到自己赚的钱时,觉得自己简直是飞上了天。

hěn kuài tā yòu yǒu le xīn de jī huì tā ràng tā de gù kè měi tiān bǎ lā jī dài fàng zài mén qián rán hòu
很快他又有了新的机会,他让他的顾客每天把垃圾袋放在门前,然后
yóu tā zǎo shang yùn dào lā jī tǒng li měi gè yuè jiā yī měi yuán zhī hòu tā hái xiǎng chū le xǔ duō hái zi
由他早上运到垃圾桶里,每个月加一美元。之后他还想出了许多孩子
zhuàn qián de bàn fǎ bìng bǎ tā jí jié chéng shū shū míng wéi ér tóng zhèng qián de èr bǎi wǔ shí gè zhǔ
赚钱的办法,并把它集结成书,书名为《儿童挣钱的二百五十个主
yi wèi cǐ dá ruì shí èr suì shí jiù chéng le chàng xiāo shū zuò jiā shí wǔ suì yǒu le zì jǐ de tán huà jié
意》。为此,达瑞十二岁时就成了畅销书作家,十五岁有了自己的谈话节
mù shí qī suì jiù yōng yǒu le jǐ bǎi wàn měi yuán
目,十七岁就拥有了几百万美元。

jié xuǎn zì dé bó duō shě fèi ěr dá ruì de gù shi liú zhì míng yì
节选自[德]博多·舍费尔《达瑞的故事》,刘志明译

zuò pǐn
作品5

zhè shì rù dōng yǐ lái jiāo dōng bàn dǎo shang dì yī cháng xuě
这是入冬以来,胶东半岛上第一场雪。

xuě fēn fēn yáng yáng xià de hěn dà kāi shǐ hái bàn zhe yī zhènr xiǎo yǔ bù jiǔ jiù zhǐ jiàn dà piàn dà
雪纷纷扬扬,下得很大。开始还伴着一阵儿小雨,不久就只见大片大
piàn de xuě huā cóng tóng yún mì bù de tiān kōng zhōng piāo luò xia lai dì miàn shang yī huìr jiù bái le
片的雪花,从彤云密布的天空中飘落下来。地面上一会儿就白了。
dōng tiān de shān cūn dào le yè lǐ jiù wàn lài jù jì zhǐ tīng de xuě huā sù sù de bù duàn wǎng xià luò shù mù
冬天的山村,到了夜里就万籁俱寂,只听得雪花簌簌地不断往下落,树木
de kū zhī bèi xuě yā duàn le ǒu ěr gē zhī yī shēng xiǎng
的枯枝被雪压断了,偶尔咯吱一声响。

dà xuě zhěng zhěng xià le yī yè jīn tiān zǎo chen tiān fàng qíng le tài yáng chū lái le tuī kāi mén yī
大雪整整下了一夜。今天早晨,天放晴了,太阳出来了。推开门一
kàn hē hǎo dà de xuě a shān chuān hé liú shù mù fáng wū quán dōu zhào shang le yī céng hòu hòu de xuě
看,嗬!好大的雪啊!山川、河流、树木、房屋,全都罩上了一层厚厚的雪,
wàn lǐ jiāng shān biàn chéng le fěn zhuāng yù qì de shì jiè luò guāng le yè zi de liǔ shù shang guà mǎn le
万里江山,变成了粉妆玉砌的世界。落光了叶子的柳树上挂满了
máo róng róng liàng jīng jīng de yín tiáor ér nà xiē dōng xià cháng qīng de sōng shù hé bǎi shù shang zé guà
毛茸茸亮晶晶的银条儿;而那些冬夏常青的松树和柏树上,则挂
mǎn le péng sōng sōng chén diàn diàn de xuě qiúr yī zhèn fēng chuī lái shù zhī qīng qīng de yáo huàng měi lì
满了蓬松松沉甸甸的雪球儿。一阵风吹来,树枝轻轻地摇晃,美丽
de yín tiáor hé xuě qiúr sù sù de luò xia lai yù xiè shì de xuě mòr suí fēng piāo yáng yìng zhe qīng chén
的银条儿和雪球儿簌簌地落下来,玉屑似的雪末儿随风飘扬,映着清晨
de yáng guāng xiǎn chū yī dào dào wǔ guāng shí sè de cǎi hóng
的阳光,显出一道道五光十色的彩虹。

dà jiē shang de jī xuě zú yǒu yī chǐ duō shēn rén cǎi shang qu jiǎo dǐ xia fā chū gē zhī gē zhī de xiǎng
大街上的积雪足有一尺多深,人踩上去,脚底下发出咯吱咯吱的响
shēng yī qún qún hái zi zài xuě dì li duī xuě rén zhì xuě qiúr nà huān lè de jiào hǎn shēng bǎ shù zhī
声。一群群孩子在雪地里堆雪人,掷雪球儿。那欢乐的叫喊声,把树枝
shang de xuě dōu zhèn luò xia lai le
上的雪都震落下来了。

sú huà shuō ruì xuě zhào fēng nián zhè ge huà yǒu chōng fèn de kē xué gēn jù bìng bù shì yī jù mí xìn
俗话说，“瑞雪兆丰年”。这个话有充分的科学根据，并不是一句迷信
de chéng yǔ hán dōng dà xuě kě yǐ dòng sǐ yī bù fen yuè dōng de hài chóng róng huà le de shuǐ shèn jìn tǔ
的成语。寒冬大雪，可以冻死一部分越冬的害虫；融化了的水渗进土
céng shēn chù yòu néng gōng yìng zhuāng jia shēng zhǎng de xū yào wǒ xiāng xìn zhè yī cháng shí fēn jí shí de
层深处，又能供应庄稼生长的需要。我相信这一场十分及时的
dà xuě yī dìng huì cù jìn míng nián chūn jì zuò wù yóu qí shì xiǎo mài de fēng shōu yǒu jīng yàn de lǎo nóng bǎ
大雪，一定会促进明年春季作物，尤其是小麦的丰收。有经验的老农把
xuě bǐ zuò shì mài zi de mián bèi dōng tiān mián bèi gài de yuè hòu míng chūn mài zi jiù zhǎng de yuè
雪比作是“麦子的棉被”。冬天“棉被”盖得越厚，明春麦子就长得越
hǎo suǒ yǐ yòu yǒu zhè yàng yī jù yàn yǔ dōng tiān mài gài sān céng bèi lái nián zhěn zhe mán tou shuì
好，所以又有这样一句谚语：“冬天麦盖三层被，来年枕着馒头睡”。

wǒ xiǎng zhè jiù shì rén men wèi shén me bǎ jí shí de dà xuě chēng wéi ruì xuě de dào lǐ ba
我想，这就是人们为什么把及时的大雪称为“瑞雪”的道理吧。

jié xuǎn zì jùn qīng dì yī cháng xuě
节选自峻青《第一场雪》

zuò pǐn
作品 6

wǒ cháng xiǎng dú shū rén shì shì jiān xìng fú rén yīn wèi tā chú le yōng yǒu xiàn shí de shì jiè zhī wài hái
我常想读书人是世间幸福人，因为他除了拥有现实的世界之外，还
yōng yǒu lìng yī gè gèng wéi hào hàn yě gèng wéi fēng fù de shì jiè xiàn shí de shì jiè shì rén rén dōu yǒu de
拥有另一个更为浩瀚也更为丰富的世界。现实的世界是人人都有的，
ér hòu yī gè shì jiè què wéi dú shū rén suǒ dú yǒu yóu cǐ wǒ xiǎng nà xiē shī qù huò bù néng yuè dú de rén
而后一个世界却为读书人所独有。由此我想，那些失去或不能阅读的人
shì duō me de bù xìng tā men de sàng shī shì bù kě bǔ cháng de shì jiān yǒu zhū duō de bù píng děng cái fù
是多么的不幸，他们的丧失是不可补偿的。世间有诸多的不平等，财富
de bù píng děng quán lì de bù píng děng ér yuè dú néng lì de yōng yǒu huò sàng shī què tǐ xiàn wèi jīng shén
的不平等，权力的不平等，而阅读能力的拥有或丧失却体现为精神
de bù píng děng
的不平等。

yī gè rén de yī shēng zhǐ néng jīng lì zì jǐ yōng yǒu de nà yī fèn xīn yuè nà yī fèn kǔ nàn yě xǔ zài
一个人的一生，只能经历自己拥有的那一份欣悦，那一份苦难，也许再
jiā shàng tā qīn zì wén zhī de nà yī xiē guān yú zì shēn yǐ wài de jīng lì hé jīng yàn rán ér rén men tōng
加上他亲自闻知的那一些关于自身以外的经历和经验。然而，人们通
guò yuè dú què néng jìn rù bù tóng shí kōng de zhū duō tā rén de shì jiè zhè yàng jù yǒu yuè dú néng lì de
过阅读，却能进入不同时空的诸多他人的世界。这样，具有阅读能力的
rén wú xíng jiān huò dé le chāo yuè yǒu xiàn shēng mìng de wú xiàn kě néng xìng yuè dú bù jǐn shǐ tā duō shí le
人，无形间获得了超越有限生命的无限可能性。阅读不仅使他多识了
cǎo mù chóng yú zhī míng ér qiě kě yǐ shàng sù yuǎn gǔ xià jí wèi lái bǎo lǎn cún zài de yǔ fēi cún zài de qí
草木虫鱼之名，而且可以上溯远古下及未来，饱览存在的与非存在的奇
fēng yì sú
风异俗。

gèng wéi zhòng yào de shì dú shū jiā huì yú rén men de bù jǐn shì zhī shi de zēng guǎng ér qiě hái zài yú
更为重要的是，读书加惠于人们的不仅是知识的增广，而且还在于
jīng shén de gǎn huà yǔ táo yě rén men cóng dú shū xué zuò rén cóng nà xiē wǎng zhé xiān xián yǐ jí dāng dài
精神的感化与陶冶。人们从读书学做人，从那些往哲先贤以及当代
cái jùn de zhù shù zhōng xué dé tā men de rén gé rén men cóng lún yǔ zhōng xué dé zhì huì de sī kǎo cóng
才俊的著述中学得他们的人格。人们从《论语》中学得智慧的思考，从

shǐ jì zhōng xué dé yán sù de lì shǐ jīng shén cóng zhèng qì gē zhōng xué dé rén gé de gāng liè cóng mǎ
《史记》中学得严肃的历史精神，从《正气歌》中学得人格的刚烈，从马
kè sī xué dé rén shì de jī qíng cóng lǔ xùn xué dé pī pàn jīng shén cóng tuō ěr sī tài xué dé dào dé de zhí
克思学得人世的激情，从鲁迅学得批判精神，从托尔斯泰学得道德的执
zhuó gē dé de shī jù kè xiě zhe ruì zhì de rén shēng bài lún de shī jù hū huàn zhe fèn dòu de rè qíng yī gè
着。歌德的诗句刻写着睿智的人生，拜伦的诗句呼唤着奋斗的热情。一个
dú shū rén yī gè yǒu jī huì yōng yǒu chāo hū gè rén shēng mìng tǐ yàn de xìng yùn rén
读书人，一个有机会拥有超乎个人生命体验的幸运人。

jié xuǎn zì xiè miǎn dú shū rén shì xìng fú rén
节选自谢冕《读书人是幸福人》

zuò pǐn
作品 7

yī tiān bà ba xià bān huí dào jiā yǐ jīng hěn wǎn le tā hěn lèi yě yǒu diǎnr fán tā fā xiàn wǔ suì de
一天，爸爸下班回到家已经很晚了，他很累也有点儿烦，他发现五岁的
ér zi kào zài mén páng zhèng děng zhe tā
儿子靠在门旁正等着他。

bà wǒ kě yǐ wèn nín yī gè wèn tí ma
"爸，我可以问您一个问题吗？"

shén me wèn tí bà nín yī xiǎo shí kě yǐ zhuàn duō shǎo qián zhè yǔ nǐ wú guān nǐ wèi shén me
"什么问题？""爸，您一小时可以赚多少钱？""这与你无关，你为什么
wèn zhè ge wèn tí fù qīn shēng qì de shuō
问这个问题？"父亲生气地说。

wǒ zhǐ shì xiǎng zhī dào qǐng gào su wǒ nín yī xiǎo shí zhuàn duō shǎo qián xiǎo háir āi qiú dào jiǎ
"我只是想知道，请告诉我，您一小时赚多少钱？"小孩儿哀求道。"假
rú nǐ yī dìng yào zhī dào de huà wǒ yī xiǎo shí zhuàn èr shí měi jīn
如你一定要知道的话，我一小时赚二十美金。"

ò xiǎo háir dī xia le tóu jiē zhe yòu shuō bà kě yǐ jiè wǒ shí měi jīn ma fù qīn fā nù le rú
"哦，"小孩儿低下了头，接着又说，"爸，可以借我十美金吗？"父亲发怒了："如
guǒ nǐ zhǐ shì yào jiè qián qù mǎi háo wú yì yì de wán jù de huà gěi wǒ huí dào nǐ de fáng jiān shuì jiào qu
果你只是要借钱去买毫无意义的玩具的话，给我回到你的房间睡觉去。
hǎo hao xiǎng xiang wèi shén me nǐ huì nà me zì sī wǒ měi tiān xīn kǔ gōng zuò méi shí jiān hé nǐ wánr xiǎo
好好想想为什么你会那么自私。我每天辛苦工作，没时间和你玩儿小
hái zi de yóu xì
孩子的游戏。"

xiǎo háir mò mò de huí dào zì jǐ de fáng jiān guān shang mén
小孩儿默默地回到自己的房间关上门。

fù qīn zuò xia lai hái zài shēng qì hòu lái tā píng jìng xia lai le xīn xiǎng tā kě néng duì hái zi tài
父亲坐下来还在生气。后来，他平静下来了。心想他可能对孩子太
xiōng le huò xǔ hái zi zhēn de hěn xiǎng mǎi shén me dōng xi zài shuō tā píng shí hěn shǎo yào guo qián
凶了——或许孩子真的很想买什么东西，再说他平时很少要过钱。

fù qīn zǒu jìn hái zi de fáng jiān nǐ shuì le ma bà hái méi yǒu wǒ hái xǐng zhe hái zi huí dá
父亲走进孩子的房间："你睡了吗？""爸，还没有，我还醒着。"孩子回答。

wǒ gāng cái kě néng duì nǐ tài xiōng le fù qīn shuō wǒ bù yīng gāi fā nà me dà de huǒr zhè shì
"我刚才可能对你太凶了，"父亲说，"我不应该发那么大的火儿——这是
nǐ yào de shí měi jīn bà xiè xie nín hái zi gāo xìng de cóng zhěn tou xià ná chū yī xiē bèi nòng zhòu de chāo
你要的十美金。""爸，谢谢您。"孩子高兴地从枕头下拿出一些被弄皱的钞
piào màn man de shǔ zhe
票，慢慢地数着。

wèi shén me nǐ yǐ jīng yǒu qián le hái yào fù qīn bù jiě de wèn
“为什么你已经有钱了还要？”父亲不解地问。

yīn wèi yuán lái bù gòu dàn xiàn zài còu gòu le hái zi huí dá bà wǒ xiàn zài yǒu èr shí měi jīn le wǒ
“因为原来不够，但现在凑够了。”孩子回答：“爸，我现在有二十美金了，我
kě yǐ xiàng nín mǎi yī gè xiǎo shí de shí jiān ma míng tiān qǐng zǎo yī diǎnr huí jiā wǒ xiǎng hé nín yī
可以向您买一个小时的时间吗？明天请早一点儿回家——我想和您一
qǐ chī wǎn cān
起吃晚餐。”

jié xuǎn zì táng jì liǔ biān yì èr shí měi jīn de jià zhí
节选自唐继柳编译《二十美金的价值》

zuò pǐn
作品 8

wǒ ài yuè yè dàn wǒ yě ài xīng tiān cóng qián zài jiā xiāng qī bā yuè de yè wǎn zài tíng yuàn li nà
我爱月夜，但我也爱星天。从前在家乡七八月的夜晚在庭院里纳
liáng de shí hou wǒ zuì ài kàn tiān shàng mì mì má má de fán xīng wàng zhe xīng tiān wǒ jiù huì wàng jì yī
凉的时候，我最爱看天上密密麻麻的繁星。望着星天，我就会忘记一
qiè fǎng fú huí dào le mǔ qīn de huái li shì de
切，仿佛回到了母亲的怀里似的。

sān nián qián zài nán jīng wǒ zhù de dì fang yǒu yī dào hòu mén měi wǎn wǒ dǎ kāi hòu mén biàn kàn jiàn yī
三年前在南京我住的地方有一道后门，每晚我打开后门，便看见一
gè jìng jì de yè xià miàn shì yī piàn cài yuán shàng miàn shì xīng qún mì bù de lán tiān xīng guāng zài wǒ
个静寂的夜。下面是一片菜园，上面是星群密布的蓝天。星光在我
men de ròu yǎn lǐ suī rán wēi xiǎo rán ér tā shǐ wǒ men jué de guāng míng wú chù bù zài nà shí hou wǒ zhèng
们的肉眼里虽然微小，然而它使我们觉得光明无处不在。那时候我正
zài dú yī xiē tiān wén xué de shū yě rèn de yī xiē xīng xing hǎo xiàng tā men jiù shì wǒ de péng you tā men
在读一些天文学的书，也认得一些星星，好像它们就是我的朋友，它们
cháng cháng zài hé wǒ tán huà yī yàng
常常在和我谈话一样。

rú jīn zài hǎi shang měi wǎn hé fán xīng xiāng duì wǒ bǎ tā men rèn de hěn shú le wǒ tǎng zài cāng miàn
如今在海上，每晚和繁星相对，我把它们认得很熟了。我躺在舱面
shang yǎng wàng tiān kōng shēn lán sè de tiān kōng li xuán zhe wú shù bàn míng bàn mèi de xīng chuán zài
上，仰望天空。深蓝色的天空里悬着无数半明半昧的星。船在
dòng xīng yě zài dòng tā men shì zhè yàng dī zhēn shì yáo yáo yù zhuì ne jiàn jiàn de wǒ de yǎn jing mó hu
动，星也在动，它们是这样低，真是摇摇欲坠呢！渐渐地我的眼睛模糊
le wǒ hǎo xiàng kàn jiàn wú shù yíng huǒ chóng zài wǒ de zhōu wéi fēi wǔ hǎi shang de yè shì róu hé de shì jìng
了，我好像看见无数萤火虫在我的周围飞舞。海上的夜是柔和的，是静
jì de shì mèng huàn de wǒ wàng zhe xǔ duō rèn shi de xīng wǒ fǎng fú kàn jiàn tā men zài duì wǒ zhǎ yǎn wǒ
寂的，是梦幻的。我望着许多认识的星，我仿佛看见它们在对我眨眼，我
fǎng fú tīng jiàn tā men zài xiǎo shēng shuō huà zhè shí wǒ wàng jì le yī qiè zài xīng de huái bào zhōng wǒ
仿佛听见它们在小声说话。这时我忘记了一切。在星的怀抱中我
wēi xiào zhe wǒ chén shuì zháo wǒ jué de zì jǐ shì yī gè xiǎo hái zi xiàn zài shuì zài mǔ qīn de huái li le
微笑着，我沉睡着。我觉得自己是一个小孩子，现在睡在母亲的怀里了。

yǒu yī yè nà ge zài gē lún bō shàng chuán de yīng guó rén zhǐ gěi wǒ kàn tiān shàng de jù rén tā yòng
有一夜，那个在哥伦波上船的英国人指给我看天上的巨人。他用
shǒu zhǐ zhe nà sì kē míng liàng de xīng shì tóu xià miàn de jǐ kē shì shēn zi zhè jǐ kē shì shǒu nà jǐ kē
手指着：那四颗明亮的星是头，下面的几颗是身子，这几颗是手，那几颗
shì tuǐ hé jiǎo hái yǒu sān kē xīng suàn shì yāo dài jīng tā zhè yī fān zhǐ diǎn wǒ guǒ rán kàn qīng chu le nà ge
是腿和脚，还有三颗星算是腰带。经他这一番指点，我果然看清楚了那个

tiān shàng de jù rén kàn nà ge jù rén hái zài pǎo ne
天上的巨人。看,那个巨人还在跑呢!

jié xuǎn zì bā jīn fán xīng
节选自巴金《繁星》

zuò pǐn
作品 9

jià rì dào hé tān shang zhuàn zhuan kàn jiàn xǔ duō hái zi zài fàng fēng zheng yī gēn gēn cháng cháng de
假日到河滩上转转,看见许多孩子在放风筝。一根根长长的
yǐn xiàn yī tóu jì zài tiān shàng yī tóu jì zài dì shang hái zi tóng fēng zheng dōu zài tiān yǔ de zhī jiān yōu
引线,一头系在天上,一头系在地上,孩子同风筝都在天与地之间悠
dàng lián xīn yě bèi yōu dàng de huǎng huǎng hū hū le hǎo xiàng yòu huí dào le tóng nián
荡,连心也被悠荡得恍恍惚惚了,好像又回到了童年。

ér shí de fàng fēng zheng dà duō shì zì jǐ de zhǎng bèi huò jiā rén biān zā de jǐ gēn xiāo de hěn báo de
儿时的放风筝,大多是自己的长辈或家人编扎的,几根削得很薄的
miè yòng xì shā xiàn zā chéng gè zhǒng niǎo shòu de zào xíng hú shàng xuě bái de zhǐ piàn zài yòng cǎi bǐ gōu lè
篾,用细纱线扎成各种鸟兽的造型,糊上雪白的纸片,再用彩笔勾勒
chū miàn kǒng yǔ chì bǎng de tú àn tōng cháng zā de zuì duō de shì lǎo diāo měi rénr huā hú dié děng
出面孔与翅膀的图案。通常扎得最多的是“老雕”“美人儿”“花蝴蝶”等。

wǒ men jiā qián yuàn jiù yǒu wèi shū shu shàn zā fēng zheng yuǎn jìn wén míng tā zā de fēng zheng bù zhǐ
我们家前院就有位叔叔,擅扎风筝,远近闻名。他扎得风筝不只
tǐ xíng hǎo kàn sè cǎi yàn lì fàng fēi de gāo yuǎn hái zài fēng zheng shang bēng yī yè yòng pú wěi xiāo chéng
体型好看,色彩艳丽,放飞得高远,还在风筝上绷一叶用蒲苇削成
de mó piàn jīng fēng yī chuī fā chū wēng wēng de shēng xiǎng fǎng fú shì fēng zheng de gē chàng zài lán tiān
的膜片,经风一吹,发出“嗡嗡”的声响,仿佛是风筝的歌唱,在蓝天
xià bō yáng gěi kāi kuò de tiān dì zēng tiān le wú jìn de yùn wèi gěi chí dàng de tóng xīn dài lái jǐ fēn
下播扬,给开阔的天地增添了无尽的韵味,给驰荡的童心带来几分
fēng kuáng
疯狂。

wǒ men nà tiáo hú tongr de zuǒ lín yòu shè de hái zi men fàng de fēng zheng jī hū dōu shì shū shu biān
我们那条胡同儿的左邻右舍的孩子们放的风筝几乎都是叔叔编
zā de tā de fēng zheng bù mài qián shéi shàng mén qù yào jiù gěi shéi tā lè yì zì jǐ tiē qián mǎi cái liào
扎的。他的风筝不卖钱,谁上门去要,就给谁,他乐意自己贴钱买材料。

hòu lái zhè wèi shū shu qù le hǎi wài fàng fēng zheng yě jiàn yǔ hái zi men yuǎn lí le bù guò nián nián
后来,这位叔叔去了海外,放风筝也渐与孩子们远离了。不过年年
shū shu gěi jiā xiāng xiě xìn zǒng bù wàng tí qǐ ér shí de fàng fēng zheng xiāng gǎng huí guī zhī hòu tā zài jiā
叔叔给家乡写信,总不忘提起儿时的放风筝。香港回归之后,他在家
xìn zhōng shuō dào tā zhè zhī bèi gù xiāng fàng fēi dào hǎi wài de fēng zheng jǐn guǎn piāo dàng yóu yì jīng mù
信中说到,他这只被故乡放飞到海外的风筝,尽管飘荡游弋,经沐
fēng yǔ kě nà xiàn tóur yī zhí zài gù xiāng hé qīn rén shǒu zhōng qiān zhe rú jīn piāo de tài lèi le yě gāi
风雨,可那线头儿一直在故乡和亲人手中牵着,如今飘得太累了,也该
yào huí guī dào jiā xiāng hé qīn rén shēn biān lái le
要回归到家乡和亲人身边来了。

shì de wǒ xiǎng bù guāng shì shū shu wǒ men měi gè rén dōu shì fēng zheng zài mā ma shǒu zhōng qiān zhe
是的。我想,不光是叔叔,我们每个人都是风筝,在妈妈手中牵着,
cóng xiǎo fàng dào dà zài cóng jiā xiāng fàng dào zǔ guó zuì xū yào de dì fang qù a
从小放到大,再从家乡放到祖国最需要的地方去啊!

jié xuǎn zì lǐ héng ruì fēng zheng chàng xiǎng qǔ
节选自李恒瑞《风筝畅想曲》

作品 10

爸不懂得怎样表达爱,使我们一家人融洽相处的是我妈。他只是每天上班下班,而妈则把我们做过的错事开列清单,然后由他来责骂我们。

有一次我偷了一块糖果,他要我把它送回去,告诉卖糖的说是我偷来的,说我愿意替他拆箱卸货作为赔偿。但妈妈却明白我只是个孩子。

我在运动场打秋千跌断了腿,在前往医院途中一直抱着我的,是我妈。爸把汽车停在急诊室门口,他们叫他驶开,说那空位是留给紧急车辆停放的。爸听了便叫嚷道:“你以为这是什么车?旅游车?”

在我生日会上,爸总是显得有些不大相称。他只是忙于吹气球,布置餐桌,做杂务。把插着蜡烛的蛋糕推过来让我吹的,是我妈。

我翻阅照相册时,人们总是问:“你爸爸是什么样子的?”天晓得!他老是忙着替别人拍照。妈和我笑容可掬地一起拍的照片,多得不可胜数。

我记得妈有一次叫他教我骑自行车。我叫他别放手,但他却说是应该放手的时候了。我摔倒之后,妈跑过来扶我,爸却挥手要她走开。我当时生气极了,决心要给他点儿颜色看。于是我马上爬上自行车,而且自己骑给他看。他只是微笑。

我念大学时,所有的家信都是妈写的。他除了寄支票外,还寄过一封短柬给我,说因为我不在草坪上踢足球了,所以他的草坪长得很美。

每次我打电话回家,他似乎都想跟我说话,但结果总是说:“我叫你妈来接。”

我结婚时,掉眼泪的是我妈。他只是大声擤了一下鼻子,便走出房间。

我从小到大都听他说:“你到哪里去?什么时候回家?汽车有没有汽油?不,不准去。”爸完全不知道怎样表达爱。除非……

会不会是他已经表达了,而我却未能察觉?

节选自[美]艾尔玛·邦贝克《父亲的爱》

zuò pǐn
作品11

yī gè dà wèn tí yī zhí pán jù zài wǒ nǎo dai li
一个大问题一直盘踞在我脑袋里：
shì jiè bēi zěn me huì yǒu rú cǐ jù dà de xī yǐn lì chú qù zú qiú běn shēn de mèi lì zhī wài hái yǒu
世界杯怎么会有如此巨大的吸引力？除去足球本身的魅力之外，还有
shén me chāo hū qí shàng ér gèng wěi dà de dōng xi
什么超乎其上而更伟大的东西？

jìn lái guān kàn shì jiè bēi hū rán cóng zhōng dé dào le dá àn shì yóu yú yī zhǒng wú shàng chóng gāo de
近来观看世界杯，忽然从中得到了答案：是由于一种无上崇高的
jīng shén qíng gǎn guó jiā róng yù gǎn
精神情感——国家荣誉感！

dì qiú shang de rén dōu huì yǒu guó jiā de gài niàn dàn wèi bì shí shí dōu yǒu guó jiā de gǎn qíng wǎng
地球上的人都会有国家的概念，但未必时时都有国家的感情。往
wǎng rén dào yì guó sī niàn jiā xiāng xīn huái gù guó zhè guó jiā gài niàn jiù biàn de yǒu xuè yǒu ròu ài guó zhī
往人到异国，思念家乡，心怀故国，这国家概念就变得有血有肉，爱国之
qíng lái de fēi cháng jù tǐ ér xiàn dài shè huì kē jì chāng dá xìn xī kuài jié shì shì shàng wǎng shì jiè zhēn
情来得非常具体。而现代社会，科技昌达，信息快捷，事事上网，世界真
shì tài xiǎo tài xiǎo guó jiā de jiè xiàn sì hū yě bù nà me qīng xī le zài shuō zú qiú zhèng zài kuài sù shì jiè
是太小太小，国家的界限似乎也不那么清晰了。再说足球正在快速世界
huà píng rì li gè guó qiú yuán pín fán zhuǎn huì wǎng lái suí yì zhì shǐ yuè lái yuè duō de guó jiā lián sài dōu jù
化，平日里各国球员频繁转会，往来随意，致使越来越多的国家联赛都具
yǒu guó jì de yīn sù qiú yuán men bù lùn guó jí zhǐ xiào lì yú zì jǐ de jù lè bù tā men bǐ sài shí de jī
有国际的因素。球员们不论国籍，只效力于自己的俱乐部，他们比赛时的激
qíng zhōng wán quán méi yǒu ài guó zhǔ yì de yīn zǐ
情中完全没有爱国主义的因子。

rán ér dào le shì jiè bēi dà sài tiān xià dà biàn gè guó qiú yuán dōu huí guó xiào lì chuān shàng yǔ guāng
然而，到了世界杯大赛，天下大变。各国球员都回国效力，穿上与光
róng de guó qí tóng yàng sè cǎi de fú zhuāng zài měi yī chǎng bǐ sài qián hái gāo chàng guó gē yǐ xuān shì
荣的国旗同样色彩的服装。在每一场比赛前，还高唱国歌以宣誓
duì zì jǐ zǔ guó de zhì ài yǔ zhōng chéng yī zhǒng xuè yuán qíng gǎn kāi shǐ zài quán shēn de xuè guǎn lǐ rán
对自己祖国的挚爱与忠诚。一种血缘情感开始在全身的血管里燃
shāo qi lai ér qiě lì kè rè xuè fèi téng
烧起来，而且立刻热血沸腾。

zài lì shǐ shí dài guó jiā jiān jīng cháng fā shēng duì kàng hǎo nán ér róng zhuāng wèi guó guó jiā de róng
在历史时代，国家间经常发生对抗，好男儿戎装卫国。国家的荣
yù wǎng wǎng xū yào yǐ zì jǐ de shēng mìng qù huàn qǔ dàn zài hé píng shí dài wéi yǒu zhè zhǒng guó jiā zhī
誉往往需要以自己的生命去换取。但在和平时代，唯有这种国家之
jiān dà guī mó duì kàng xìng de dà sài cái kě yǐ huàn qǐ nà zhǒng yáo yuǎn ér shén shèng de qíng gǎn nà jiù
间大规模对抗性的大赛，才可以唤起那种遥远而神圣的情感，那就
shì wèi zǔ guó ér zhàn
是：为祖国而战！

jié xuǎn zì féng jì cái guó jiā róng yù gǎn
节选自冯骥才《国家荣誉感》

zuò pǐn
作品12

xī yáng luò shān bù jiǔ xī fāng de tiān kōng hái rán shāo zháo yī piàn jú hóng sè de wǎn xiá dà hǎi yě
夕阳落山不久，西方的天空，还燃烧着一片橘红色的晚霞。大海，也

bèi zhè xiá guāng rǎn chéng le hóng sè ér qiě bǐ tiān kōng de jǐng sè gèng yào zhuàng guān yīn wèi tā shì huó
被这霞光染成了红色，而且比天空的景色更要壮观。因为它是活
dòng de měi dāng yī pái pái bō làng yǒng qǐ de shí hou nà yìng zhào zài làng fēng shang de xiá guāng yòu hóng
动的，每当一排排波浪涌起的时候，那映照在浪峰上的霞光，又红
yòu liàng jiǎn zhí jiù xiàng yī piàn piàn huò huò rán shāo zhe de huǒ yàn shǎn shuò zhe xiāo shī le ér hòu miàn
又亮，简直就像一片片霍霍燃烧着的火焰，闪烁着，消失了。而后面
de yī pái yòu shǎn shuò zhe gǔn dòng zhe yǒng le guo lai
的一排，又闪烁着，滚动着，涌了过来。

tiān kōng de xiá guāng jiàn jiàn de dàn xia qu le shēn hóng de yán sè biàn chéng le fēi hóng fēi hóng yòu
天空的霞光渐渐地淡下去了，深红的颜色变成了绯红，绯红又
biàn wéi qiǎn hóng zuì hòu dāng zhè yī qiè hóng guāng dōu xiāo shī le de shí hou nà tū rán xiǎn de gāo ér yuǎn
变为浅红。最后，当这一切红光都消失了的时候，那突然显得高而远
le de tiān kōng zé chéng xiàn chū yī piàn sù mù de shén sè zuì zǎo chū xiàn de qǐ míng xīng zài zhè lán sè de
了的天空，则呈现出一片肃穆的神色。最早出现的启明星，在这蓝色的
tiān mù shàng shǎn shuò qi lai le tā shì nà me dà nà me liàng zhěng gè guǎng mò de tiān mù shang zhǐ yǒu tā
天幕上闪烁起来了。它是那么大，那么亮，整个广漠的天幕上只有它
zài nà lǐ fàng shè zhe lìng rén zhù mù de guāng huī huó xiàng yī zhǎn xuán guà zài gāo kōng de míng dēng
在那里放射着令人注目的光辉，活像一盏悬挂在高空的明灯。

yè sè jiā nóng cāng kōng zhōng de míng dēng yuè lái yuè duō le ér chéng shì gè chù de zhēn de dēng
夜色加浓，苍空中的“明灯”越来越多了。而城市各处的真的灯
huǒ yě cì dì liàng le qi lai yóu qí shì wéi rào zài hǎi gǎng zhōu wéi shān pō shang de nà yī piàn dēng guāng
火也次第亮了起来，尤其是围绕在海港周围山坡上的那一片灯光，
cóng bàn kōng dào yìng zài wū lán de hǎi miàn shang suí zhe bō làng huàng dòng zhe shǎn shuò zhe xiàng yī chuàn
从半空倒映在乌蓝的海面上，随着波浪，晃动着，闪烁着，像一串
liú dòng zhe de zhēn zhū hé nà yī piàn piàn mì bù zài cāng qióng li de xīng dǒu hù xiāng huī yìng shà shì
流动着的珍珠，和那一片片密布在苍穹里的星斗互相辉映，煞是
hǎo kàn
好看。

zài zhè yōu měi de yè sè zhōng wǒ tà zhe ruǎn mián mián de shā tān yán zhe hǎi biān màn man de xiàng qián
在这幽美的夜色中，我踏着软绵绵的沙滩，沿着海边，慢慢地向前
zǒu qù hǎi shuǐ qīng qīng de fǔ mō zhe xì ruǎn de shā tān fā chū wēn róu de shuā shuā shēng wǎn lái de hǎi
走去。海水，轻轻地抚摸着细软的沙滩，发出温柔的刷刷声。晚来的海
fēng qīng xīn ér yòu liáng shuǎng wǒ de xīn li yǒu zhe shuō bù chū de xīng fèn hé yú kuài
风，清新而又凉爽。我的心里，有着说不出的兴奋和愉快。

yè fēng qīng piāo piāo de chuī fú zhe kōng qì zhōng piāo dàng zhe yī zhǒng dà hǎi hé tián hé xiāng hùn hé
夜风轻飘飘地吹拂着，空气中飘荡着一种大海和田禾相混合
de xiāng wèir róu ruǎn de shā tān shang hái cán liú zhe bái tiān tài yáng zhì shài de yú wēn nà xiē zài gè gè
的香味儿，柔软的沙滩上还残留着白天太阳炙晒的余温。那些在各个
gōng zuò gǎng wèi shàng láo dòng le yī tiān de rén men sān sān liǎng liǎng de lái dào zhè ruǎn mián mián de shā
工作岗位上劳动了一天的人们，三三两两地来到这软绵绵的沙
tān shang tā men yù zhe liáng shuǎng de hǎi fēng wàng zhe nà zhuì mǎn le xīng xing de yè kōng jìn qíng de shuō
滩上，他们浴着凉爽的海风，望着那缀满了星星的夜空，尽情地说
xiào jìn qíng de xiū qì
笑，尽情地休憩。

jié xuǎn zì jùn qīng hǎi bīn zhòng xià yè
节选自峻青《海滨仲夏夜》

zuò pǐn
作品 13

shēng mìng zài hǎi yáng li dàn shēng jué bù shì ǒu rán de hǎi yáng de wù lǐ hé huà xué xìng zhì shǐ tā
生命在海洋里诞生绝不是偶然的，海洋的物理和化学性质，使它

chéng wéi yùn yù yuán shǐ shēng mìng de yáo lán
成为孕育原始生命的摇篮。

wǒ men zhī dào shuǐ shì shēng wù de zhòng yào zǔ chéng bù fen xǔ duō dòng wù zǔ zhī de hán shuǐ liàng zài
我们知道，水是生物的重要组成部分，许多动物组织的含水量在
bǎi fēn zhī bā shí yǐ shàng ér yī xiē hǎi yáng shēng wù de hán shuǐ liàng gāo dá bǎi fēn zhī jiǔ shí wǔ shuǐ shì
百分之八十以上，而一些海洋生物的含水量高达百分之九十五。水是
xīn chén dài xiè de zhòng yào méi jiè méi yǒu tā tǐ nèi de yī xì liè shēng lǐ hé shēng wù huà xué fǎn yìng jiù
新陈代谢的重要媒介，没有它，体内的一系列生理和生物化学反应就
wú fǎ jìn xíng shēng mìng yě jiù tíng zhǐ yīn cǐ zài duǎn shí qī nèi dòng wù quē shuǐ yào bǐ quē shǎo shí wù
无法进行，生命也就停止。因此，在短时期内动物缺水要比缺少食物
gèng jiā wēi xiǎn shuǐ duì jīn tiān de shēng mìng shì rú cǐ zhòng yào tā duì cuì ruò de yuán shǐ shēng mìng gèng
更加危险。水对今天的生命是如此重要，它对脆弱的原始生命，更
shì jǔ zú qīng zhòng le shēng mìng zài hǎi yáng li dàn shēng jiù bù huì yǒu quē shuǐ zhī yōu
是举足轻重了。生命在海洋里诞生，就不会有缺水之忧。

shuǐ shì yī zhǒng liáng hǎo de róng jì hǎi yáng zhōng hán yǒu xǔ duō shēng mìng suǒ bì xū de wú jī yán
水是一种良好的溶剂。海洋中含有许多生命所必需的无机盐，
rú lǜ huà nà lǜ huà jiǎ tàn suān yán lín suān yán hái yǒu róng jiě yǎng yuán shǐ shēng mìng kě yǐ háo bù fèi
如氯化钠、氯化钾、碳酸盐、磷酸盐，还有溶解氧，原始生命可以毫不费
lì de cóng zhōng xī qǔ tā suǒ xū yào de yuán sù
力地从中吸取它所需要的元素。

shuǐ jù yǒu hěn gāo de rè róng liàng jiā zhī hǎi yáng hào dà rèn píng xià jì liè rì pù shài dōng jì hán fēng
水具有很高的热容量，加之海洋浩大，任凭夏季烈日曝晒，冬季寒风
sǎo dàng tā de wēn dù biàn huà què bǐ jiào xiǎo yīn cǐ jù dà de hǎi yáng jiù xiàng shì tiān rán de wēn
扫荡，它的温度变化却比较小。因此，巨大的海洋就像是天然的“温
xiāng shì yùn yù yuán shǐ shēng mìng de wēn chuáng
箱”，是孕育原始生命的温床。

yáng guāng suī rán wéi shēng mìng suǒ bì xū dàn shì yáng guāng zhōng de zǐ wài xiàn què yǒu è shā yuán shǐ
阳光虽然为生命所必需，但是阳光中的紫外线却有扼杀原始
shēng mìng de wēi xiǎn shuǐ néng yǒu xiào de xī shōu zǐ wài xiàn yīn ér yòu wèi yuán shǐ shēng mìng tí gōng le
生命的危险。水能有效地吸收紫外线，因而又为原始生命提供了
tiān rán de píng zhàng
天然的“屏障”。

zhè yī qiè dōu shì yuán shǐ shēng mìng dé yǐ chǎn shēng hé fā zhǎn de bì yào tiáo jiàn
这一切都是原始生命得以产生和发展的必要条件。

jié xuǎn zì tóng cháng liàng hǎi yáng yǔ shēng mìng
节选自童裳亮《海洋与生命》

zuò pǐn
作品 14

dú xiǎo xué de shí hou wǒ de wài zǔ mǔ qù shì le wài zǔ mǔ shēng qián zuì téng ài wǒ wǒ wú fǎ pái chú
读小学的时候，我的外祖母去世了。外祖母生前最疼爱我，我无法排除
zì jǐ de yōu shāng měi tiān zài xué xiào de cāo chǎng shang yī quānr yòu yī quānr de pǎo zhe pǎo de lèi
自己的忧伤，每天在学校的操场上一圈儿又一圈儿地跑着，跑得累
dǎo zài dì shang pū zài cǎo píng shang tòng kū
倒在地上，扑在草坪上痛哭。

nà āi tòng de rì zi duàn duàn xù xù de chí xù le hěn jiǔ bà ba mā ma yě bù zhī dào rú hé ān wèi wǒ
那哀痛的日子，断断续续地持续了很久，爸爸妈妈也不知道如何安慰我。
tā men zhī dào yǔ qí piàn wǒ shuō wài zǔ mǔ shuì zháo le hái bù rú duì wǒ shuō shí huà wài zǔ mǔ yǒng yuǎn bù
他们知道与其骗我说外祖母睡着了，还不如对我说实话：外祖母永远不

huì huí lai le
会回来了。

shén me shì yǒng yuǎn bù huì huí lai ne　wǒ wèn zhe
“什么是永远不会回来呢?”我问着。

suǒ yǒu shí jiān li de shì wù dōu yǒng yuǎn bù huì huí lai　nǐ de zuó tiān guò qu　tā jiù yǒng yuǎn biàn
“所有时间里的事物,都永远不会回来。你的昨天过去,它就永远变
chéng zuó tiān　nǐ bù néng zài huí dào zuó tiān　bà ba yǐ qián yě hé nǐ yī yàng xiǎo　xiàn zài yě bù néng huí
成昨天,你不能再回到昨天。爸爸以前也和你一样小,现在也不能回
dào nǐ zhè me xiǎo de tóng nián le　yǒu yī tiān nǐ huì zhǎng dà　nǐ huì xiàng wài zǔ mǔ yī yàng lǎo　yǒu yī tiān
到你这么小的童年了;有一天你会长大,你会像外祖母一样老;有一天
nǐ dù guò le nǐ de shí jiān　jiù yǒng yuǎn bù huì huí lai le　bà ba shuō
你度过了你的时间,就永远不会回来了。”爸爸说。

bà ba děng yú gěi wǒ yī gè mí yǔ　zhè mí yǔ bǐ kè běn shang de　rì lì guà zài qiáng bì　yī tiān sī qu
爸爸等于给我一个谜语,这谜语比课本上的“日历挂在墙壁,一天撕去
yī yè　shǐ wǒ xīn li zháo jí　hé　yī cùn guāng yīn yī cùn jīn　cùn jīn nán mǎi cùn guāng yīn　hái ràng wǒ gǎn
一页,使我心里着急”和“一寸光阴一寸金,寸金难买寸光阴”还让我感
dào kě pà　yě bǐ zuò wén běn shang de　guāng yīn sì jiàn　rì yuè rú suō　gèng ràng wǒ jué de yǒu yī zhǒng shuō
到可怕;也比作文本上的“光阴似箭,日月如梭”更让我觉得有一种说
bù chu de zī wèi
不出的滋味。

shí jiān guò de nà me fēi kuài　shǐ wǒ de xiǎo xīn yǎnr　li bù zhǐ shì zháo jí　hái yǒu bēi shāng　yǒu yī
时间过得那么飞快,使我的小心眼儿里不只是着急,还有悲伤。有一
tiān wǒ fàng xué huí jiā　kàn dào tài yáng kuài luò shān le　jiù xià jué xīn shuō　wǒ yào bǐ tài yáng gèng kuài de huí
天我放学回家,看到太阳快落山了,就下决心说:“我要比太阳更快地回
jiā　wǒ kuáng bēn huí qu　zhàn zài tíng yuàn qián chuǎn qì de shí hou　kàn dào tài yáng hái lòu zhe bàn biān liǎn　wǒ
家。”我狂奔回去,站在庭院前喘气的时候,看到太阳还露着半边脸,我
gāo xìng de tiào yuè qi lai　nà yī tiān wǒ pǎo yíng le tài yáng　yǐ hòu wǒ jiù shí cháng zuò nà yàng de yóu xì
高兴地跳跃起来,那一天我跑赢了太阳。以后我就时常做那样的游戏,
yǒu shí hé tài yáng sài pǎo　yǒu shí hé xī běi fēng bǐ kuài　yǒu shí yī gè shǔ jià cái néng zuò wán de zuò yè　wǒ
有时和太阳赛跑,有时和西北风比快,有时一个暑假才能做完的作业,我
shí tiān jiù zuò wán le　nà shí wǒ sān nián jí　cháng cháng bǎ gē ge wǔ nián jí de zuò yè ná lai zuò　měi yī
十天就做完了;那时我三年级,常常把哥哥五年级的作业拿来做。每一
cì bǐ sài shèng guò shí jiān　wǒ jiù kuài lè de bù zhī dào zěn me xíng róng
次比赛胜过时间,我就快乐得不知道怎么形容。

rú guǒ jiāng lái wǒ yǒu shén me yào jiāo gěi wǒ de hái zi　wǒ huì gào su tā　jiǎ ruò nǐ yī zhí hé shí jiān bǐ
如果将来我有什么要教给我的孩子,我会告诉他:假若你一直和时间比
sài　nǐ jiù kě yǐ chéng gōng
赛,你就可以成功!

jié xuǎn zì tái wān lín qīng xuán　hé shí jiān sài pǎo
节选自台湾林清玄《和时间赛跑》

zuò pǐn
作品 15

sān shí nián dài chū　hú shì zài běi jīng dà xué rèn jiào shòu　jiǎng kè shí tā cháng cháng duì bái huà wén dà
三十年代初,胡适在北京大学任教授。讲课时他常常对白话文大
jiā chēng zàn　yǐn qǐ yī xiē zhǐ xǐ huan wén yán wén ér bù xǐ huan bái huà wén de xué shēng de bù mǎn
加称赞,引起一些只喜欢文言文而不喜欢白话文的学生的不满。

yī cì　hú shì zhèng jiǎng de dé yì de shí hou　yī wèi xìng wèi de xué shēng tū rán zhàn le qi lai　shēng qì
一次,胡适正讲得得意的时候,一位姓魏的学生突然站了起来,生气

de wèn hú xiān sheng nán dào shuō bái huà wén jiù háo wú quē diǎn ma hú shì wēi xiào zhe huí dá shuō méi
地问:"胡先生,难道说白话文就毫无缺点吗?"胡适微笑着回答说:"没
yǒu nà wèi xué shēng gèng jiā jī dòng le kěn dìng yǒu bái huà wén fèi huà tài duō dǎ diàn bào yòng zì duō
有。"那位学生更加激动了:"肯定有!白话文废话太多,打电报用字多,
huā qián duō hú shì de mù guāng dùn shí biàn liàng le qīng shēng de jiě shì shuō bù yī dìng ba qián jǐ tiān
花钱多。"胡适的目光顿时变亮了。轻声地解释说:"不一定吧!前几天
yǒu wèi péng you gěi wǒ dǎ lái diàn bào qǐng wǒ qù zhèng fǔ bù mén gōng zuò wǒ jué dìng bù qù jiù huí diàn jù
有位朋友给我打来电报,请我去政府部门工作,我决定不去,就回电拒
jué le fù diàn shì yòng bái huà xiě de kàn lái yě hěn shěng zì qǐng tóng xué men gēn jù wǒ zhè ge yì si
绝了。复电是用白话写的,看来也很省字。请同学们根据我这个意思,
yòng wén yán wén xiě yī gè huí diàn kàn kan jiū jìng shì bái huà wén shěng zì hái shi wén yán wén shěng zì hú
用文言文写一个回电,看看究竟是白话文省字,还是文言文省字?"胡
jiào shòu gāng shuō wán tóng xué men lì kè rèn zhēn de xiě le qi lai
教授刚说完,同学们立刻认真地写了起来。

shí wǔ fēn zhōng guò qu hú shì ràng tóng xué jǔ shǒu bào gào yòng zì de shù mù rán hòu tiāo le yī fèn
十五分钟过去,胡适让同学举手,报告用字的数目,然后挑了一份
yòng zì zuì shǎo de wén yán diàn bào gǎo diàn wén shì zhè yàng xiě de
用字最少的文言电报稿,电文是这样写的:

cái shū xué qiǎn kǒng nán shèng rèn bù kān cóng mìng bái huà wén de yì si shì xué wen bù shēn kǒng pà
"才疏学浅,恐难胜任,不堪从命。"白话文的意思是:学问不深,恐怕
hěn nán dān rèn zhè ge gōng zuò bù néng fú cóng ān pái
很难担任这个工作,不能服从安排。

hú shì shuō zhè fèn xiě de què shí bù cuò jǐn yòng le shí èr gè zì dàn wǒ de bái huà diàn bào què zhǐ
胡适说,这份写得确实不错,仅用了十二个字。但我的白话电报却只
yòng le wǔ gè zì
用了五个字:

gàn bu liǎo xiè xie
"干不了,谢谢!"

hú shì yòu jiě shì shuō gàn bu liǎo jiù yǒu cái shū xué qiǎn kǒng nán shèng rèn de yì si xiè xie jì duì
胡适又解释说:"干不了"就有才疏学浅、恐难胜任的意思;"谢谢"既对
péng you de jiè shào biǎo shì gǎn xiè yòu yǒu jù jué de yì si suǒ yǐ fèi huà duō bu duō bìng bù kàn tā shì
朋友的介绍表示感谢,又有拒绝的意思。所以,废话多不多,并不看它是
wén yán wén hái shi bái huà wén zhǐ yào zhù yì xuǎn yòng zì cí bái huà wén shì kě yǐ bǐ wén yán wén gèng shěng
文言文还是白话文,只要注意选用字词,白话文是可以比文言文更省
zì de
字的。

jié xuǎn zì chén zhuó zhǔ biān shí yòng hàn yǔ zhōng jí jiào chéng shàng zhōng hú shì de bái huà diàn bào
节选自陈灼主编《实用汉语中级教程》上 中《胡适的白话电报》

zuò pǐn
作品 16

hěn jiǔ yǐ qián zài yī gè qī hēi de qiū tiān de yè wǎn wǒ fàn zhōu zài xī bó lì yà yī tiáo yīn sēn sēn de
很久以前,在一个漆黑的秋天的夜晚,我泛舟在西伯利亚一条阴森森的
hé shang chuán dào yī gè zhuǎn wān chù zhǐ jiàn qián miàn hēi qū qū de shān fēng xià miàn yī xīng huǒ guāng mò
河上。船到一个转弯处,只见前面黑黢黢的山峰下面一星火光蓦
dì yī shǎn
地一闪。

huǒ guāng yòu míng yòu liàng hǎo xiàng jiù zài yǎn qián
火光又明又亮,好像就在眼前……

hǎo la xiè tiān xiè dì wǒ gāo xìng de shuō mǎ shàng jiù dào guò yè de dì fang la
“好啦，谢天谢地！”我高兴地说，“马上就到过夜的地方啦！”

chuán fū niǔ tóu cháo shēn hòu de huǒ guāng wàng le yī yǎn yòu bù yǐ wéi rán de huá qǐ jiǎng lái
船夫扭头朝身后的火光望了一眼，又不以为然地划起桨来。

yuǎn zhe ne
“远着呢！”

wǒ bù xiāng xìn tā de huà yīn wèi huǒ guāng chōng pò méng lóng de yè sè míng míng zài nàr shǎn shuò
我不相信他的话，因为火光冲破朦胧的夜色，明明在那儿闪烁。
bù guò chuán fū shì duì de shì shí shàng huǒ guāng dí què hái yuǎn zhe ne
不过船夫是对的，事实上，火光的确还远着呢。

zhè xiē hēi yè de huǒ guāng de tè diǎn shì qū sàn hēi àn shǎn shǎn fā liàng jìn zài yǎn qián lìng rén shén
这些黑夜的火光的特点是：驱散黑暗，闪闪发亮，近在眼前，令人神
wǎng zhà yī kàn zài huá jǐ xià jiù dào le qí shí què hái yuǎn zhe ne
往。乍一看，再划几下就到了……其实却还远着呢！……

wǒ men zài qī hēi rú mò de hé shang yòu huá le hěn jiǔ yī gè gè xiá gǔ hé xuán yá yíng miàn shǐ lái
我们在漆黑如墨的河上又划了很久。一个个峡谷和悬崖，迎面驶来，
yòu xiàng hòu yí qù fǎng fú xiāo shī zài máng máng de yuǎn fāng ér huǒ guāng què yī rán tíng zài qián tou shǎn
又向后移去，仿佛消失在茫茫的远方，而火光却依然停在前头，闪
shǎn fā liàng lìng rén shén wǎng yī rán shì zhè me jìn yòu yī rán shì nà me yuǎn
闪发亮，令人神往——依然是这么近，又依然是那么远……

xiàn zài wú lùn shì zhè tiáo bèi xuán yá qiào bì de yīn yǐng lǒng zhào de qī hēi de hé liú hái shì nà yī xīng
现在，无论是这条被悬崖峭壁的阴影笼罩的漆黑的河流，还是那一星
míng liàng de huǒ guāng dōu jīng cháng fú xiàn zài wǒ de nǎo jì zài zhè yǐ qián hé zài zhè yǐ hòu céng yǒu xǔ
明亮的火光，都经常浮现在我的脑际，在这以前和在这以后，曾有许
duō huǒ guāng sì hū jìn zài zhǐ chǐ bù zhǐ shǐ wǒ yī rén xīn chí shén wǎng kě shì shēng huó zhī hé què réng rán
多火光，似乎近在咫尺，不止使我一人心驰神往。可是生活之河却仍然
zài nà yīn sēn sēn de liǎng àn zhī jiān liú zhe ér huǒ guāng yě yī jiù fēi cháng yáo yuǎn yīn cǐ bì xū jiā jìn
在那阴森森的两岸之间流着，而火光也依旧非常遥远。因此，必须加劲
huá jiǎng
划桨……

rán ér huǒ guāng a bì jìng bì jìng jiù zài qián tou
然而，火光啊……毕竟……毕竟就在前头！……

jié xuǎn zì é kē luó lián kē huǒ guāng zhāng tiě fū yì
节选自［俄］柯罗连科《火光》，张铁夫译

zuò pǐn
作品 17

duì yú yī gè zài běi píng zhù guàn de rén xiàng wǒ dōng tiān yào shì bù guā fēng biàn jué de shì qí jì jǐ
对于一个在北平住惯的人，像我，冬天要是不刮风，便觉得是奇迹；济
nán de dōng tiān shì méi yǒu fēng shēng de duì yú yī gè gāng yóu lún dūn huí lai de rén xiàng wǒ dōng tiān yào
南的冬天是没有风声的。对于一个刚由伦敦回来的人，像我，冬天要
néng kàn de jiàn rì guāng biàn jué de shì guài shì jǐ nán de dōng tiān shì xiǎng qíng de zì rán zài rè dài de
能看得见日光，便觉得是怪事；济南的冬天是响晴的。自然，在热带的
dì fang rì guāng yǒng yuǎn shì nà me dú xiǎng liàng de tiān qì fǎn yǒu diǎnr jiào rén hài pà kě shì zài běi
地方，日光永远是那么毒，响亮的天气，反有点儿叫人害怕。可是，在北
fāng de dōng tiān ér néng yǒu wēn qíng de tiān qì jǐ nán zhēn děi suàn gè bǎo dì
方的冬天，而能有温晴的天气，济南真得算个宝地。

shè ruò dān dān shì yǒu yáng guāng nà yě suàn bu liǎo chū qí qǐng bì shang yǎn jing xiǎng yī gè lǎo
设若单单是有阳光，那也算不了出奇。请闭上眼睛想：一个老

chéng yǒu shān yǒu shuǐ quán zài tiān dǐ xià shài zhe yáng guāng nuǎn huo ān shì de shuì zhe zhǐ děng chūn fēng lái
城，有山有水，全在天底下晒着阳光，暖和安适地睡着，只等春风来
bǎ tā men huàn xǐng zhè shì bu shì lǐ xiǎng de jìng jiè xiǎo shān bǎ jǐ nán wéi le gè quānr zhǐ yǒu běi
把它们唤醒，这是不是理想的境界？小山把济南围了个圈儿，只有北
biān quē zhe diǎn kǒur zhè yī quān xiǎo shān zài dōng tiān tè bié kě ài hǎo xiàng shì bǎ jǐ nán fàng zài yī
边缺着点口儿。这一圈小山在冬天特别可爱，好像是把济南放在一
gè xiǎo yáo lán li tā men ān jìng bù dòng de dī shēng de shuō nǐ men fàng xīn ba zhèr zhǔn bǎo nuǎn
个小摇篮里，它们安静不动地低声地说："你们放心吧，这儿准保暖
huo zhēn de jǐ nán de rén men zài dōng tiān shì miàn shang hán xiào de tā men yī kàn nà xiē xiǎo shān xīn
和。"真的，济南的人们在冬天是面上含笑的。他们一看那些小山，心
zhōng biàn jué de yǒu le zhuó luò yǒu le yī kào tā men yóu tiān shàng kàn dào shān shang biàn bù zhī bù jué de
中便觉得有了着落，有了依靠。他们由天上看到山上，便不知不觉地
xiǎng qǐ míng tiān yě xǔ jiù shì chūn tiān le ba zhè yàng de wēn nuǎn jīn tiān yè lǐ shān cǎo yě xǔ jiù lù
想起：明天也许就是春天了吧？这样的温暖，今天夜里山草也许就绿
qi lai le ba jiù shì zhè diǎnr huàn xiǎng bù néng yī shí shí xiàn tā men yě bìng bù zháo jí yīn wèi zhè
起来了吧？就是这点儿幻想不能一时实现，他们也并不着急，因为这
yàng cí shàn de dōng tiān gàn shén me hái xī wàng bié de ne
样慈善的冬天，干什么还希望别的呢！

zuì miào de shì xià diǎnr xiǎo xuě ya kàn ba shān shang de ǎi sōng yuè fā de qīng hēi shù jiānr shang
最妙的是下点儿小雪呀。看吧，山上的矮松越发的青黑，树尖儿上
dǐng zhe yī jìr bái huā hǎo xiàng rì běn kān hù fù shān jiānr quán bái le gěi lán tiān xiāng shang yī dào
顶着一髻儿白花，好像日本看护妇。山尖儿全白了，给蓝天镶上一道
yín biān shān pō shang yǒu de dì fang xuě hòu diǎnr yǒu de dì fang cǎo sè hái lòu zhe zhè yàng yī dàor
银边。山坡上，有的地方雪厚点儿，有的地方草色还露着；这样，一道儿
bái yī dàor àn huáng gěi shān men chuān shang yī jiàn dài shuǐ wénr de huā yī kàn zhe kàn zhe zhè jiàn huā
白，一道儿暗黄，给山们穿上一件带水纹儿的花衣；看着看着，这件花
yī hǎo xiàng bèi fēngr chuī dòng jiào nǐ xī wàng kàn jiàn yī diǎnr gèng měi de shān de jī fū děng dào
衣好像被风儿吹动，叫你希望看见一点儿更美的山的肌肤。等到
kuài rì luò de shí hou wēi huáng de yáng guāng xié shè zài shān yāo shang nà diǎnr báo xuě hǎo xiàng hū rán hài
快日落的时候，微黄的阳光斜射在山腰上，那点儿薄雪好像忽然害
xiū wēi wēi lòu chū diǎnr fěn sè jiù shì xià xiǎo xuě ba jǐ nán shì shòu bu zhù dà xuě de nà xiē xiǎo shān tài
羞，微微露出点儿粉色。就是下小雪吧，济南是受不住大雪的，那些小山太
xiù qi
秀气。

jié xuǎn zì lǎo shě jǐ nán de dōng tiān
节选自老舍《济南的冬天》

zuò pǐn
作品18

chún pǔ de jiā xiāng cūn biān yǒu yī tiáo hé qū qū wān wān hé zhōng jià yī wān shí qiáo gōng yàng de
纯朴的家乡村边有一条河，曲曲弯弯，河中架一弯石桥，弓样的
xiǎo qiáo héng kuà liǎng àn
小桥横跨两岸。

měi tiān bù guǎn shì jī míng xiǎo yuè rì lì zhōng tiān hái shi yuè huá xiè dì xiǎo qiáo dōu yìn xià chuàn
每天，不管是鸡鸣晓月，日丽中天，还是月华泻地，小桥都印下串
chuàn zú jì sǎ luò chuàn chuàn hàn zhū nà shì xiāng qīn wèi le zhuī qiú duō léng de xī wàng duì xiàn měi hǎo
串足迹，洒落串串汗珠。那是乡亲为了追求多棱的希望，兑现美好
de xiá xiǎng wān wān xiǎo qiáo bù shí dàng guò qīng yín dī chàng bù shí lù chū shū xīn de xiào róng
的遐想。弯弯小桥，不时荡过轻吟低唱，不时露出舒心的笑容。

yīn ér wǒ zhì xiǎo de xīn líng céng jiāng xīn shēng xiàn gěi xiǎo qiáo nǐ shì yī wān yín sè de xīn yuè gěi rén
因而，我稚小的心灵，曾将心声献给小桥：你是一弯银色的新月，给人
jiān pǔ zhào guāng huī nǐ shì yī bǎ shǎn liàng de lián dāo gē yì zhe huān xiào de huā guǒ nǐ shì yī gēn huàng
间普照光辉；你是一把闪亮的镰刀，割刈着欢笑的花果；你是一根晃
yōu yōu de biǎn dan tiāo qǐ le cǎi sè de míng tiān ò xiǎo qiáo zǒu jin wǒ de mèng zhōng
悠悠的扁担，挑起了彩色的明天！哦，小桥走进我的梦中。

wǒ zài piāo bó tā xiāng de suì yuè xīn zhōng zǒng yǒng dòng zhe gù xiāng de hé shuǐ mèng zhōng zǒng kàn
我在飘泊他乡的岁月，心中总涌动着故乡的河水，梦中总看
dào gōng yàng de xiǎo qiáo dāng wǒ fǎng nán jiāng tàn běi guó yǎn lián chuǎng jin zuò zuò xióng wěi de cháng qiáo
到弓样的小桥。当我访南疆探北国，眼帘闯进座座雄伟的长桥
shí wǒ de mèng biàn de fēng mǎn le zēng tiān le chì chéng huáng lǜ qīng lán zǐ
时，我的梦变得丰满了，增添了赤橙黄绿青蓝紫。

sān shí duō nián guò qu wǒ dài zhe mǎn tóu shuāng huā huí dào gù xiāng dì yī jǐn yào de biàn shì qù kàn
三十多年过去，我带着满头霜花回到故乡，第一紧要的便是去看
wàng xiǎo qiáo
望小桥。

à xiǎo qiáo ne tā duǒ qi lai le hé zhōng yī dào cháng hóng yù zhe zhāo xiá yì yì shǎn guāng
啊！小桥呢？它躲起来了？河中一道长虹，浴着朝霞熠熠闪光。
ò xióng hún de dà qiáo chǎng kāi xiōng huái qì chē de hū xiào mó tuō de dí yīn zì xíng chē de dīng líng hé
哦，雄浑的大桥敞开胸怀，汽车的呼啸、摩托的笛音、自行车的叮铃，合
zòu zhe jìn xíng jiāo xiǎng yuè nán lái de gāng jīn huā bù běi wǎng de gān chéng jiā qín huì chū jiāo liú huān yuè
奏着进行交响乐；南来的钢筋、花布，北往的柑橙、家禽，绘出交流欢悦
tú
图……

à tuì biàn de qiáo chuán dì le jiā xiāng jìn bù de xiāo xi tòu lù le jiā xiāng fù yù de shēng yīn shí
啊！蜕变的桥，传递了家乡进步的消息，透露了家乡富裕的声音。时
dài de chūn fēng měi hǎo de zhuī qiú wǒ mò dì jì qǐ ér shí chàng gěi xiǎo qiáo de gē ò míng yàn yàn de tài
代的春风，美好的追求，我蓦地记起儿时唱给小桥的歌，哦，明艳艳的太
yáng zhào yào le fāng xiāng tián mì de huā guǒ pěng lai le wǔ cǎi bān lán de suì yuè lā kai le
阳照耀了，芳香甜蜜的花果捧来了，五彩斑斓的岁月拉开了！

wǒ xīn zhōng yǒng dòng de hé shuǐ jī dàng qǐ tián měi de làng huā wǒ yǎng wàng yī bì lán tiān xīn dǐ
我心中涌动的河水，激荡起甜美的浪花。我仰望一碧蓝天，心底
qīng shēng hū hǎn jiā xiāng de qiáo a wǒ mèng zhōng de qiáo
轻声呼喊：家乡的桥啊，我梦中的桥！

jié xuǎn zì zhèng yíng jiā xiāng de qiáo
节选自郑莹《家乡的桥》

zuò pǐn
作品 19

sān bǎi duō nián qián jiàn zhù shè jì shī lái yī ēn shòu mìng shè jì le yīng guó wēn zé shì zhèng fǔ dà
三百多年前，建筑设计师莱伊恩受命设计了英国温泽市政府大
tīng tā yùn yòng gōng chéng lì xué de zhī shi yī jù zì jǐ duō nián de shí jiàn qiǎo miào de shè jì le zhǐ
厅。他运用工程力学的知识，依据自己多年的实践，巧妙地设计了只
yòng yī gēn zhù zi zhī chēng de dà tīng tiān huā bǎn yī nián yǐ hòu shì zhèng fǔ quán wēi rén shì jìn xíng gōng
用一根柱子支撑的大厅天花板。一年以后，市政府权威人士进行工
chéng yàn shōu shí què shuō zhǐ yòng yī gēn zhù zi zhī chēng tiān huā bǎn tài wēi xiǎn yāo qiú lái yī ēn zài duō jiā
程验收时，却说只用一根柱子支撑天花板太危险，要求莱伊恩再多加
jǐ gēn zhù zi
几根柱子。

lái yī ēn zì xìn zhǐ yào yī gēn jiān gù de zhù zi zú yǐ bǎo zhèng dà tīng ān quán tā de gù zhi rě nǎo
莱伊恩自信只要一根坚固的柱子足以保证大厅安全，他的“固执”惹恼
le shì zhèng guān yuán xiǎn xiē bèi sòng shang fǎ tíng tā fēi cháng kǔ nǎo jiān chí zì jǐ yuán xiān de zhǔ zhāng
了市政官员，险些被送上法庭。他非常苦恼，坚持自己原先的主张
ba shì zhèng guān yuán kěn dìng huì lìng zhǎo rén xiū gǎi shè jì bù jiān chí ba yòu yǒu bèi zì jǐ wéi rén de zhǔn
吧，市政官员肯定会另找人修改设计；不坚持吧，又有悖自己为人的准
zé máo dùn le hěn cháng yī duàn shí jiān lái yī ēn zhōng yú xiǎng chū le yī tiáo miào jì tā zài dà tīng lǐ
则。矛盾了很长一段时间，莱伊恩终于想出了一条妙计，他在大厅里
zēng jiā le sì gēn zhù zi bù guò zhè xiē zhù zi bìng wèi yǔ tiān huā bǎn jiē chù zhǐ bù guò shì zhuang zhuang
增加了四根柱子，不过这些柱子并未与天花板接触，只不过是装装
yàng zi
样子。

sān bǎi duō nián guò qu le zhè ge mì mì shǐ zhōng méi yǒu bèi rén fā xiàn zhí dào qián liǎng nián shì zhèng
三百多年过去了，这个秘密始终没有被人发现。直到前两年，市政
fǔ zhǔn bèi xiū shàn dà tīng de tiān huā bǎn cái fā xiàn lái yī ēn dāng nián de nòng xū zuò jiǎ xiāo xi
府准备修缮大厅的天花板，才发现莱伊恩当年的“弄虚作假”。消息
chuán chū hòu shì jiè gè guó de jiàn zhù zhuān jiā hé yóu kè yún jí dāng dì zhèng fǔ duì cǐ yě bù jiā yǎn shì
传出后，世界各国的建筑专家和游客云集，当地政府对此也不加掩饰，
zài xīn shì jì dào lái zhī jì tè yì jiāng dà tīng zuò wéi yī gè lǚ yóu jǐng diǎn duì wài kāi fàng zhǐ zài yǐn dǎo rén
在新世纪到来之际，特意将大厅作为一个旅游景点对外开放，旨在引导人
men chóng shàng hé xiāng xìn kē xué
们崇尚和相信科学。

zuò wéi yī míng jiàn zhù shī lái yī ēn bìng bù shì zuì chū sè de dàn zuò wéi yī gè rén tā wú yí fēi
作为一名建筑师，莱伊恩并不是最出色的。但作为一个人，他无疑非
cháng wěi dà zhè zhǒng wěi dà biǎo xiàn zài tā shǐ zhōng kè shǒu zhe zì jǐ de yuán zé gěi gāo guì de xīn líng yī
常伟大，这种伟大表现在他始终恪守着自己的原则，给高贵的心灵一
gè měi lì de zhù suǒ nǎ pà shì zāo yù dào zuì dà de zǔ lì yě yào xiǎng bàn fǎ dǐ dá shèng lì
个美丽的住所：哪怕是遭遇到最大的阻力，也要想办法抵达胜利。

jié xuǎn zì yóu yǔ míng jiān shǒu nǐ de gāo guì
节选自游宇明《坚守你的高贵》

zuò pǐn
作品 20

zì cóng chuán yán yǒu rén zài sà wén hé pàn sàn bù shí wú yì fā xiàn le jīn zi hòu zhè lǐ biàn cháng yǒu
自从传言有人在萨文河畔散步时无意发现了金子后，这里便常有
lái zì sì miàn bā fāng de táo jīn zhě tā men dōu xiǎng chéng wéi fù wēng yú shì xún biàn le zhěng gè hé
来自四面八方的淘金者。他们都想成为富翁，于是寻遍了整个河
chuáng hái zài hé chuáng shang wā chū hěn duō dà kēng xī wàng jiè zhù tā men zhǎo dào gèng duō de jīn zi dí
床，还在河床上挖出很多大坑，希望借助它们找到更多的金子。的
què yǒu yī xiē rén zhǎo dào le dàn lìng wài yī xiē rén yīn wèi yī wú suǒ dé ér zhǐ hǎo sǎo xìng guī qù
确，有一些人找到了，但另外一些人因为一无所得而只好扫兴归去。

yě yǒu bù gān xīn luò kōng de biàn zhù zhā zài zhè lǐ jì xù xún zhǎo bǐ dé fú léi tè jiù shì qí zhōng
也有不甘心落空的，便驻扎在这里，继续寻找。彼得·弗雷特就是其中
yī yuán tā zài hé chuáng fù jìn mǎi le yī kuài méi rén yào de tǔ dì yī gè rén mò mò de gōng zuò tā wèi
一员。他在河床附近买了一块没人要的土地，一个人默默地工作。他为
le zhǎo jīn zi yǐ bǎ suǒ yǒu de qián dōu yā zài zhè kuài tǔ dì shang tā mái tóu kǔ gàn le jǐ gè yuè zhí dào
了找金子，已把所有的钱都押在这块土地上。他埋头苦干了几个月，直到
tǔ dì quán biàn chéng le kēng kēng wā wā tā shī wàng le tā fān biàn le zhěng kuài tǔ dì dàn lián yī
土地全变成了坑坑洼洼，他失望了——他翻遍了整块土地，但连一

dīng diǎnr jīn zi dōu méi kàn jiàn
丁点儿金子都没看见。

liù gè yuè hòu tā lián mǎi miàn bāo de qián dōu méi yǒu le yú shì tā zhǔn bèi lí kāi zhèr dào bié chù
六个月后，他连买面包的钱都没有了。于是他准备离开这儿到别处
qù móu shēng
去谋生。

jiù zài tā jí jiāng lí qù de qián yī gè wǎn shang tiān xià qi le qīng pén dà yǔ bìng qiě yī xià jiù shì sān
就在他即将离去的前一个晚上，天下起了倾盆大雨，并且一下就是三
tiān sān yè yǔ zhōng yú tíng le bǐ dé zǒu chū xiǎo mù wū fā xiàn yǎn qián de tǔ dì kàn shang qu hǎo xiàng
天三夜。雨终于停了，彼得走出小木屋，发现眼前的土地看上去好像
hé yǐ qián bù yī yàng kēng kēng wā wā yǐ bèi dà shuǐ chōng shuā píng zhěng sōng ruǎn de tǔ dì shang zhǎng chū
和以前不一样：坑坑洼洼已被大水冲刷平整，松软的土地上长出
yī céng lǜ róng róng de xiǎo cǎo
一层绿茸茸的小草。

zhè lǐ méi zhǎo dào jīn zi bǐ dé hū yǒu suǒ wù de shuō dàn zhè tǔ dì hěn féi wò wǒ kě yǐ yòng lái
“这里没找到金子，”彼得忽有所悟地说，“但这土地很肥沃，我可以用来
zhòng huā bìng qiě ná dào zhèn shang qù mài gěi nà xiē fù rén tā men yī dìng huì mǎi xiē huā zhuāng bàn tā men
种花，并且拿到镇上去卖给那些富人，他们一定会买些花装扮他们
huá lì de kè tīng rú guǒ zhēn shì zhè yàng de huà nà me wǒ yī dìng huì zhuàn xǔ duō qián yǒu zhāo yī rì wǒ
华丽的客厅。如果真是这样的话，那么我一定会赚许多钱，有朝一日我
yě huì chéng wéi fù rén
也会成为富人……”

yú shì tā liú le xia lai bǐ dé huā le bù shǎo jīng lì péi yù huā miáo bù jiǔ tián dì li zhǎng mǎn le měi
于是他留了下来。彼得花了不少精力培育花苗，不久田地里长满了美
lì jiāo yàn de gè sè xiān huā
丽娇艳的各色鲜花。

wǔ nián yǐ hòu bǐ dé zhōng yú shí xiàn le tā de mèng xiǎng chéng le yī gè fù wēng wǒ shì wéi
五年以后，彼得终于实现了他的梦想——成了一个富翁。“我是唯
yī de yī gè zhǎo dào zhēn jīn de rén tā shí cháng bù wú jiāo ào de gào su bié rén bié rén zài zhèr zhǎo
一的一个找到真金的人！”他时常不无骄傲地告诉别人，“别人在这儿找
bu dào jīn zi hòu biàn yuǎn yuǎn de lí kāi ér wǒ de jīn zi shì zài zhè kuài tǔ dì li zhǐ yǒu chéng shí de rén
不到金子后便远远地离开，而我的‘金子’是在这块土地里，只有诚实的人
yòng qín láo cái néng cǎi jí dào
用勤劳才能采集到。”

jié xuǎn zì táo měng yì jīn zi
节选自陶猛译《金子》

zuò pǐn
作品 21

wǒ zài jiā ná dà xué xí qī jiān yù dào guo liǎng cì mù juān nà qíng jǐng zhì jīn shǐ wǒ nán yǐ wàng huái
我在加拿大学习期间遇到过两次募捐，那情景至今使我难以忘怀。

yī tiān wǒ zài wò tài huá de jiē shang bèi liǎng gè nán hái zi lán zhù qù lù tā men shí lái suì chuān de
一天，我在渥太华的街上被两个男孩子拦住去路。他们十来岁，穿得
zhěng zhěng qí qí měi rén tóu shang dài zhe gè zuò gōng jīng qiǎo sè cǎi xiān yàn de zhǐ mào shàng miàn xiě zhe
整整齐齐，每人头上戴着个做工精巧、色彩鲜艳的纸帽，上面写着
wèi bāng zhù huàn xiǎo ér má bì de huǒ bàn mù juān qí zhōng de yī gè bù yóu fēn shuō jiù zuò zài xiǎo dèng
“为帮助患小儿麻痹的伙伴募捐。”其中的一个，不由分说就坐在小凳
shang gěi wǒ cā qi pí xié lái lìng yī gè zé bīn bīn yǒu lǐ de fā wèn xiǎo jiě nín shì nǎ guó rén xǐ huan wò
上给我擦起皮鞋来，另一个则彬彬有礼地发问：“小姐，您是哪国人？喜欢渥

tài huá ma xiǎo jiě zài nǐ men guó jiā yǒu méi yǒu xiǎo háir huàn xiǎo ér má bì shéi gěi tā men yī liáo
太华吗?”“小姐,在你们国家有没有小孩儿患小儿麻痹?谁给他们医疗
fèi yī lián chuàn de wèn tí shǐ wǒ zhè ge yǒu shēng yǐ lái tóu yī cì zài zhòng mù kuí kuí zhī xià ràng bié rén
费?”一连串的问题,使我这个有生以来头一次在众目睽睽之下让别人
cā xié de yì xiāng rén cóng jìn hū láng bèi de jiǒng tài zhōng jiě tuō chu lai wǒ men xiàng péng you yī yàng liáo
擦鞋的异乡人,从近乎狼狈的窘态中解脱出来。我们像朋友一样聊
qǐ tiānr lái
起天儿来……

jǐ gè yuè zhī hòu yě shì zài jiē shang yī xiē shí zì lù kǒu chù huò chē zhàn zuò zhe jǐ wèi lǎo rén tā
几个月之后,也是在街上。一些十字路口处或车站坐着几位老人。他
men mǎn tóu yín fā shēn chuān gè zhǒng lǎo shì jūn zhuāng shàng miàn bù mǎn le dà dà xiǎo xiǎo xíng xíng sè sè
们满头银发,身穿各种老式军装,上面布满了大大小小形形色色
de huī zhāng jiǎng zhāng měi rén shǒu pěng yī dà shù xiān huā yǒu shuǐ xiān shí zhú méi gui jí jiào bù chū míng
的徽章、奖章,每人手捧一大束鲜花,有水仙、石竹、玫瑰及叫不出名
zi de yī sè xuě bái cōng cōng guò wǎng de xíng rén fēn fēn zhǐ bù bǎ qián tóu jin zhè xiē lǎo rén shēn páng de
字的,一色雪白。匆匆过往的行人纷纷止步,把钱投进这些老人身旁的
bái sè mù xiāng nèi rán hòu xiàng tā men wēi wēi jū gōng cóng tā men shǒu zhōng jiē guo yī duǒ huā wǒ kàn le
白色木箱内,然后向他们微微鞠躬,从他们手中接过一朵花。我看了
yī huìr yǒu rén tóu yī liǎng yuán yǒu rén tóu jǐ bǎi yuán hái yǒu rén tāo chū zhī piào tián hǎo hòu tóu jin mù
一会儿,有人投一两元,有人投几百元,还有人掏出支票填好后投进木
xiāng nà xiē lǎo jūn rén háo bù zhù yì rén men juān duō shǎo qián yī zhí bù tíng de xiàng rén men dī shēng dào
箱。那些老军人毫不注意人们捐多少钱,一直不停地向人们低声道
xiè tóng xíng de péng you gào su wǒ zhè shì wèi jì niàn èr cì dà zhàn zhōng cān zhàn de yǒng shì mù juān jiù
谢。同行的朋友告诉我,这是为纪念二次大战中参战的勇士,募捐救
jì cán fèi jūn rén hé liè shì yí shuāng měi nián yī cì rèn juān de rén kě wèi yǒng yuè ér qiě zhì xù jǐng rán qì
济残废军人和烈士遗孀,每年一次;认捐的人可谓踊跃,而且秩序井然,气
fēn zhuāng yán yǒu xiē dì fang rén men hái nài xīn dì pái zhe duì wǒ xiǎng zhè shì yīn wèi tā men dōu zhī dào
氛庄严。有些地方,人们还耐心地排着队。我想,这是因为他们都知道:
zhèng shì zhè xiē lǎo rén men de liú xuè xī shēng huàn lái le bāo kuò tā men xìn yǎng zì yóu zài nèi de xǔ xǔ duō
正是这些老人们的流血牺牲换来了包括他们信仰自由在内的许许多
duō
多。

wǒ liǎng cì bǎ nà wēi bù zú dào de yī diǎnr qián pěng gěi tā men zhǐ xiǎng duì tā men shuō shēng xiè
我两次把那微不足道的一点儿钱捧给他们,只想对他们说声“谢
xie
谢”。

jié xuǎn zì qīng bái juān chéng
节选自青白《捐诚》

zuò pǐn
作品 22

méi yǒu yī piàn lǜ yè méi yǒu yī lǚ chuī yān méi yǒu yī lì ní tǔ méi yǒu yī sī huā xiāng zhǐ yǒu shuǐ
没有一片绿叶,没有一缕炊烟,没有一粒泥土,没有一丝花香,只有水
de shì jiè yún de hǎi yáng
的世界,云的海洋。

yī zhèn tái fēng xí guò yī zhī gū dān de xiǎo niǎo wú jiā kě guī luò dào bèi juǎn dào yáng li de mù bǎn
一阵台风袭过,一只孤单的小鸟无家可归,落到被卷到洋里的木板
shang chéng liú ér xià shān shān ér lái jìn le jìn le
上,乘流而下,姗姗而来,近了,近了!……

hū rán xiǎo niǎo zhāng kāi chì bǎng zài rén men tóu dǐng pán xuán le jǐ quānr pū lā yī shēng luò dào
忽然，小鸟张开翅膀，在人们头顶盘旋了几圈儿，“噗啦”一声落到
le chuán shang xǔ shì lèi le hái shì fā xiàn le xīn dà lù shuǐ shǒu niǎn tā tā bù zǒu zhuā tā tā guāi
了船上。许是累了？还是发现了“新大陆”？水手撵它它不走，抓它，它乖
guāi de luò zài zhǎng xīn kě ài de xiǎo niǎo hé shàn liáng de shuǐ shǒu jié chéng le péng you
乖地落在掌心。可爱的小鸟和善良的水手结成了朋友。

qiáo tā duō měi lì jiāo qiǎo de xiǎo zuǐ zhuó lǐ zhe lǜ sè de yǔ máo yā zi yàng de biǎn jiǎo chéng xiàn
瞧，它多美丽，娇巧的小嘴，啄理着绿色的羽毛，鸭子样的扁脚，呈现
chū chūn cǎo de é huáng shuǐ shǒu men bǎ tā dài dào cāng li gěi tā dā pù ràng tā zài chuán shang ān jiā
出春草的鹅黄。水手们把它带到舱里，给它“搭铺”，让它在船上安家
luò hù měi tiān bǎ fēn dào de yī sù liào tǒng dàn shuǐ yún gěi tā hē bǎ cóng zǔ guó dài lai de xiān měi de yú
落户，每天，把分到的一塑料筒淡水匀给它喝，把从祖国带来的鲜美的鱼
ròu fēn gěi tā chī tiān cháng rì jiǔ xiǎo niǎo hé shuǐ shǒu de gǎn qíng rì qū dǔ hòu qīng chén dāng dì yī shù
肉分给它吃，天长日久，小鸟和水手的感情日趋笃厚。清晨，当第一束
yáng guāng shè jin xián chuāng shí tā biàn chǎng kāi měi lì de gē hóu chàng a chàng yīng yīng yǒu yùn wǎn rú
阳光射进舷窗时，它便敞开美丽的歌喉，唱啊唱，嘤嘤有韵，宛如
chūn shuǐ cóng cóng rén lèi gěi tā yǐ shēng mìng tā háo bù qiān lìn de bǎ zì jǐ de yì shù qīng chūn fèng xiàn
春水淙淙。人类给它以生命，它毫不悭吝地把自己的艺术青春奉献
gěi le bǔ yù tā de rén kě néng dōu shì zhè yàng yì shù jiā men de qīng chūn zhǐ huì xiàn gěi zūn jìng tā men
给了哺育它的人。可能都是这样？艺术家们的青春只会献给尊敬他们
de rén
的人。

xiǎo niǎo gěi yuǎn háng shēng huó méng shang le yī céng làng màn sè diào fǎn háng shí rén men ài bù shì
小鸟给远航生活蒙上了一层浪漫色调。返航时，人们爱不释
shǒu liàn liàn bù shě de xiǎng bǎ tā dài dào yì xiāng kě xiǎo niǎo qiáo cuì le jǐ shuǐ bù hē wèi ròu bù chī
手，恋恋不舍地想把它带到异乡。可小鸟憔悴了，给水，不喝！喂肉，不吃！
yóu liàng de yǔ máo shī qù le guāng zé shì a wǒ men yǒu zì jǐ de zǔ guó xiǎo niǎo yě yǒu tā de guī sù
油亮的羽毛失去了光泽。是啊，我们有自己的祖国，小鸟也有它的归宿，
rén hé dòng wù dōu shì yī yàng a nǎr yě bù rú gù xiāng hǎo
人和动物都是一样啊，哪儿也不如故乡好！

cí ài de shuǐ shǒu men jué dìng fàng kai tā ràng tā huí dào dà hǎi de yáo lán qù huí dào lán sè de gù
慈爱的水手们决定放开它，让它回到大海的摇篮去，回到蓝色的故
xiāng qù lí bié qián zhè ge dà zì rán de péng you yǔ shuǐ shǒu men liú yǐng jì niàn tā zhàn zài xǔ duō rén
乡去。离别前，这个大自然的朋友与水手们留影纪念。它站在许多人
de tóu shang jiān shang zhǎng shang gē bo shang yǔ wèi yǎng guo tā de rén men yī qǐ róng jin nà lán sè de
的头上，肩上，掌上，胳膊上，与喂养过它的人们，一起融进那蓝色的
huà miàn
画面……

jié xuǎn zì wáng wén jié kě ài de xiǎo niǎo
节选自王文杰《可爱的小鸟》

zuò pǐn
作品 23

niǔ yuē de dōng tiān cháng yǒu dà fēng xuě pū miàn de xuě huā bù dàn lìng rén nán yǐ zhēng kāi yǎn jing shèn
纽约的冬天常有大风雪，扑面的雪花不但令人难以睁开眼睛，甚
zhì hū xī dōu huì xī rù bīng lěng de xuě huā yǒu shí qián yī tiān wǎn shang hái shi yī piàn qíng lǎng dì èr tiān
至呼吸都会吸入冰冷的雪花。有时前一天晚上还是一片晴朗，第二天
lā kāi chuāng lián què yǐ jīng jī xuě yíng chǐ lián mén dōu tuī bu kāi le
拉开窗帘，却已经积雪盈尺，连门都推不开了。

yù dào zhè yàng de qíng kuàng gōng sī shāng diàn cháng huì tíng zhǐ shàng bān xué xiào yě tōng guò guǎng
遇到这样的情况，公司、商店常会停止上班，学校也通过广
bō xuān bù tíng kè dàn lìng rén bù jiě de shì wéi yǒu gōng lì xiǎo xué réng rán kāi fàng zhǐ jiàn huáng sè de
播，宣布停课。但令人不解的是，惟有公立小学，仍然开放。只见黄色的
xiào chē jiān nán de zài lù biān jiē hái zi lǎo shī zé yī dà zǎo jiù kǒu zhōng pēn zhe rè qì chǎn qù chē zi qián
校车，艰难地在路边接孩子，老师则一大早就口中喷着热气，铲去车子前
hòu de jī xuě xiǎo xīn yì yì de kāi chē qù xué xiào
后的积雪，小心翼翼地开车去学校。

jù tǒng jì shí nián lái niǔ yuē de gōng lì xiǎo xué zhǐ yīn wèi chāo jí bào fēng xuě tíng guò qī cì kè zhè
据统计，十年来纽约的公立小学只因为超级暴风雪停过七次课。这
shì duō me lìng rén jīng yà de shì fàn de zháo zài dà rén dōu wú xū shàng bān de shí hou ràng hái zi qù xué xiào
是多么令人惊讶的事。犯得着在大人都无须上班的时候让孩子去学校
ma xiǎo xué de lǎo shī yě tài dǎo méi le ba
吗？小学的老师也太倒霉了吧？

yú shì měi féng dà xuě ér xiǎo xué bù tíng kè shí dōu yǒu jiā zhǎng dǎ diàn huà qù mà miào de shì měi gè
于是，每逢大雪而小学不停课时，都有家长打电话去骂。妙的是，每个
dǎ diàn huà de rén fǎn yìng quán yī yàng xiān shì nù qì chōng chōng de zé wèn rán hòu mǎn kǒu dào qiàn
打电话的人，反应全一样——先是怒气冲冲地责问，然后满口道歉，
zuì hòu xiào róng mǎn miàn de guà shang diàn huà yuán yīn shì xué xiào gào su jiā zhǎng
最后笑容满面地挂上电话。原因是，学校告诉家长：

zài niǔ yuē yǒu xǔ duō bǎi wàn fù wēng dàn yě yǒu bù shǎo pín kùn de jiā tíng hòu zhě bái tiān kāi bu qǐ
在纽约有许多百万富翁，但也有不少贫困的家庭。后者白天开不起
nuǎn qì gōng bu qǐ wǔ cān hái zi de yíng yǎng quán kào xué xiào li miǎn fèi de zhōng fàn shèn zhì kě yǐ duō
暖气，供不起午餐，孩子的营养全靠学校里免费的中饭，甚至可以多
ná xiē huí jiā dāng wǎn cān xué xiào tíng kè yī tiān qióng hái zi jiù shòu yī tiān dòng ái yī tiān è suǒ yǐ
拿些回家当晚餐。学校停课一天，穷孩子就受一天冻，挨一天饿，所以
lǎo shī men nìng yuàn zì jǐ kǔ yī diǎnr yě bù néng tíng kè
老师们宁愿自己苦一点儿，也不能停课。

huò xǔ yǒu jiā zhǎng huì shuō hé bù ràng fù yù de hái zi zài jiā li ràng pín qióng de hái zi qù xué xiào
或许有家长会说：何不让富裕的孩子在家里，让贫穷的孩子去学校
xiǎng shòu nuǎn qì hé yíng yǎng wǔ cān ne
享受暖气和营养午餐呢？

xué xiào de dá fù shì wǒ men bù yuàn ràng nà xiē qióng kǔ de hái zi gǎn dào tā men shì zài jiē shòu jiù
学校的答复是：我们不愿让那些穷苦的孩子感到他们是在接受救
jì yīn wèi shī shě de zuì gāo yuán zé shì bǎo chí shòu shī zhě de zūn yán
济，因为施舍的最高原则是保持受施者的尊严。

jié xuǎn zì tái wān liú yōng kè bù néng tíng
节选自（台湾）刘墉《课不能停》

zuò pǐn
作品 24

shí nián zài lì shǐ shang bù guò shì yī shùn jiān zhǐ yào shāo jiā zhù yì rén men jiù huì fā xiàn zài zhè yī
十年，在历史上不过是一瞬间。只要稍加注意，人们就会发现：在这一
shùn jiān li gè zhǒng shì wù dōu qiāo qiāo jīng lì le zì jǐ de qiān biàn wàn huà
瞬间里，各种事物都悄悄经历了自己的千变万化。

zhè cì chóng xīn fǎng rì wǒ chù chù gǎn dào qīn qiè hé shú xī yě zài xǔ duō fāng miàn fā jué le rì běn de
这次重新访日，我处处感到亲切和熟悉，也在许多方面发觉了日本的
biàn huà jiù ná nài liáng de yī gè jiǎo luò lái shuō ba wǒ chóng yóu le wéi zhī gǎn shòu hěn shēn de táng zhāo
变化。就拿奈良的一个角落来说吧，我重游了为之感受很深的唐招

tí sì zài sì nèi gè chù cōng cōng zǒu le yī biàn tíng yuàn yī jiù dàn yì xiǎng bù dào hái kàn dào le yī xiē
提寺，在寺内各处匆匆走了一遍，庭院依旧，但意想不到还看到了一些
xīn de dōng xi qí zhōng zhī yī jiù shì jìn jǐ nián cóng zhōng guó yí zhí lái de yǒu yì zhī lián
新的东西。其中之一，就是近几年从中国移植来的“友谊之莲”。

zài cún fàng jiàn zhēn yí xiàng de nà ge yuàn zi lǐ jǐ zhū zhōng guó lián áng rán tǐng lì cuì lǜ de kuān
在存放鉴真遗像的那个院子里，几株中国莲昂然挺立，翠绿的宽
dà hé yè zhèng yíng fēng ér wǔ xiǎn de shí fēn yú kuài kāi huā de jì jié yǐ guò hé huā duǒ duǒ yǐ biàn wéi
大荷叶正迎风而舞，显得十分愉快。开花的季节已过，荷花朵朵已变为
lián peng léi léi lián zǐ de yán sè zhèng zài yóu qīng zhuǎn zǐ kàn lái yǐ jīng chéng shú le
莲蓬累累。莲子的颜色正在由青转紫，看来已经成熟了。

wǒ jīn bu zhù xiǎng yīn yǐ zhuǎn huà wéi guǒ
我禁不住想：“因”已转化为“果”。

zhōng guó de lián huā kāi zài rì běn rì běn de yīng huā kāi zài zhōng guó zhè bù shì ǒu rán wǒ xī wàng
中国的莲花开在日本，日本的樱花开在中国，这不是偶然。我希望
zhè yàng yī zhǒng shèng kuàng yán xù bù shuāi kě néng yǒu rén bù xīn shǎng huā dàn jué bù huì yǒu rén xīn shǎng
这样一种盛况延续不衰。可能有人不欣赏花，但决不会有人欣赏
luò zài zì jǐ miàn qián de pào dàn
落在自己面前的炮弹。

zài zhè xiē rì zi li wǒ kàn dào le bù shǎo duō nián bù jiàn de lǎo péng you yòu jié shí le yī xiē xīn péng
在这些日子里，我看到了不少多年不见的老朋友，又结识了一些新朋
you dà jiā xǐ huan shè jí de huà tí zhī yī jiù shì gǔ cháng ān hé gǔ nài liáng nà hái yòng de zháo wèn ma
友。大家喜欢涉及的话题之一，就是古长安和古奈良。那还用得着问吗，
péng you men miǎn huái guò qù zhèng shì zhǔ wàng wèi lái zhǔ mù yú wèi lái de rén men bì jiāng huò dé wèi lái
朋友们缅怀过去，正是瞩望未来。瞩目于未来的人们必将获得未来。

wǒ bù lì wài yě xī wàng yī gè měi hǎo de wèi lái
我不例外，也希望一个美好的未来。

wèi le zhōng rì rén mín zhī jiān de yǒu yì wǒ jiāng bù làng fèi jīn hòu shēng mìng de měi yī shùn jiān
为了中日人民之间的友谊，我将不浪费今后生命的每一瞬间。

jié xuǎn zì yán wén jǐng lián huā hé yīng huā
节选自严文井《莲花和樱花》

zuò pǐn
作品 25

méi yǔ tán shǎn shǎn de lǜ sè zhāo yǐn zhe wǒ men wǒ men kāi shǐ duī zhuō tā nà lí hé de shén guāng le
梅雨潭闪闪的绿色招引着我们，我们开始追捉她那离合的神光了。
jiū zhe cǎo pān zhe luàn shí xiǎo xīn tàn shēn xià qu yòu jū gōng guò le yī gè shí qióng mén biàn dào le wāng
揪着草，攀着乱石，小心探身下去，又鞠躬过了一个石穹门，便到了汪
wāng yī bì de tán biān le
汪一碧的潭边了。

pù bù zài jīn xiù zhī jiān dàn shì wǒ de xīn zhōng yǐ méi yǒu pù bù le wǒ de xīn suí tán shuǐ de lǜ ér
瀑布在襟袖之间，但是我的心中已没有瀑布了。我的心随潭水的绿而
yáo dàng nà zuì rén de lǜ ya fǎng fú yī zhāng jí dà jí dà de hé yè pū zhe mǎn shì qí yì de lǜ ya wǒ
摇荡。那醉人的绿呀！仿佛一张极大极大的荷叶铺着，满是奇异的绿呀。我
xiǎng zhāng kāi liǎng bì bào zhu tā dàn zhè shì zěn yàng yī gè wàng xiǎng a
想张开两臂抱住她，但这是怎样一个妄想啊。

zhàn zài shuǐ biān wàng dào nà miàn jū rán jiào zhe yǒu xiē yuǎn ne zhè píng pū zhe hòu jī zhe de lǜ
站在水边，望到那面，居然觉着有些远呢！这平铺着、厚积着的绿，
zhuó shí kě ài tā sōng sōng de zhòu xié zhe xiàng shào fù tuō zhe de qún fú tā huá huá de míng liàng zhe
着实可爱。她松松地皱缬着，像少妇拖着的裙幅；她滑滑的明亮着，

xiàng tú le míng yóu yī bān yǒu jī dàn qīng nà yàng ruǎn nà yàng nèn tā yòu bù zá xiē chén zǐ wǎn rán yī
像涂了“明油”一般，有鸡蛋清那样软，那样嫩；她又不杂些尘滓，宛然一
kuài wēn rùn de bì yù zhǐ qīng qīng de yī sè dàn nǐ què kàn bù tòu tā
块温润的碧玉，只清清的一色——但你却看不透她！

wǒ céng jiàn guo běi jīng shí chà hǎi fú dì de lǜ yáng tuō bù liǎo é huáng de dǐ zi sì hū tài dàn le
我曾见过北京什刹海拂地的绿杨，脱不了鹅黄的底子，似乎太淡了。
wǒ yòu céng jiàn guo háng zhōu hǔ páo sì jìn páng gāo jùn ér shēn mì de lǜ bì cóng dié zhe wú qióng de bì
我又曾见过杭州虎跑寺近旁高峻而深密的“绿壁”，丛叠着无穷的碧
cǎo yǔ lǜ yè de nà yòu sì hū tài nóng le qí yú ne xī hú de bō tài míng le qín huái hé de yě tài àn le
草与绿叶的，那又似乎太浓了。其余呢，西湖的波太明了，秦淮河的也太暗了。
kě ài de wǒ jiāng shén me lái bǐ nǐ nǐ ne wǒ zěn me bǐ nǐ de chū ne dà yuē tán shì hěn shēn de gù
可爱的，我将什么来比拟你呢？我怎么比拟得出呢？大约潭是很深的，故
néng yùn xù zhe zhè yàng qí yì de lǜ fǎng fú wèi lán de tiān róng le yī kuài zài lǐ miàn shì de zhè cái zhè bān
能蕴蓄着这样奇异的绿；仿佛蔚蓝的天融了一块在里面似的，这才这般
de xiān rùn a
的鲜润啊。

nà zuì rén de lǜ ya wǒ ruò néng cái nǐ yǐ wéi dài wǒ jiāng zèng gěi nà qīng yíng de wǔ nǚ tā bì néng
那醉人的绿呀！我若能裁你以为带，我将赠给那轻盈的舞女，她必能
lín fēng piāo jǔ le wǒ ruò néng yì nǐ yǐ wéi yǎn wǒ jiāng zèng gěi nà shàn gē de máng mèi tā bì míng móu
临风飘举了。我若能挹你以为眼，我将赠给那善歌的盲妹，她必明眸
shàn lài le wǒ shě bu de nǐ wǒ zěn shě de nǐ ne wǒ yòng shǒu pāi zhe nǐ fǔ mó zhe nǐ rú tóng yī gè shí
善睐了。我舍不得你，我怎舍得你呢？我用手拍着你，抚摩着你，如同一个十
èr sān suì de xiǎo gū niang wǒ yòu jū nǐ rù kǒu biàn shì wěn zhe tā le wǒ sòng nǐ yī gè míng zi wǒ cóng
二三岁的小姑娘。我又掬你入口，便是吻着她了。我送你一个名字，我从
cǐ jiào nǐ nǚ ér lǜ hǎo ma
此叫你“女儿绿”，好吗？

dì èr cì dào xiān yán de shí hou wǒ bù jīn jīng chà yú méi yǔ tán de lǜ le
第二次到仙岩的时候，我不禁惊诧于梅雨潭的绿了。

jié xuǎn zì zhū zì qīng lǜ
节选自朱自清《绿》

zuò pǐn
作品 26

wǒ men jiā de hòu yuán yǒu bàn mǔ kòng dì mǔ qīn shuō ràng tā huāng zhe guài kě xī de nǐ men nà me
我们家的后园有半亩空地，母亲说：“让它荒着怪可惜的，你们那么
ài chī huā shēng jiù kāi pì chu lai zhòng huā shēng ba wǒ men jiě dì jǐ gè dōu hěn gāo xìng mǎi zhǒng fān dì
爱吃花生，就开辟出来种花生吧。”我们姐弟几个都很高兴，买种，翻地，
bō zhǒng jiāo shuǐ méi guò jǐ gè yuè jū rán shōu huò le
播种，浇水，没过几个月，居然收获了。

mǔ qīn shuō jīn wǎn wǒ men guò yī gè shōu huò jié qǐng nǐ men fù qīn yě lái cháng chang wǒ men de xīn
母亲说：“今晚我们过一个收获节，请你们父亲也来尝尝我们的新
huā shēng hǎo bu hǎo wǒ men dōu shuō hǎo mǔ qīn bǎ huā shēng zuò chéng le hǎo jǐ yàng shí pǐn hái fēn fù
花生，好不好？”我们都说好。母亲把花生做成了好几样食品，还吩咐
jiù zài hòu yuán de máo tíng li guò zhè ge jié
就在后园的茅亭里过这个节。

wǎn shang tiān sè bù tài hǎo kě shì fù qīn yě lái le shí zài hěn nán dé
晚上天色不太好，可是父亲也来了，实在很难得。

fù qīn shuō nǐ men ài chī huā shēng ma
父亲说：“你们爱吃花生吗？”

wǒ men zhēng zhe dā ying ài
我们争着答应:“爱!”

shéi néng bǎ huā shēng de hǎo chù shuō chu lai
“谁能把花生的好处说出来?”

jiě jie shuō huā shēng de wèi měi
姐姐说:“花生的味美。”

gē ge shuō huā shēng kě yǐ zhà yóu
哥哥说:“花生可以榨油。”

wǒ shuō huā shēng de jià qian pián yi shéi dōu kě yǐ mǎi lái chī dōu xǐ huan chī zhè jiù shì tā de hǎo chù
我说:“花生的价钱便宜,谁都可以买来吃,都喜欢吃。这就是它的好处。”

fù qīn shuō huā shēng de hǎo chù hěn duō yǒu yī yàng zuì kě guì tā de guǒ shí mái zài dì li bù xiàng táo zi shí liu píng guǒ nà yàng bǎ xiān hóng nèn lǜ de guǒ shí gāo gāo de guà zài zhī tóu shàng shǐ rén yī jiàn jiù shēng ài mù zhī xīn nǐ men kàn tā ǎi ǎi de zhǎng zài dì shang děng dào chéng shú le yě bù néng lì kè fēn biàn chu lai tā yǒu méi yǒu guǒ shí bì xū wā chu lai cái zhī dào
父亲说:“花生的好处很多,有一样最可贵:它的果实埋在地里,不像桃子、石榴、苹果那样,把鲜红嫩绿的果实高高地挂在枝头上,使人一见就生爱慕之心。你们看它矮矮地长在地上,等到成熟了,也不能立刻分辨出来它有没有果实,必须挖出来才知道。”

wǒ men dōu shuō shì mǔ qīn yě diǎn dian tóu
我们都说是,母亲也点点头。

fù qīn jiē xia qu shuō suǒ yǐ nǐ men yào xiàng huā shēng tā suī rán bù hǎo kàn kě shì hěn yǒu yòng bù shì wài biǎo hǎo kàn ér méi yǒu shí yòng de dōng xi
父亲接下去说:“所以你们要像花生,它虽然不好看,可是很有用,不是外表好看而没有实用的东西。”

wǒ shuō nà me rén yào zuò yǒu yòng de rén bù yào zuò zhǐ jiǎng tǐ miàn ér duì bié rén méi yǒu hǎo chù de rén le
我说:“那么,人要做有用的人,不要做只讲体面,而对别人没有好处的人了。”

fù qīn shuō duì zhè shì wǒ duì nǐ men de xī wàng
父亲说:“对。这是我对你们的希望。”

wǒ men tán dào yè shēn cái sàn huā shēng zuò de shí pǐn dōu chī wán le fù qīn de huà què shēn shēn de yìn zài wǒ de xīn shang
我们谈到夜深才散。花生做的食品都吃完了,父亲的话却深深地印在我的心上。

jié xuǎn zì xǔ dì shān luò huā shēng
节选自许地山《落花生》

zuò pǐn
作品 27

wǒ dǎ liè guī lái yán zhe huā yuán de lín yīn lù zǒu zhe gǒu pǎo zài wǒ qián bian
我打猎归来,沿着花园的林阴路走着。狗跑在我前边。

tū rán gǒu fàng màn jiǎo bù niè zú qián xíng hǎo xiàng xiù dào le qián bian yǒu shén me yě wù
突然,狗放慢脚步,蹑足潜行,好像嗅到了前边有什么野物。

wǒ shùn zhe lín yīn lù wàng qu kàn jiàn le yī zhī zuǐ biān hái dài huáng sè tóu shang shēng zhe róu máo de xiǎo má què fēng měng liè de chuī dǎ zhe lín yīn lù shang de bái huà shù má què cóng cháo li diē luò xia lai dāi
我顺着林阴路望去,看见了一只嘴边还带黄色、头上生着柔毛的小麻雀。风猛烈地吹打着林阴路上的白桦树,麻雀从巢里跌落下来,呆

dāi de fú zài dì shang gū lì wú yuán de zhāng kāi liǎng zhī yǔ máo hái wèi fēng mǎn de xiǎo chì bǎng
呆地伏在地上，孤立无援地张开两只羽毛还未丰满的小翅膀。

wǒ de gǒu màn man xiàng tā kào jìn hū rán cóng fù jìn yī kē shù shang fēi xia yī zhī hēi xiōng pú de lǎo
我的狗慢慢向它靠近。忽然，从附近一棵树上飞下一只黑胸脯的老
má què xiàng yī kē shí zǐ shì de luò dào gǒu de gēn qián lǎo má què quán shēn dào shù zhe yǔ máo jīng kǒng
麻雀，像一颗石子似的落到狗的跟前。老麻雀全身倒竖着羽毛，惊恐
wàn zhuàng fā chū jué wàng qī cǎn de jiào shēng jiē zhe xiàng lòu chū yá chǐ dà zhāng zhe de gǒu zuǐ pū qu
万状，发出绝望、凄惨的叫声，接着向露出牙齿、大张着的狗嘴扑去。

lǎo má què shì měng pū xia lai jiù hù yòu què de tā yòng shēn tǐ yǎn hù zhe zì jǐ de yòu ér dàn
老麻雀是猛扑下来救护幼雀的。它用身体掩护着自己的幼儿……但
tā zhěng gè xiǎo xiǎo de shēn tǐ yīn kǒng bù ér zhàn lì zhe tā xiǎo xiǎo de shēng yīn yě biàn de cū bào sī
它整个小小的身体因恐怖而战栗着，它小小的声音也变得粗暴嘶
yǎ tā zài xī shēng zì jǐ
哑，它在牺牲自己！

zài tā kàn lái gǒu gāi shì duō me páng dà de guài wù a rán ér tā hái shi bù néng zhàn zài zì jǐ gāo
在它看来，狗该是多么庞大的怪物啊！然而，它还是不能站在自己高
gāo de ān quán de shù zhī shang yī zhǒng bǐ tā de lǐ zhì gèng qiáng liè de lì liàng shǐ tā cóng nàr
高的、安全的树枝上……一种比它的理智更强烈的力量，使它从那儿
pū xia shēn lái
扑下身来。

wǒ de gǒu zhàn zhù le xiàng hòu tuì le tuì kàn lái tā yě gǎn dào le zhè zhǒng lì liàng
我的狗站住了，向后退了退……看来，它也感到了这种力量。

wǒ gǎn jǐn huàn zhù jīng huāng shī cuò de gǒu rán hòu wǒ huái zhe chóng jìng de xīn qíng zǒu kai le
我赶紧唤住惊慌失措的狗，然后我怀着崇敬的心情，走开了。

shì a qǐng bù yào jiàn xiào wǒ chóng jìng nà zhī xiǎo xiǎo de yīng yǒng de niǎor wǒ chóng jìng tā nà
是啊，请不要见笑。我崇敬那只小小的、英勇的鸟儿，我崇敬它那
zhǒng ài de chōng dòng hé lì liàng
种爱的冲动和力量。

ài wǒ xiǎng bǐ sǐ hé sǐ de kǒng jù gèng qiáng dà zhǐ yǒu yī kào tā yī kào zhè zhǒng ài shēng mìng
爱，我想，比死和死的恐惧更强大。只有依靠它，依靠这种爱，生命
cái néng wéi chí xia qu fā zhǎn xia qu
才能维持下去，发展下去。

jié xuǎn zì é tú gé niè fū má què bā jīn yì
节选自[俄]屠格涅夫《麻雀》，巴金译

zuò pǐn
作品 28

nà nián wǒ liù suì lí wǒ jiā jǐn yī jiàn zhī yáo de xiǎo shān pō páng yǒu yī gè zǎo yǐ bèi fèi qì de cǎi
那年我六岁。离我家仅一箭之遥的小山坡旁，有一个早已被废弃的采
shí chǎng shuāng qīn cóng lái bù zhǔn wǒ qù nàr qí shí nàr fēng jǐng shí fēn mí rén
石场，双亲从来不准我去那儿，其实那儿风景十分迷人。

yī gè xià jì de xià wǔ wǒ suí zhe yī qún xiǎo huǒ bànr tōu tōu shàng nàr qù le jiù zài wǒ men chuān
一个夏季的下午，我随着一群小伙伴偷偷上那儿去了。就在我们穿
yuè le yī tiáo gū jì de xiǎo lù hòu tā men què bǎ wǒ yī gè rén liú zài yuán dì rán hòu bēn xiàng gèng wēi
越了一条孤寂的小路后，他们却把我一个人留在原地，然后奔向“更危
xiǎn de dì dài le
险的地带”了。

děng tā men zǒu hòu wǒ jīng huāng shī cuò de fā xiàn zài yě zhǎo bu dào yào huí jiā de nà tiáo gū jì de
等他们走后，我惊慌失措地发现，再也找不到要回家的那条孤寂的

xiǎo dào le xiàng zhī wú tóu de cāng ying wǒ dào chù luàn zuān yī kù shang guà mǎn le máng cì tài yáng yǐ
小道了。像只无头的苍蝇,我到处乱钻,衣裤上挂满了芒刺。太阳已
jīng luò shān ér cǐ shí cǐ kè jiā li yī dìng kāi shǐ chī wǎn cān le shuāng qīn zhèng pàn zhe wǒ huí jiā
经落山,而此时此刻,家里一定开始吃晚餐了,双亲正盼着我回家……
xiǎng zhe xiǎng zhe wǒ bù yóu de bèi kào zhe yī kē shù shāng xīn de wū wū dà kū qi lai
想着想着,我不由得背靠着一棵树,伤心地呜呜大哭起来……

tū rán bù yuǎn chù chuán lai le shēng shēng liǔ dí wǒ xiàng zhǎo dào le jiù xīng jí máng xún shēng zǒu
突然,不远处传来了声声柳笛。我像找到了救星,急忙循声走
qù yī tiáo xiǎo dào biān de shù zhuāng shang zuò zhe yī wèi chuī dí rén shǒu li hái zhèng xiāo zhe shén me zǒu
去。一条小道边的树桩上坐着一位吹笛人,手里还正削着什么。走
jìn xì kàn tā bù jiù shì bèi dà jiā chēng wéi xiāng bā lǎor de kǎ tíng ma
近细看,他不就是被大家称为"乡巴佬儿"的卡廷吗?

nǐ hǎo xiǎo jiā huor kǎ tíng shuō kàn tiān qì duō měi nǐ shì chū lai sàn bù de ba
"你好,小家伙儿,"卡廷说,"看天气多美,你是出来散步的吧?"

wǒ qiè shēng shēng de diǎn dian tóu dá dào wǒ yào huí jiā le
我怯生生地点点头,答道:"我要回家了。"

qǐng nài xīn děng shang jǐ fēn zhōng kǎ tíng shuō qiáo wǒ zhèng zài xiāo yī zhī liǔ dí chà bu duō jiù
"请耐心等上几分钟,"卡廷说,"瞧,我正在削一支柳笛,差不多就
yào zuò hǎo le wán gōng hòu jiù sòng gěi nǐ ba
要做好了,完工后就送给你吧!"

kǎ tíng biān xiāo biān bù shí bǎ shàng wèi chéng xíng de liǔ dí fàng zài zuǐ li shì chuī yī xià méi guò duō
卡廷边削边不时把尚未成形的柳笛放在嘴里试吹一下。没过多
jiǔ yī zhī liǔ dí biàn dì dào wǒ shǒu zhōng wǒ liǎ zài yī zhèn zhèn qīng cuì yuè ěr de dí yīn zhōng tà shang
久,一支柳笛便递到我手中。我俩在一阵阵清脆悦耳的笛音中,踏上
le guī tú
了归途……

dāng shí wǒ xīn zhōng zhǐ chōng mǎn gǎn jī ér jīn tiān dāng wǒ zì jǐ yě chéng le zǔ fù shí què tū rán
当时,我心中只充满感激,而今天,当我自己也成了祖父时,却突然
lǐng wù dào tā yòng xīn zhī liáng kǔ nà tiān dāng tā tīng dào wǒ de kū shēng shí biàn pàn dìng wǒ yī dìng mí
领悟到他用心之良苦!那天当他听到我的哭声时,便判定我一定迷
le lù dàn tā bìng bù xiǎng zài hái zi miàn qián bàn yǎn jiù xīng de jué sè yú shì chuī xiǎng liǔ dí yǐ biàn
了路,但他并不想在孩子面前扮演"救星"的角色,于是吹响柳笛以便
ràng wǒ néng fā xiàn tā bìng gēn zhe tā zǒu chū kùn jìng jiù zhè yàng kǎ tíng xiān sheng yǐ xiāng xia rén de
让我能发现他,并跟着他走出困境!就这样,卡廷先生以乡下人的
chún pǔ bǎo hù le yī gè xiǎo nán háir qiáng liè de zì zūn
纯朴,保护了一个小男孩儿强烈的自尊。

jié xuǎn zì táng ruò shuǐ yì mí tú dí yīn
节选自唐若水译《迷途笛音》

zuò pǐn
作品 29

zài hào hàn wú yín de shā mò li yǒu yī piàn měi lì de lǜ zhōu lǜ zhōu li cáng zhe yī kē shǎn guāng de
在浩瀚无垠的沙漠里,有一片美丽的绿洲,绿洲里藏着一颗闪光的
zhēn zhū zhè kē zhēn zhū jiù shì dūn huáng mò gāo kū tā zuò luò zài wǒ guó gān sù shěng dūn huáng shì sān wēi
珍珠。这颗珍珠就是敦煌莫高窟。它坐落在我国甘肃省敦煌市三危
shān hé míng shā shān de huái bào zhōng
山和鸣沙山的怀抱中。

míng shā shān dōng lù shì píng jūn gāo dù wéi shí qī mǐ de yá bì zài yī qiān liù bǎi duō mǐ cháng de yá
鸣沙山东麓是平均高度为十七米的崖壁。在一千六百多米长的崖

bì shang záo yǒu dà xiǎo dòng kū qī bǎi yú gè xíng chéng le guī mó hóng wěi de shí kū qún qí zhōng sì bǎi
壁上，凿有大小洞窟七百余个，形成了规模宏伟的石窟群。其中四百
jiǔ shí èr gè dòng kū zhōng gòng yǒu cǎi sè sù xiàng liǎng qiān yī bǎi yú zūn gè zhǒng bì huà gòng sì wàn wǔ
九十二个洞窟中，共有彩色塑像两千一百余尊，各种壁画共四万五
qiān duō píng fāng mǐ mò gāo kū shì wǒ guó gǔ dài wú shù yì shù jiàng shī liú gěi rén lèi de zhēn guì wén huà yí
千多平方米。莫高窟是我国古代无数艺术匠师留给人类的珍贵文化遗
chǎn
产。

mò gāo kū de cǎi sù měi yī zūn dōu shì yī jiàn jīng měi de yì shù pǐn zuì dà de yǒu jiǔ céng lóu nà me
莫高窟的彩塑，每一尊都是一件精美的艺术品。最大的有九层楼那么
gāo zuì xiǎo de hái bù rú yī gè shǒu zhǎng dà zhè xiē cǎi sù gè xìng xiān míng shén tài gè yì yǒu cí méi
高，最小的还不如一个手掌大。这些彩塑个性鲜明，神态各异。有慈眉
shàn mù de pú sà yǒu wēi fēng lǐn lǐn de tiān wáng hái yǒu qiáng zhuàng yǒng měng de lì shì
善目的菩萨，有威风凛凛的天王，还有强壮勇猛的力士……

mò gāo kū bì huà de nèi róng fēng fù duō cǎi yǒu de shì miáo huì gǔ dài láo dòng rén mín dǎ liè bǔ yú
莫高窟壁画的内容丰富多彩，有的是描绘古代劳动人民打猎、捕鱼、
gēng tián shōu gē de qíng jǐng yǒu de shì miáo huì rén men zòu yuè wǔ dǎo yǎn zá jì de chǎng miàn hái yǒu de
耕田、收割的情景，有的是描绘人们奏乐、舞蹈、演杂技的场面，还有的
shì miáo huì dà zì rán de měi lì fēng guāng qí zhōng zuì yǐn rén zhù mù de shì fēi tiān bì huà shang de fēi
是描绘大自然的美丽风光。其中最引人注目的是飞天。壁画上的飞
tiān yǒu de bì kuà huā lán cǎi zhāi xiān huā yǒu de fǎn tán pí pa qīng bō yín xián yǒu de dào xuán shēn zi zì
天，有的臂挎花篮，采摘鲜花；有的反弹琵琶，轻拨银弦；有的倒悬身子，自
tiān ér jiàng yǒu de cǎi dài piāo fú màn tiān áo yóu yǒu de shū zhǎn zhe shuāng bì piān piān qǐ wǔ kàn zhe zhè
天而降；有的彩带飘拂，漫天遨游；有的舒展着双臂，翩翩起舞。看着这
xiē jīng měi dòng rén de bì huà jiù xiàng zǒu jin le càn làn huī huáng de yì shù diàn táng
些精美动人的壁画，就像走进了灿烂辉煌的艺术殿堂。

mò gāo kū li hái yǒu yī gè miàn jī bù dà de dòng kū cáng jīng dòng dòng li céng cáng yǒu wǒ guó
莫高窟里还有一个面积不大的洞窟——藏经洞。洞里曾藏有我国
gǔ dài de gè zhǒng jīng juàn wén shū bó huà cì xiù tóng xiàng děng gòng liù wàn duō jiàn yóu yú qīng cháo
古代的各种经卷、文书、帛画、刺绣、铜像等共六万多件。由于清朝
zhèng fǔ fǔ bài wú néng dà liàng zhēn guì de wén wù bèi wài guó qiáng dào lüè zǒu jǐn cún de bù fen jīng juàn
政府腐败无能，大量珍贵的文物被外国强盗掠走。仅存的部分经卷，
xiàn zài chén liè yú běi jīng gù gōng děng chù
现在陈列于北京故宫等处。

mò gāo kū shì jǔ shì wén míng de yì shù bǎo kù zhè lǐ de měi yī zūn cǎi sù měi yī fú bì huà měi yī
莫高窟是举世闻名的艺术宝库。这里的每一尊彩塑、每一幅壁画、每一
jiàn wén wù dōu shì zhōng guó gǔ dài rén mín zhì huì de jié jīng
件文物，都是中国古代人民智慧的结晶。

jié xuǎn zì xiǎo xué yǔ wén dì liù cè zhōng mò gāo kū
节选自小学《语文》第六册中《莫高窟》

zuò pǐn
作品 30

qí shí nǐ zài hěn jiǔ yǐ qián bìng bù xǐ huan mǔ dan yīn wèi tā zǒng bèi rén zuò wéi fù guì mó bài hòu lái
其实你在很久以前并不喜欢牡丹，因为它总被人作为富贵膜拜。后来
nǐ mù dǔ le yī cì mǔ dan de luò huā nǐ xiāng xìn suǒ yǒu de rén dōu huì wèi zhī gǎn dòng yī zhèn qīng fēng xú
你目睹了一次牡丹的落花，你相信所有的人都会为之感动：一阵清风徐
lái jiāo yàn xiān nèn de shèng qī mǔ dan hū rán zhěng duǒ zhěng duǒ de zhuì luò pù sǎ yī dì xuàn lì de huā
来，娇艳鲜嫩的盛期牡丹忽然整朵整朵地坠落，铺撒一地绚丽的花

bàn nà huā bàn luò dì shí yī rán xiān yàn duó mù rú tóng yī zhī fèng shàng jì tán de dà niǎo tuō luò de yǔ
瓣。那花瓣落地时依然鲜艳夺目，如同一只奉上祭坛的大鸟脱落的羽
máo dī yín zhe zhuàng liè de bēi gē lí qù
毛，低吟着壮烈的悲歌离去。

mǔ dan méi yǒu huā xiè huā bài zhī shí yào me shuò yú zhī tóu yào me guī yú ní tǔ tā kuà yuè wěi dùn hé
牡丹没有花谢花败之时，要么烁于枝头，要么归于泥土，它跨越萎顿和
shuāi lǎo yóu qīng chūn ér sǐ wáng yóu měi lì ér xiāo dùn tā suī měi què bù lìn xī shēng mìng jí shǐ gào bié
衰老，由青春而死亡，由美丽而消遁。它虽美却不吝惜生命，即使告别
yě yào zhǎn shì gěi rén zuì hòu yī cì de jīng xīn dòng pò
也要展示给人最后一次的惊心动魄。

suǒ yǐ zài zhè yīn lěng de sì yuè li qí jì bù huì fā shēng rèn píng yóu rén sǎo xìng hé zǔ zhòu mǔ dan
所以在这阴冷的四月里，奇迹不会发生。任凭游人扫兴和诅咒，牡丹
yī rán ān zhī ruò sù tā bù gǒu qiě bù fǔ jiù bù tuǒ xié bù mèi sú gān yuàn zì jǐ lěng luò zì jǐ tā zūn
依然安之若素。它不苟且、不俯就、不妥协、不媚俗，甘愿自己冷落自己。它遵
xún zì jǐ de huā qī zì jǐ de guī lǜ tā yǒu quán lì wèi zì jǐ xuǎn zé měi nián yī dù de shèng dà jié rì
循自己的花期自己的规律，它有权利为自己选择每年一度的盛大节日。
tā wèi shén me bù jù jué hán lěng
它为什么不拒绝寒冷？

tiān nán hǎi běi de kàn huā rén yī rán luò yì bù jué de yǒng rù luò yáng chéng rén men bù huì yīn mǔ dan
天南海北的看花人，依然络绎不绝地涌入洛阳城。人们不会因牡丹
de jù jué ér jù jué tā de měi rú guǒ tā zài bèi biǎn zhé shí cì yě xǔ tā jiù huì fán yǎn chū shí gè luò yáng
的拒绝而拒绝它的美。如果它再被贬谪十次，也许它就会繁衍出十个洛阳
mǔ dan chéng
牡丹城。

yú shì nǐ zài wú yán de yí hàn zhōng gǎn wù dào fù guì yǔ gāo guì zhǐ shì yī zì zhī chā tóng rén yī
于是你在无言的遗憾中感悟到，富贵与高贵只是一字之差。同人一
yàng huār yě shì yǒu líng xìng de gèng yǒu pǐn wèi zhī gāo dī pǐn wèi zhè dōng xi wéi qì wéi hún wéi jīn gǔ
样，花儿也是有灵性的，更有品位之高低。品位这东西为气为魂为筋骨
wéi shén yùn zhǐ kě yì huì nǐ tàn fú mǔ dan zhuó ér bù qún zhī zī fāng zhī pǐn wèi shì duō me róng yì bèi shì
为神韵，只可意会。你叹服牡丹卓而不群之姿，方知品位是多么容易被世
rén hū luè huò shì mò shì de měi
人忽略或是漠视的美。

jié xuǎn zì zhāng kàng kàng mǔ dan de jù jué
节选自张抗抗《牡丹的拒绝》

zuò pǐn
作品 31

sēn lín hán yǎng shuǐ yuán bǎo chí shuǐ tǔ fáng zhǐ shuǐ hàn zāi hài de zuò yòng fēi cháng dà jù zhuān jiā
森林涵养水源，保持水土，防止水旱灾害的作用非常大。据专家
cè suàn yī piàn shí wàn mǔ miàn jī de sēn lín xiāng dāng yú yī gè liǎng bǎi wàn lì fāng mǐ de shuǐ kù zhè
测算，一片十万亩面积的森林，相当于一个两百万立方米的水库，这
zhèng rú nóng yàn suǒ shuō de shān shang duō zāi shù děng yú xiū shuǐ kù yǔ duō tā néng tūn yǔ shǎo tā néng
正如农谚所说的："山上多栽树，等于修水库。雨多它能吞，雨少它能
tǔ
吐。"

shuō qǐ sēn lín de gōng láo nà hái duō de hěn tā chú le wèi rén lèi tí gōng mù cái jí xǔ duō zhǒng shēng
说起森林的功劳，那还多得很。它除了为人类提供木材及许多种生
chǎn shēng huó de yuán liào zhī wài zài wéi hù shēng tài huán jìng fāng miàn yě shì gōng láo zhuó zhù tā yòng lìng
产、生活的原料之外，在维护生态环境方面也是功劳卓著。它用另

yī zhǒng néng tūn néng tǔ de tè shū gōng néng yùn yù le rén lèi yīn wèi dì qiú zài xíng chéng zhī chū dà qì zhōng de èr yǎng huà tàn hán liàng hěn gāo yǎng qì hěn shǎo qì wēn yě gāo shēng wù shì nán yǐ shēng cún de dà yuē zài sì yì nián zhī qián lù dì cái chǎn shēng le sēn lín sēn lín màn man jiāng dà qì zhōng de èr yǎng huà tàn xī shōu tóng shí tǔ chū xīn xiān yǎng qì tiáo jié qì wēn zhè cái jù bèi le rén lèi shēng cún de tiáo jiàn dì qiú shang cái zuì zhōng yǒu le rén lèi

一种“能吞能吐”的特殊功能孕育了人类。因为地球在形成之初,大气中的二氧化碳含量很高,氧气很少,气温也高,生物是难以生存的。大约在四亿年之前,陆地才产生了森林。森林慢慢将大气中的二氧化碳吸收,同时吐出新鲜氧气,调节气温:这才具备了人类生存的条件,地球上才最终有了人类。

sēn lín shì dì qiú shēng tài xì tǒng de zhǔ tǐ shì dà zì rán de zǒng diào dù shì shì dì qiú de lǜ sè zhī fèi sēn lín wéi hù dì qiú shēng tài huán jìng de zhè zhǒng néng tūn néng tǔ de tè shū gōng néng shì qí tā rèn hé wù tǐ dōu bù néng qǔ dài de rán ér yóu yú dì qiú shang de rán shāo wù zēng duō èr yǎng huà tàn de pái fàng liàng jí jù zēng jiā shǐ dé dì qiú shēng tài huán jìng jí jù è huà zhǔ yào biǎo xiàn wéi quán qiú qì hòu biàn nuǎn shuǐ fèn zhēng fā jiā kuài gǎi biàn le qì liú de xún huán shǐ qì hòu biàn huà jiā jù cóng ér yǐn fā rè làng jù fēng bào yǔ hóng lào jí gān hàn

森林,是地球生态系统的主体,是大自然的总调度室,是地球的绿色之肺。森林维护地球生态环境的这种“能吞能吐”的特殊功能是其他任何物体都不能取代的。然而,由于地球上的燃烧物增多,二氧化碳的排放量急剧增加,使得地球生态环境急剧恶化,主要表现为全球气候变暖,水分蒸发加快,改变了气流的循环,使气候变化加剧,从而引发热浪、飓风、暴雨、洪涝及干旱。

wèi le shǐ dì qiú de zhè ge néng tūn néng tǔ de lǜ sè zhī fèi huī fù jiàn zhuàng yǐ gǎi shàn shēng tài huán jìng yì zhì quán qiú biàn nuǎn jiǎn shǎo shuǐ hàn děng zì rán zāi hài wǒ men yīng gāi dà lì zào lín hù lín shǐ měi yī zuò huāng shān dōu lǜ qi lai

为了使地球的这个“能吞能吐”的绿色之肺恢复健壮,以改善生态环境,抑制全球变暖,减少水旱等自然灾害,我们应该大力造林、护林,使每一座荒山都绿起来。

jié xuǎn zì zhōng kǎo yǔ wén kè wài yuè dú shì tí jīng xuǎn zhōng néng tūn néng tǔ de sēn lín

节选自《中考语文课外阅读试题精选》中《“能吞能吐”的森林》

zuò pǐn

作品 32

péng you jí jiāng yuǎn xíng

朋友即将远行。

mù chūn shí jié yòu yāo le jǐ wèi péng you zài jiā xiǎo jù suī rán dōu shì jí shú de péng you què shì zhōng nián nán dé yī jiàn ǒu ěr diàn huà li xiāng yù yě wú fēi shì jǐ jù xún cháng huà yī guō xiǎo mǐ xī fàn yī dié dà tóu cài yī pán zì jiā niàng zhì de pào cài yī zhī xiàng kǒu mǎi huí de kǎo yā jiǎn jiǎn dān dān bù xiàng qǐng kè dào xiàng jiā rén tuán jù

暮春时节,又邀了几位朋友在家小聚。虽然都是极熟的朋友,却是终年难得一见,偶尔电话里相遇,也无非是几句寻常话。一锅小米稀饭,一碟大头菜,一盘自家酿制的泡菜,一只巷口买回的烤鸭,简简单单,不像请客,倒像家人团聚。

qí shí yǒu qíng yě hǎo ài qíng yě hǎo jiǔ ér jiǔ zhī dū huì zhuǎn huà wéi qīn qíng

其实,友情也好,爱情也好,久而久之都会转化为亲情。

shuō yě qí guài hé xīn péng you huì tán wén xué tán zhé xué tán rén shēng dào lǐ děng děng hé lǎo péng you què zhǐ huà jiā cháng chái mǐ yóu yán xì xì suì suì zhǒng zhǒng suǒ shì hěn duō shí hou xīn líng de qì hé yǐ

说也奇怪,和新朋友会谈文学、谈哲学、谈人生道理等等,和老朋友却只话家常,柴米油盐,细细碎碎,种种琐事。很多时候,心灵的契合已

jīng bù xū yào tài duō de yán yǔ lái biǎo dá
经不需要太多的言语来表达。

péng you xīn tàng le gè tóu bù gǎn huí jiā jiàn mǔ qīn kǒng pà jīng hài le lǎo ren jia què huān tiān xǐ dì lái
朋友新烫了个头,不敢回家见母亲,恐怕惊骇了老人家,却欢天喜地来
jiàn wǒ men lǎo péng you pō néng yǐ yī zhǒng qù wèi xìng de yǎn guāng xīn shǎng zhè ge gǎi biàn
见我们,老朋友颇能以一种趣味性的眼光欣赏这个改变。

nián shào de shí hou wǒ men chà bù duō dōu zài wèi bié rén ér huó wèi kǔ kǒu pó xīn de fù mǔ huó wèi xún
年少的时候,我们差不多都在为别人而活,为苦口婆心的父母活,为循
xún shàn yòu de shī zhǎng huó wèi xǔ duō guān niàn xǔ duō chuán tǒng de yuē shù lì ér huó nián suì zhú zēng
循善诱的师长活,为许多观念、许多传统的约束力而活。年岁逐增,
jiàn jiàn zhèng tuō wài zài de xiàn zhì yǔ shù fù kāi shǐ dǒng de wèi zì jǐ huó zhào zì jǐ de fāng shì zuò yī xiē
渐渐挣脱外在的限制与束缚,开始懂得为自己活,照自己的方式做一些
zì jǐ xǐ huan de shì bù zài hu bié rén de pī píng yì jiàn bù zài hu bié rén de dǐ huǐ liú yán zhǐ zài hu nà yī
自己喜欢的事,不在乎别人的批评意见,不在乎别人的诋毁流言,只在乎那一
fèn suí xīn suǒ yù de shū tan zì rán ǒu ěr yě néng gòu zòng róng zì jǐ fàng làng yī xià bìng qiě yǒu yī zhǒng
份随心所欲的舒坦自然。偶尔,也能够纵容自己放浪一下,并且有一种
è zuò jù de qiè xǐ
恶作剧的窃喜。

jiù ràng shēng mìng shùn qí zì rán shuǐ dào qú chéng ba yóu rú chuāng qián de wù jiù zì shēng zì luò zhī
就让生命顺其自然,水到渠成吧,犹如窗前的乌桕,自生自落之
jiān zì yǒu yī fèn yuán róng fēng mǎn de xǐ yuè chūn yǔ qīng qīng luò zhe méi yǒu shī méi yǒu jiǔ yǒu de zhǐ
间,自有一份圆融丰满的喜悦。春雨轻轻落着,没有诗,没有酒,有的只
shì yī fèn xiāng zhī xiāng zhǔ de zì zài zì dé
是一份相知相属的自在自得。

yè sè zài xiào yǔ zhōng jiàn jiàn chén luò péng you qǐ shēn gào cí méi yǒu wǎn liú méi yǒu sòng bié shèn zhì
夜色在笑语中渐渐沉落,朋友起身告辞,没有挽留,没有送别,甚至
yě méi yǒu wèn guī qī
也没有问归期。

yǐ jīng guò le dà xǐ dà bēi de suì yuè yǐ jīng guò le shāng gǎn liú lèi de nián huá zhī dào le jù sàn yuán
已经过了大喜大悲的岁月,已经过了伤感流泪的年华,知道了聚散原
lái shì zhè yàng de zì rán hé shùn lǐ chéng zhāng dǒng de zhè diǎn biàn dǒng de zhēn xī měi yī cì xiāng jù de
来是这样的自然和顺理成章,懂得这点,便懂得珍惜每一次相聚的
wēn xīn lí bié biàn yě huān xǐ
温馨,离别便也欢喜。

jié xuǎn zì tái wān xìng lín zǐ péng you hé qí tā
节选自(台湾)杏林子《朋友和其他》

zuò pǐn
作品 33

wǒ men zài tián yě sàn bù wǒ wǒ de mǔ qīn wǒ de qī zi hé ér zi
我们在田野散步:我,我的母亲,我的妻子和儿子。

mǔ qīn běn bù yuàn chu lai de tā lǎo le shēn tǐ bù hǎo zǒu yuǎn yī diǎnr jiù jué de hěn lèi wǒ
母亲本不愿出来的。她老了,身体不好,走远一点儿就觉得很累。我
shuō zhèng yīn wèi rú cǐ cái yīng gāi duō zǒu zou mǔ qīn xìn fú de diǎn diǎn tóu biàn qù ná wài tào tā xiàn
说,正因为如此,才应该多走走。母亲信服地点点头,便去拿外套。她现
zài hěn tīng wǒ de huà jiù xiàng wǒ xiǎo shí hou hěn tīng tā de huà yī yàng
在很听我的话,就像我小时候很听她的话一样。

zhè nán fāng chū chūn de tián yě dà kuài xiǎo kuài de xīn lù suí yì de pū zhe yǒu de nóng yǒu de dàn shù
这南方初春的田野,大块小块的新绿随意地铺着,有的浓,有的淡,树

shang de nèn yá yě mì le tián li de dōng shuǐ yě gū gū de qǐ zhe shuǐ pào zhè yī qiè dōu shǐ rén xiǎng zhe
上的嫩芽也密了，田里的冬水也咕咕地起着水泡。这一切都使人想着
yī yàng dōng xi shēng mìng
一样东西——生命。

wǒ hé mǔ qīn zǒu zài qián miàn wǒ de qī zi hé ér zi zǒu zài hòu miàn xiǎo jiā huo tū rán jiào qi lai
我和母亲走在前面，我的妻子和儿子走在后面。小家伙突然叫起来：
qián miàn shì mā ma hé ér zi hòu miàn yě shì mā ma hé ér zi wǒ men dōu xiào le
“前面是妈妈和儿子，后面也是妈妈和儿子。”我们都笑了。

hòu lái fā shēng le fēn qí mǔ qīn yào zǒu dà lù dà lù píng shùn wǒ de ér zi yào zǒu xiǎo lù xiǎo lù
后来发生了分歧；母亲要走大路，大路平顺；我的儿子要走小路，小路
yǒu yì si bù guò yī qiè dōu qǔ jué yú wǒ wǒ de mǔ qīn lǎo le tā zǎo yǐ xí guàn tīng cóng tā qiáng zhuàng
有意思。不过，一切都取决于我。我的母亲老了，她早已习惯听从她强壮
de ér zi wǒ de ér zi hái xiǎo tā hái xí guàn tīng cóng tā gāo dà de fù qīn qī zi ne zài wài miàn tā zǒng
的儿子；我的儿子还小，他还习惯听从他高大的父亲；妻子呢，在外面，她总
shì tīng wǒ de yī shà shí wǒ gǎn dào le zé rèn de zhòng dà wǒ xiǎng zhǎo yī gè liǎng quán de bàn fǎ zhǎo
是听我的。一霎时我感到了责任的重大。我想找一个两全的办法，找
bù chū wǒ xiǎng chāi sàn yī jiā rén fēn chéng liǎng lù gè dé qí suǒ zhōng bù yuàn yì wǒ jué dìng wěi qu ér
不出；我想拆散一家人，分成两路，各得其所，终不愿意。我决定委屈儿
zi yīn wèi wǒ bàn tóng tā de shí rì hái cháng wǒ shuō zǒu dà lù
子，因为我伴同他的时日还长。我说：“走大路。”

dàn shì mǔ qīn mō mo sūn ér de xiǎo nǎo guā biàn le zhǔ yi hái shì zǒu xiǎo lù ba tā de yǎn suí xiǎo
但是母亲摸摸孙儿的小脑瓜，变了主意：“还是走小路吧。”她的眼随小
lù wàng qu nà lǐ yǒu jīn sè de cài huā liǎng háng zhěng qí de sāng shù jìn tóu yī kǒu shuǐ bō lín lín de yú
路望去：那里有金色的菜花，两行整齐的桑树，尽头一口水波粼粼的鱼
táng wǒ zǒu bu guò qù de dì fang nǐ jiù bēi zhe wǒ mǔ qīn duì wǒ shuō
塘。“我走不过去的地方，你就背着我。”母亲对我说。

zhè yàng wǒ men zài yáng guāng xià xiàng zhe nà cài huā sāng shù hé yú táng zǒu qu dào le yī chù wǒ
这样，我们在阳光下，向着那菜花、桑树和鱼塘走去。到了一处，我
dūn xia lai bēi qi le mǔ qīn qī zi yě dūn xia lai bēi qi le ér zi wǒ hé qī zi dōu shì màn man de wěn wen
蹲下来，背起了母亲；妻子也蹲下来，背起了儿子。我和妻子都是慢慢地，稳稳
de zǒu de hěn zǐ xì hǎo xiàng wǒ bèi shang de tóng tā bèi shang de jiā qi lai jiù shì zhěng gè shì jiè
地，走得很仔细，好像我背上的同她背上的加起来，就是整个世界。

jié xuǎn zì mò huái qī sàn bù
节选自莫怀戚《散步》

zuò pǐn
作品 34

dì qiú shang shì fǒu zhēn de cún zài wú dǐ dòng àn shuō dì qiú shì yuán de yóu dì qiào dì màn hé dì
地球上是否真的存在“无底洞”？按说地球是圆的，由地壳、地幔和地
hé sān céng zǔ chéng zhēn zhèng de wú dǐ dòng shì bù yīng cún zài de wǒ men suǒ kàn dào de gè zhǒng shān
核三层组成，真正的“无底洞”是不应存在的，我们所看到的各种山
dòng liè kǒu liè fèng shèn zhì huǒ shān kǒu yě dōu zhǐ shì dì qiào qiǎn bù de yī zhǒng xiàn xiàng rán ér zhōng
洞、裂口、裂缝，甚至火山口也都只是地壳浅部的一种现象。然而中
guó yī xiē gǔ jí què duō cì tí dào hǎi wài yǒu gè shēn ào mò cè de wú dǐ dòng shì shí shang dì qiú shang
国一些古籍却多次提到海外有个深奥莫测的无底洞。事实上地球上
què shí yǒu zhè yàng yī gè wú dǐ dòng
确实有这样一个“无底洞”。

tā wèi yú xī là yà gè sī gǔ chéng de hǎi bīn yóu yú bīn lín dà hǎi dà zhǎng cháo shí xiōng yǒng de hǎi
它位于希腊亚各斯古城的海滨。由于濒临大海，大涨潮时，汹涌的海

shuǐ biàn huì pái shān dǎo hǎi bān de yǒng rù dòng zhōng xíng chéng yī gǔ tuān tuān de jí liú jù cè měi tiān
水便会排山倒海般地涌入洞中，形成一股湍湍的急流。据测，每天
liú rù dòng nèi de hǎi shuǐ liàng dá sān wàn duō dūn qí guài de shì rú cǐ dà liàng de hǎi shuǐ guàn rù dòng
流入洞内的海水量达三万多吨。奇怪的是，如此大量的海水灌入洞
zhōng què cóng lái méi yǒu bǎ dòng guàn mǎn céng yǒu rén huái yí zhè ge wú dǐ dòng huì bu huì jiù xiàng
中，却从来没有把洞灌满。曾有人怀疑，这个“无底洞”，会不会就像
shí huī yán dì qū de lòu dǒu shù jǐng luò shuǐ dòng yī lèi de dì xíng rán ér cóng èr shí shì jì sān shí nián dài
石灰岩地区的漏斗、竖井、落水洞一类的地形。然而从二十世纪三十年代
yǐ lái rén men jiù zuò le duō zhǒng nǔ lì qǐ tú xún zhǎo tā de chū kǒu què dōu shì wǎng fèi xīn jī
以来，人们就做了多种努力企图寻找它的出口，却都是枉费心机。

wèi le jiē kāi zhè ge mì mì yī jiǔ wǔ bā nián měi guó dì lǐ xué huì pài chu yī zhī kǎo chá duì tā men bǎ
为了揭开这个秘密，一九五八年美国地理学会派出一支考察队，他们把
yī zhǒng jīng jiǔ bù biàn de dài sè rǎn liào róng jiě zài hǎi shuǐ zhōng guān chá rǎn liào shì rú hé suí zhe hǎi shuǐ
一种经久不变的带色染料溶解在海水中，观察染料是如何随着海水
yī qǐ chén xia qu jiē zhe yòu chá kàn le fù jìn hǎi miàn yǐ jí dǎo shang de gè tiáo hé hú mǎn huái xī wàng
一起沉下去。接着又察看了附近海面以及岛上的各条河、湖，满怀希望
de xún zhǎo zhè zhǒng dài yán sè de shuǐ jié guǒ lìng rén shī wàng nán dào shì hǎi shuǐ liàng tài dà bǎ yǒu sè
地寻找这种带颜色的水，结果令人失望。难道是海水量太大把有色
shuǐ xī shì de tài dàn yǐ zhì wú fǎ fā xiàn
水稀释得太淡，以致无法发现？

zhì jīn shéi yě bù zhī dào wèi shén me zhè lǐ de hǎi shuǐ huì méi wán méi le de lòu xia qu zhè ge wú dǐ
至今谁也不知道为什么这里的海水会没完没了地“漏”下去，这个“无底
dòng de chū kǒu yòu zài nǎ lǐ měi tiān dà liàng de hǎi shuǐ jiū jìng dōu liú dào nǎ lǐ qù le
洞”的出口又在哪里，每天大量的海水究竟都流到哪里去了？

jié xuǎn zì luó bó tè luó wēi ěr shén mì de wú dǐ dòng
节选自罗伯特·罗威尔《神秘的“无底洞”》

zuò pǐn
作品 35

wǒ zài é guó jiàn dào de jǐng wù zài méi yǒu bǐ tuō ěr sī tài mù gèng hóng wěi gèng gǎn rén de
我在俄国见到的景物再没有比托尔斯泰墓更宏伟、更感人的。

wán quán àn zhào tuō ěr sī tài de yuàn wàng tā de fén mù chéng le shì jiān zuì měi de gěi rén yìn xiàng zuì
完全按照托尔斯泰的愿望，他的坟墓成了世间最美的，给人印象最
shēn kè de fén mù tā zhǐ shì shù lín zhōng de yī gè xiǎo xiǎo de cháng fāng xíng tǔ qiū shàng miàn kāi mǎn xiān
深刻的坟墓。它只是树林中的一个小小的长方形土丘，上面开满鲜
huā méi yǒu shí zì jià méi yǒu mù bēi méi yǒu mù zhì míng lián tuō ěr sī tài zhè ge míng zi yě méi yǒu
花——没有十字架，没有墓碑，没有墓志铭，连托尔斯泰这个名字也没有。

zhè wèi bǐ shéi dōu gǎn dào shòu zì jǐ de shēng míng suǒ lěi de wěi rén què xiàng ǒu ěr bèi fā xiàn de liú
这位比谁都感到受自己的声名所累的伟人，却像偶尔被发现的流
làng hàn bù wéi rén zhī de shì bīng bù liú míng xìng de bèi rén mái zàng le shéi dōu kě yǐ tà jìn tā zuì hòu de
浪汉，不为人知的士兵，不留名姓地被人埋葬了。谁都可以踏进他最后的
ān xī de wéi zài sì zhōu xī shū de mù zhà lan shì bù guān bì de bǎo hù liè fū tuō ěr sī tài dé yǐ ān
安息地，围在四周稀疏的木栅栏是不关闭的——保护列夫·托尔斯泰得以安
xī de méi yǒu rèn hé bié de dōng xi wéi yǒu rén men de jìng yì ér tōng cháng rén men què zǒng shì huái zhe hào
息的没有任何别的东西，惟有人们的敬意；而通常，人们却总是怀着好
qí qù pò huài wěi rén mù dì de níng jìng
奇，去破坏伟人墓地的宁静。

zhè lǐ bī rén de pǔ sù jìn gù zhù rèn hé yī zhǒng guān shǎng de xián qíng bìng qiě bù róng xǔ nǐ dà
这里，逼人的朴素禁锢住任何一种观赏的闲情，并且不容许你大

shēng shuō huà fēngr fǔ lín zài zhè zuò wú míng zhě zhī mù de shù mù zhī jiān sà sà xiǎng zhe hé nuǎn de
声说话。风儿俯临,在这座无名者之墓的树木之间飒飒响着,和暖的
yáng guāng zài fén tóu xī xì dōng tiān bái xuě wēn róu de fù gài zhè piàn yōu àn de guī tǔ dì wú lùn nǐ zài
阳光在坟头嬉戏;冬天,白雪温柔地覆盖这片幽暗的圭土地。无论你在
xià tiān huò dōng tiān jīng guò zhèr nǐ dōu xiǎng xiàng bù dào zhè ge xiǎo xiǎo de lóng qǐ de cháng fāng tǐ
夏天或冬天经过这儿,你都想象不到,这个小小的、隆起的长方体
lǐ ān fàng zhe yī wèi dāng dài zuì wěi dà de rén wù
里安放着一位当代最伟大的人物。

rán ér qià qià shì zhè zuò bù liú xìng míng de fén mù bǐ suǒ yǒu wā kōng xīn si yòng dà lǐ shí hé shē huá
然而,恰恰是这座不留姓名的坟墓,比所有挖空心思用大理石和奢华
zhuāng shì jiàn zào de fén mù gèng kòu rén xīn xián zài jīn tiān zhè ge tè shū de rì zi li dào tā de ān xī dì
装饰建造的坟墓更扣人心弦。在今天这个特殊的日子里,到他的安息地
lái de chéng bǎi shàng qiān rén zhōng jiān méi yǒu yī gè yǒu yǒng qì nǎ pà jǐn jǐn cóng zhè yōu àn de tǔ qiū
来的成百上千人中间,没有一个有勇气,哪怕仅仅从这幽暗的土丘
shang zhāi xia yī duǒ huā liú zuò jì niàn rén men chóng xīn gǎn dào shì jiè shang zài méi yǒu bǐ tuō ěr sī tài zuì
上摘下一朵花留作纪念。人们重新感到,世界上再没有比托尔斯泰最
hòu liú xia de zhè zuò jì niàn bēi shì de pǔ sù fén mù gèng dǎ dòng rén xīn de le
后留下的、这座纪念碑式的朴素坟墓,更打动人心的了。

jié xuǎn zì ào cí wēi gé shì jiān zuì měi de fén mù zhāng hòu rén yì
节选自[奥]茨威格《世间最美的坟墓》,张厚仁译

zuò pǐn
作品36

wǒ guó de jiàn zhù cóng gǔ dài de gōng diàn dào jìn dài de yī bān zhù fáng jué dà bù fen shì duì chèn de
我国的建筑,从古代的宫殿到近代的一般住房,绝大部分是对称的,
zuǒ bian zěn me yàng yòu bian zěn me yàng sū zhōu yuán lín kě jué bù jiǎng jiū duì chèn hǎo xiàng gù yì bì
左边怎么样,右边怎么样。苏州园林可绝不讲究对称,好像故意避
miǎn shì de dōng bian yǒu le yī gè tíng zi huò zhě yī dào huí láng xī bian jué bù huì lái yī gè tóng yàng de
免似的。东边有了一个亭子或者一道回廊,西边决不会来一个同样的
tíng zi huò zhě yī dào tóng yàng de huí láng zhè shì wèi shén me wǒ xiǎng yòng tú huà lái bǐ fang duì chèn
亭子或者一道同样的回廊。这是为什么?我想,用图画来比方,对称
de jiàn zhù shì tú àn huà bù shì měi shù huà ér yuán lín shì měi shù huà měi shù huà yāo qiú zì rán zhī cù shì bù
的建筑是图案画,不是美术画,而园林是美术画,美术画要求自然之趣,是不
jiǎng jiū duì chèn de
讲究对称的。

sū zhōu yuán lín li dōu yǒu jiǎ shān hé chí zhǎo
苏州园林里都有假山和池沼。

jiǎ shān de duī dié kě yǐ shuō shì yī xiàng yì shù ér bù jǐn shì jì shù huò zhě shì chóng luán dié zhàng
假山的堆叠,可以说是一项艺术而不仅是技术。或者是重峦叠嶂,
huò zhě shì jǐ zuò xiǎo shān pèi hé zhe zhú zi huā mù quán zài hu shè jì zhě hé jiàng shī men shēng píng duō yuè
或者是几座小山配合着竹子花木,全在乎设计者和匠师们生平多阅
lì xiōng zhōng yǒu qiū hè cái néng shǐ yóu lǎn zhě pān dēng de shí hou wàng què sū zhōu chéng shì zhǐ jué de shēn
历,胸中有丘壑,才能使游览者攀登的时候忘却苏州城市,只觉得身
zài shān jiān
在山间。

zhì yú chí zhǎo dà duō yǐn yòng huó shuǐ yǒu xiē yuán lín chí zhǎo kuān chǎng jiù bǎ chí zhǎo zuò wéi quán
至于池沼,大多引用活水。有些园林池沼宽敞,就把池沼作为全
yuán de zhōng xīn qí tā jǐng wù pèi hé zhe bù zhì shuǐ miàn jiǎ rú chéng hé dào mú yàng wǎng wǎng ān pái
园的中心,其他景物配合着布置。水面假如成河道模样,往往安排

qiáo liáng jiǎ rú ān pái liǎng zuò yǐ shàng de qiáo liáng nà jiù yī zuò yī gè yàng jué bù léi tóng
桥梁。假如安排两座以上的桥梁，那就一座一个样，决不雷同。

chí zhǎo huò hé dào de biān yán hěn shǎo qì qí zhěng de shí àn zǒng shì gāo dī qū qū rèn qí zì rán hái
池沼或河道的边沿很少砌齐整的石岸，总是高低屈曲任其自然。还
zài nàr bù zhì jǐ kuài líng lóng de shí tou huò zhě zhòng xiē huā cǎo zhè yě shì wèi le qǔ dé cóng gè gè jiǎo
在那儿布置几块玲珑的石头，或者种些花草。这也是为了取得从各个角
dù kàn dōu chéng yī fú huà de xiào guǒ chí zhǎo lǐ yǎng zhe jīn yú huò gè sè lǐ yú xià qiū jì jié hé huā huò
度看都成一幅画的效果。池沼里养着金鱼或各色鲤鱼，夏秋季节荷花或
shuì lián kāi fàng yóu lǎn zhě kàn yú xì lián yè jiān yòu shì rù huà de yī jǐng
睡莲开放，游览者看“鱼戏莲叶间”，又是入画的一景。

jié xuǎn zì yè shèng táo sū zhōu yuán lín
节选自叶圣陶《苏州园林》

zuò pǐn
作品 37

yī wèi fǎng měi zhōng guó nǚ zuò jiā zài niǔ yuē yù dào yī wèi mài huā de lǎo tài tai lǎo tài tai chuān zhuó
一位访美中国女作家，在纽约遇到一位卖花的老太太。老太太穿着
pò jiù shēn tǐ xū ruò dàn liǎn shang de shén qíng què shì nà yàng xiáng hé xīng fèn nǚ zuò jiā tiāo le yī duǒ
破旧，身体虚弱，但脸上的神情却是那样祥和兴奋。女作家挑了一朵
huā shuō kàn qi lai nǐ hěn gāo xìng lǎo tài tai miàn dài wēi xiào de shuō shì de yī qiè dōu zhè me měi hǎo
花说：“看起来，你很高兴。”老太太面带微笑地说：“是的，一切都这么美好，
wǒ wèi shén me bù gāo xìng ne duì fán nǎo nǐ dào zhēn néng kàn de kāi nǚ zuò jiā yòu shuō le yī jù méi
我为什么不高兴呢？”“对烦恼，你倒真能看得开。”女作家又说了一句。没
liào dào lǎo tài tai de huí dá gèng lìng nǚ zuò jiā dà chī yī jīng yē sū zài xīng qī wǔ bèi dìng shang shí zì jià
料到，老太太的回答更令女作家大吃一惊：“耶稣在星期五被钉上十字架
shí shì quán shì jiè zuì zāo gāo de yī tiān kě sān tiān hòu jiù shì fù huó jié suǒ yǐ dāng wǒ yù dào bù xìng
时，是全世界最糟糕的一天，可三天后就是复活节。所以，当我遇到不幸
shí jiù huì děng dài sān tiān zhè yàng yī qiè jiù huī fù zhèng cháng le
时，就会等待三天，这样一切就恢复正常了。”

děng dài sān tiān duō me fù yú zhé lǐ de huà yǔ duō me lè guān de shēng huó fāng shì tā bǎ fán nǎo
“等待三天”，多么富于哲理的话语，多么乐观的生活方式。它把烦恼
hé tòng kǔ pāo xià quán lì qù shōu huò kuài lè
和痛苦抛下，全力去收获快乐。

shěn cóng wén zài wén gé qī jiān xiàn rù le fēi rén de jìng dì kě tā háo bù zài yì tā zài xián níng
沈从文在“文革”期间，陷入了非人的境地。可他毫不在意，他在咸宁
shí gěi tā de biǎo zhí huà jiā huáng yǒng yù xiě xìn shuō zhè lǐ de hé huā zhēn hǎo nǐ ruò lái shēn xiàn
时给他的表侄、画家黄永玉写信说：“这里的荷花真好，你若来……”身陷
kǔ nàn què réng wèi hé huā de shèng kāi xīn xǐ zàn tàn bù yǐ zhè shì yī zhǒng qū yú chéng míng de jìng jiè yī
苦难却仍为荷花的盛开欣喜赞叹不已，这是一种趋于澄明的境界，一
zhǒng kuàng dá sǎ tuō de xiōng jīn yī zhǒng miàn lín mó nàn tǎn dàng cóng róng de qì dù yī zhǒng duì shēng huó
种旷达洒脱的胸襟，一种面临磨难坦荡从容的气度，一种对生活
tóng zǐ bān de rè ài hé duì měi hǎo shì wù wú xiàn xiàng wǎng de shēng mìng qíng gǎn
童子般的热爱和对美好事物无限向往的生命情感。

yóu cǐ kě jiàn yǐng xiǎng yī gè rén kuài lè de yǒu shí bìng bù shì kùn jìng jí mó nàn ér shì yī gè rén de
由此可见，影响一个人快乐的，有时并不是困境及磨难，而是一个人的
xīn tài rú guǒ bǎ zì jǐ jìn pào zài jī jí lè guān xiàng shàng de xīn tài zhōng kuài lè bì rán huì zhàn jù nǐ
心态。如果把自己浸泡在积极、乐观、向上的心态中，快乐必然会占据你
de měi yī tiān
的每一天。

jié xuǎn zì tài dù chuàng zào kuài lè
节选自《态度创造快乐》

zuò pǐn
作品 38

tài shān jí dǐng kàn rì chū lì lái bèi miáo huì chéng shí fēn zhuàng guān de qí jǐng yǒu rén shuō dēng tài
泰山极顶看日出,历来被描绘成十分壮观的奇景。有人说:登泰
shān ér kàn bù dào rì chū jiù xiàng yī chū dà xì méi yǒu xì yǎn wèir zhōng jiū yǒu diǎnr guǎ dàn
山而看不到日出,就像一出大戏没有戏眼,味儿终究有点寡淡。

wǒ qù pá shān nà tiān zhèng gǎn shang ge nán dé de hǎo tiān wàn lǐ cháng kōng yún cai sīr dōu bù jiàn
我去爬山那天,正赶上个难得的好天,万里长空,云彩丝儿都不见。
sù cháng yān wù téng téng de shān tóu xiǎn de méi mù fēn míng tóng bàn men dōu xīn xǐ de shuō míng tiān zǎo
素常,烟雾腾腾的山头,显得眉目分明。同伴们都欣喜地说:“明天早
chén zhǔn kě yǐ kàn jiàn rì chū le wǒ yě shì bào zhe zhè zhǒng xiǎng tou pá shang shān qù
晨准可以看见日出了。”我也是抱着这种想头,爬上山去。

yī lù cóng shān jiǎo wǎng shang pá xì kàn shān jǐng wǒ jué de guà zài yǎn qián de bù shì wǔ yuè dú zūn de
一路从山脚往上爬,细看山景,我觉得挂在眼前的不是五岳独尊的
tài shān què xiàng yī fú guī mó jīng rén de qīng lǜ shān shuǐ huà cóng xià miàn dào zhǎn kāi lái zài huà juàn
泰山,却像一幅规模惊人的青绿山水画,从下面倒展开来。在画卷
zhōng zuì xiān lòu chū de shì shān gēnr dǐ nà zuò míng cháo jiàn zhù dài zōng fāng màn man de biàn xiàn chū wáng
中最先露出的是山根底那座明朝建筑岱宗坊,慢慢地便现出王
mǔ chí dǒu mǔ gōng jīng shí yù shān shì yī céng bǐ yī céng shēn yī dié bǐ yī dié qí céng céng dié dié bù zhī
母池、斗母宫、经石峪。山是一层比一层深,一叠比一叠奇,层层叠叠,不知
hái huì yǒu duō shēn duō qí wàn shān cóng zhōng shí ér diǎn rǎn zhe jí qí gōng xì de rén wù wáng mǔ chí páng
还会有多深多奇,万山丛中,时而点染着极其工细的人物。王母池旁
de lǚ zǔ diàn li yǒu bù shǎo zūn míng sù sù zhe lǚ dòng bīn děng yī xiē rén zī tài shén qíng shì nà yàng yǒu
的吕祖殿里有不少尊明塑,塑着吕洞宾等一些人,姿态神情是那样有
shēng qì nǐ kàn le bù jīn huì tuō kǒu zàn tàn shuō huó la
生气,你看了,不禁会脱口赞叹说:“活啦。”

huà juàn jì xù zhǎn kāi lǜ yīn sēn sēn de bǎi dòng lòu miàn bù tài jiǔ biàn lái dào duì sōng shān liǎng miàn
画卷继续展开,绿阴森森的柏洞露面不太久,便来到对松山。两面
qí fēng duì zhì zhe mǎn shān fēng dōu shì qí xíng guài zhuàng de lǎo sōng nián jì pà dōu yǒu shàng qiān suì le
奇峰对峙着,满山峰都是奇形怪状的老松,年纪怕都有上千岁了,
yán sè jìng nà me nóng nóng de hǎo xiàng yào liú xia lai shì de lái dào zhèr nǐ bù fáng quán dāng yī cì
颜色竟那么浓,浓得好像要流下来似的。来到这儿,你不妨权当一次
huà li de xiě yì rén wù zuò zài lù páng de duì sōng tíng li kàn kan shān sè tīng ting liú shuǐ hé sōng tāo
画里的写意人物,坐在路旁的对松亭里,看看山色,听听流水和松涛。

yī shí jiān wǒ yòu jué de zì jǐ bù jǐn shì zài kàn huà juàn què yòu xiàng shì zài líng líng luàn luàn fān zhe yī
一时间,我又觉得自己不仅是在看画卷,却又像是在零零乱乱翻着一
juàn lì shǐ gǎo běn
卷历史稿本。

jié xuǎn zì yáng shuò tài shān jí dǐng
节选自杨朔《泰山极顶》

zuò pǐn
作品 39

yù cái xiǎo xué xiào zhǎng táo xíng zhī zài xiào yuán kàn dào xué shēng wáng yǒu yòng ní kuài zá zì jǐ bān
育才小学校长陶行知在校园看到学生王友用泥块砸自己班
shang de tóng xué táo xíng zhī dāng jí hè zhǐ le tā bìng lìng tā fàng xué hòu dào xiào zhǎng shì qù wú yí táo
上的同学,陶行知当即喝止了他,并令他放学后到校长室去。无疑,陶

xíng zhī shì yào hǎo hao jiào yù zhè ge wán pí de xué shēng nà me tā shì rú hé jiào yù de ne
行知是要好好教育这个“顽皮”的学生。那么他是如何教育的呢？

fàng xué hòu táo xíng zhī lái dào xiào zhǎng shì wáng yǒu yǐ jīng děng zài mén kǒu zhǔn bèi ái xùn le kě yī
放学后，陶行知来到校长室，王友已经等在门口准备挨训了。可一
jiàn miàn táo xíng zhī què tāo chu yī kuài táng guǒ sòng gěi wáng yǒu bìng shuō zhè shì jiǎng gěi nǐ de yīn wèi nǐ
见面，陶行知却掏出一块糖果送给王友，并说：“这是奖给你的，因为你
àn shí lái dào zhè lǐ ér wǒ què chí dào le wáng yǒu jīng yí de jiē guo táng guǒ
按时来到这里，而我却迟到了。”王友惊疑地接过糖果。

suí hòu táo xíng zhī yòu tāo chu yī kuài táng guǒ fàng dào tā shǒu li shuō zhè dì èr kuài táng guǒ yě shì
随后，陶行知又掏出一块糖果放到他手里，说：“这第二块糖果也是
jiǎng gěi nǐ de yīn wèi dāng wǒ bù ràng nǐ zài dǎ rén shí nǐ lì jí jiù zhù shǒu le zhè shuō míng nǐ hěn zūn
奖给你的，因为当我不让你再打人时，你立即就住手了，这说明你很尊
zhòng wǒ wǒ yīng gāi jiǎng nǐ wáng yǒu gèng jīng yí le tā yǎn jing zhēng de dà dà de
重我，我应该奖你。”王友更惊疑了，他眼睛睁得大大的。

táo xíng zhī yòu tāo chu dì sān kuài táng guǒ sāi dào wáng yǒu shǒu li shuō wǒ diào chá guo le nǐ yòng ní
陶行知又掏出第三块糖果塞到王友手里，说：“我调查过了，你用泥
kuài zá nà xiē nán shēng shì yīn wèi tā men bù shǒu yóu xì guī zé qī fu nǚ shēng nǐ zá tā men shuō míng nǐ
块砸那些男生，是因为他们不守游戏规则，欺负女生；你砸他们，说明你
hěn zhèng zhí shàn liáng qiě yǒu pī píng bù liáng xíng wéi de yǒng qì yīng gāi jiǎng lì nǐ a wáng yǒu gǎn dòng
很正直善良，且有批评不良行为的勇气，应该奖励你啊！”王友感动
jí le tā liú zhe yǎn lèi hòu huǐ de hǎn dào táo táo xiào zhǎng nǐ dǎ wǒ liǎng xià ba wǒ zá de bù shì
极了，他流着眼泪后悔地喊道：“陶……陶校长你打我两下吧！我砸的不是
huài rén ér shì zì jǐ de tóng xué a
坏人，而是自己的同学啊……”

táo xíng zhī mǎn yì de xiào le tā suí jí tāo chu dì sì kuài táng guǒ dì gěi wáng yǒu shuō wèi nǐ zhèng
陶行知满意地笑了，他随即掏出第四块糖果递给王友，说：“为你正
què de rèn shi cuò wù wǒ zài jiǎng gěi nǐ yī kuài táng guǒ zhǐ kě xī wǒ zhǐ yǒu zhè yī kuài táng guǒ le wǒ de
确地认识错误，我再奖给你一块糖果，只可惜我只有这一块糖果了。我的
táng guǒ méi yǒu le wǒ kàn wǒ men de tán huà yě gāi jié shù le ba shuō wán jiù zǒu chū le xiào zhǎng shì
糖果没有了，我看我们的谈话也该结束了吧！”说完，就走出了校长室。

jié xuǎn zì jiào shī bó lǎn bǎi qī jīng huá zhōng táo xíng zhī de sì kuài táng guǒ
节选自《教师博览·百期精华》中《陶行知的“四块糖果”》

zuò pǐn
作品 40

xiǎng shòu xìng fú shì xū yào xué xí de dāng tā jí jiāng lái lín de shí kè xū yào tí xǐng rén kě yǐ zì
享受幸福是需要学习的，当它即将来临的时刻需要提醒。人可以自
rán ér rán de xué huì gǎn guān de xiǎng lè què wú fǎ tiān shēng de zhǎng wò xìng fú de yùn lǜ líng hún de
然而然地学会感官的享乐，却无法天生地掌握幸福的韵律。灵魂的
kuài yì tóng qì guān de shū shì xiàng yī duì luán shēng xiōng dì shí ér xiāng bàng xiāng yī shí ér nán yuán běi
快意同器官的舒适像一对孪生兄弟，时而相傍相依，时而南辕北
zhé
辙。

xìng fú shì yī zhǒng xīn líng de zhèn chàn tā xiàng huì qīng tīng yīn yuè de ěr duo yī yàng xū yào bù duàn
幸福是一种心灵的震颤。它像会倾听音乐的耳朵一样，需要不断
de xùn liàn
地训练。

jiǎn ér yán zhī xìng fú jiù shì méi yǒu tòng kǔ de shí kè tā chū xiàn de pín lǜ bìng bù xiàng wǒ men xiǎng
简而言之，幸福就是没有痛苦的时刻。它出现的频率并不像我们想

象的那样少。人们常常只是在幸福的金马车已经驶过去很远时，才拣起地上的金鬃毛说，原来我见过它。

人们喜爱回味幸福的标本，却忽略它披着露水散发清香的时刻。那时候我们往往步履匆匆，瞻前顾后不知在忙着什么。

世上有预报台风的，有预报蝗灾的，有预报瘟疫的，有预报地震的。没有人预报幸福。

其实幸福和世界万物一样，有它的征兆。

幸福常常是朦胧的，很有节制地向我们喷洒甘霖。你不要总希望轰轰烈烈的幸福，它多半只是悄悄地扑面而来。你也不要企图把水龙头拧得更大，那样它会很快地流失。你需要静静地以平和之心，体验它的真谛。

幸福绝大多数是朴素的。它不会像信号弹似的，在很高的天际闪烁红色的光芒。它披着本色的外衣，亲切温暖地包裹起我们。

幸福不喜欢喧嚣浮华，它常常在暗淡中降临。贫困中相濡以沫的一块糕饼，患难中心心相印的一个眼神，父亲一次粗糙的抚摸，女友一张温馨的字条……这都是千金难买的幸福啊。像一粒粒缀在旧绸子上的红宝石，在凄凉中愈发熠熠夺目。

节选自毕淑敏《提醒幸福》

作品 41

在里约热内卢的一个贫民窟里，有一个男孩子，他非常喜欢足球，可是又买不起，于是就踢塑料盒，踢汽水瓶，踢从垃圾箱里拣来的椰子壳。他在胡同儿里踢，在能找到的任何一片空地上踢。

有一天，当他在一处干涸的水塘里猛踢一个猪膀胱时，被一位足球教练看见了。他发现这个男孩儿踢得很像是那么回事，就主动提出要

sòng gěi tā yī gè zú qiú xiǎo nán háir dé dào zú qiú hòu tī de gèng mài jìn le bù jiǔ tā jiù néng zhǔn
送给他一个足球。小男孩儿得到足球后踢得更卖劲了。不久,他就能准
què de bǎ qiú tī jin yuǎn chù suí yì bǎi fàng de yī gè shuǐ tǒng li
确地把球踢进远处随意摆放的一个水桶里。

shèng dàn jié dào le hái zi de mā ma shuō wǒ men méi yǒu qián mǎi shèng dàn lǐ wù sòng gěi wǒ men de
圣诞节到了,孩子的妈妈说:“我们没有钱买圣诞礼物送给我们的
ēn rén jiù ràng wǒ men wèi tā qí dǎo ba
恩人,就让我们为他祈祷吧。”

xiǎo nán háir gēn suí mā ma qí dǎo wán bì xiàng mā ma yào le yī bǎ chǎn zi biàn pǎo le chu qu tā
小男孩儿跟随妈妈祈祷完毕,向妈妈要了一把铲子便跑了出去。他
lái dào yī zuò bié shù qián de huā yuán lǐ kāi shǐ wā kēng
来到一座别墅前的花园里,开始挖坑。

jiù zài tā kuài yào wā hǎo kēng de shí hou cóng bié shù li zǒu chū yī gè rén lái wèn xiǎo háir zài gàn
就在他快要挖好坑的时候,从别墅里走出一个人来,问小孩儿在干
shén me hái zi tái qi mǎn shì hàn zhū de liǎn dànr shuō jiào liàn shèng dàn jié dào le wǒ méi yǒu lǐ wù
什么,孩子抬起满是汗珠的脸蛋儿,说:“教练,圣诞节到了,我没有礼物
sòng gěi nín wǒ yuàn gěi nín de shèng dàn shù wā yī gè shù kēng
送给您,我愿给您的圣诞树挖一个树坑。”

jiào liàn bǎ xiǎo nán háir cóng shù kēng lǐ lā shang lai shuō wǒ jīn tiān dé dào le shì jiè shang zuì hǎo
教练把小男孩儿从树坑里拉上来,说,我今天得到了世界上最好
de lǐ wù míng tiān nǐ jiù dào wǒ de xùn liàn chǎng qù ba
的礼物。明天你就到我的训练场去吧。

sān nián hòu zhè wèi shí qī suì de nán háir zài dì liù jiè zú qiú jǐn biāo sài shang dú jìn èr shí yī qiú
三年后,这位十七岁的男孩儿在第六届足球锦标赛上独进二十一球,
wèi bā xī dì yī cì pěng huí le jīn bēi yī gè yuán lái bù wéi shì rén suǒ zhī de míng zi bèi lì suí zhī
为巴西第一次捧回了金杯。一个原来不为世人所知的名字——贝利,随之
chuán biàn shì jiè
传遍世界。

jié xuǎn zì liú yàn mǐn tiān cái de zào jiù
节选自刘燕敏《天才的造就》

zuò pǐn
作品42

jì de wǒ shí sān suì shí hé mǔ qīn zhù zài fǎ guó dōng nán bù de nài sī chéng mǔ qīn méi yǒu zhàng fu
记得我十三岁时,和母亲住在法国东南部的耐斯城。母亲没有丈夫,
yě méi yǒu qīn qi gòu qīng kǔ de dàn tā jīng cháng néng ná chu lìng rén chī jīng de dōng xi bǎi zài wǒ miàn
也没有亲戚,够清苦的,但她经常能拿出令人吃惊的东西,摆在我面
qián tā cóng lái bù chī ròu yī zài shuō zì jǐ shì sù shí zhě rán ér yǒu yī tiān wǒ fā xiàn mǔ qīn zhèng zǐ
前。她从来不吃肉,一再说自己是素食者。然而有一天,我发现母亲正仔
xì de yòng yī xiǎo kuài suì miàn bāo cā nà gěi wǒ jiān niú pái yòng de yóu guō wǒ míng bai le tā chēng zì jǐ
细地用一小块碎面包擦那给我煎牛排用的油锅。我明白了她称自己
wèi sù shí zhě de zhēn zhèng yuán yīn
为素食者的真正原因。

wǒ shí liù suì shí mǔ qīn chéng le nài sī shì měi méng lǚ guǎn de nǚ jīng lǐ zhè shí tā gèng máng lù
我十六岁时,母亲成了耐斯市美蒙旅馆的女经理。这时,她更忙碌
le yī tiān tā tān zài yǐ zi shang liǎn sè cāng bái zuǐ chún fā huī mǎ shàng zhǎo lai yī shēng zuò chu zhěn
了。一天,她瘫在椅子上,脸色苍白,嘴唇发灰。马上找来医生,做出诊
duàn tā shè qǔ le guò duō de yí dǎo sù zhí dào zhè shí wǒ cái zhī dào mǔ qīn duō nián yī zhí duì wǒ yǐn mán
断:她摄取了过多的胰岛素。直到这时我才知道母亲多年一直对我隐瞒

de jí tòng táng niào bìng
的疾痛——糖尿病。

tā de tóu wāi xiàng zhěn tou yī biān tòng kǔ de yòng shǒu zhuā náo xiōng kǒu chuáng jià shàng fāng zé guà
她的头歪向枕头一边，痛苦地用手抓挠胸口。床架上方，则挂
zhe yī méi wǒ yī jiǔ sān èr nián yíng dé nài sī shì shào nián pīng pāng qiú guàn jūn de yín zhì jiǎng zhāng
着一枚我一九三二年赢得耐斯市少年乒乓球冠军的银质奖章。

à shì duì wǒ de měi hǎo qián tú de chōng jǐng zhī chēng zhe tā huó xia qu wèi le gěi tā nà huāng táng de
啊，是对我的美好前途的憧憬支撑着她活下去，为了给她那荒唐的
mèng zhì shǎo jiā yī diǎn zhēn shí de sè cǎi wǒ zhǐ néng jì xù nǔ lì yǔ shí jiān jìng zhēng zhí zhì yī jiǔ sān bā
梦至少加一点真实的色彩，我只能继续努力，与时间竞争，直至一九三八
nián wǒ bèi zhēng rù kōng jūn bā lí hěn kuài shī xiàn wǒ zhǎn zhuǎn diào dào yīng guó huáng jiā kōng jūn gāng
年我被征入空军。巴黎很快失陷，我辗转调到英国皇家空军。刚
dào yīng guó jiù jiē dào le mǔ qīn de lái xìn zhè xiē xìn shì yóu zài ruì shì de yī gè péng you mì mì de zhuǎn
到英国就接到了母亲的来信。这些信是由在瑞士的一个朋友秘密地转
dào lún dūn sòng dào wǒ shǒu zhōng de
到伦敦，送到我手中的。

xiàn zài wǒ yào huí jiā le xiōng qián pèi dài zhe xǐng mù de lǜ hēi liǎng sè de jiě fàng shí zì shòu dài shàng
现在我要回家了，胸前佩带着醒目的绿黑两色的解放十字绶带，上
miàn guà zhe wǔ liù méi wǒ zhōng shēn nán wàng de xūn zhāng jiān shang hái pèi dài zhe jūn guān jiān zhāng dào
面挂着五六枚我终身难忘的勋章，肩上还佩带着军官肩章。到
dá lǚ guǎn shí méi yǒu yī gè rén gēn wǒ dǎ zhāo hu yuán lái wǒ mǔ qīn zài sān nián bàn yǐ qián jiù yǐ jing lí
达旅馆时，没有一个人跟我打招呼。原来，我母亲在三年半以前就已经离
kāi rén jiān le
开人间了。

zài tā sǐ qián de jǐ tiān zhōng tā xiě le jìn èr bǎi wǔ shí fēng xìn bǎ zhè xiē xìn jiāo gěi tā zài ruì shì de
在她死前的几天中，她写了近二百五十封信，把这些信交给她在瑞士的
péng you qǐng zhè ge péng you dìng shí jì gěi wǒ jiù zhè yàng zài mǔ qīn sǐ hòu de sān nián bàn de shí jiān li
朋友，请这个朋友定时寄给我。就这样，在母亲死后的三年半的时间里，
wǒ yī zhí cóng tā shēn shang xī qǔ zhe lì liàng hé yǒng qì zhè shǐ wǒ néng gòu jì xù zhàn dòu dào shèng
我一直从她身上吸取着力量和勇气——这使我能够继续战斗到胜
lì nà yī tiān
利那一天。

jié xuǎn zì fǎ luó màn jiā lǐ wǒ de mǔ qīn dú yī wú èr
节选自［法］罗曼·加里《我的母亲独一无二》

zuò pǐn
作品 43

shēng huó duì yú rèn hé rén dōu fēi yì shì wǒ men bì xū yǒu jiān rèn bù bá de jīng shén zuì yào jǐn de hái
生活对于任何人都非易事，我们必须有坚韧不拔的精神。最要紧的，还
shi wǒ men zì jǐ yào yǒu xìn xīn wǒ men bì xū xiāng xìn wǒ men duì měi yī jiàn shì qing dōu jù yǒu tiān fù de
是我们自己要有信心。我们必须相信，我们对每一件事情都具有天赋的
cái néng bìng qiě wú lùn fù chū rèn hé dài jià dōu yào bǎ zhè jiàn shì wán chéng dāng shì qing jié shù de shí
才能，并且，无论付出任何代价，都要把这件事完成。当事情结束的时
hou nǐ yào néng wèn xīn wú kuì de shuō wǒ yǐ jīng jìn wǒ suǒ néng le
候，你要能问心无愧地说："我已经尽我所能了。"

yǒu yī nián de chūn tiān wǒ yīn bìng bèi pò zài jiā li xiū xi shù zhōu wǒ zhù shì zhe wǒ de nǚ ér men suǒ
有一年的春天，我因病被迫在家里休息数周。我注视着我的女儿们所
yǎng de cán zhèng zài jié jiǎn zhè shǐ wǒ hěn gǎn xìng qù wàng zhe zhè xiē cán zhí zhuó de qín fèn de gōng zuò
养的蚕正在结茧，这使我很感兴趣。望着这些蚕执着地、勤奋地工作，

wǒ gǎn dào wǒ hé tā men fēi cháng xiāng sì　xiàng tā men yī yàng wǒ zǒng shì nài xīn dì bǎ zì jǐ de nǔ lì
我感到我和它们非常相似。像它们一样，我总是耐心地把自己的努力
jí zhōng zài yī gè mù biāo shang　wǒ zhī suǒ yǐ rú cǐ huò xǔ shì yīn wèi yǒu mǒu zhǒng lì liàng zài biān cè zhe
集中在一个目标上。我之所以如此，或许是因为有某种力量在鞭策着
wǒ　zhèng rú cán bèi biān cè zhe qù jié jiǎn yī bān
我——正如蚕被鞭策着去结茧一般。

jìn wǔ shí nián lái wǒ zhì lì yú kē xué yán jiū ér yán jiū jiù shì duì zhēn lǐ de tàn tǎo　wǒ yǒu xǔ duō
近五十年来，我致力于科学研究，而研究，就是对真理的探讨。我有许多
měi hǎo kuài lè de jì yì　shào nǚ shí qī wǒ zài bā lí dà xué gū dú de guò zhe qiú xué de suì yuè zài hòu lái
美好快乐的记忆。少女时期我在巴黎大学，孤独地过着求学的岁月；在后来
xiàn shēn kē xué de zhěng gè shí qī　wǒ zhàng fu hé wǒ zhuān xīn zhì zhì xiàng zài mèng huàn zhōng yī bān zuò
献身科学的整个时期，我丈夫和我专心致志，像在梦幻中一般，坐
zài jiǎn lòu de shū fáng li jiān xīn de yán jiū hòu lái wǒ men jiù zài nà lǐ fā xiàn le léi
在简陋的书房里艰辛地研究，后来我们就在那里发现了镭。

wǒ yǒng yuǎn zhuī qiú ān jìng de gōng zuò hé jiǎn dān de jiā tíng shēng huó　wèi le shí xiàn zhè ge lǐ xiǎng
我永远追求安静的工作和简单的家庭生活。为了实现这个理想，
wǒ jié lì bǎo chí níng jìng de huán jìng　yǐ miǎn shòu rén shì de gān rǎo hé shèng míng de tuō lěi
我竭力保持宁静的环境，以免受人事的干扰和盛名的拖累。

wǒ shēn xìn zài kē xué fāng miàn wǒ men yǒu duì shì yè ér bù shì duì cái fù de xìng qù　wǒ de wéi yī shē
我深信，在科学方面我们有对事业而不是对财富的兴趣。我的惟一奢
wàng shì zài yī gè zì yóu guó jiā zhōng　yǐ yī gè zì yóu xué zhě de shēn fèn cóng shì yán jiū gōng zuò
望是在一个自由国家中，以一个自由学者的身份从事研究工作。

wǒ yī zhí chén zuì yú shì jiè de yōu měi zhī zhōng　wǒ suǒ rè ài de kē xué yě bù duàn zēng jiā tā zhǎn xīn
我一直沉醉于世界的优美之中，我所热爱的科学也不断增加它崭新
de yuǎn jǐng　wǒ rèn dìng kē xué běn shēn jiù jù yǒu wěi dà de měi
的远景。我认定科学本身就具有伟大的美。

jié xuǎn zì bō lán mǎ lì　jū lǐ　wǒ de xìn niàn　jiàn jié yì
节选自［波兰］玛丽·居里《我的信念》，剑捷译

zuò pǐn
作品 44

wǒ wèi shén me fēi yào jiāo shū bù kě　shì yīn wèi wǒ xǐ huan dāng jiào shī de shí jiān ān pái biǎo hé shēng
我为什么非要教书不可？是因为我喜欢当教师的时间安排表和生
huó jié zòu　qī bā jiǔ sān gè yuè gěi wǒ tí gōng le jìn xíng huí gù yán jiū xiě zuò de liáng jī　bìng jiāng sān
活节奏。七、八、九三个月给我提供了进行回顾、研究、写作的良机，并将三
zhě yǒu jī róng hé　ér shàn yú huí gù yán jiū hé zǒng jié zhèng shì yōu xiù jiào shī sù zhì zhōng bù kě quē shǎo
者有机融合，而善于回顾、研究和总结正是优秀教师素质中不可缺少
de chéng fèn
的成分。

gàn zhè háng gěi le wǒ duō zhǒng duō yàng de　gān quán　qù pǐn cháng　zhǎo yōu xiù de shū jí qù yán dú
干这行给了我多种多样的“甘泉”去品尝，找优秀的书籍去研读，
dào　xiàng yá tǎ　hé shí jì shì jiè li qù fā xiàn　jiào xué gōng zuò gěi wǒ tí gōng le jì xù xué xí de shí
到“象牙塔”和实际世界里去发现。教学工作给我提供了继续学习的时
jiān bǎo zhèng　yǐ jí duō zhǒng tú jìng　jī yù hé tiǎo zhàn
间保证，以及多种途径、机遇和挑战。

rán ér wǒ ài zhè yī háng de zhēn zhèng yuán yīn　shì ài wǒ de xué shēng　xué shēng men zài wǒ de yǎn qián
然而，我爱这一行的真正原因，是爱我的学生。学生们在我的眼前
chéng zhǎng biàn huà　dāng jiào shī yì wèi zhe qīn lì　chuàng zào　guò chéng de fā shēng　qià sì qīn shǒu
成长、变化。当教师意味着亲历“创造”过程的发生——恰似亲手

fù yǔ yī tuán ní tǔ yǐ shēng mìng méi yǒu shén me bǐ mù dǔ tā kāi shǐ hū xī gèng jī dòng rén xīn de le
赋予一团泥土以生命，没有什么比目睹它开始呼吸更激动人心的了。

quán lì wǒ yě yǒu le wǒ yǒu quán lì qù qǐ fā yòu dǎo qù jī fā zhì huì de huǒ huā qù wèn fèi xīn sī
权利我也有了：我有权利去启发诱导，去激发智慧的火花，去问费心思
kǎo de wèn tí qù zàn yáng huí dá de cháng shì qù tuī jiàn shū jí qù zhǐ diǎn mí jīn hái yǒu shén me bié de
考的问题，去赞扬回答的尝试，去推荐书籍，去指点迷津。还有什么别的
quán lì néng yǔ zhī xiāng bǐ ne
权利能与之相比呢？

ér qiě jiāo shū hái gěi wǒ jīn qián hé quán lì zhī wài de dōng xi nà jiù shì ài xīn bù jǐn yǒu duì xué
而且，教书还给我金钱和权利之外的东西，那就是爱心。不仅有对学
shēng de ài duì shū jí de ài duì zhī shi de ài hái yǒu jiào shī cái néng gǎn shòu dào de duì tè bié xué shēng
生的爱，对书籍的爱，对知识的爱，还有教师才能感受到的对“特别”学生
de ài zhè xiē xué shēng yǒu rú míng wán bù líng de ní kuài yóu yú jiē shòu le lǎo shī de chì ài cái bó fā le
的爱。这些学生，有如冥顽不灵的泥块，由于接受了老师的炽爱才勃发了
shēng jī
生机。

suǒ yǐ wǒ ài jiāo shū hái yīn wèi zài nà xiē bó fā shēng jī de tè bié xué shēng shēn shang wǒ yǒu shí
所以，我爱教书，还因为，在那些勃发生机的“特别”学生身上，我有时
fā xiàn zì jǐ hé tā men hū xī xiāng tōng yōu lè yǔ gòng
发现自己和他们呼吸相通，忧乐与共。

jié xuǎn zì měi bǐ dé jī bèi dé lè wǒ wèi shén me dāng jiào shī
节选自［美］彼得·基·贝得勒《我为什么当教师》

zuò pǐn
作品 45

zhōng guó xī bù wǒ men tōng cháng shì zhǐ huáng hé yǔ qín lǐng xiāng lián yī xiàn yǐ xī bāo kuò xī běi hé
中国西部我们通常是指黄河与秦岭相连一线以西，包括西北和
xī nán de shí èr gè shěng shì zì zhì qū zhè kuài guǎng mào de tǔ de miàn jī wèi wǔ bǎi sì shí liù wàn píng
西南的十二个省、市、自治区。这块广袤的土地面积为五百四十六万平
fāng gōng lǐ zhàn guó tǔ zǒng miàn jī de bǎi fēn zhī wǔ shí qī rén kǒu èr diǎn bā yì zhàn quán guó zǒng rén
方公里，占国土总面积的百分之五十七；人口二点八亿，占全国总人
kǒu de bǎi fēn zhī èr shí sān
口的百分之二十三。

xī bù shì huá xià wén míng de yuán tóu huá xià zǔ xiān de jiǎo bù shì shùn zhe shuǐ biān zǒu de cháng jiāng
西部是华夏文明的源头。华夏祖先的脚步是顺着水边走的：长江
shàng yóu chū tǔ guo yuán móu rén yá chǐ huà shí jù jīn yuē yī bǎi qī shí wàn nián huáng hé zhōng yóu chū tǔ
上游出土过元谋人牙齿化石，距今约一百七十万年；黄河中游出土
guo lán tián rén tóu gài gǔ jù jīn yuē qī shí wàn nián zhè liǎng chù gǔ rén lèi dōu bǐ jù jīn yuē wǔ shí wàn nián
过蓝田人头盖骨，距今约七十万年。这两处古人类都比距今约五十万年
de běi jīng yuán rén zī gé gèng lǎo
的北京猿人资格更老。

xī bù dì qū shì huá xià wén míng de zhòng yào fā yuán dì qín huáng hàn wǔ yǐ hòu dōng xī fāng wén huà
西部地区是华夏文明的重要发源地，秦皇汉武以后，东西方文化
zài zhè lǐ jiāo huì róng hé cóng ér yǒu le sī chóu zhī lù de tuó líng shēng shēng fó yuàn shēn sì de mù gǔ chén
在这里交汇融合，从而有了丝绸之路的驼铃声声，佛院深寺的暮鼓晨
zhōng dūn huáng mò gāo kū shì shì jiè wén huà shǐ shang de yī gè qí jì tā zài jì chéng hàn jìn yì shù chuán
钟。敦煌莫高窟是世界文化史上的一个奇迹，它在继承汉晋艺术传
tǒng de jī chǔ shang xíng chéng le zì jǐ jiān shōu bìng xù de huī hóng qì dù zhǎn xiàn chū jīng měi jué lún de
统的基础上，形成了自己兼收并蓄的恢宏气度，展现出精美绝伦的

yì shù xíng shì hé bó dà jīng shēn de wén huà nèi hán qín shǐ huáng bīng mǎ yǒng xī xià wáng líng lóu lán gǔ
艺术形式和博大精深的文化内涵。秦始皇兵马俑、西夏王陵、楼兰古
guó bù dá lā gōng sān xīng duī dà zú shí kè děng lì shǐ wén huà yí chǎn tóng yàng wéi shì jiè suǒ zhǔ mù
国、布达拉宫、三星堆、大足石刻等历史文化遗产，同样为世界所瞩目，
chéng wéi zhōng huá wén huà zhòng yào de xiàng zhēng
成为中华文化重要的象征。

xī bù dì qū yòu shì shǎo shù mín zú jí qí wén huà de jí cuì de jī hū bāo kuò le wǒ guó suǒ yǒu de shǎo
西部地区又是少数民族及其文化的集萃地，几乎包括了我国所有的少
shù mín zú zài yī xiē piān yuǎn de shǎo shù mín zú dì qū réng bǎo liú le yī xiē jiǔ yuǎn shí dài de yì shù pǐn
数民族。在一些偏远的少数民族地区，仍保留了一些久远时代的艺术品
zhǒng chéng wéi zhēn guì de huó huà shí rú nà xī gǔ yuè xì qǔ jiǎn zhǐ cì xiù yán huà děng mín jiān yì shù
种，成为珍贵的“活化石”，如纳西古乐、戏曲、剪纸、刺绣、岩画等民间艺术
hé zōng jiào yì shù tè sè xiān míng fēng fù duō cǎi yóu rú yī gè jù dà de mín zú mín jiān wén huà yì shù
和宗教艺术。特色鲜明、丰富多彩，犹如一个巨大的民族民间文化艺术
bǎo kù
宝库。

wǒ men yào chōng fèn zhòng shì hé lì yòng zhè xiē dé tiān dú hòu de zī yuán yōu shì jiàn lì liáng hǎo de
我们要充分重视和利用这些得天独厚的资源优势，建立良好的
mín zú mín jiān wén huà shēng tài huán jìng wèi xī bù dà kāi fā zuò chu gòng xiàn
民族民间文化生态环境，为西部大开发做出贡献。

jié xuǎn zì zhōng kǎo yǔ wén kè wài yuè dú shì tí jīng xuǎn zhōng xī bù wén huà hé xī bù kāi fā
节选自《中考语文课外阅读试题精选》中《西部文化和西部开发》

zuò pǐn
作品 46

gāo xìng zhè shì yī zhǒng jù tǐ de bèi kàn de dào mō de zháo de shì wù suǒ huàn qǐ de qíng xù tā shì
高兴，这是一种具体的被看得到摸得着的事物所唤起的情绪。它是
xīn lǐ de gèng shì shēng lǐ de tā róng yì lái yě róng yì qù shéi yě bù yīng gāi duì tā shì ér bù jiàn shī zhī
心理的，更是生理的。它容易来也容易去，谁也不应该对它视而不见失之
jiāo bì shéi yě bù yīng gāi zǒng shì zuò nà xiē shǐ zì jǐ bù gāo xìng yě shǐ páng rén bù gāo xìng de shì ràng
交臂，谁也不应该总是做那些使自己不高兴也使旁人不高兴的事。让
wǒ men shuō yī jiàn zuì róng yì zuò yě zuì lìng rén gāo xìng de shì ba zūn zhòng nǐ zì jǐ yě zūn zhòng bié rén
我们说一件最容易做也最令人高兴的事吧，尊重你自己，也尊重别人，
zhè shì měi yī gè rén de quán lì wǒ hái yào shuō zhè shì měi yī gè rén de yì wù
这是每一个人的权利，我还要说这是每一个人的义务。

kuài lè tā shì yī zhǒng fù yǒu gài kuò xìng de shēng cún zhuàng tài gōng zuò zhuàng tài tā jī hū shì xiān
快乐，它是一种富有概括性的生存状态、工作状态。它几乎是先
yàn de tā lái zì shēng mìng běn shēn de huó lì lái zì yǔ zhòu dì qiú hé rén jiān de xī yǐn tā shì shì jiè de
验的，它来自生命本身的活力，来自宇宙、地球和人间的吸引，它是世界的
fēng fù xuàn lì kuò dà yōu jiǔ de tǐ xiàn kuài lè hái shì yī zhǒng lì liàng shì mái zài dì xia de gēn mài
丰富、绚丽、阔大、悠久的体现。快乐还是一种力量，是埋在地下的根脉。
xiāo miè yī gè rén de kuài lè bǐ wā jué diào yī kē dà shù de gēn yào nán de duō
消灭一个人的快乐比挖掘掉一棵大树的根要难得多。

huān xīn zhè shì yī zhǒng qīng chūn de shī yì de qíng gǎn tā lái zì miàn xiàng zhe wèi lái shēn kāi shuāng
欢欣，这是一种青春的、诗意的情感。它来自面向着未来伸开双
bì bēn pǎo de chōng lì tā lái zì yī zhǒng qīng sōng ér yòu shén mì méng lóng ér yòu yǐn mì de jī dòng tā
臂奔跑的冲力，它来自一种轻松而又神秘、朦胧而又隐秘的激动，它
shì jī qíng jí jiāng dào lái de yù zhào tā yòu shì dà yǔ guò hòu de bǐ xià yǔ hái yào měi miào de duō yě jiǔ
是激情即将到来的预兆，它又是大雨过后的比下雨还要美妙得多也久

yuǎn de duō de huí wèi
远得多的回味……

xǐ yuè tā shì yī zhǒng dài yǒu xíng ér shàng sè cǎi de xiū yǎng hé jìng jiè yǔ qí shuō tā shì yī zhǒng
喜悦，它是一种带有形而上色彩的修养和境界。与其说它是一种
qíng xù bù rú shuō tā shì yī zhǒng zhì huì yī zhǒng chāo bá yī zhǒng bēi tiān mǐn rén de kuān róng hé lǐ jiě
情绪，不如说它是一种智慧、一种超拔、一种悲天悯人的宽容和理解，
yī zhǒng bǎo jīng cāng sāng de chōng shí hé zì xìn yī zhǒng guāng míng de lǐ xìng yī zhǒng jiān dìng de chéng
一种饱经沧桑的充实和自信，一种光明的理性，一种坚定的成
shú yī zhǒng zhàn shèng le fán nǎo hé yōng sú de qīng míng chéng chè tā shì yī tán qīng shuǐ tā shì yī mǒ
熟，一种战胜了烦恼和庸俗的清明澄澈。它是一潭清水，它是一抹
zhāo xiá tā shì wú biān de píng yuán tā shì chén mò de dì píng xiàn duō yī diǎnr zài duō yī diǎnr xǐ yuè
朝霞，它是无边的平原，它是沉默的地平线，多一点儿，再多一点儿喜悦
ba tā shì chì bǎng yě shì guī cháo tā shì yī bēi měi jiǔ yě shì yī duǒ yǒng yuǎn kāi bù bài de lián huā
吧，它是翅膀，也是归巢。它是一杯美酒，也是一朵永远开不败的莲花。

jié xuǎn zì wáng méng xǐ yuè
节选自王蒙《喜悦》

zuò pǐn
作品 47

zài wān zǎi xiāng gǎng zuì rè nao de dì fang yǒu yī kē róng shù tā shì zuì guì de yī kē shù bù guāng zài
在湾仔，香港最热闹的地方，有一棵榕树，它是最贵的一棵树，不光在
xiāng gǎng zài quán shì jiè dōu shì zuì guì de
香港，在全世界，都是最贵的。

shù huó de shù yòu bù mài hé yán qí guì zhǐ yīn tā lǎo tā cū shì xiāng gǎng bǎi nián cāng sāng de huó
树，活的树，又不卖何言其贵？只因它老，它粗，是香港百年沧桑的活
jiàn zhèng xiāng gǎng rén bù rěn kàn zhe tā bèi kǎn fá huò zhě bèi yí zǒu biàn gēn yào zhàn yòng zhè piàn shān pō
见证，香港人不忍看着它被砍伐，或者被移走，便跟要占用这片山坡
de jiàn zhù zhě tán tiáo jiàn kě yǐ zài zhèr jiàn dà lóu gài shāng shà dàn yī bù zhǔn kǎn shù èr bù zhǔn nuó
的建筑者谈条件：可以在这儿建大楼盖商厦，但一不准砍树，二不准挪
shù bì xū bǎ tā yuán dì jīng xīn yǎng qi lai chéng wéi xiāng gǎng nào shì zhōng de yī jǐng tài gǔ dà shà de
树，必须把它原地精心养起来，成为香港闹市中的一景。太古大厦的
jiàn shè zhě zuì hòu qiān le hé tong zhàn yòng zhè ge dà shān pō jiàn háo huá shāng shà de xiān jué tiáo jiàn shì
建设者最后签了合同，占用这个大山坡建豪华商厦的先决条件是
tóng yì bǎo hù zhè kē lǎo shù
同意保护这棵老树。

shù zhǎng zài bàn shān pō shang jì huà jiāng shù xià miàn de chéng qiān shàng wàn dūn shān shí quán bù tāo
树长在半山坡上，计划将树下面的成千上万吨山石全部掏
kōng qǔ zǒu téng chu dì fang lái gài lóu bǎ shù jià zài dà lóu shàng miàn fǎng fú tā yuán běn shì zhǎng zài lóu
空取走，腾出地方来盖楼，把树架在大楼上面，仿佛它原本是长在楼
dǐng shang shì de jiàn shè zhě jiù dì zào le yī gè zhí jìng shí bā mǐ shēn shí mǐ de dà huā pén xiān gù dìng
顶上似的。建设者就地造了一个直径十八米、深十米的大花盆，先固定
hǎo zhè kē lǎo shù zài zài dà huā pén dǐ xia gài lóu guāng zhè yī xiàng jiù huā le liǎng qiān sān bǎi bā shí jiǔ
好这棵老树，再在大花盆底下盖楼。光这一项就花了两千三百八十九
wàn gǎng bì kān chēng shì zuì áng guì de bǎo hù cuò shī le
万港币，堪称是最昂贵的保护措施了。

tài gǔ dà shà luò chéng zhī hòu rén men kě yǐ chéng gǔn dòng fú tī yī cì dào wèi lái dào tài gǔ dà shà
太古大厦落成之后，人们可以乘滚动扶梯一次到位，来到太古大厦
de dǐng céng chū hòu mén nàr shì yī piàn zì rán jǐng sè yī kē dà shù chū xiàn zài rén men miàn qián shù gàn
的顶层，出后门，那儿是一片自然景色。一棵大树出现在人们面前，树干

yǒu yī mǐ bàn cū shù guān zhí jìng zú yǒu èr shí duō mǐ dú mù chéng lín fēi cháng zhuàng guān xíng chéng yī
有一米半粗，树冠直径足有二十多米，独木成林，非常壮观，形成一
zuò yǐ tā wéi zhōng xīn de xiǎo gōng yuán qǔ míng jiào róng pǔ shù qián miàn chā zhe tóng pái shuō míng yuán
座以它为中心的小公园，取名叫“榕圃”。树前面插着铜牌，说明原
yóu cǐ qíng cǐ jǐng rú bù kàn tóng pái de shuō míng jué duì xiǎng bu dào jù shù gēn dǐ xia hái yǒu yī zuò hóng
由。此情此景，如不看铜牌的说明，绝对想不到巨树根底下还有一座宏
wěi de xiàn dài dà lóu
伟的现代大楼。

jié xuǎn zì shū yǐ xiāng gǎng zuì guì de yī kē shù
节选自舒乙《香港：最贵的一棵树》

zuò pǐn
作品 48

wǒ men de chuán jiàn jiàn de bī jìn róng shù le wǒ yǒu jī huì kàn qīng tā de zhēn miàn mù shì yī kē dà
我们的船渐渐地逼近榕树了：我有机会看清它的真面目：是一棵大
shù yǒu shù bù qīng de yā zhī zhī shang yòu shēng gēn yǒu xǔ duō gēn yī zhí chuí dào dì shang shēn jin ní tǔ
树，有数不清的丫枝，枝上又生根，有许多根一直垂到地上，伸进泥土
li yī bù fen shù zhī chuí dào shuǐ miàn cóng yuǎn chù kàn jiù xiàng yī kē dà shù xié tǎng zài shuǐ miàn shang yī
里。一部分树枝垂到水面，从远处看，就像一棵大树斜躺在水面上一
yàng
样。

xiàn zài zhèng shì zhī fán yè mào de shí jié zhè kē róng shù hǎo xiàng zài bǎ tā de quán bù shēng mìng lì
现在正是枝繁叶茂的时节。这棵榕树好像在把它的全部生命力
zhǎn shì gěi wǒ men kàn nà me duō de lǜ yè yī cù duī zài lìng yī cù de shàng miàn bù liú yī diǎnr fèng
展示给我们看。那么多的绿叶，一簇堆在另一簇的上面，不留一点儿缝
xì cuì lǜ de yán sè míng liàng de zài wǒ men de yǎn qián shǎn yào sì hū měi yī piàn shù yè shang dōu yǒu yī
隙。翠绿的颜色明亮地在我们的眼前闪耀，似乎每一片树叶上都有一
gè xīn de shēng mìng zài chàn dòng zhè měi lì de nán guó de shù
个新的生命在颤动，这美丽的南国的树！

chuán zài shù xia bó le piàn kè àn shang hěn shī wǒ men méi yǒu shàng qu péng you shuō zhè lǐ shì niǎo
船在树下泊了片刻，岸上很湿，我们没有上去。朋友说这里是“鸟
de tiān táng yǒu xǔ duō niǎo zài zhè kē shù shang zuò wō nóng mín bù xǔ rén qù zhuō tā men wǒ fǎng fú tīng
的天堂”，有许多鸟在这棵树上做窝，农民不许人去捉它们。我仿佛听
jiàn jǐ zhī niǎo pū chì de shēng yīn dàn shì děng dào wǒ de yǎn jing zhù yì de kàn nà lǐ shí wǒ què kàn bu jiàn
见几只鸟扑翅的声音，但是等到我的眼睛注意地看那里时，我却看不见
yī zhī niǎo de yǐng zi zhǐ yǒu wú shù de shù gēn lì zài dì shang xiàng xǔ duō gēn mù zhuāng dì shì shī de dà
一只鸟的影子，只有无数的树根立在地上，像许多根木桩。地是湿的，大
gài zhǎng cháo shí hé shuǐ cháng cháng chōng shang àn qù niǎo de tiān táng lǐ méi yǒu yī zhī niǎo wǒ zhè
概涨潮时河水常常冲上岸去。“鸟的天堂”里没有一只鸟，我这
yàng xiǎng dào chuán kāi le yī gè péng you bō zhe chuán huǎn huǎn de liú dào hé zhōng jiān qù
样想到。船开了，一个朋友拨着船，缓缓地流到河中间去。

dì èr tiān wǒ men huá zhe chuán dào yī gè péng you de jiā xiāng qù jiù shì nà ge yǒu shān yǒu tǎ de dì
第二天，我们划着船到一个朋友的家乡去，就是那个有山有塔的地
fang cóng xué xiào chū fā wǒ men yòu jīng guò nà niǎo de tiān táng
方。从学校出发，我们又经过那“鸟的天堂”。

zhè yī cì shì zài zǎo chén yáng guāng zhào zài shuǐ miàn shang yě zhào zài shù shāo shang yī qiè dōu xiǎn
这一次是在早晨，阳光照在水面上，也照在树梢上。一切都显
de fēi cháng guāng míng wǒ men de chuán yě zài shù xia bó le piàn kè
得非常光明。我们的船也在树下泊了片刻。

qǐ chū sì zhōu wéi fēi cháng qīng jìng hòu lái hū rán qǐ le yī shēng niǎo jiào wǒ men bǎ shǒu yī pāi
起初四周围非常清静。后来忽然起了一声鸟叫。我们把手一拍，
biàn kàn jiàn yī zhī dà niǎo fēi le qi lai jiē zhe yòu kàn jiàn dì èr zhī dì sān zhī wǒ men jì xù pāi zhǎng hěn
便看见一只大鸟飞了起来，接着又看见第二只，第三只。我们继续拍掌，很
kuài de zhè ge shù lín jiù biàn de hěn rè nao le dào chù dōu shì niǎo shēng dào chù dōu shì niǎo yǐng dà de
快地这个树林就变得很热闹了。到处都是鸟声，到处都是鸟影。大的，
xiǎo de huā de hēi de yǒu de zhàn zài zhī shang jiào yǒu de fēi qi lai zài pū chì bǎng
小的，花的，黑的，有的站在枝上叫，有的飞起来，在扑翅膀。

jié xuǎn zì bā jīn xiǎo niǎo de tiān táng
节选自巴金《小鸟的天堂》

zuò pǐn
作品 49

yǒu zhè yàng yī gè gù shì
有这样一个故事。

yǒu rén wèn shì jiè shang shén me dōng xi de qì lì zuì dà huí dá fēn yún de hěn yǒu de shuō xiàng
有人问：世界上什么东西的气力最大？回答纷纭得很，有的说“象”，
yǒu de shuō shī yǒu rén kāi wán xiào shì de shuō shì jīn gāng jīn gāng yǒu duō shǎo qì lì dāng rán dà jiā
有的说“狮”，有人开玩笑似的说：是“金刚”，金刚有多少气力，当然大家
quán bù zhī dào
全不知道。

jié guǒ zhè yī qiè dá àn wán quán bù duì shì jiè shang qì lì zuì dà de shì zhí wù de zhǒng zi yī lì
结果，这一切答案完全不对，世界上气力最大的，是植物的种子。一粒
zhǒng zi suǒ kě yǐ xiǎn xiàn chu lai de lì jiǎn zhí shì chāo yuè yī qiè
种子所可以显现出来的力，简直是超越一切。

rén de tóu gài gǔ jié hé de fēi cháng zhì mì yǔ jiān gù shēng lǐ xué jiā hé jiě pōu xué zhě yòng jìn le yī
人的头盖骨，结合得非常致密与坚固，生理学家和解剖学者用尽了一
qiè de fāng fǎ yào bǎ tā wán zhěng de fēn chu lai dōu méi yǒu zhè zhǒng lì qi hòu lái hū rán yǒu rén fā míng
切的方法，要把它完整地分出来，都没有这种力气。后来忽然有人发明
le yī gè fāng fǎ jiù shì bǎ yī xiē zhí wù de zhǒng zi fàng zài yào pōu xī de tóu gài gǔ lǐ gěi tā yǐ wēn dù
了一个方法，就是把一些植物的种子放在要剖析的头盖骨里，给它以温度
yǔ shī dù shǐ tā fā yá yī fā yá zhè xiē zhǒng zi biàn yǐ kě pà de lì liàng jiāng yī qiè jī xiè lì suǒ bù
与湿度，使它发芽。一发芽，这些种子便以可怕的力量，将一切机械力所不
néng fēn kāi de gǔ gé wán zhěng de fēn kāi le zhí wù zhǒng zi de lì liàng zhī dà rú cǐ rú cǐ
能分开的骨骼，完整地分开了。植物种子的力量之大，如此如此。

zhè yě xǔ tè shū le yī diǎnr cháng rén bù róng yì lǐ jiě nà me nǐ kàn jiàn guo sǔn de chéng zhǎng
这，也许特殊了一点儿，常人不容易理解。那么，你看见过笋的成长
ma nǐ kàn jiàn guo bèi yā zài wǎ lì hé shí kuài xià miàn de yī kē xiǎo cǎo de shēng zhǎng ma tā wèi zhe
吗？你看见过被压在瓦砾和石块下面的一棵小草的生长吗？它为着
xiàng wǎng yáng guāng wèi zhe dá chéng tā de shēng zhī yì zhì bù guǎn shàng miàn de shí kuài rú hé zhòng shí
向往阳光，为着达成它的生之意志，不管上面的石块如何重，石
yǔ shí zhī jiān rú hé xiá tā bì dìng yào qū qu zhé zhé de dàn shì wán qiáng bù qū de tòu dào dì miàn shang
与石之间如何狭，它必定要曲曲折折地，但是顽强不屈地透到地面上
lái tā de gēn wǎng tǔ rǎng zuān tā de yá wǎng dì miàn tǐng zhè shì yī zhǒng bù kě kàng jù de lì zǔ zhǐ
来。它的根往土壤钻，它的芽往地面挺，这是一种不可抗拒的力，阻止
tā de shí kuài jié guǒ yě bèi tā xiān fān yī lì zhǒng zi de lì liàng zhī dà rú cǐ rú cǐ
它的石块，结果也被它掀翻，一粒种子的力量之大，如此如此。

méi yǒu yī gè rén jiāng xiǎo cǎo jiào zuò dà lì shì dàn shì tā de lì liàng zhī dà dí què shì shì jiè wú
没有一个人将小草叫作“大力士”，但是它的力量之大，的确是世界无

bǐ zhè zhǒng lì shì yī bān rén kàn bu jiàn de shēng mìng lì zhǐ yào shēng mìng cún zài zhè zhǒng lì jiù yào
比。这种力是一般人看不见的生命力。只要生命存在，这种力就要
xiǎn xiàn shàng miàn de shí kuài sī háo bù zú yǐ zǔ dǎng yīn wèi tā shì yī zhǒng cháng qī kàng zhàn de
显现。上面的石块，丝毫不足以阻挡。因为它是一种“长期抗战”的
lì yǒu tán xìng néng qū néng shēn de lì yǒu rèn xìng bù dá mù dì bù zhǐ de lì
力；有弹性，能屈能伸的力；有韧性，不达目的不止的力。

jié xuǎn zì xià yǎn yě cǎo
节选自夏衍《野草》

zuò pǐn
作品 50

yǒu gè tā bí zi de xiǎo nán háir yīn wèi liǎng suì shí dé guo nǎo yán zhì lì shòu sǔn xué xí qi lai hěn
有个塌鼻子的小男孩儿，因为两岁时得过脑炎，智力受损，学习起来很
chī lì dǎ gè bǐ fang bié rén xiě zuò wén néng xiě èr sān bǎi zì tā què zhǐ néng xiě sān wǔ háng dàn jí biàn
吃力。打个比方，别人写作文能写二三百字，他却只能写三五行。但即便
zhè yàng de zuò wén tā tóng yàng néng xiě de hěn dòng rén
这样的作文，他同样能写得很动人。

nà shì yī cì zuò wén kè tí mù shì yuàn wàng tā jí qí rèn zhēn de xiǎng le bàn tiān rán hòu jí rèn
那是一次作文课，题目是《愿望》。他极其认真地想了半天，然后极认
zhēn de xiě nà zuò wén jí duǎn zhǐ yǒu sān jù huà wǒ yǒu liǎng gè yuàn wàng dì yī gè shì mā ma tiān tiān
真地写，那作文极短。只有三句话：我有两个愿望，第一个是，妈妈天天
xiào mī mī de kàn zhe wǒ shuō nǐ zhēn cōng míng dì èr gè shì lǎo shī tiān tiān xiào mī mī de kàn zhe wǒ
笑眯眯地看着我说：“你真聪明，”第二个是，老师天天笑眯眯地看着我
shuō nǐ yī diǎnr yě bù bèn
说：“你一点儿也不笨。”

yú shì jiù shì zhè piān zuò wén shēn shēn de dǎ dòng le tā de lǎo shī nà wèi mā ma shì de lǎo shī bù jǐn
于是，就是这篇作文，深深地打动了他的老师，那位妈妈式的老师不仅
gěi le tā zuì gāo fēn zài bān shang dài gǎn qíng de lǎng dú le zhè piān zuò wén hái yī bǐ yī huà de pī dào nǐ
给了他最高分，在班上带感情地朗读了这篇作文，还一笔一画地批道：你
hěn cōng míng nǐ de zuò wén xiě de fēi cháng gǎn rén qǐng fàng xīn mā ma kěn dìng huì gé wài xǐ huan nǐ de lǎo
很聪明，你的作文写得非常感人，请放心，妈妈肯定会格外喜欢你的，老
shī kěn dìng huì gé wài xǐ huan nǐ de dà jiā kěn dìng huì gé wài xǐ huan nǐ de
师肯定会格外喜欢你的，大家肯定会格外喜欢你的。

pěng zhe zuò wén běn tā xiào le bèng bèng tiào tiào de huí jiā le xiàng zhī xǐ què dàn tā bìng méi yǒu bǎ
捧着作文本，他笑了，蹦蹦跳跳地回家了，像只喜鹊。但他并没有把
zuò wén běn ná gěi mā ma kàn tā shì zài děng dài děng dài zhe yī gè měi hǎo de shí kè
作文本拿给妈妈看，他是在等待，等待着一个美好的时刻。

nà ge shí kè zhōng yú dào le shì mā ma de shēng rì yī gè yáng guāng càn làn de xīng qī tiān nà
那个时刻终于到了，是妈妈的生日——一个阳光灿烂的星期天：那
tiān tā qǐ de tè bié zǎo bǎ zuò wén běn zhuāng zài yī gè qīn shǒu zuò de měi lì de dà xìn fēng lǐ děng zhe
天，他起得特别早，把作文本装在一个亲手做的美丽的大信封里，等着
mā ma xǐng lái mā ma gāng gāng zhēng yǎn xǐng lái tā jiù xiào mī mī de zǒu dào mā ma gēn qián shuō mā ma
妈妈醒来。妈妈刚刚睁眼醒来，他就笑眯眯地走到妈妈跟前说：“妈妈，
jīn tiān shì nín de shēng rì wǒ yào sòng gěi nín yī jiàn lǐ wù
今天是您的生日，我要送给您一件礼物。”

guǒ rán kàn zhe zhè piān zuò wén mā ma tián tián de yǒng chū le liǎng háng rè lèi yī bǎ lǒu zhù xiǎo nán
果然，看着这篇作文，妈妈甜甜地涌出了两行热泪，一把搂住小男
háir lǒu de hěn jǐn hěn jǐn
孩儿，搂得很紧很紧。

shì de zhì lì kě yǐ shòu sǔn dàn ài yǒng yuǎn bù huì
是的，智力可以受损，但爱永远不会。

jié xuǎn zì zhāng yù tíng yī gè měi lì de gù shi
节选自张玉庭《一个美丽的故事》

zuò pǐn
作品 51

xiǎo xué de shí hou yǒu yī cì wǒ men qù hǎi biān yuǎn zú mā ma méi yǒu zuò biàn fàn gěi le wǒ shí kuài
小学的时候，有一次我们去海边远足，妈妈没有做便饭，给了我十块
qián mǎi wǔ cān hǎo xiàng zǒu le hěn jiǔ hěn jiǔ zhōng yú dào hǎi biān le dà jiā zuò xia lai biàn chī fàn huāng
钱买午餐。好像走了很久，很久，终于到海边了，大家坐下来便吃饭，荒
liáng de hǎi biān méi yǒu shāng diàn wǒ yī gè rén pǎo dào fáng fēng lín wài miàn qù jí rèn lǎo shī yào dà jiā bǎ
凉的海边没有商店，我一个人跑到防风林外面去，级任老师要大家把
chī shèng de fàn cài fēn gěi wǒ yī diǎnr yǒu liǎng sān gè nán shēng liú xia yī diǎnr gěi wǒ hái yǒu yī gè
吃剩的饭菜分给我一点儿。有两三个男生留下一点儿给我，还有一个
nǚ shēng tā de mǐ fàn bàn le jiàng yóu hěn xiāng wǒ chī wán de shí hou tā xiào mī mī de kàn zhe wǒ duǎn
女生，她的米饭拌了酱油，很香。我吃完的时候，她笑眯眯地看着我，短
tóu fa liǎn yuán yuán de
头发，脸圆圆的。

tā de míng zi jiào wēng xiāng yù
她的名字叫翁香玉。

měi tiān fàng xué de shí hou tā zǒu de shì jīng guò wǒ men jiā de yī tiáo xiǎo lù dài zhe yī wèi bǐ tā xiǎo
每天放学的时候，她走的是经过我们家的一条小路，带着一位比她小
de nán háir kě néng shì dì di xiǎo lù biān shì yī tiáo qīng chè jiàn dǐ de xiǎo xī liǎng páng zhú yīn fù gài
的男孩儿，可能是弟弟。小路边是一条清澈见底的小溪，两旁竹阴覆盖，
wǒ zǒng shì yuǎn yuǎn de gēn zài tā hòu miàn xià rì de wǔ hòu tè bié yán rè zǒu dào bàn lù tā huì tíng xia lai
我总是远远地跟在她后面，夏日的午后特别炎热，走到半路她会停下来，
ná shǒu pà zài xī shuǐ li jìn shī wèi xiǎo nán háir cā liǎn wǒ yě zài hòu miàn tíng xia lai bǎ āng zāng de
拿手帕在溪水里浸湿，为小男孩儿擦脸。我也在后面停下来，把肮脏的
shǒu pà nòng shī le cā liǎn zài yī lù yuǎn yuǎn gēn zhe tā huí jiā
手帕弄湿了擦脸，再一路远远跟着她回家。

hòu lái wǒ men jiā bān dào zhèn shang qù le guò jǐ nián wǒ yě shàng le zhōng xué yǒu yī tiān fàng xué
后来我们家搬到镇上去了，过几年我也上了中学。有一天放学
huí jiā zài huǒ chē shang kàn jiàn xié duì miàn yī wèi duǎn tóu fa yuán yuán liǎn de nǚ háir yī shēn sù jing de
回家，在火车上，看见斜对面一位短头发、圆圆脸的女孩儿，一身素净的
bái yī hēi qún wǒ xiǎng tā yī dìng bù rèn shi wǒ le huǒ chē hěn kuài dào zhàn le wǒ suí zhe rén qún jǐ xiàng
白衣黑裙。我想她一定不认识我了。火车很快到站了，我随着人群挤向
mén kǒu tā yě zǒu jìn le jiào wǒ de míng zi zhè shì tā dì yī cì hé wǒ shuō huà
门口，她也走近了，叫我的名字。这是她第一次和我说话。

tā xiào mī mī de hé wǒ yī qǐ zǒu guò yuè tái yǐ hòu jiù méi yǒu zài jiàn guo tā le
她笑眯眯的，和我一起走过月台。以后就没有再见过她了。

zhè piān wén zhāng shōu zài wǒ chū bǎn de shào nián xīn shì zhè běn shū li
这篇文章收在我出版的《少年心事》这本书里。

shū chū bǎn hòu bàn nián yǒu yī tiān wǒ hū rán shōu dào chū bǎn shè zhuǎn lái de yī fēng xìn xìn fēng shang
书出版后半年，有一天我忽然收到出版社转来的一封信，信封上
shì mò shēng de zì jì dàn qīng chu de xiě zhe wǒ de běn míng
是陌生的字迹，但清楚地写着我的本名。

xìn lǐ miàn shuō tā kàn dào le zhè piān wén zhāng xīn lǐ fēi cháng jī dòng méi xiǎng dào zài lí kāi jiā
信里面说她看到了这篇文章心里非常激动，没想到在离开家

xiāng piāo bó yì dì zhè me jiǔ zhī hòu huì kàn jiàn zì jǐ réng rán zài yī gè rén de jì yì li tā zì jǐ yě shēn
乡，漂泊异地这么久之后，会看见自己仍然在一个人的记忆里，她自己也深
shēn jì de zhè qí zhōng de měi yī mù zhǐ shì méi xiǎng dào yuè guò yáo yuǎn de shí kōng jìng rán lìng yī gè rén
深记得这其中的每一幕，只是没想到越过遥远的时空，竟然另一个人
yě shēn shēn jì de
也深深记得。

jié xuǎn zì kǔ líng yǒng yuǎn de jì yì
节选自苦伶《永远的记忆》

zuò pǐn
作品 52

zài fán huá de bā lí dà jiē de lù páng zhàn zhe yī gè yī shān lán lǚ tóu fa bān bái shuāng mù shī míng
在繁华的巴黎大街的路旁，站着一个衣衫褴褛、头发斑白、双目失明
de lǎo rén tā bù xiàng qí tā qǐ gài nà yàng shēn shǒu xiàng guò lù xíng rén qǐ tǎo ér shì zài shēn páng lì yī
的老人。他不像其他乞丐那样伸手向过路行人乞讨，而是在身旁立一
kuài mù pái shàng miàn xiě zhe wǒ shén me yě kàn bu jiàn jiē shang guò wǎng de xíng rén hěn duō kàn le mù
块木牌，上面写着："我什么也看不见！"街上过往的行人很多，看了木
pái shang de zì dōu wú dòng yú zhōng yǒu de hái dàn dàn yī xiào biàn shān shān ér qù le
牌上的字都无动于衷，有的还淡淡一笑，便姗姗而去了。

zhè tiān zhōng wǔ fǎ guó zhù míng shī rén ràng bǐ hào lè yě jīng guo zhè lǐ tā kàn kan mù pái shang de
这天中午，法国著名诗人让·彼浩勒也经过这里。他看看木牌上的
zì wèn máng lǎo rén lǎo ren jia jīn tiān shàng wǔ yǒu rén gěi nǐ qián ma
字，问盲老人："老人家，今天上午有人给你钱吗？"

máng lǎo rén tàn xī zhe huí dá wǒ wǒ shén me yě méi yǒu dé dào shuō zhe liǎn shàng de shén qíng fēi
盲老人叹息着回答："我，我什么也没有得到。"说着，脸上的神情非
cháng bēi shāng
常悲伤。

ràng bǐ hào lè tīng le ná qi bǐ qiāo qiāo de zài nà háng zì de qián miàn tiān shang le chūn tiān dào
让·彼浩勒听了，拿起笔悄悄地在那行字的前面添上了"春天到
le kě shì jǐ gè zì jiù cōng cōng de lí kāi le
了，可是"几个字，就匆匆地离开了。

wǎn shang ràng bǐ hào lè yòu jīng guo zhè lǐ wèn nà ge máng lǎo rén xià wǔ de qíng kuàng máng lǎo
晚上，让·彼浩勒又经过这里，问那个盲老人下午的情况。盲老
rén xiào zhe huí dá shuō xiān sheng bù zhī wèi shén me xià wǔ gěi wǒ qián de rén duō jí le ràng bǐ hào lè
人笑着回答说："先生，不知为什么，下午给我钱的人多极了！"让·彼浩勒
tīng le mō zhe hú zi mǎn yì de xiào le
听了，摸着胡子满意地笑了。

chūn tiān dào le kě shì wǒ shén me yě kàn bu jiàn zhè fù yǒu shī yì de yǔ yán chǎn shēng zhè me dà de
"春天到了，可是我什么也看不见！"这富有诗意的语言，产生这么大的
zuò yòng jiù zài yú tā yǒu fēi cháng nóng hòu de gǎn qíng sè cǎi shì de chūn tiān shì měi hǎo de nà lán tiān bái
作用，就在于它有非常浓厚的感情色彩。是的，春天是美好的，那蓝天白
yún nà lǜ shù hóng huā nà yīng gē yàn wǔ nà liú shuǐ rén jiā zěn me bù jiào rén táo zuì ne dàn zhè liáng chén
云，那绿树红花，那莺歌燕舞，那流水人家，怎么不叫人陶醉呢？但这良辰
měi jǐng duì yú yī gè shuāng mù shī míng de rén lái shuō zhǐ shì yī piàn qī hēi dāng rén men xiǎng dào zhè ge
美景，对于一个双目失明的人来说，只是一片漆黑。当人们想到这个
máng lǎo rén yī shēng zhōng jìng lián wàn zǐ qiān hóng de chūn tiān dōu bù céng kàn dào zěn néng bù duì tā chǎn
盲老人，一生中竟连万紫千红的春天都不曾看到，怎能不对他产
shēng tóng qíng zhī xīn ne
生同情之心呢？

jié xuǎn zì xiǎo xué yǔ wén dì liù cè zhōng yǔ yán de mèi lì
节选自小学《语文》第六册中《语言的魅力》

作品 53

有一次，苏东坡的朋友张鹗拿着一张宣纸来求他写一幅字，而且希望他写一点儿关于养生方面的内容。苏东坡思索了一会儿，点点头说：“我得到了一个养生长寿古方，药只有四味，今天就赠给你吧。”于是，东坡的狼毫在纸上挥洒起来，上面写着：“一曰无事以当贵，二曰早寝以当富，三曰安步以当车，四曰晚食以当肉。”

这哪里有药？张鹗一脸茫然地问。苏东坡笑着解释说，养生长寿的要诀，全在这四句里面。

所谓“无事以当贵”，是指人不要把功名利禄、荣辱过失考虑得太多，如能在情志上潇洒大度，随遇而安，无事以求，这比富贵更能使人终其天年。

“早寝以当富”，指吃好穿好、财货充足，并非就能使你长寿。对老年人来说，养成良好的起居习惯，尤其是早睡早起，比获得任何财富更加宝贵。

“安步以当车”，指人不要过于讲求安逸、肢体不劳，而应多以步行来替代骑马乘车，多运动才可以强健体魄，通畅气血。

“晚食以当肉”，意思是人应该用已饥方食、未饱先止代替对美味佳肴的贪吃无厌。他进一步解释，饿了以后才进食，虽然是粗茶淡饭，但其香甜可口会胜过山珍；如果饱了还要勉强吃，即使美味佳肴摆在眼前也难以下咽。

苏东坡的四味“长寿药”，实际上是强调了情志、睡眠、运动、饮食四个方面对养生长寿的重要性，这种养生观点即使在今天仍然值得借鉴。

节选自蒲昭和《赠你四味长寿药》

zuò pǐn
作品 54

rén huó zhe zuì yào jǐn de shì xún mì dào nà piàn dài biǎo zhe shēng mìng lǜ sè hé rén lèi xī wàng de cóng
人活着,最要紧的是寻觅到那片代表着生命绿色和人类希望的丛
lín rán hòu xuǎn yī gāo gāo de zhī tóu zhàn zài nà lǐ guān lǎn rén shēng xiāo huà tòng kǔ yùn yù gē shēng yú
林,然后选一高高的枝头站在那里观览人生,消化痛苦,孕育歌声,愉
yuè shì jiè
悦世界!

zhè kě zhēn shì yī zhǒng xiāo sǎ de rén shēng tài dù zhè kě zhēn shì yī zhǒng xīn jìng shuǎng lǎng de qíng
这可真是一种潇洒的人生态度,这可真是一种心境爽朗的情
gǎn fēng mào
感风貌。

zhàn zài lì shǐ de zhī tóu wēi xiào kě yǐ jiǎn miǎn xǔ duō fán nǎo zài nà lǐ nǐ kě yǐ cóng zhòng shēng
站在历史的枝头微笑,可以减免许多烦恼。在那里,你可以从众生
xiàng suǒ bāo hán de tián suān kǔ là bǎi wèi rén shēng zhōng xún zhǎo nǐ zì jǐ nǐ jìng yù zhōng de nà diǎnr
相所包含的甜酸苦辣、百味人生中寻找你自己;你境遇中的那点儿
kǔ tòng yě xǔ xiāng bǐ zhī xià zài yě nán yǐ zhàn jù yī xí zhī dì nǐ huì jiào róng yì de huò dé cóng bù yuè
苦痛,也许相比之下,再也难以占据一席之地;你会较容易地获得从不悦
zhōng jiě tuō líng hún de lì liàng shǐ zhī bù zhì biàn de huī sè
中解脱灵魂的力量,使之不致变得灰色。

rén zhàn de gāo xiē bù dàn néng yǒu xìng zǎo xiē lǐng lüè dào xī wàng de shǔ guāng hái néng yǒu xìng fā xiàn
人站得高些,不但能有幸早些领略到希望的曙光,还能有幸发现
shēng mìng de lì tǐ de shī piān měi yī gè rén de rén shēng dōu shì zhè shī piān zhōng de yī gè cí yī gè jù
生命的立体的诗篇。每一个人的人生,都是这诗篇中的一个词、一个句
zi huò zhě yī gè biāo diǎn nǐ kě néng méi yǒu chéng wéi yī gè měi lì de cí yī gè yǐn rén zhù mù de jù zi
子或者一个标点。你可能没有成为一个美丽的词,一个引人注目的句子,
yī gè jīng tàn hào dàn nǐ yī rán shì zhè shēng mìng de lì tǐ shī piān zhōng de yī gè yīn jié yī gè tíng dùn
一个惊叹号,但你依然是这生命的立体诗篇中的一个音节、一个停顿、
yī gè bì bù kě shǎo de zǔ chéng bù fen zhè zú yǐ shǐ nǐ fàng qì qián xián méng shēng wèi rén lèi yùn yù xīn
一个必不可少的组成部分。这足以使你放弃前嫌,萌生为人类孕育新
de gē shēng de xìng zhì wèi shì jiè dài lái gèng duō de shī yì
的歌声的兴致,为世界带来更多的诗意。

zuì kě pà de rén shēng jiàn jiě shì bǎ duō wéi de shēng cún tú jǐng kàn chéng píng miàn yīn wèi nà píng
最可怕的人生见解,是把多维的生存图景看成平面。因为那平
miàn shang kè xia de dà duō shì níng gù le de lì shǐ guò qù de yí jì dàn huó zhe de rén men huó de què
面上刻下的大多是凝固了的历史——过去的遗迹;但活着的人们,活得却
shì chōng mǎn zhe xīn shēng zhì huì de yóu bù duàn shì qù de xiàn zài zǔ chéng de wèi lái rén shēng bù néng
是充满着新生智慧的,由不断逝去的"现在"组成的未来。人生不能
xiàng mǒu xiē yú lèi tǎng zhe yóu rén shēng yě bù néng xiàng mǒu xiē shòu lèi pá zhe zǒu ér yīng gāi zhàn zhe
像某些鱼类躺着游,人生也不能像某些兽类爬着走,而应该站着
xiàng qián xíng zhè cái shì rén lèi yīng yǒu de shēng cún zī tài
向前行,这才是人类应有的生存姿态。

jié xuǎn zì měi běn jié míng lá shén zhàn zài lì shǐ de zhī tóu wēi xiào
节选自[美]本杰明·拉什《站在历史的枝头微笑》

zuò pǐn
作品 55

zhōng guó de dì yī dà dǎo tái wān shěng de zhǔ dǎo tái wān wèi yú zhōng guó dà lù jià de dōng nán fāng
中国的第一大岛、台湾省的主岛台湾,位于中国大陆架的东南方,

dì chǔ dōng hǎi hé nán hǎi zhī jiān gé zhe tái wān hǎi xiá hé dà lù xiāng wàng tiān qì qíng lǎng de shí hou zhàn
地处东海和南海之间,隔着台湾海峡和大陆相望。天气晴朗的时候,站
zài fú jiàn yán hǎi jiào gāo de dì fang jiù kě yǐ yǐn yǐn yuē yuē de wàng jiàn dǎo shang de gāo shān hé yún duǒ
在福建沿海较高的地方,就可以隐隐约约地望见岛上的高山和云朵。

tái wān dǎo xíng zhuàng xiá cháng cóng dōng dào xī zuì kuān chù zhǐ yǒu yī bǎi sì shí duō gōng lǐ yóu nán
台湾岛形状狭长,从东到西,最宽处只有一百四十多公里;由南
zhì běi zuì cháng de dì fang yuē yǒu sān bǎi jiǔ shí duō gōng lǐ dì xíng xiàng yī gè fǎng zhī yòng de suō zǐ
至北,最长的地方约有三百九十多公里。地形像一个纺织用的梭子。

tái wān dǎo shàng de shān mài zòng guàn nán běi zhōng jiān de zhōng yāng shān mài yóu rú quán dǎo de jǐ
台湾岛上的山脉纵贯南北,中间的中央山脉犹如全岛的脊
liáng xī bù wéi hǎi bá jìn sì qiān mǐ de yù shān shān mài shì zhōng guó dōng bù de zuì gāo fēng quán dǎo yuē
梁。西部为海拔近四千米的玉山山脉,是中国东部的最高峰。全岛约
yǒu sān fēn zhī yī de dì fang shì píng dì qí yú wéi shān dì dǎo nèi yǒu duàn dài bān de pù bù lán bǎo shí shì
有三分之一的地方是平地,其余为山地。岛内有缎带般的瀑布,蓝宝石似
de hú pō sì jì cháng qīng de sēn lín hé guǒ yuán zì rán jǐng sè shí fēn yōu měi xī nán bù de ā lǐ shān hé
的湖泊,四季常青的森林和果园,自然景色十分优美。西南部的阿里山和
rì yuè tán tái běi shì jiāo de dà tún shān fēng jǐng qū dōu shì wén míng shì jiè de yóu lǎn shèng dì
日月潭,台北市郊的大屯山风景区,都是闻名世界的游览胜地。

tái wān dǎo dì chǔ rè dài hé wēn dài zhī jiān sì miàn huán hǎi yǔ shuǐ chōng zú qì wēn shòu dào hǎi yáng
台湾岛地处热带和温带之间,四面环海,雨水充足,气温受到海洋
de tiáo jì dōng nuǎn xià liáng sì jì rú chūn zhè gěi shuǐ dào hé guǒ mù shēng zhǎng tí gōng le yōu yuè de tiáo
的调剂,冬暖夏凉,四季如春,这给水稻和果木生长提供了优越的条
jiàn shuǐ dào gān zhe zhāng nǎo shì tái wān de sān bǎo dǎo shang hái shèng chǎn xiān guǒ hé yú xiā
件。水稻、甘蔗、樟脑是台湾的“三宝”。岛上还盛产鲜果和鱼虾。

tái wān dǎo hái shì yī gè wén míng shì jiè de hú dié wáng guó dǎo shang de hú dié gòng yǒu sì bǎi duō
台湾岛还是一个闻名世界的“蝴蝶王国”。岛上的蝴蝶共有四百多
gè pǐn zhǒng qí zhōng yǒu bù shǎo shì shì jiè xī yǒu de zhēn guì pǐn zhǒng dǎo shang hái yǒu bù shǎo niǎo yǔ huā
个品种,其中有不少是世界稀有的珍贵品种。岛上还有不少鸟语花
xiāng de hú dié gǔ dǎo shang jū mín lì yòng hú dié zhì zuò de biāo běn hé yì shù pǐn yuǎn xiāo xǔ duō guó jiā
香的蝴蝶谷,岛上居民利用蝴蝶制作的标本和艺术品,远销许多国家。

jié xuǎn zì zhōng guó de bǎo dǎo tái wān
节选自《中国的宝岛——台湾》

zuò pǐn
作品56

duì yú zhōng guó de niú wǒ yǒu zhe yī zhǒng tè bié zūn jìng de gǎn qíng
对于中国的牛,我有着一种特别尊敬的感情。

liú gěi wǒ yìn xiàng zuì shēn de yào suàn zài tián lǒng shang de yī cì xiāng yù
留给我印象最深的,要算在田垄上的一次“相遇”。

yī qún péng you jiāo yóu wǒ lǐng tóu zài xiá zhǎi de qiān mò shàng zǒu zěn liào yíng miàn lái le jǐ tóu gēng
一群朋友郊游,我领头在狭窄的阡陌上走,怎料迎面来了几头耕
niú xiá dào róng bu xià rén hé niú zhōng yǒu yī fāng yào ràng lù tā men hái méi yǒu zǒu jìn wǒ men yǐ jīng yù
牛,狭道容不下人和牛,终有一方要让路。它们还没有走近,我们已经预
jì dòu bu guò chù sheng kǒng pà nán miǎn cǎi dào tián dì ní shuǐ li nòng de xié wà yòu ní yòu shī le zhèng
计斗不过畜牲,恐怕难免踩到田地泥水里,弄得鞋袜又泥又湿了。正
chí chú de shí hou dài tóu de yī tóu niú zài lí wǒ men bù yuǎn de dì fang tíng xia lai tái qi tóu kàn kan shāo
踟蹰的时候,带头的一头牛,在离我们不远的地方停下来,抬起头看看,稍
chí yí yī xià jiù zì dòng zǒu xia tián qù yī duì gēng niú quán gēn zhe tā lí kāi qiān mò cóng wǒ men shēn biān
迟疑一下,就自动走下田去。一队耕牛,全跟着它离开阡陌,从我们身边

jīng guò
经过。

wǒ men dōu dāi le huí guo tóu lái kàn zhe shēn hè sè de niú duì zài lù de jìn tóu xiāo shī hū rán jué de zì
我们都呆了,回过头来,看着深褐色的牛队,在路的尽头消失,忽然觉得自
jǐ shòu le hěn dà de ēn huì
己受了很大的恩惠。

zhōng guó de niú yǒng yuǎn chén mò de wèi rén zuò zhe chén zhòng de gōng zuò zài dà dì shang zài chén
中国的牛,永远沉默地为人做着沉重的工作。在大地上,在晨
guāng huò liè rì xià tā tuō zhe chén zhòng de lí dī tóu yī bù yòu yī bù tuō chū le shēn hòu yī liè yòu yī liè
光或烈日下,它拖着沉重的犁,低头一步又一步,拖出了身后一列又一列
sōng tǔ hǎo ràng rén men xià zhǒng děng dào mǎn dì jīn huáng huò nóng xián shí hou tā kě néng hái děi dān dāng
松土,好让人们下种。等到满地金黄或农闲时候,它可能还得担当
bān yùn fù zhòng de gōng zuò huò zhōng rì rào zhe shí mò cháo tóng yī fāng xiàng zǒu bù jì chéng de lù
搬运负重的工作;或终日绕着石磨,朝同一方向,走不计程的路。

zài tā chén mò de láo dòng zhōng rén biàn dé dào yīng dé de shōu cheng
在它沉默的劳动中,人便得到应得的收成。

nà shí hou yě xǔ tā kě yǐ sōng yī jiān zhòng dàn zhàn zài shù xià chī jǐ kǒu nèn cǎo ǒu ěr yáo yao wěi
那时候,也许,它可以松一肩重担,站在树下,吃几口嫩草。偶尔摇摇尾
ba bǎi bai ěr duo gǎn zǒu fēi fù shēn shang de cāng ying yǐ jīng suàn shì tā zuì xián shì de shēng huó le
巴,摆摆耳朵,赶走飞附身上的苍蝇,已经算是它最闲适的生活了。

zhōng guó de niú méi yǒu chéng qún bēn pǎo de xí guàn yǒng yuǎn chén chén shí shí de mò mò de gōng zuò
中国的牛,没有成群奔跑的习惯,永远沉沉实实的,默默地工作,
píng xīn jìng qì zhè jiù shì zhōng guó de niú
平心静气。这就是中国的牛!

jié xuǎn zì xiǎo sī zhōng guó de niú
节选自小思《中国的牛》

zuò pǐn
作品 57

bù guǎn wǒ de mèng xiǎng néng fǒu chéng wéi shì shí shuō chu lai zǒng shì hǎo wánr de
不管我的梦想能否成为事实,说出来总是好玩儿的:

chūn tiān wǒ jiāng yào zhù zài háng zhōu èr shí nián qián jiù lì de èr yuè chū zài xī hú wǒ kàn jiàn le
春天,我将要住在杭州。二十年前,旧历的二月初,在西湖我看见了
nèn liǔ yǔ cài huā bì làng yǔ cuì zhú yóu wǒ kàn dào de nà diǎnr chūn guāng yǐ jīng kě yǐ duàn dìng háng
嫩柳与菜花,碧浪与翠竹。由我看到的那点儿春光,已经可以断定,杭
zhōu de chūn tiān bì dìng huì jiào rén zhěng tiān shēng huó zài shī yǔ tú huà zhī zhōng suǒ yǐ chūn tiān wǒ de jiā
州的春天必定会教人整天生活在诗与图画之中。所以,春天我的家
yīng dāng shì zài háng zhōu
应当是在杭州。

xià tiān wǒ xiǎng qīng chéng shān yīng dāng suàn zuò zuì lǐ xiǎng de dì fang zài nà lǐ wǒ suī rán zhǐ zhù
夏天,我想青城山应当算作最理想的地方。在那里,我虽然只住
guo shí tiān kě shì tā de yōu jìng yǐ shuān zhù le wǒ de xīn líng zài wǒ suǒ kàn jiàn guo de shān shuǐ zhōng zhǐ
过十天,可是它的幽静已拴住了我的心灵。在我所看见过的山水中,只
yǒu zhè lǐ méi yǒu shǐ wǒ shī wàng dào chù dōu shì lǜ mù zhī suǒ jí nà piàn dàn ér guāng rùn de lǜ sè dōu
有这里没有使我失望。到处都是绿,目之所及,那片淡而光润的绿色都
zài qīng qīng de chàn dòng fǎng fú yào liú rù kōng zhōng yǔ xīn zhōng shì de zhè ge lǜ sè huì xiàng yīn yuè dí
在轻轻地颤动,仿佛要流入空中与心中似的。这个绿色会像音乐,涤
qīng le xīn zhōng de wàn lǜ
清了心中的万虑。

qiū tiān yī dìng yào zhù běi píng tiān táng shì shén me yàng zi wǒ bù zhī dào dàn shì cóng wǒ de shēng huó
秋天一定要住北平。天堂是什么样子,我不知道,但是从我的生活
jīng yàn qù pàn duàn běi píng zhī qiū biàn shì tiān táng lùn tiān qì bù lěng bù rè lùn chī de píng guǒ lí shì
经验去判断,北平之秋便是天堂。论天气,不冷不热。论吃的,苹果、梨、柿
zi zǎor pú tao měi yàng dōu yǒu ruò gān zhǒng lùn huā cǎo jú huā zhǒng lèi zhī duō huā shì zhī jī kě yǐ
子、枣儿、葡萄,每样都有若干种。论花草,菊花种类之多,花式之奇,可以
jiǎ tiān xià xī shān yǒu hóng yè kě jiàn běi hǎi kě yǐ huá chuán suī rán hé huā yǐ cán hé yè kě hái yǒu
甲天下。西山有红叶可见,北海可以划船——虽然荷花已残,荷叶可还有
yī piàn qīng xiāng yī shí zhù xíng zài běi píng de qiū tiān shì méi yǒu yī xiàng bù shǐ rén mǎn yì de
一片清香。衣食住行,在北平的秋天,是没有一项不使人满意的。

dōng tiān wǒ hái méi yǒu dǎ hǎo zhǔ yi chéng dū huò zhě xiāng dāng de hé shì suī rán bìng bù zěn yàng hé
冬天,我还没有打好主意,成都或者相当得合适,虽然并不怎样和
nuǎn kě shì wèi le shuǐ xiān sù xīn là méi gè sè de chá huā fǎng fú jiù shòu yī diǎnr hán lěng yě pō zhí
暖,可是为了水仙,素心腊梅,各色的茶花,仿佛就受一点儿寒冷,也颇值
dé qù le kūn míng de huā yě duō ér qiě tiān qì bǐ chéng dū hǎo kě shì jiù shū pù yǔ jīng měi ér pián yi de
得去了。昆明的花也多,而且天气比成都好,可是旧书铺与精美而便宜的
xiǎo chī yuǎn bù jí chéng dū nà me duō hǎo ba jiù zàn zhè me guī dìng dōng tiān bù zhù chéng dū biàn zhù kūn
小吃远不及成都那么多。好吧,就暂这么规定:冬天不住成都便住昆
míng ba
明吧。

zài kàng zhàn zhōng wǒ méi néng fā guó nàn cái wǒ xiǎng kàng zhàn shèng lì yǐ hòu wǒ bì néng kuò qi
在抗战中,我没能发国难财。我想,抗战胜利以后,我必能阔起
lai nà shí hou jiǎ ruò fēi jī jiǎn jià yī èr bǎi yuán jiù néng mǎi yī jià de huà wǒ jiù zì bèi yī jià zé huáng
来。那时候,假若飞机减价,一二百元就能买一架的话,我就自备一架,择黄
dào jí rì màn man de fēi xíng
道吉日慢慢地飞行。

jié xuǎn zì lǎo shě zhù de mèng
节选自老舍《住的梦》

zuò pǐn
作品 58

wǒ bù yóu de tíng zhù le jiǎo bù
我不由得停住了脚步。

cóng wèi jiàn guo kāi de zhè yàng shèng de téng luó zhǐ jiàn yī piàn huī huáng de dàn zǐ sè xiàng yī tiáo pù
从未见过开得这样盛的藤萝,只见一片辉煌的淡紫色,像一条瀑
bù cóng kōng zhōng chuí xia bú jiàn qí fā duān yě bú jiàn qí zhōng jí zhǐ shì shēn shēn qiǎn qiǎn de zǐ fǎng
布,从空中垂下,不见其发端,也不见其终极,只是深深浅浅的紫,仿
fú zài liú dòng zài huān xiào zài bù tíng de shēng zhǎng zǐ sè de dà tiáo fú shang fàn zhe diǎn diǎn yín guāng
佛在流动,在欢笑,在不停地生长。紫色的大条幅上,泛着点点银光,
jiù xiàng bèng jiàn de shuǐ huā zǐ xì kàn shí cái zhī nà shì měi yì duǒ zǐ huā zhōng de zuì qiǎn dàn de bù fen
就像迸溅的水花。仔细看时,才知那是每一朵紫花中的最浅淡的部分,
zài hé yáng guāng hù xiāng tiǎo dòu
在和阳光互相挑逗。

zhè lǐ chú le guāng cǎi hái yǒu dàn dàn de fāng xiāng xiāng qì sì hū yě shì qiǎn zǐ sè de mèng huàn yī
这里除了光彩,还有淡淡的芳香。香气似乎也是浅紫色的,梦幻一
bān qīng qīng de lǒng zhào zhe wǒ hū rán jì qǐ shí duō nián qián jiā mén wài yě céng yǒu guo yī dà zhū zǐ téng
般轻轻地笼罩着我。忽然记起十多年前,家门外也曾有过一大株紫藤
luó tā yī bàng yì zhū kū huái pá de hěn gāo dàn huā duǒ cóng lái dōu xī luò dōng yī suì xī yī chuàn líng dīng
萝,它依傍一株枯槐爬得很高,但花朵从来都稀落,东一穗西一串伶仃

de guà zài shù shāo hǎo xiàng zài chá yán guān sè shì tàn shén me hòu lái suǒ xìng lián nà xī líng de huā chuàn
地挂在树梢，好像在察颜观色，试探什么。后来索性连那稀零的花串
yě méi yǒu le yuán zhōng bié de zǐ téng huā jià yě dōu chāi diào gǎi zhòng le guǒ shù nà shí de shuō fǎ shì
也没有了。园中别的紫藤花架也都拆掉，改种了果树。那时的说法是，
huā hé shēng huó fǔ huà yǒu bì rán guān xì wǒ céng yí hàn de xiǎng zhè lǐ zài kàn bu jiàn téng luó huā le
花和生活腐化有必然关系。我曾遗憾地想：这里再看不见藤萝花了。

guò le zhè me duō nián téng luó yòu kāi huā le ér qiě kāi de zhè yàng shèng zhè yàng mì zǐ sè de pù bù
过了这么多年，藤萝又开花了，而且开得这样盛，这样密，紫色的瀑布
zhē zhù le cū zhuàng de pán qiú wò lóng bān de zhī gàn bù duàn de liú zhe liú zhe liú xiàng rén de xīn dǐ
遮住了粗壮的盘虬卧龙般的枝干，不断地流着，流着，流向人的心底。

huā hé rén dōu huì yù dào gè zhǒng gè yàng de bù xìng dàn shì shēng mìng de cháng hé shì wú zhǐ jìng de
花和人都会遇到各种各样的不幸，但是生命的长河是无止境的。
wǒ fǔ mō le yī xià nà xiǎo xiǎo de zǐ sè de huā cāng nà lǐ mǎn zhuāng le shēng mìng de jiǔ niàng tā zhāng
我抚摸了一下那小小的紫色的花舱，那里满装了生命的酒酿，它张
mǎn le fān zài zhè shǎn guāng de huā de hé liú shang háng xíng tā shì wàn huā zhōng de yī duǒ yě zhèng shì
满了帆，在这闪光的花的河流上航行。它是万花中的一朵，也正是
yóu měi yī gè yī duǒ zǔ chéng le wàn huā càn làn de liú dòng de pù bù
由每一个一朵，组成了万花灿烂的流动的瀑布。

zài zhè qiǎn zǐ sè de guāng huī hé qiǎn zǐ sè de fāng xiāng zhōng wǒ bù jué jiā kuài le jiǎo bù
在这浅紫色的光辉和浅紫色的芳香中，我不觉加快了脚步。

jié xuǎn zì zōng pú zǐ téng luó pù bù
节选自宗璞《紫藤萝瀑布》

zuò pǐn
作品 59

zài yī cì míng rén fǎng wèn zhōng bèi wèn jí shàng gè shì jì zuì zhòng yào de fā míng shì shén me shí yǒu
在一次名人访问中，被问及上个世纪最重要的发明是什么时，有
rén shuō shì diàn nǎo yǒu rén shuō shì qì chē děng děng dàn xīn jiā pō de yī wèi zhī míng rén shì què shuō shì
人说是电脑，有人说是汽车，等等。但新加坡的一位知名人士却说是
lěng qì jī tā jiě shì rú guǒ méi yǒu lěng qì rè dài dì qū rú dōng nán yà guó jiā jiù bù kě néng yǒu hěn gāo
冷气机。他解释，如果没有冷气，热带地区如东南亚国家，就不可能有很高
de shēng chǎn lì jiù bù kě néng dá dào jīn tiān de shēng huó shuǐ zhǔn tā de huí dá shí shì qiú shì yǒu lǐ yǒu
的生产力，就不可能达到今天的生活水准。他的回答实事求是，有理有
jù
据。

kàn le shàng shù bào dào wǒ tū fā qí xiǎng wèi shén me méi yǒu jì zhě wèn èr shí shì jì zuì zāo gāo de
看了上述报道，我突发奇想：为什么没有记者问："二十世纪最糟糕的
fā míng shì shén me qí shí èr èr nián shí yuè zhōng xún yīng guó de yī jiā bào zhǐ jiù píng chu le rén
发明是什么？"其实二〇〇二年十月中旬，英国的一家报纸就评出了"人
lèi zuì zāo gāo de fā míng huò cǐ shū róng de jiù shì rén men měi tiān dà liàng shǐ yòng de sù liào dài
类最糟糕的发明"。获此"殊荣"的，就是人们每天大量使用的塑料袋。

dàn shēng yú shàng gè shì jì sān shí nián dài de sù liào dài qí jiā zú bāo kuò yòng sù liào zhì chéng de
诞生于上个世纪三十年代的塑料袋，其家族包括用塑料制成的
kuài cān fàn hé bāo zhuāng zhǐ cān yòng bēi pán yǐn liào píng suān nǎi bēi xuě gāo bēi děng děng zhè xiē fèi qì
快餐饭盒、包装纸、餐用杯盘、饮料瓶、酸奶杯、雪糕杯等等。这些废弃
wù xíng chéng de lā jī shù liàng duō tǐ jī dà zhòng liàng qīng bù jiàng jiě gěi zhì lǐ gōng zuò dài lái hěn duō
物形成的垃圾，数量多、体积大、重量轻、不降解，给治理工作带来很多
jì shù nán tí hé shè huì wèn tí
技术难题和社会问题。

bǐ rú sàn luò zài tián jiān lù biān jí cǎo cóng zhōng de sù liào cān hé yī dàn bèi shēng chù tūn shí jiù huì
比如，散落在田间、路边及草丛中的塑料餐盒，一旦被牲畜吞食，就会
wēi jí jiàn kāng shèn zhì dǎo zhì sǐ wáng tián mái fèi qì sù liào dài sù liào cān hé de tǔ dì bù néng shēng
危及健康甚至导致死亡。填埋废弃塑料袋、塑料餐盒的土地，不能生
zhǎng zhuāng jia hé shù mù zào chéng tǔ dì bǎn jié ér fén shāo chǔ lǐ zhè xiē sù liào lā jī zé huì shì fàng chu
长庄稼和树木，造成土地板结，而焚烧处理这些塑料垃圾，则会释放出
duō zhǒng huà xué yǒu dú qì tǐ qí zhōng yī zhǒng chēng wèi èr è yīng de huà hé wù dú xìng jí dà
多种化学有毒气体，其中一种称为二噁英的化合物，毒性极大。

cǐ wài zài shēng chǎn sù liào dài sù liào cān hé de guò chéng zhōng shǐ yòng de fú lì áng duì rén tǐ miǎn
此外，在生产塑料袋、塑料餐盒的过程中使用的氟利昂，对人体免
yì xì tǒng hé shēng tài huán jìng zào chéng de pò huài yě jí wéi yán zhòng
疫系统和生态环境造成的破坏也极为严重。

jié xuǎn zì lín guāng rú zuì zāo gāo de fā míng
节选自林光如《最糟糕的发明》

参考文献

1. 车晓彦、姜秀丽、刘昭主编:《普通话与教师口语教程》(第 2 版),黑龙江大学出版社,2016。
2. 陈传万、何大海主编:《教师口语》,合肥工业大学出版社,2008。
3. 陈国安、王海燕等编著:《新编教师口语:表达与训练》,华东师范大学出版社,2007。
4. 陈望道:《修辞学发凡》,上海教育出版社,2001。
5. 陈原主编:《现代汉语用字信息分析》,上海教育出版社,1993。
6. 程培元主编:《教师口语教程》,高等教育出版社,2004。
7. 方位津编著:《跟我学口才:实用口才训练教程》,首都经济贸易大学出版社,2004。
8. 付程主编:《实用播音教程:第二册——语言表达》(第 2 版),北京广播学院出版社,2002。
9. 郭启明、赵林森主编:《教师语言艺术》(修订本),语文出版社,1998。
10. 韩承红主编:《教师语言》,北京师范大学出版社,2013。
11. 乐爱国编著:《教师口才》,海潮出版社,2003。
12. 李景生编著:《教师口语训练教程》,山东人民出版社,2015。
13. 李克东主编:《教师职业技能训练教程》,北京师范大学出版社,1994。
14. 李涛主编:《教师常用教学技能训练》,中国轻工业出版社,2014。
15. 李晓琳编著:《教师书写技能训练》,科学出版社,2016。
16. 刘伯奎主编:《教师口语训练教程》(第 3 版),中国人民大学出版社,2017。
17. 刘启珍主编:《普通话与教师口语训练》,北京师范大学出版社,2011。
18. 刘显国等编著:《语言艺术》,中国林业出版社,2001。
19. 罗明东、崔梅、单春樱、周芸主编:《教师口语技能训练教程》,云南大学出版社,2007。
20. 茅海燕主编:《教师语言》(第 2 版),南京大学出版社,2019。
21. 任莉:《语言训练与修养》,湖南师范大学出版社,2008。
22. 宋欣桥主编:《普通话朗读训练教程》,吉林人民出版社,1993。
23. 孙和平、尤翠云、王玉主编:《教师口语实训教程》,武汉大学出版社,2012。
24. 薛蓓:《教师语言技能》,上海交通大学出版社,2022。
25. 颜红菊主编:《教师语言技能训练教程》,华中科技大学出版社,2015。

26. 云南省语言文字工作委员会组织编写:《普通话培训测试指南》(第 2 版),四川大学出版社,2006。
27. 张颖炜、刘柏林主编:《普通话口语训练教程》(第 2 版),南京大学出版社,2020。
28. 张祖利编著:《教师口语技艺》(修订版),山东人民出版社,2012。
29. 郑红梅主编:《口语实训教程》,浙江大学出版社,2007。